後漢書

志〔二〕

西晉・司馬彪 著
梁・劉昭 注
渡邉義浩 訳

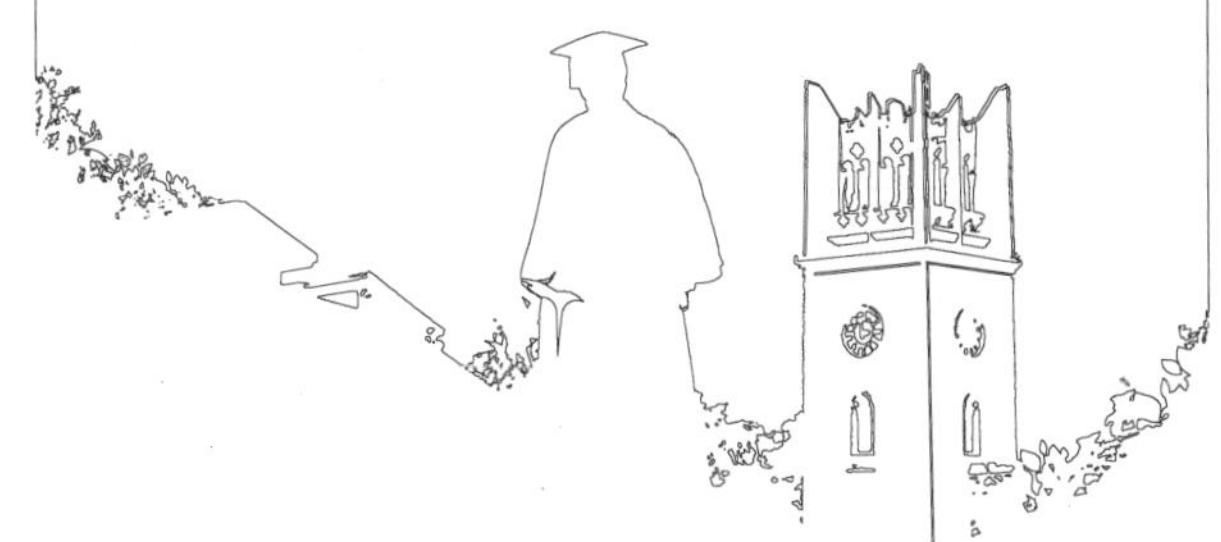

早稲田文庫
006

目次

凡　例

・本シリーズの底本は、「上杉本」と通称される米沢上杉氏の旧蔵した宋慶元四年建安黄善夫刊『後漢書』百二十巻六十冊（国立歴史民俗博物館蔵）を百衲本や中華書局標点本で校勘した『全譯後漢書』全十九巻（汲古書院、二〇〇一〜一六年）である。正字で表現された本文および注の原文と諸本との校勘、訓読と詳細な引用を伴う補注、および参校については、汲古書院本を参照されたい。

・上杉本では、劉昭注は、割注の形式により本文に注記されている。本書では、煩を避けるため、主として底本の段落に従って本文を分け、［ ］で囲まれた漢数字を附して本来の注記の位置を明らかにし、注自体は本文の後に一括して掲げた。また、本文の意味を補う場合には（ ）を用い、簡単な注記を補う場合には〔 〕を用いて、その中に語句を補った。

・五行志各巻の巻頭には、小字の標題があるが、王先謙『後漢書集解』は、これらの標題を後人に付加されたものと見なし、かつ誤りであると言い、「洪範五行伝」に基づく自らの分類を示す。本書は、標題はそのまま掲げ、王先謙の分類を〔 〕により付記した。

五行志一　第十三　貌不恭　淫雨　服妖　鶏禍　青眚　屋自壊　訛言　旱　謡　狼食人

「洪範五行伝」〔『尚書』洪範篇に基づき、天子の善政・悪政に対して、天が天子に指し示す瑞祥・災異〈災害や異変〉を解釈した文献〕の説と（実際に起きた）災異は、『漢書』五行志が詳細に記録している。（一方）もとの泰山太守の応劭・給事中の董巴・散騎常侍の譙周は[一]、いずれも（後漢の光武帝の）建武年間（二五～五六年）以降の災異を著述している。いま（それらを）合わせて（天人相関説〈天子の政治の善悪を主宰神である天が判断し、瑞祥と災異を下すという前漢の董仲舒の学説〉に基づき後漢時代の災異と占〈災異が何を意味するのかの解釈〉）を叙述し、それにより『漢書』五行志（の記録）を引き継ぐこととする。

「洪範五行伝」に、「狩猟して休まず[二]、飲食に節度を失い[三]、（内外の）出入りに節度が無く[四]、（農繁期に人々を使役して）農事を妨げ[五]、および悪事を企むことがあれば[六]、木は曲げたり伸ばしたりできなくなる」とある[七]。（これは）木が本来の性質を失って災いとなることをいう。

［劉昭注］

［一］『三国志』蜀書（巻四十二譙周伝）に、「譙周は字を允南といい、巴西郡西充国の人である。『尚書』を修めたほか、さまざまな経典や讖緯思想〔予言・占い〕にも通じていた。州や郡が辟召〔属吏として招くこと〕したが、いずれにも応じなかった。いにしえの学問に深く励み、典籍をよく読んでは、嬉しそうに一人で笑い、寝食を忘れた。蜀の滅亡後、魏が徴召〔皇帝が官僚として招くこと〕したが仕官しなかった」とある。

［二］『尚書大伝』の鄭玄注に、「（原文の）宿せずは、狩りを止めないことである。（東方七宿に属し、五行では木に配当される）角宿〔宿は星座〕は、天の兵を司る。『周礼』（夏官 大司馬）に、「季節ごとに軍事教練をし、教練のため狩猟をする」とある。『礼記』王制篇に、「（狩猟の際に）天子は包囲を狭めきらず、諸侯は群を獲り尽くさない」とある。それ以上に獲れば天の生み出したものを損ねることになり、（これを）狩りを止めないという。角宿の南には天庫・将軍・騎官があ（り、いずれも兵事を司）る」とある。『漢書音義』に、「（宿せずとは）田野に遊行して駆け回り、宮室に帰らないこと」とある。

［三］鄭玄は、「（原文の）享は、献という意味である。『礼記』王制篇に、「天子と諸侯は、何事も無ければ一年ごとに三度田猟をする。一度は祭祀の供物のために、二度は賓客のために、

三度は君主の食事に充てるためである」という。『周礼』天官獣人には、「冬には狼を献じ、夏には麋〔オオジカ〕を献じ、春秋には獣〔特に限定されない〕を献じる」とある。これが献礼の概略である」とある。（以下）「五行伝」への注釈で（原文で）「鄭玄曰く」と称する場合には、いずれも『尚書大伝』鄭玄注からの引用文である。『漢書音義』には、「〔原文の飲食享せずとは〕献享の礼をしないことである」とある。

［四］鄭玄は、「角宿は天門であり、房宿には三道があり、出入の象〔人君の行為に対して天が感応し、いましめとして届ける現象、徴ともいう〕である」という。

［五］鄭玄は、「房宿・心宿は、農期を告げる星宿である。十二月に、農師に命じて耕作を計画させる。この時期には、房宿・心宿は夜明けに南中する。『国語』（周語下）に、「辰〔心宿〕は農祥であり、后稷〔周の始祖、名は弃。農師として堯に仕えた〕が則った星宿である」とある」という。

［六］鄭玄は、「亢宿は朝廷であり、房宿・心宿は明堂〔王者が国家の典礼に関する重要な行事をする建物〕である。（これらは）政事を考えて政令を出すことの象である」という。

［七］鄭玄は、「君主が以上の五つの失政をするのは、天の東宮の政に逆らうことになる。東宮は地上では木に当たる。木は（本来の）性質として曲げたり伸ばしたりでき、人々がこれを

材料として道具を作るものである。何の原因も無く生え、茂り方が悪く、折れたり枯れたりするものが多い。これらを木が（正しく）曲直しないとする。木・金・水・火・土は、これを五材（五種の素材）という。『春秋左氏伝』（襄公伝二十七年）に、「天は五材を生み、人はみなこれを用いる」とある。政治が（天道に）背けば神が怒り、神が怒れば五材がその性質を失い、人々の用に供することができなくなる。そのほかの変異は、すべて沴に属する。沴もまた神の怒りである。そもそも神の怒りは、日（太陽）・月・五星により、その咎めが天に顕わされる」という。『尚書』洪範篇に、「木は曲直という」とある。孔安国注に、「木は加工して曲げたり伸ばしたりできる」とある。

（「洪範五行伝」に）また、「容貌が恭しくないこと、これを不粛（厳粛ではない）という[一]。これにより起こる咎徴は狂で[二]、罰は時宜を得ない長雨[三]、六極は悪に当たる[四]。時に衣服の妖が起こり[五]、時に亀の孽が起こり[六]、時に鶏の禍が起こり[七]、時に下半身に上半身のものが生えるという痾が起こり[八]、時に青色の眚・祥が現れる[九]。これらは金が木を損ねたのである」という[一〇]。（「五行伝」に関する）説に、「気が（他の気を）傷つけること、これを沴という」とある[一一]。

[劉昭注]

[一] 鄭玄は、「粛は、敬という意味である。君主の容貌が恭しくなければ、物事を慎むことができない」という。『尚書』洪範篇に、「（五事の）貌については（その理想的あり方を）恭という」とある。

[二] 鄭玄は、「君臣が厳粛でなければ、狂ったように傲慢になる」という。方儲の対策文に、「君主が節度を失うと、下の者たちは恭しく仕えなくなり、臣下はほしいままに振舞うようになります」とある。

[三] 鄭玄は、「（五事の）貌は、（五行では）木に当たり、木は春を司り、春の気は生気である。生気が損われれば節度を外れ、そのため長雨となる」という。『管子』（度地篇）に、「冬に土木事業を行い、地中のものを掘り返せば、夏に暴雨が多くなり、秋には長雨が続くことになる」とある。『淮南子』（天文訓）に、「政令がきちんと実行されなければ時宜を得ない雨が多くなる」とある。

[四] 孔安国注に、「（悪とは）容姿が醜いことである」という。

[五] 鄭玄は、「服は、容貌を飾るものである」という。

［六］鄭玄は、「亀は、水より生じて春に遊行する動物である。（五行では）木に属す」という。

［七］鄭玄は、「鶏は、鶏冠や翼を持つ家畜である。（五事では）貌に属す」という。『洪範伝』に、「妖は、災異の兆しであり、微細なものに現れる異変で、事態がまだ軽微である。孽に至ると、すでに芽が出ている。禍に至ると、それが顕著なものとなる」とある。

［八］鄭玄は、「痾は、病という意味であり、貌の気が損われた（ために発症する）病気である」という。『漢書音義』に「梁の孝王の時に、背中から足が生えた牛が現れたのがその例である。これは下の者が上を伐とうとするため生ずる禍である」という。

［九］鄭玄は、「青は、（五行の）木に当たる。眚はその土地に生じ、祥は外から来る」という。

［一〇］鄭玄は、「沴は、殄うという意味である。（五事の）貌・言・視・聴・思心のうち、一つでも（理想的状態を）失えば、人々の心を平常でなくさせ、人心が平常でなくなれば怨みを生み、（それに応じて）木・金・水・火・土の気が傷つけられる。（五行の気が）傷つけばそれに乗じて相衝・相勝（に当たる気）が、それをさらに損う。そうして神が怒り、人が怨み、災禍・動乱へ至ろうとする。そこで五行がまず異変を示し、それにより人を譴責するのである。妖・孽・禍・痾・眚・祥も、みなその五行の気に類し、突然に異常を起こして、その時々の怪異をなす。それぞれ、事物による象を示すことで、それを表すのである」という。

［二］『尚書大伝』（洪範五行伝）に、「およそ六沴の発生は、（それが）歳の始め、月の始め、日の始めであれば、君主がこれを受ける。歳の半ば、月の半ば、日の半ばであれば、正卿がこれを受ける。歳の終わり、月の終わり、日の終わりであれば、庶民がこれを受ける」とある。鄭玄は、「正月から四月までを歳の始めとし、五月から八月までを歳の半ばとし、九月から十二月までを歳の終わりとする。上旬を月の始めとし、中旬を月の半ばとし、下旬を月の終わりとする。明け方から朝食時までを日の始めとし、太陽が東南の辺りにあるころから西に傾いていくころまでを日の半ばとし、夕食時から夕暮れまでを日の終わりとする。これを受けるとは、発生した凶兆・咎徴の責を受けることである」という。『尚書大伝』にはまた、「そのうちの二辰は（それぞれの始め・半ば・終わりの）位置によってさらに細かく分け、その位置に当たる者がこれを受ける」とある。鄭玄は、「二辰とは、日・月のことをいう。たとえば歳の始めに、日・月が半ばであれば上位の諸侯がこれを受け、日・月が終わりであれば下位の諸侯がこれを受ける。歳の半ばに、日・月が始めであれば孤卿がこれを受け、日・月が終わりであれば大夫がこれを受ける。歳の終わりに、日・月が始めであれば上位の士がこれを受け、日・月が半ばであれば下位の士がこれを受ける。これ以外の位置についても、それぞれ身分の上下に応ずれば、すべて当てはめることができる」という。『管子』（七臣七

主篇）に、「賢明な王者には、四つの禁止事項がある。春には殺戮・伐採をせず、丘陵を掘らず、大木を伐らず、大山を削らず、山焼きをせず、大臣を誅さず、穀物や金銭を徴収しない。夏には流れを堰き止めず、大きな川に合流させず、大きな谷を塞ぎ止めず、土木工事をせず、鳥獣を狩らない。秋には過ちを許さず、罪人を釈放せず、刑を軽くしない。冬には爵位や恩賞・俸禄を与えず、備蓄を損ねない。春の政治で禁止を破れば、五穀が実らなくなる。夏の政治で禁止を破れば、草木が茂らなくなる。秋の政治で禁止を破れば、悪行がはびこる。冬の政治で禁止を破れば、地に気が蓄えられない。四つの禁止がすべて破られれば、陰陽は調和せず、風雨は時宜を得ず、火炎は集落を襲い、大風は家屋を飛ばして樹木を折り、草は若死にし、冬に雷が起こり、草葉が夏に落ち、秋に虫が隠れず、死ぬはずのものが生きたままで、土にこもるはずのものが地上で鳴き、ハクイムシやズイムシが大量に発生する。（さらに）家畜が繁殖せず、夭逝する人々が増え、国が貧しくなって法も乱れ、反逆の気運が下々に生じる。このため、「林立する高台は、亡国のすだれである。馬車が国に満ちるのは、賊を求める馬である。カワセミの羽と朱色の飾りは、自らの生命を斬り殺す斧である。色とりどりの組み紐は、功を焼き尽くす室である」という。明主はそれを知っており、これらを遠ざけて近づけず、取捨選択を行うことで、王道は完備する」とある。『続漢書』に、「建武二（二六）年、尹敏が上疏して、「（「洪範五行伝」に）「六沴が現れた際、もし身を慎み、帝王が疑わなければ、神は大いに喜び、五福が降り、それが地上に示される。もしそうしなければ、まず六罰が起こり、六極が下される」と申します。（これは）身を慎めば天が福を以て応じ、そうしなければ災禍が及ぶことを示しております。六事の体を重視し、貌・言・視・聴・思心の働きに則り、六事の規範をおさめ、それによって太平を招き、不穏なる災異を取り除き下さい」と申し上げた」とある。

貌不恭〔恭敬・厳粛を欠く〕

建武元〔二五〕年に、赤眉の頭目である樊崇・逢安たちが、劉盆子を天子に擁立した。しかし樊崇たちは、劉盆子を幼児程度にしか見なしておらず、万事を自分たちの好き勝手に行い、全く取り締まらなかった。のちに元旦となり、君臣は共に宴を催した。着席したが、酒食がまだ済んでいないうちに、群臣が次々と立ち上がり、乱雑で収拾がつかなくなった。そのとき大司農の楊音が剣に手をかけ、「幼児の戯れでもここまでひどくはないぞ」と叱責した。その後（光武帝に）敗れ、樊崇・逢安はいずれも誅殺された。楊音だけは関内侯に封ぜられ、天寿を全うした。

光武帝が崩御した際、山陽王の劉荊は、哭き声が哀しそうではなかった。（劉荊はかつて皇太子であった）東海王（の劉彊）に匿名で書を送り、乱を起こさせようとした。明帝は、劉荊が同母弟であり、（二人の母である陰皇）太后も健在であったことから、このことを伏せた。（しかし）のちに劉荊を広陵王に遷し、（劉荊は）また謀反を起こし、その罪により自殺した。

章帝のとき、竇皇后の兄である竇憲は、竇皇后が主上からたいへん寵愛されていたため、人々で竇憲を畏れないものはなかった。竇憲はこれにより、沁水長公主に農地を譲るよう強引に要請した。公主は竇憲を畏れて譲渡することにし、竇憲はそれを廉価で買い取った。後に主上がその地へ行幸した際に、これに気づき、竇憲に問い質した。竇憲は、これを借りておりますと上言した。主上は皇后のとりなしがあったので、叱責するのみに留め、その罪を問わなかった。のち章帝が崩御すると、竇皇太后が政治を取り仕切り、竇憲は政権の中枢を担い、忠義・剛直の臣下で（竇憲に）逆らう者を多く処罰した。その後、竇憲兄弟たちはことごとく誅殺された。

桓帝のとき、梁冀が政権を握り、その兄弟は高い地位を得て好き放題に振る舞った。（かれらは）馬で駆け回ることを度が過ぎるほど好み、帰宅の際にも、馬に乗ったままで門をくぐった。人々はこれを称して、「梁氏は門を滅ぼすほど駆け回っている」とした。そののち（一門は）誅滅された。

淫雨〔恒雨。時期外れの降雨、長雨〕

和帝の永元十〔九八〕年、十三〔一〇一〕年、十四〔一〇二〕年、十五〔一〇三〕年に、いずれも時期外れの降雨があり、作物の実りを損ねた[一]。

安帝の元初四〔一一七〕年秋に、十の郡・国で時期外れの降雨があり実りを損ねた[二]。

永寧元〔一二〇〕年に、三十三の郡・国で時期外れの降雨があり実りを損ねた。

建光元〔一二一〕年に、都と二十九の郡・国で時期外れの降雨があり実りを損ねた。この時、西羌の反乱が長期間に亘り平定されず、人々は遠方に徴兵され、苦しみ続けていた。

延光元〔一二二〕年に、二十七の郡・国で時期外れの降雨があり実りを損ねた[三]。

（延光）二〔一二三〕年に、五つの郡・国で長雨があり実りを損ねた。

順帝の永建四〔一二九〕年に、司隷・荊州・豫州・兗州・冀州で時期外れの降雨があり実りを損ねた。

（永建）六〔一三一〕年に、冀州で時期外れの降雨があり実りを損ねた。

桓帝の延熹二〔一五九〕年夏に、長雨が五十余日に及んだ。この時、大将軍の梁冀が政治を握り、主上の寵愛を受けた鄧貴人の母である宣を殺害しようと謀り、梁冀はまた、議郎の邴尊を勝手に殺害した。（これを受けて）主上は梁冀を誅殺しようと考えたが、梁冀が権柄を握って久しく、勢力がたいへん強いことを恐れた。（そして、皇帝の）命に逆らい、害が吏民に及ぶことを恐れたので、密かに側近である中常侍の単超たちと計画を練った。その年の八月、梁冀はついに罪に伏して誅滅された[四]。

霊帝の建寧元〔一六八〕年夏に、長雨が六十余日続いた。この時、大将軍の竇武は変を起こして宦官を廃そうとした。その年の九月、長楽五官史の朱瑀たちは、中常侍の曹節と挙兵し、先んじて竇武を誅そうとし、兵を朝廷内で交え、（竇武を）敗走させ、追いかけて竇武兄弟を斬り殺した。死者は数百人に及んだ[五]。

熹平元〔一七二〕年の夏に、長雨が七十余日続いた。この時、中常侍の曹節たちは、結託して勃海王の劉悝の謀反を誣告し、その歳の十月に劉悝を誅殺した。

中平六〔一八九〕年の夏に、長雨が八十余日続いた。この時、霊帝が崩御したばかりで、玉体が棺の中に留め置かれた状態であるのに、大将軍の何進は佐軍校尉の袁紹たちと、共に宦官たちを誅滅しようと謀った。（霊帝が）文陵に葬られると、中常侍の張譲たちは共に何進を殺し、（袁紹たちと）都で戦い、死者は数千人にも及んだ。

〔劉昭注〕

〔一〕『古今注』に、「光武帝の建武六〔三〇〕年九月に、大雨が数ヵ月も続き、苗と穂が同時に生じ、鼠は木の上に巣をつくった。十七〔四一〕年に、雒陽で暴雨があり、人々の住居を破壊し、住人を圧死させ、作物の実りを損ねた」とある。

〔二〕方儲の対策文に、「雨が時節を外れて降るのは、むやみに恩賞を出したためでございます」とある。

〔三〕陳忠伝を調べてみると、陳忠は（これらの原因について）上奏して、「王侯・大臣たちが、女の使者である伯栄のために一人で車を降りて拝礼しております。権柄が臣下の妾に在るためでございます」と述べている。

〔四〕（『後漢書』列伝七十二下 方術下）公沙穆伝に、「永寿元〔一五五〕年に、長雨が降り洪水が起こり、三輔〔京兆（長安を含んでそれ以東）・馮翊（長陵以北）・扶風〕より東では、浸水しない地域はなかった」とある。

〔五〕調べてみると竇武が死ぬ際に、兄弟は居合わせず、兄の子がいた。

服妖〔服装の異常〕

更始帝の将軍たちの雒陽を過ぎる者数十人は、みな幘〔頭巾〕をつけ婦人用の刺繡の入った服を着て、（その上に）䯝〔袖の短い上着〕をかけていた。その時の智者はこれを見て、「服装がふさわしくないことは、身の災いである」と言った。そして辺郡（雒陽から離れた地方）へ奔走してこれを避けた。これは服妖である。その後、更始帝は果たして赤眉に殺された。

桓帝の元嘉年間〔一五一～一五二年〕に、都の婦女たちの間に、愁眉〔愁える眉〕・啼糚〔泣き化粧〕・堕馬髻〔落馬の髻〕・折要歩〔腰を折る歩み〕・齲歯笑〔虫歯笑い〕がはやった。愁眉は、細くて曲がった形（の眉にすること）である。啼糚は、目の下の化粧を薄く拭い、涙の跡のようにすることである。堕馬髻は、片側に髻〔もとどり〕を結うことである[二]。折要歩は、足がしっかり体の下に来ない歩き方である。齲歯笑は、歯が痛い時のように、楽しいのに全く楽しそうに見えない笑い方である。（もともとは）大将軍の梁冀の家から始まり、（そののち）都中で流行し、中国の人々がみな真似するようになった。これも服妖のようなものである。梁冀は二代に亘って将軍となり、皇室と婚姻を結び、刑罰・恩賞を好き勝手に下し、国家を危うくしていた。そこで天が、「兵馬が捕らえに行こうとしている。婦女が憂いに沈み、眉を曲げて泣き、官吏・兵卒に取り押さえられ、腰や背中を曲げさせられ、髻を傾けさせられ、強いて談笑しようとしても全くその気にならなくなるだろう」と戒めているかのようであった。延熹二〔一五九〕年になり、梁氏は一族がすべて誅殺された。

〔劉昭注〕

〔一〕『梁冀別伝』に、「梁冀の婦女のなかにはまた全く髻が無い者もいた」とある。

延熹年間〔一五八～一六七年〕、梁冀が誅滅されたのちに、都で流行った幘〔頭巾〕は、顔の側を短くし耳の部分を余らせ、上の部分を短くし下の部分を長くしたものであった。このとき中常侍の単超・左悺・徐璜・具瑗・唐衡たちは桓帝の左右にはべり、その悪行をほしいままにしていた。天下の人々はいかって、「一将軍は死んだが、代わりに五将軍が現れた」と言った。それぞれの一族ごとに何人もの列侯を出し、子弟は州・郡の長官となり、賓客たちは雑然と入り乱れて登用された。上が短く下が長いというのは、梁冀の時と同様の表れ〔臣下が君主を差し置いて増長することを反映した服妖〕である。延熹八〔一六五〕年になると、桓帝は日食の異変を受けて、もとの司徒である韓寅を司隷校尉に任命し、相継いで〔左悺・具瑗らを〕処罰し、都は清らかになった〔二〕。

延熹年間〔一五八～一六七年〕に、都の裕福な人々はこぞって木靴を履き、婦女が嫁ぐ際には、漆を塗り紐を五色にした。これは服妖である。延熹九〔一六六〕年に至り、党錮の禁が初めて起こり、〔党人たちが〕黄門北寺の獄に移送された。このとき慌てふためき、天命に身を委ねることができず、逃亡して出頭しない者が大勢現れた。〔そのために、かれらの〕親族は投獄され、〔かれらが〕立ち寄ったところでは、老若問わず婦女たちが拘禁された。〔これは〕木靴の象に応じている。

霊帝の建寧年間〔一六八～一七二年〕に、都の裕福な人々がこぞって葦の方笥〔つづら〕を化粧箱に用い、下士たちも皆それに倣った。当時の賢者はひそかに、「葦のつづらは、郡・国では裁判に用いられる箱である。今これを珍重するのは、天下の人々がすべて裁判官にその罪を審理されるに違いない」と述べた。光和三〔一八〇〕年癸丑に、特赦の詔書が発せられ、「党人という理由で官職から追放されていた吏民たちの罪は赦すこととする。この詔令に（その名が）挙げられていない者があれば、（赦免対象として名が掲載されている者たちと）比べ合わせ、疑わしい者については上申せよ」とあった。こうして党人のいた郡は、いずれも廷尉にまで上申し、かれらの名を書いた紙は尽くつづらの中に入れられた。

霊帝は胡風〔異民族風〕の服装・寝床・座席・食事・箜篌・笛・舞を好み、都の貴顕たちもみな競ってそれらを用いた。これは服妖である。のちに、董卓は胡兵を大勢引き連れ、道々を塞ぎ、宮中を略奪し、陵墓を暴いた。

霊帝は宮中や西園で、四頭の白い驢馬を繋いだ車を走らせ、自ら手綱を執り、走らせ駆け巡って、それを大きな楽しみとしていた。このため公卿や貴顕も、次第に真似するようになり、（ついには馬の代わりに驢馬に引かせた）幌車に乗ってつき従うようになり、互いに驢馬を奪い合い、その値段は馬と等しくなった。『周易』（乾卦 彖伝）に「時宜を得て六頭の龍に乗って天を御す」とある。天を駆けるものは龍より良いものはなく、地を駆けるものは馬より良いものはない。『詩経』にも、「（小雅 六月に）四頭の牡馬は隆々とたくましく、戦いの装備を載せる。（大雅 大明に）檀の車は煌々と輝き、四頭の牡馬ははつらつと意気も盛ん」とある。そもそも驢馬は重い荷物を背負って遠くまで行くもので、山を登り谷を下り、野人が使役するものに過ぎない。どうして帝王や君子が御するものであろうか。（このように）遅鈍な家畜であるのに、今これが貴ばれている。天の意志が、「国が大いに乱れようとし、賢愚の地位が顛倒している。およそ政治を担う者は、みな驢馬のように愚鈍である」と示されているのであろう。そののち、董卓が王室を虐げ、多くの辺境の者どもを取り立て、朝廷を満たし、胡夷〔異民族〕が、中国を蹂躙した。

熹平年間〔一七二～一七八年〕に、役所で犬に冠をかぶせて綬を着けて、笑いものにしていた。ある犬がとび出し、走って司徒府の門に入った。これを見た者で、驚き訝しがらない者はなかった[二]。京房の『易伝』に、「君主が正しくなく、臣下が簒奪しようとすると、それに応ずる妖として犬が冠を着けて現れる」とある。そののち霊帝はおもねる者どもを寵用し、永楽宮の賓客、鴻都門の小人どもが、互いに推薦し合って取り立てられ、三公・九卿や州牧・郡守は、こうした者どもに占められた。また御史を西邸にやって官位を売らせ、関内侯を金五百万で買った者には、金印・紫綬を賜与した。宮中に至り上書して県令・県長を求め、（赴任先の）県の（租税収入の）良し悪しに合わせ、対価の高低が定まった。強き者は豺狼のように貪り、弱き者はほとんど生き物として扱われず、まことに犬どもが冠をかぶっているような状態であった。司徒は、古代の宰相であり、国政を一手に統べる官である。（その役所の門に犬が駆け入ったことは）天が、「宰相は多くそれに相応しい人ではなく、空位空禄を貪るばかりである。正しきに拠り厳粛さを保つ者はおらず、いたずらにおもねるばかりである」と戒めたのである。いま官位に在るものは、みな犬のような者ばかりであった。このため犬が走って司徒府の門に入ったのである[三]。

霊帝はしばしば西園の中で遊び、後宮の下女に旅舎の主人をさせ、自らは商人の服をまとった。旅舎へ着くと、下女が酒食を出し、それで共に飲食して、ふざけ遊んで楽しんだ。これは服妖である。そののちに、天下は大いに乱れた[四]。

献帝（けんてい）の建安（けんあん）年間（一九六～二二〇年）に、男性の衣服は、胴体が長くて下の方が極端に短いものが好まれ、女性の衣服は、すそが長くて上の方が極端に短いものが好まれた。このとき益州（えきしゅう）従事（じゅうじ）の莫嗣（ばくし）は、これを服妖と見なした。これは陽に下が無く陰に上が無い状態である。天下がまだ平らがないことを意味する。そののち（雒陽に）帰還したが、結局大乱が生じた[五]。

［劉昭注］

［一］臣劉昭が（『後漢書』列伝六十八）宦者伝を参照しますと、「韓寅は、左悺を誅滅して具瑗を格下げし、首魁を倒すことには成功しましたが、宦官たちはかばい合い、都はいまだ清らかになってはいませんでした」と考えます。

［二］袁山松の『後漢書』に、「光和四（一八一）年に、西園で犬を戯れで人に結婚させた」とある。

［三］応劭は、「霊帝はしばしば車騎将軍を、誤ってろくでもない臣下や宦官に与え、また故人に追贈した。高い称号が愚かな悪人に加えられ、印綬が腐った死体に汚された。かつて辛有はざんばら髪という凶兆を見て、そこが夷戎の地となることを知った。いま偽の名号が群り集まっているのも、当然のことであろう」という。

［四］『風俗通義』に、「このとき都では賓客のもてなしや婚礼などの慶事の会で、みな魁欙を奏でた。宴もたけなわになると、それに続けて挽歌をうたった」とある。魁欙は、葬式がある家の楽である。挽歌は、（棺を引っ張る）つなを引くときに声を合わせて歌うものである。天が、「国家はもうすぐ衰退し、高尚な楽はすべて滅びようとしている」というように戒めたのである。霊帝が崩御すると、都は壊滅し、各戸にいくつもの死体が転がり、（それに）虫が

生じて食べるようになった。魁櫑と挽歌は、このことの表れだったのであろう。

［五］袁山松『後漢書』に、「帝位を魏に禅譲した」とある。

鶏禍〔鶏の異変〕

霊帝の光和元〔一七八〕年に、南宮の侍中寺の雌鶏が雄鶏になりかけた。全身の羽毛はみな雄鶏のようになったが、ただ鶏冠はなお変化しなかった。（そこで）詔を議郎の蔡邕に下して（これについて）尋ねた。蔡邕は、「（『洪範五行伝』によれば、五事の）貌が恭敬さを欠けば、鶏禍が生じると申します。宣帝の黄龍元〔前四九〕年に、未央宮の雌鶏が雄鶏になりましたが、鳴き声は上げず蹴爪もありませんでした。この歳、元帝がはじめて即位し、王皇后を立てております。（元帝の）初元元〔前四八〕年に至ると、丞相史の家の雌鶏が雄鶏となり、とさか・蹴爪・鳴き声を具えておりました。この歳、皇后の父の王禁が陽平侯となり、その娘が（正式に）皇后になっております。哀帝が崩御しますと、王皇后〔当時は太皇太后〕が（幼い平帝に代わって）政治を行い、王莽が王皇后の甥であることから大司馬となり、これに乗じて乱を起こしました。臣がひそかに推察しますに、頭は、元首であり、人君の象でございます。いま鶏の全身はすでに変化しましたが、（それが）頭にまでは至っていない段階で、陛下はこれをお知りになりました。これは変事が起きようとしているが不完全なままで終わることの象です。（しかし）もしこの異変にしっかりと対応せず、政治を改善しなければ、鶏冠までもが雄鶏のものに変わるかもしれず、（そうなると）禍もますます大きくなるでしょう」と答えた。そののち、張角が反乱を起こして黄巾と名乗り、天下を崩壊させた。（当時）国中が労役に苦しみ、反くものが多かった。（しかし）主上は政治を改めず、とうとう天下は大いに乱れたのである。

青眚〔青色の異物〕

桓帝の永興二〔一五四〕年四月丙午、光禄勳の役所の壁の下に、夜に青い気が現れた。これを調べると、玉鉤〔玉でできた帯留め〕と玦〔「C」字形の玉〕をそれぞれ一つずつ得た。鉤は長さが七寸二分、玦は周囲が五寸四分で、彫刻が施されていた。これは青祥である。玉は、（五行では）金に当たる。七寸二分は、商の（律管の）長さである。五寸四分は、徵の長さである。（『礼記』楽記によれば）商は臣に当たり、徵は事に当たる。人臣が物事を判決するのは、（「洪範五行伝」の言う）「不粛」にあたり、禍が起ころうとしているのである。この時、梁冀が政治を執って思うがままにしており、その四年後、梁氏は誅滅された。

屋自壊〔金が木を損なう〕

延熹五〔一六二〕年に、太学の門が何の原因も無いのにひとりでに壊れた。襄楷は、「太学は前疑の居る所であり〔二〕、その門がひとりでに壊れることは、文の徳が失われ、教化が廃れようとしております」と述べた。このの ち、天下は果たして動乱を迎えた。

永康元〔一六七〕年十月壬戌に、南宮の平城門の内側がひとりでに壊れた。金が木を損い、木〔木製の屋舎〕が動いたからである。その十二月に、桓帝が崩御した。

霊帝の光和元〔一七八〕年に、南宮の平城門の内側と武庫および外側の東垣の前後が壊れた。蔡邕は（主上の問いに）答えて、「平城門は、真南を向く門であり、宮と連なっています。郊祀には法駕が出る場所であり、門の中でも最も尊貴なものです。武庫は、禁軍の武器を保管する場所です。東垣は、武庫の外壁です。（京房の）『易伝』に、「小人が尊位に在り、上下（の地位）がみな乱れれば、その妖は城門の内側が崩れることである」とあります。『春秋潜潭巴』に、「宮殿の瓦がひとりでに落ちるのは、諸侯が強くて主を凌いでいるからである」とあります。これらはいずれも小人が高い地位にあり法を乱していることへの咎徴です」と申し上げた。そののち、黄巾の賊が東方から現れ、武庫の武器が大いに用いられた。〔そして〕皇后の同父兄の何進は大将軍となり、同母弟の何苗は車騎将軍となり、兄弟ともに権勢を誇り、共に兵を率いて都に駐留した。そののち、何進は宦官を誅滅しようとして、中常侍の張譲や段珪たちに殺された。宮中の門のもとで交戦し、互いに殺し合い、天下で大いに兵乱が起こった。

〔光和〕三〔一八〇〕年二月に、公府の車寄せの屋舎がひとりでに南北三十間あまり壊れた。

中平二〔一八五〕年二月癸亥に、広陽門の外側の上がひとりでに壊れた。

献帝の初平二〔一九一〕年三月に、長安の宣平門の外側が、理由もなくひとりでに壊れた。三〔一九二〕年夏になると、司徒の王允が、中郎将の呂布に太師の董卓を殺させ、その三族〔父・母・妻の一族〕を滅ぼした[二]。

興平元〔一九四〕年十月に、長安の市場の門が、理由もなくひとりでに壊れた。〔興平〕二〔一九五〕年春になると、李傕と郭汜が、長安城中で交戦した。李傕は天子を脅迫して、自らの塢〔軍事拠点〕に移し、宮殿・城門・官府・民家を焼き尽くし、配下の兵を放って公卿以下の者たちを略奪した。冬に、天子が東に向かい雒陽に戻ると、李傕と郭汜はそれを追跡して曹陽に至り、天子の隊列の物資を奪い、光禄勲の鄧淵、廷尉の宣播、少府の田邠たち数十人を殺害した。

「洪範五行伝」に、「征戦を好み[三]、人々の命を軽んじ[四]、城郭を飾り立て[五]、辺境へ侵攻すれば[六]、金は変形できなくなる」とある[七]。（これは）金が本来の性質を失って災いを起こすことをいう。

[劉昭注]

[一]（『後漢書』列伝二十下）襄楷伝に引く襄楷の上奏文には、「前疑」という言葉はない。

[二] 袁山松の『後漢書』に、「李傕たちは長安城を攻略し、王允たちを殺害した」とある。

[三] 鄭玄の注は、「参宿の伐星は、武事の府であり、征戦の象である」という。

[四] 鄭玄の注は、「これを軽んずとは、人々の命を重視しないことである。『春秋公羊伝』（僖公二十六年）に、「軍隊が出征して正しく帰還しなければ、戦って正しく勝ったことにはならない」とある」という。

[五] 鄭玄の注は、「昴宿・畢宿の間は、天街という。甘氏〔甘徳〕の経に、「天街は辺塞であり、

大道にして要衝である」とある。辺塞は、（「五行伝」のいう）城郭に当たる象である。（また『礼記』）月令篇に、「（夏に秋の政令を行うと）四方の辺境にある村々の人々が砦に入る」とある」という。

[六] 鄭玄は、「畢宿は、辺境の兵を司る」という。

[七] 鄭玄の注に、「君主が以上の四つの失政を行えば、天の西宮の政に逆らうことになる。西宮は地上では金に当たる。金は本来の性質として型に沿って変形され、人々がこれを材料として道具をつくる。何の原因も無く冶金の際にうまく熔けなかったり、火にかけると飛散したり、鋳造しても裂けたりする、これは金が（正しく）変形しないということである。ここに挙げた以外の変異は、みな沴の中に含まれる」という。（『尚書』）洪範篇に、「（金の）変形という性質は（五味の）辛さをなす」とある。馬融は「金の性質は、火によって形を変え、熔かすことができる」という。『漢書音義』に、「人君の言葉が（人々に）従われなければ、金属もまた人の意図に従わなくなる」とある。

（「洪範五行伝」に）また、「言葉が従われないこと、これを不乂（治まらない）という[一]。（これによって起こる）咎徴は僭[二]、罰は旱魃[三]、六極は憂いである[四]。時に詩歌の妖が起こり〔五〕、時に介虫の孽が起こり〔六〕、時に犬の禍が起こり〔七〕、時に口舌の痾が起こり〔八〕、時に白色の眚・祥が現れる。これらは木が金を損ねたのである」とある。介虫の孽は、劉歆の五行伝は毛虫の孽とする。乂は、治めるという意味である。

［劉昭注］

〔一〕鄭玄は、「乂は、治めるという意味である。君主の言葉が従われなければ、物事を治めることはできない」という。

〔二〕鄭玄は、「君臣の間が治まっていなければ、上下関係が乱れる」という。

〔三〕鄭玄は、「（五行の）金は秋を司り、秋の気は殺気である。殺気が損われれば、そこで晴天ばかり（で旱魃）となるのである」という。『春秋考異郵』に、「君主の行いが正しくなければ、その言葉に人々は従わない。言葉が従われなければ、下々は治まらない。下々が治まらなければ、上下関係が崩れて節度を踏み外し、放漫で驕り昂ぶるようになる。天子は天に逆らい、大夫は人主に逆らい、諸侯は主上に逆らい、陽が制御されず、心の欲するままに従って行動するようになる。上が下を憂えるようになると、それに伴って晴天ばかり（で旱魃）が起こる。歴史を振り返って、天意について考えてみると、大規模な旱魃が起きて、人々が大いに災禍を被っている」とある。『淮南子』（天文訓）に、「無辜の者を殺せば、国土が旱で赤くなる」とある。

［四］鄭玄は、「殺気が損われれば、人は憂うることになる」という。

［五］鄭玄は、「（『尚書』尭典に）詩とは志を言うことである」という。

［六］鄭玄は、「イナゴやセミの類は、火〔夏〕に生まれて秋に地中に隠れる動物であり、（五行では）金に属す」という。

［七］鄭玄は、「犬は、口で吠えて番をする家畜である。（五事では）言に属す」という。

［八］鄭玄は、「（五事の）言の気が損われた（ために発症する）病気である」という。

訛言〔流言。人々を従わせられないこと〕

安帝の永初元〔一〇七〕年十一月に、人々が流言により動揺して、司隷・并州・冀州の人々が、土地を離れて逃げ出した。このとき鄧太后が、政治を専断していた。婦人は、従順をその道とするものであり、礼〔『儀礼』喪服篇、『礼記』郊特牲篇〕にも、「夫が死ねば子の命に従う」とある。（しかし）いま（女である）鄧太后が専ら政治を取り仕切っている。（男に）従わずに僭越であったため（の流言）である［一］。

〔劉昭注〕

〔一〕『古今注』に、「章帝の建初五〔八〇〕年に、東海郡・魯国・東平国・山陽郡・済陰郡・陳留郡の人々が、流言により動揺した。賊があり、捕まって都へ移送されると、人々はみな城市へもどった」とある。

旱〔旱魃〕

光武帝の建武五〔二九〕年夏に〔一〕、旱魃が起きた。京房の『易伝』に、「有徳者を欲しながら登用しないこと、これを張といい、その災禍は荒であり、その旱魃（の起こり方）は、空を暗い雲が覆っているのに雨が降らず、それが赤くなり、四方が暗くなる。上下が皆でごまかしあうこと、これを隔といい、その旱魃は、天が三ヵ月に亘って赤くなり、時に雹が降って飛ぶ鳥を殺すことがある。君主があちこちから妃を求めて来ること、これを僭といい、その旱魃は、三ヵ月に亘って高温が続き雲が無い。君主が役所を高く造ること、これを犯といい、陰が陽を犯し、その旱魃は、万物が死に絶え、火災が起こる。

位の低い者が節度を超えること、これを僭といい、その旱魃は、沢地の物が枯れる。火によって傷つけられるのである」とある[二]。このとき天下の僭上・反逆する者たちはまだ誅し尽くされておらず、軍旅がしばしば長期に亘っていた[三]。

章帝の章和二〔八八〕年夏に、旱魃が起こった。このとき章帝が崩御したのち、竇太后の兄弟が、政治を取り仕切り驕慢で専横するようになっていた[四]。

和帝の永元六〔九四〕年秋に、都で旱魃が起こった。このと雒陽には冤罪で囚われた者たちがいた。和帝は雒陽の役所にいき、囚人の罪状を調べて、冤罪を晴らし、雒陽令を捕らえて処罰した。（そののち和帝が）宮殿に帰還する前に、恵みの雨が降り出した[五]。

安帝の永初六〔一一二〕年夏に[六]、旱魃が起こった[七]。

（永初）七〔一一三〕年夏に、旱魃が起こった。

元初元〔一一四〕年夏に、旱魃が起こった。

（元初）二〔一一五〕年夏に、旱魃が起こった[八]。

（元初）六〔一一九〕年夏に、旱魃が起こった[九]。

順帝の永建三〔一二八〕年夏に、旱魃が起こった。

（永建）五〔一三〇〕年夏に、旱魃が起こった陽嘉二〔一三三〕年夏に、旱魃が起こった。このとき李固は対策して、「（旱魃は梁冀の）奢侈と僭上が引き起こしたものです」と申し上げた[一〇]。

沖帝の永嘉元〔一四五〕年の夏に、旱魃が起こった。このとき沖帝が幼くして崩御し、太尉の李固は梁太后の兄の梁冀に、「次の帝を立てるには、年長で徳の有る方を選ぶべきで、天下万民が心を寄せれば、その功名は不朽となるでしょう。幼い方はその後の成長が分からず、もし後から良くないとなった場合、悔やんでも取り返しがつかないことになります」と勧めた。（しかし）このとき梁太后と梁冀は、年少の者を即位させ、それによって自分たちが長く政治を壟断し続けようともくろみ、こうして質帝を立てた。まだ八歳であった。これは有徳者を用いないということである[一一]。

桓帝の元嘉元〔一五一〕年の夏に、旱魃が起こった。このとき梁冀が政治を担当し、その妻子はいずれも封建されて、寵用ぶりは節度を超えていた。

延熹元〔一五八〕年六月に、旱魃が起こった[一二]。

霊帝の熹平五〔一七六〕年夏に、旱魃が起こった[一三]。

（熹平）六〔一七七〕年夏に、旱魃が起こった。

光和五〔一八二〕年夏に、旱魃が起こった。

（光和）六年〔一八三〕夏に、旱魃が起こった。当時、常侍・黄門の宦官たちが、越権して刑罰・恩賞を下していた。

献帝の興平元〔一九四〕年秋に、長安で旱魃が起こった。このとき李傕と郭汜が、政治を壟断し、ほしいままにふるまっていた[一四]。

［劉昭注］

〔一〕『古今注』に、「建武三〔二七〕年七月に、雒陽で大旱魃があり、光武帝が南郊へ行き雨乞いをしたところ、その日のうちに雨が降った」とある。

〔二〕『春秋考異郵』に、「国に大旱魃があるのは、不当な裁判があるためである。旱魃があるのは、陽気が移り、その精が広まらないためである。君主が節度を失い、放漫で秩序を乱し、気が乱れて天を感応させると、旱魃という咎徴が現れる」とある。また、「陰が圧迫して陽が移り、君主が放漫で人々がそれを憎むと、陰の精がゆるまず、陽が偏って広まらない」とある。また、「陽が偏るのは、人々が怨んでいることの咎徴である。このように（天を）感応させる原因は、君主が奢侈で多くを求め、多くを求めれば人々の財が枯渇し、人々の財が枯渇すれば（生活が）壊滅するためである。君主の不仁である」とある。『管子』（度地篇）に、

「春に枯骨を拾って埋葬せず、枯れ木を切って取り除かなければ、夏に旱魃が起こる」とある。方儲の対策文に、「人々が苦しみ、兵役が相次ぎ、租税の課徴が中正を失し、突然出兵して外地に駐屯し、それが三季にも亘れば、国内には夫の出兵を怨む女がおり、国外には妻との別離を寂しがる夫がおります。王者がよく凶兆を考え、天意を推し量り、具体的な事柄について改善を図れば、旱害は取り除けます。そもそも旱魃が長く続いたのは、天王が人々を思いやらず、恩徳が施されず、万民が苦しんでいるためです。天はそれを受け（降雨という）恩沢を施さなかったのです」とある。

［三］『古今注』に、「建武六〔三〇〕年六月・九〔三三〕年春・十二〔三六〕年五月・二十一〔四五〕年六月、明帝の永平元〔五八〕年五月・八〔六五〕年冬・十一〔六八〕年八月・十五〔七二〕年八月・十八〔七五〕年三月に、いずれも旱魃が起こった」とある。

［四］『古今注』に、「建初二〔七七〕年夏、雒陽で旱魃が起こった。四〔七九〕年夏・元和元〔八四〕年春に、旱魃が起こった」とある。（『後漢書』列伝二十八）楊終伝に、「建初元〔七六〕年に、大旱魃が起こって穀物の値段が上がった。楊終は、広陵・楚・淮陽・済南の裁判で流刑にされたものが数万人となり、人々が（それを）怨んでいるからであると考え、上疏して旱魃が例年よりも長いことを述べた」とある。『孔叢子』に、「建初元年に、大旱魃が起こり、

章帝はこれを憂えた。侍御史の孔豊が上疏して、「臣が聞くところでは、悪事をなした時に災禍が起こるのは、その悪事への反応である。善事をなした時に災禍が起こるのは、時の巡り合わせによるものであると申します。陛下は即位されて日も浅く、人々を病人のように労わっていらっしゃいますが、不幸にして旱害を受けましたことは、時の巡り合わせに過ぎません。陛下の政教がもたらしたものではないのです。（しかし）かつて、成湯〔殷の湯王〕は旱魃が起こると自らを責め、狩を止めて蓄えを人々に施し、自らの食事を減らしたところ、大豊作となりました。考えますに陛下は、まだ成湯のことをなされていないと存じます」と申し上げた。章帝はその言葉を採用して実行したところ、三日目に降雨があった。（そこで）孔豊を（侍御史から）遷して黄門郎に任命し、東観の管理を司らせた」とある。

〔五〕『古今注』に、「永元二〔九〇〕年に、十四の郡・国で旱魃が起こった。（永元）十五〔一〇三〕年には、雒陽と二十二の郡・国で旱魃が起こり、実りを害するものもあった」とある。

〔六〕『古今注』に、「永初元〔一〇七〕年に、八の郡・国で旱魃が起こった。議郎たちを各地に派遣して、雨乞いをさせた」とある。（『後漢書』）本紀（五 孝安帝紀）を調べると、「永初二〔一〇八〕年五月に、旱魃が起こった。（そこで）皇太后が雒陽寺に赴き、囚人の罪状を調べたところ、その日のうちに雨が降った」とある。（しかし、その）六月には、都と四十の郡・

国で、洪水が起こっている。旱魃を消して降雨を得たが、適切な対処が無かったため、災害が生じたのである。

[七]『古今注』に、「(永初)三〔一〇九〕年に、八の郡・国で(旱魃が起こり)、(永初)四〔一一〇〕年と(永初)五〔一一一〕年の夏に、旱魃が起こった」とある。

[八](元初)三〔一一六〕年夏に、旱魃が生じた。このとき西羌が来寇したため、軍が駐屯することが、十余年に及んでいた。

[九]『古今注』に、「建光元〔一二一〕年に、四の郡・国で旱魃が起こった。延光元〔一二二〕年に、五の郡・国で旱魃が起こり、実りを害した」とある。

[一〇]臣昭が調べますと、(『後漢書』)本紀(六孝順帝紀)に、「(陽嘉)元〔一三二〕年二月に、都で旱魃が生じた」とあります。郎顗伝に、(陽嘉二年に郎顗が上奏した消災の術の中に)「(旱魃は)君主の恩沢が人々に行き渡らず、禄位を授ける権限が公室の手を離れ、臣下が専横しているために起こっています」とあります。また周挙伝に、「(陽嘉)三〔一三四〕年に、河南・三輔で大旱魃が起こり、五穀が不作となった。天子は、徳陽殿の東廂(東側に併設された脇部屋)に自ら地に坐して、雨乞いをした」とあります。

[一一]『古今注』に、「本初元〔一四六〕年二月に、都で旱魃が起こった」とある。

〔一二〕京房の占に、「君主が恩恵を施し下々を利することがなければ、旱魃を引き起こす。正しく対処しなければ、必ずイナゴが実りを損う。正しく対処するというのは、刑罰を軽くし、寛大な統治をし、万民を慈しみ、功績ある官吏をねぎらい、老いた独身の男女を支援し、貧しい者に救恤を加えることである」という。調べてみると陳蕃の上疏に、「後宮の女性が多く、集めておきながらお渡りにならなければ、その憂いや悲しみに感応して、洪水・旱魃（という災害）が生じるのです」とある。

〔一三〕蔡邕が「伯夷・叔斉の碑」を作り、以下のように述べている。「熹平五〔一七六〕年、天下で大旱魃が起こった。（そこで）名山に雨乞いをし、その応報が得られるように願った。このとき在野の士であった平陽県の蘇騰、字を玄成という者が、夢の中で首陽山に登り、神馬が使者として道にいたという体験をした。目が覚めてこれを思い出し、首陽山に登った夢の様子を天子へ上聞した。（そこで）三公府を動員して雨乞いを行い、使者と郡・県の戸曹の属吏とで山に登って祠に詣で、手ずから書をしたためて、「あなた様から我らが聖なる主へ、大いなる恩沢という福禄をお授け下さい」と請願させた。（すると）天はすぐに雲を起こし、甘露を降らせた」と。

〔一四〕『献帝起居注』に、「建安十九〔二一四〕年夏四月に、旱魃が生じた」とある。

謡〔詩・歌の異常〕

更始帝の時に、南陽郡で童謡があり、「うまくいくかどうかは、赤眉次第。得られるかどうかは、河北次第」といっていた。このとき、更始帝は長安におり、光武帝は大司馬となり、河北の平定に当たっていた。更始帝の大臣たちは、いずれも僭越で政治を壟断していた。このため童謡の怪異が生じたのである。のちに更始帝は赤眉に殺された。これは更始帝の「うまくい」かなかったことが、「赤眉次第」であったということである。（そして）光武帝は河北から興隆した。

光武帝の建武六〔三〇〕年に、蜀の童謡で、「黄色い牛に白い腹、五銖銭は必ず蘇る」といっていた。このとき、公孫述が蜀で皇帝を僭称していた。時の人々は密かに、「王莽が黄徳を称したので、公孫述はこれを継ごうしている。このため白徳を称している。五銖は漢朝の貨幣であり、（この童謡は）漢が必ず復活することを示している」といっていた。公孫述は果たして誅滅された。

王莽の末期に、天水郡の童謡で、「呉門を出でて、緹群を望む。そこに一人の足なえが現れて、天まで昇ろうと言っている。たとえ天まで昇れても、地上に民を得ることはできまい」といっていた。このとき隗囂は、初めて兵を天水郡で起こし、のちに野心が次第に大きくなり、天子になろうとしたが、結局は破滅した。隗囂は、幼いときより足が悪かった。呉門は、（天水郡）冀（県）の城門の名である。緹群は、山の名である。

順帝期の末、都の童謡が、「真っ直ぐなこと弦のようであれば、路辺に死んでしまう。曲がっていること鉤のようであれば、かえって侯に封建される」といっていた。考えてみると、順帝が崩御し、質帝の在位が短く終わると、大将軍の梁冀は、先帝から血縁が遠く幼い帝を立てることを欲張り、国政を我が物として、私欲を満たした。太尉の李固は、「清河王が人品優れて聡明で、『詩』をよく学び礼を好み、かつ帝室から血縁も近い。（『春秋左氏伝』文公六年、昭公二十六年にあるように）「年長を立てるのが順序であり、善良な者を（位に）置けば手堅い」とすべきである」と主張した。しかし梁冀は、梁太后に進言して、李固を免官させ、蠡吾侯を招いて天子（桓帝）の位に即けた。李固はこの日に獄中に斃れ、死体が道にさらされた。（一方で）太尉の胡広は安楽郷侯に封建され、司徒の趙戒は厨亭侯に封建され、司空の袁湯は安国亭侯に封建された。

桓帝期の初め、天下の童謡が、「小さな麦は青々と、大きな麦は立ち枯れる。誰がそれを刈る者か。妻と母と（でそれを刈る）。夫はいったい今いずこ。西へ向かって胡族を討つ。吏は馬を買い、君は車を用意する。皆のために、あごひげどもを打ち叩こう」といっていた。考えてみると元嘉年間〔一五一～一五二年〕に、涼州で羌の諸部族が、時を同じくして反乱を起こし、南にむかい蜀・漢へ侵入し、東にむかい三輔を略奪し、それが幷州・冀州にまで及び、大いに人々の害となった。（そこで）将軍たちに命じて軍を出したが、戦うたびに敗れ、中国はますます兵士を徴発し（働き手の男たちがいなくなり）、麦は多くが放って置かれ、ただ婦女だけで刈り取っていた。「吏は馬を買い求め、君は車を用意する」とは、徴発が重く秩禄を受けるものにまで及んだことをいう。「皆のために、あごひげどもを打ち叩こうぞ」とは、おおっぴらにはいえないので、ひそかに隠語によって嘆いたのである。

桓帝期の初めに、都の童謡で、「城の上の烏、尻尾が揺れる。夫は役人、息子は兵士。一人が死んで、車は百台。車が続々、河間に入る。河間の美女は、得意なことは銭勘定。銭の室に、金の堂。石の上、まだまだ足りぬとオオアワをつく。梁の下には鼓があるが、打とうとすれば、お偉方が怒り出す」といっていた。これは、いずれも政治が貪欲であることをいったのである。「城の上の烏、尻尾が揺れる」というのは、高いところにいて独り占めに巧みで、下々に分け与えないことである。君主による収奪が多いことをいう。「夫は役人、息子は兵士」とは、蛮夷が反逆していて、父はすでに軍吏として徴発され、加えて息子も兵卒として出征することをいう。「一人が死んで、車は百台」というのは、前に出征した兵士が胡人との戦いで一人死ぬと、その後からさらに百台もの車を増援に行かせることをいう〔一〕。「車が続々、河間に入る」というのは、主上が崩御しようとしており、そのために輿車（よしゃ）が続々と、河間を訪れて（次の天子になる）霊帝（れいてい）を迎えることをいう〔二〕。「河間の美女は、得意なことは銭勘定〔三〕。銭の室に、金の堂」というのは、霊帝が即位すると、その母の永楽太后（えいらくたいこう）が金を集めて堂をつくることを好んだことをいう。「石の上、まだまだ足りぬとオオアワをつく」というのは、永楽太后は金銭を貯めても満足できずに、あたかも足りていないかのようであり、人にはオオアワをついて、それを食べるようにさせたことをいう。「梁の下には鼓があるが、打とうとすれば、お偉方が怒り出す」というのは、永楽太后が霊帝に売官を行わせて私腹を肥やし、そこで禄位を得た者は相応しい人物ではなかったので、天下の忠義の厚い士人たちがそれを恨み、懸かっている鼓を打って謁見しようとしたのだが、お偉方で鼓を司っている者が、やはり上に諂（へつら）って従い、（そのような士である）我（わたし）を叱って止めることをいうのである。

桓帝期の初め、都の童謡で、「游平が、官印売って自ずと公平、豪族・名門取り立てず」といっていた。考えてみると延熹年間〔一五八～一六七年〕の末に、鄧皇后が譴責を苦にして自殺し、そこで竇貴人が代わって皇后となった。竇貴人の父は、その名を武といい、字を游平という。（竇貴人の皇后即位に伴い、竇武は）城門校尉に任命された。（霊帝期に）竇太后が摂政をすると、竇武は大将軍となり、太傅の陳蕃と心を一つにして力を合わせ、有徳者の登用につとめ、官位の授与には必ず相応しい者を選んだ。（そのため）豪族・名門は、みな（官職を得ることを）諦めたのである。

桓帝の治世の末に、都の童謡で、「一頃の茅の畑に井戸があり、四方はボウボウ荒れ放題。飲めや飲め、今年はどうにかなるが、後はますます乱れよう」といっていた[四]。『周易』（泰卦 初九 爻辞）に、「茅を抜くと連なって抜けるのは、それらが類を同じくするからである。進むのに吉である」とある。茅は、賢人たちのことを喩えている。井というものは、法のことである。このとき中常侍の管覇と蘇康は、天下の賢人たちを忌み嫌い、長楽少府の劉囂、太常の許詠、尚書の柳分[五]・尋穆・史佟[六]、司隷の唐珍たちと、代わるがわる結びついた。河内郡の牢脩が、闕に至り上書して、「汝南郡・潁川郡・南陽郡（の人士たち）が、上の者から実態の伴わない評価をされ、賞罰を専断しております。甘陵国には南北二党があり、三輔はさらに甚だしくなっております」とした。こうして（かれらを捕らえて）黄門北寺の獄に送って取り調べ、はじめて党錮が起こった。「一頃の茅の畑」というのは、賢人たちが数多いことをいう。「井戸が有」るというのは、たいへん苦しい状況ではあったが、規律を失わなかったことをという。「四方はボウボウ荒れ放題」というのは、諸悪が大いにはびこり、収拾がつかなくなることをいう。「飲めや飲め」というのは、都で飲酒を強いる時の言い方である。肉を食う者が卑しく（権力者に遠謀が無く）、王政の乱れを憂えず、ただ宴会に耽って飲めや歌えやで騒いでいるだけであることをいう。「今年はどうにかなる」とは、党錮が起きているに過ぎないことをいう。「後はますます乱れよう」というのは、陳蕃・竇武が誅滅され、天下が大いに乱れることである。

桓帝期の末に、都の童謡で、「白い傘の小さな車、どうして延々やって来る。河間が来てうまくおさまる、河間が来てうまくおさまる」といっていた。解犢亭は、饒陽に属し、饒陽は河間国の県である[七]。間もなくして桓帝が崩御し、（劉宏を皇帝に迎える）使者と解犢侯が、白い傘の車で河間からやって来た。延々は、それが多い様子である。この時、御史の劉儵が、霊帝を立てるよう建議したことから、（霊帝は）劉儵を侍中に任じた。中常侍の侯覧は、霊帝と親密な劉儵が、自分を斥けることを怖れ、（霊帝に）進言して劉儵を泰山太守に任命させ、そして（百官を弾劾できる）司隷校尉に命じ、脅かしてこれを殺させた。皇帝が少し成長すると、劉儵の功を思慕し、そこでその弟の劉郃を登用して、司徒の位に就けた。これが「うまくおさまる」ということである。

霊帝期の末、都の童謡が、「侯、侯ならず。王、王ならず。千乗万騎、北芒へ行く」といっていた。考えてみると、中平六〔一八九〕年に、史侯〔少帝劉弁〕は登って帝位に即いた。（このとき）献帝はまだ爵号を持っていなかった。中常侍の段珪たち数十人に捕らえられ、公卿・百官がみなその後に従い、黄河の辺まで来たところで、ようやく（解放されて）雒陽へ戻ることができた。これが「侯ならず、王ならず、北芒へ行く」ということである[八]。

霊帝の中平年間〔一八四～一八九年〕に、都の歌で「楽世を継いで董は逃げ、四方を巡って董は逃げ、御恩を受けて董は逃げ、高位に就いて董は逃げ、感謝を示して董は逃げ、車騎を整え董は逃げ、出撃しようとして董は逃げ、中と別れて董は逃げ、西門を出て董は逃げ、宮殿を見て董は逃げ、都を眺めて董は逃げ、日夜かまわず董は逃げ、心を傷めて董逃げる」といっていた[九]。董とは、董卓のことである。専権を振るい、残虐の限りを尽くしても、結局は逃げ出すことになり、ついには一族が滅ぼされるということである〔一〇〕。

献帝が即位して間もないころ、都の童謡が、「千里の草は、どうして青々茂るのか。十日の卜は、生き長らえられず」といっていた。考えてみると「千里の草」は「董」（という字の析字）であり、「十日の卜」は「卓」（という字）のことである。およそ字を分解するやり方は、みな上から行い、左右の部分をくっつけたり分けたりするが、下から始めることは無い。（それにも拘らず）今ここで（「董」「卓」の）二字がこのように歌われているのは、「董卓は下から上へ迫って行き、臣下の分際で君主を凌いだ」ということである。生き長らえられずというのは、すぐに滅亡も訪れるということである〔一一〕。

建安年間〔一九六～二二〇年〕の初め、荊州の童謡が、「八、九年で衰え始め、十三年で残る者無し」といっていた。光武の中興以来、荊州では混乱も無く、劉表が州牧となると、荊州の人々はさらに繁栄を享受したことをいう。「八、九年で衰え始め」というのは、劉表の妻が死に、諸将がいずれも落ちぶれることをいう。「十三年で残る者無し」というのは、建安十三〔二〇八〕年に劉表もまた死に、人々が冀州へ移り住むことになることという[三]。

［劉昭注］

［一］臣昭は、「五行志編纂者のこの解釈は、十分ではないと考えます。出征した兵士が一人死んでも、どうして百台もの車を用いるでしょうか。この後、これに対応する出来事（霊帝を招く使者が多数の車で来たこと）は、結局霊帝のために起こっています。ここでいう「一人」とは、おそらく桓帝を指すのでしょう。桓帝は宦官を重用し、政治の中枢に参与させ、前後左右には、宮刑を受けた者しかおらず、（桓帝があたかも）囚人の長のようでした。そこで「一人」という言葉で表したのです。さらにその弟（劉悝）が位を廃して退けられ、自身には後嗣がありませんでした。（桓帝は）明らかに孤独で、「一人」といわずに何といえましょう。「車は百台」とは、要するに国君のことなのです。解犢亭侯がのちに召されて、帝位に即きましたが、遠縁の者が入れ代わり立ち代わり継承しました。このように解釈すれば、（歌詞に）ちょうど対応します」と考えます。

［二］応劭は、この句を解釈して、「霊帝を招く者が、車輪を連ね、旗印を掲げて、河間に来たことである」といっている。

［三］異本では、（原文の「姹女」を）「妖女」につくる。

［四］『風俗通』は、（原文の「鐃」を）「譊」につくる。

［五］袁山松の『後漢書』に、「柳分は、権勢のある勢力家であり、范滂に弾劾された者である」とある。

［六］史侈ものちに司隷校尉となった。応劭は、「史侈は、佞臣で狡猾さによって取り立てられた者である」という。

［七］臣昭は、「（『続漢書』志二十）郡国志によれば、饒陽県はかつて涿郡に属し、のちに安平国に属することになりました。霊帝は、そもそも河間王の曾孫であり、童謡は当然それを示しています。（霊帝の封建されていた解犢亭が）河間の県であることが童謡に対応すると説明するまでもありません」と考えます。

［八］『英雄記』に、「都での流行り歌ではいずれも、「黄河の臘が、群がり進む」といっていた。献帝は臘日（臘祭の行われる十二月八日）の生まれである」とある。『風俗通』に、「烏の臘よ、烏の臘よ」とある。逆臣董卓が大いに蔓延り人々を虐げ、凶悪さを極めていたので、函谷関より東が一斉に挙兵して、董卓を誅滅しようとした。（しかし）それぞれ互いに様子を見るばかりで、あえて自分が先陣を切って進もうとはせず、あちこちに兵士たちが留まるばかりで

その数は数十万、まるで烏が虫を狩ろうとするように、他の者の後について横から取ろうとするばかりであった。

［九］楊孚の「董卓伝」に、「董卓は歌詞を（「董逃げる」から）「董安んず」に改めた」とある。

［一〇］『風俗通』に、「董卓は、「董 逃げる」の歌が自分をあてこすっていると考え、大いにこれを禁絶し、死者が数千人にもなった。霊帝期の末に、礼楽は崩壊し、恩賞刑罰は適切さを欠き、毀誉褒貶は実際とかけ離れ、分不相応な服を競って身に着け、制度をだいなしにしてしまった。遠近いずれにおいても、意見を述べ立てる若者を「時人」と呼ぶようになった。賢人は密かに論じて、「かつては「世人」といい、そのうちに「俗人」というようになったが、今では「時人」というようになった。これは天が期日を狭めているのである」とした。この歌からほどなくして、天下は大いに破壊された」とある。

［一一］献帝期の初め、童謡が「燕の南端、趙の北端、真ん中は合わず、大きくて砥石のよう。この中でだけ、世を逃れられる」といっていた。公孫瓚は、易の地がこれに当たると考え、そこで本拠を易県に移し、城郭を建てて食糧を蓄え、天下の変を待つことにした。建安三〔一九八〕年に、袁紹は公孫瓚を攻めた。公孫瓚は大敗を喫し、その姉妹・妻子を絞め殺し、火を放って自ら焼死しようとしたが、袁紹の兵が駆け登って楼台の上で公孫瓚を斬り殺した。

これよりさき、公孫瓚は黄巾を破り、劉虞を殺し、戦勝の勢いに乗って南下し、斉の地まで占領した。威勢は大いに振るったが、先を見据えた計略を立てられなかった。堅固な居城を頼みに時勢を観望しようとしたため、そのまま包囲されて殺された。これこそ、易の地にいたため世を去ったということである。

〔二〕干宝の『捜神記』に、「この時、華容県で一人の女性が突然泣き叫んで、「貴人が亡くなろうとしている」と言った。言葉がでたらめだったので、県はそれを妖言と見なし、投獄すること百日余り、（女性は）突然獄中で哭して、「劉荊州が今日死んだ」と言った。華容県は州都（の襄陽県）から数日（の距離）なので、すぐに早馬を出して確かめに行かせると、劉表は果たして死んでいた。県はそこで女性を釈放した。すると女性は、また歌い吟じて、「思いもよらなかった李立が貴人となるとは」と言った。その後ほどなくして、曹操が荊州を平定し、涿郡の李立、字を建賢という者を荊州刺史に任じた」とある。

狼食人〔毛の生えた動物に関する異常〕

順帝の陽嘉元〔一三二〕年十月中、望都県・蒲陰県の狼が、子供九十七人を殺した。このとき李固は対策して、京房の『易伝』を引き、「君主が無道で、害が人々に及ぼうとすれば、（人々は）深山へ去って身を全ういたします。そこで生じる怪異は、狼が人を食うことでございます」と申し上げた。陛下は自らの非を悟り、隠棲して埋もれている人材を盛んに求めた。このため狼の災異は収まった〔一〕。

霊帝の建寧年間〔一六八～一七二年〕に、群れをなした狼数十頭が晉陽の南門から入り人を嚙んだ〔二〕。

〔劉昭注〕

〔一〕『東観漢記』に、「中山の国相の宋遂が着任すると、北嶽恒山を祀りに行かなくなった。（そこで）詔を出して、「災異は同類に因って起こり、必ず対応する事柄があり、政治が中正を失うと、狼の災異が応じ、そのため子供たちが食い殺されるまでに至っている。皇帝は憐れ悼み、その咎徴について考え、前例を広く調べた。山岳は尊い霊であり、国が望祭を行う対象である。それなのに宋遂はこのごろ祭祀を行わず、怠慢にも制度を廃れさせ、誠実を心がけず、むやみやたらに刑罰を行い、その害は妊婦にまで及び、害毒が生まれていない子にまで流れ、それに応じて災異がもたらされている。よくよく反省して行いを改めて対応し、失政を回復せよ。もしこの命令に従わない者があれば、上奏して弾劾せよ」と述べた」とある。

〔一二〕袁山松の『後漢書』に、「光和三〔一八〇〕年の正月、虎が平楽観に現れ、さらに憲陵の上にも現れ、衛兵を噛んだ。（これに先立ち、熹平六〔一七七〕年の）蔡邕の上奏文に、「政治が苛烈暴虐であると、虎狼が人を食うのです」とある」とある。

五行志二 第十四　災火　草妖　羽虫孽　羊禍

「洪範五行伝」に、「法律をないがしろにし[一]、功臣を追い出し[二]、太子を殺し[三]、妾を妻にすると[四]、火が燃え上がらなくなる」とある。（これは）火が本来の性質を失って、災いを起こすということである[五]。

［劉昭注］

［一］鄭玄は『尚書大伝』に注をつけて、「井宿は法令を司る」という。

［二］鄭玄は、「功臣は法律を定める者である」という。また一説に、「柳宿は食膳を司り、星宿は衣裳を司り、張宿は厨房であり、翼宿は楽人を司る。経〔『尚書』虞書、今文では皐陶謨、偽古文では益稷〕に、「帝は、「臣下はわが手足・耳目である。予は人々を助けようと思う。汝らは補佐にあたれ。予は古人の図像を示し、日・月・星辰・山・龍・動植物を描き、宗廟の祭器・水草・炎・白米・黼〔斧柄〕・黻〔二つの弓が背きあうかたち〕を刺繍して、五色を鮮やかに施して衣服を作ろうと思う。汝らは（これを）明らかにせよ。予は六律・五声・八音を聞き、笏に記して、五官に命令を伝達しようと思う。汝らは（これらを）聴け」と言っ

た」とある。すなわち衣食・音楽は、臣下が大きな功績を果たす事柄である。（また）星宿の北には酒旗星があり、南には天厨星があり、翼宿の南には器府がある」という。

〔三〕鄭玄は、「五行では火が土を生じ、天文では参宿が井宿を継ぎ、四季では秋が夏に代わる。（これらは）太子を殺すことの象である。『春秋公羊伝』（哀公六年）に、「千乗の国の君主が、正当な継承者を退けて正当でないものを太子に立てようとすれば、必ず正当な者を殺すことになる」とある」という。

〔四〕鄭玄は、「軒轅は后妃であり、天の南宮に属す。その大星は女主の象であって、女御がその前にあり、妾が妻になることの象である」という。

〔五〕鄭玄は、「君主が以上の四つの失政を行えば、天の南宮の政に逆らうこととなる。南宮は地上では火に当たる。火は本来の性質として燃え上がり燃え広がり、人々がそれを用いて煮炊きをするものである。何の原因も無く発生して熱を放ち、燃え広がって害をなす、これを火が（正しく）燃え上がらなくなるという。ここに挙げた以外の変異は、みな沴の中に含まれる」という。『春秋考異郵』に、「火は、陽の精である。人は天の気の五行・陰陽を合わせたものである。極まった陰は陽に転じ、極まった陽は陰を生じる。このため人の行いに応じ災禍・不吉な異変が生じる。このように（人が天を）感応させ、兆・応を次々と出現させる理由は、従ったり逆らったりと心が変わることによる」とある。

（「洪範五行伝」に）また、「目が明るくないことを不哲〔判断力が無い〕という[一]。これにより起こる咎徴は舒であり[二]、罰は暖冬であり[三]、六極では疾病である[四]。時に草木の妖が起こり[五]、時に蠃虫の孽が起こり[六]、時に羊の禍が起こり[七]、時に赤色の眚・祥が現れる。これらは、水が火を損ねたのである」という。蠃虫の孽は、劉歆の「五行伝」では「羽虫の孽」としている。

[劉昭注]

[一] 鄭玄は、「視は、瞭という意味である。君主の目が明るくなければ、物事を見極めることはできない」という。『尚書』洪範篇に、「（五事の）視については（その理想的あり方を）明という」とある。

[二] 讖に、「君主がたるみ、臣下がだらけ、善悪がはっきりせず、賢愚が区別されず、人々の困難を憂うこともできず、（そのために）気がゆるまり、草が揺れなくなる」とある。鄭玄は、「君臣が物事を見極めなければ、たるむ」という。

〔三〕鄭玄は、「（五事の）視は（五行の）火に当たり、火は夏を司り、夏の気は長気〔万物を成長させる気〕である。長気が損われれば、そのため暖冬となる」という。

〔四〕鄭玄は、「長気が損われれば、そのため人は疾病を生ずる」という。

〔五〕鄭玄は、「草は、（五事では）視に当たる。目に見えるもののなかで、草よりも多いものは無い」という。

〔六〕鄭玄は、「蠃は、ズイムシの類のことである。火〔夏〕に生まれて秋に地中に隠れる動物である」という。

〔七〕鄭玄は、「羊は、遠くまで見ることができる家畜で、（五事では）視に属す」という。

災火〔火が正しく燃え上がらないこと〕

建武年間〔二五～五六年〕に、漁陽太守の彭寵が徴召された。詔書が届くと、翌日に潞県で火災があった。火災は城内より起こり、城外に飛び火し、千余家を燃やし、死者が出た。京房の『易伝』に、「上が慎まず、下が分を弁えなければ、強い炎がしばしば上がり、宮室を焼く」とある。儒家の説では、火は明るさをその働きとし、礼を司るという。このとき彭寵は、幽州牧の朱浮と不仲で、朱浮に譏言されるのではないかと疑い、ことさらに（徴召が朱浮の陰謀でないかと）怪しみ、（さらに）妻が徴召に応じないよう勧めたこともあり、そうして反乱を起こして朱浮を攻め、のちに誅滅された〔一〕。

和帝の永元八〔九六〕年十二月丁巳に、南宮の宣室殿で火災があった。このとき、和帝は北宮に行幸し、竇太后が南宮にいた。翌年、竇太后は崩御した。

（永元）十三〔一〇一〕年八月己亥に、北宮の盛饌門の側門で火災があった。このとき、和帝が鄧貴人を好み、陰皇后は寵愛が薄れたことで怨み、主上はこれを廃位しようと考えていた。翌年、たまたま陰皇后が呪術に手を染めたことが発覚し、これを廃位・幽閉したところ、憂死した。（そして）鄧貴人を立てて皇后とした。

（永元）十五〔一〇三〕年六月辛酉に、漢中郡城固県の南の城門で火災があった。これは和帝の血筋が途絶えることの象である。その二年後に、和帝は崩じ、（その子である）殤帝〔劉隆〕と平原王〔劉勝〕も夭逝し、和帝の血筋は絶えた。

安帝の永初二〔一〇八〕年四月甲寅〔二〕、漢陽郡阿陽県の城中で失火があり、三千五百七十人が焼け死んだ。これよりさき、和帝が崩御し、皇子は二人いた。皇子の劉勝が年長であったが、鄧皇后は皇子の劉隆〔殤帝〕が幼いのをいいことに、自らで育てて即位させようと目論んだ。（そして即位させたが）延平元〔一〇六〕年に、殤帝は崩じた。

劉勝には持病があったが重篤ではなかったので、群臣はみな劉勝を即位させようとした。（しかし）鄧太后は先に劉勝を即位させなかったので、代わりに清河王〔劉慶〕の子〔劉祜〕を立てた。これが安帝である。司空の周章たちは内心不服であり、鄧氏を誅して鄧太后と安帝を廃位し、それに代えて劉勝を立てようと謀った。（永初）元〔一〇七〕年十一月、計画は発覚し、周章たちは処罰された。その後、涼州で羌人の反乱があり、大きな被害が生じ、涼州の諸郡は（郡の）治所を馮翊・扶風との境界に置いた。鄧太后が崩じると、鄧氏は誅された。

（永初）四〔一一〇〕年三月戊子の日に、杜陵園で火災があった。

元初四〔一一七〕年二月壬戌に、武庫で火災があった〔三〕。このとき、羌族が反乱を起こし、多大な被害が出て、天下の兵を徴発してこれを攻め防ぎ、十余年に及びなお止まなかった。天下は兵役に苦しんだ。

延光元〔一二二〕年八月戊子に、陽陵園の寝殿〔衣冠・生活用具・食事を備えて、祖先の霊魂を奉養する施設〕で火災があった。およそ先帝の陵墓で火災が発生するのは、太子が廃嫡されようとしている象である。「太子を廃して自ら滅ぼすような真似をしてはならないことは、火が先帝の陵墓の寝殿を害してはならないようなものである」ということを示すのである。（しかし）翌年、主上は讒言により皇太子〔劉保〕を廃位して済陰王とした。二年後に、安帝は崩御し、中黄門の孫程など十九人が、官署の中で兵を起こし、賊臣を誅殺し、済陰王を即位させた。

（延光）四〔一二五〕年秋七月乙丑、漁陽県の城門の櫓で火災があった。

順帝の永建三〔一二八〕年七月丁酉に、茂陵園の寝殿で火災があった[四]。

陽嘉元〔一三二〕年に、恭陵の回廊で火災があり、東西の詰め所でも火があがった[五]。太尉の李固は、驕慢・僭上により引き起こされたものと考えた。恭陵を造る際に、（工事により他人の）墓を荒らし、陵墓を大きく作り、とりわけ飾り立てた。また主上は、この上さらに宮室を建て、楼台を増やそうと考えていた。このために詰め所で火が起こり、材木を燃やしたのである。

永和元〔一三六〕年十月丁未に、承福殿で火災があった[六]。これよりさき、爵位は、乳母の宋娥が山陽君となり、皇后の父の梁商が本国侯となっていた。また多く梁商の封爵を増し、梁商の長子である梁冀は、梁商の爵号を継ぐべきはずなのに、まだ梁商が健在であるため、梁冀をまた別に襄邑侯とした。また、皇后の母に追号して開封君とした。いずれも節度を失し礼に外れている[七]。

漢安元（一四二）年三月甲午に、雒陽の劉漢たちの家百九十七戸が、火災で焼けた[八]。その後四年間、皇帝の崩御が再三にわたり、建和元（一四七）年に、帝位がようやく落ち着いた。

桓帝の建和二（一四八）年五月癸丑に、北宮の後宮の中・徳陽殿で火災があり、左側の脇門に延焼した。これよりさき、梁太后の兄である梁冀は、邪な行いをほしいままにしており、もとの太尉の李固と杜喬が剛直で、自らの行いの邪魔をすることを恐れ、人を使って李固・杜喬を陥れる誣告をさせて、これを誅滅した。こののち、梁太后が崩御すると、梁氏は誅滅された。

延熹四（一六一）年正月辛酉に、南宮の嘉徳殿で火災があった。戊子に、丙署で火災があった。二月壬辰に、武庫で火災があった。五月丁卯に、原陵の長寿門で火災があった。これよりさき、亳皇后（薄皇后）が、卑しい身分の出身でありながら寵愛を受け、貴人と号し、さらに皇后になった。主上は皇后の母の宣を長安君とし、その兄弟たちも封じ、寵愛を盛んにし、功績の無い大勢の者を封じた。前年の春に、白馬令の李雲が直諫したことにより罰せられて死んだ。これにより、彗星が心宿・尾宿を掃うように通り抜け、火災が相続いて起こった。

（延熹）五年〔一六二〕正月壬午に、南宮の丙署で火災があった。四月乙丑に、恭北陵の東闕〔門の東側の高殿〕で火災があった。戊辰に、虎賁の官署の脇門で火災があった。五月に、康陵園の寝殿で火災があった。甲申に、中蔵府の承禄署で火災があった。七月己未に、南宮の承善闥の内側で火災があった。

（延熹）六〔一六三〕年四月辛亥に、康陵の東の官署で火災があった。七月甲申に、平陵園の寝殿で火災があった。

（延熹）八〔一六五〕年二月己酉に、南宮の嘉徳署・黄龍殿・千秋殿・万歳殿でいずれも火災があった。四月甲寅に、安陵園の寝殿で火災があった。閏月に、南宮の長秋宮・和歓殿で、のちに鉤盾・後宮・朔平の官署でそれぞれ火災があった。十一月壬子に、徳陽殿の前殿の西門と黄門北寺で火災があり、死者が出た〔九〕。

（延熹）九〔一六六〕年三月癸巳に、都で火が現れ飛び回り、人々は驚き騒いだ〔一〇〕。

霊帝の熹平四〔一七五〕年五月に、延陵園で火災があった。

光和四〔一八一〕年閏月辛酉に、北宮の東側の後宮にある永巷署で火災があった〔一一〕。

（光和）五〔一八二〕年五月庚申に、徳陽殿の前殿の西北から門を入ったところと、永楽太后の宮殿・官署で火災があった。

中平二〔一八五〕年二月己酉に、南宮の雲台で火災があった。庚戌に、楽成門で火災があり[三]、北門に延焼し、さらに道を越えて、西に進んで嘉徳殿・和歓殿を焼いた。考えてみると雲台の火災は高いところから起こり、数百の垂木の端が、時を同じくして燃えて、あたかも灯火が架けられているようであった。その日、（それらを）焼き尽くすと、さらに白虎門・威興門、尚書・符節・蘭台（の官署）に延焼した。そもそも雲台は、周の設けた施設で、典籍・方術書・奇貨・珍宝が、すべて収蔵されている。京房の『易伝』に、「君主が（行うべき）道を考慮しなければ、それに応じる災異は、火が宮殿を焼くことである」という。このとき、黄巾の賊徒が悪事をなし、天の常道を乱して、七州二十八郡が、時を同じくして軍を発し、将帥に命じて兵を出させた。（それにより）多くの者を捕らえたが、宛・広宗・曲陽（の賊徒）はまだ壊滅せず、兵役は沿海部に及び、機織りにかける糸もなく、人々の死傷はすでに半分を超えた。それでも霊帝は身を慎んで礼に立ち返らず、ますます残虐・放縦になり、詔令は雨のように発布され、早馬は雷のように駆け回り、官位は相応しくない者に与えられ、政治は賄賂により動かされ、寵臣や鴻都門の出身者が、みな封爵を受けた。都ではこれについて、「今年は諸侯の歳（諸侯が多く立てられる歳）である」と語った。天が、「賢者を追い出して悪人を重用すれば、どうして典籍を用いよう」と戒めている。このため雲台の書庫を焼いたのである。三年の後、霊帝は突然崩御し、それに董卓による兵乱が続き、兵火は三日間に亘って絶えず、都は廃墟となった[一三]。

献帝の初平元〔一九〇〕年八月に、覇橋で火災があった。三年後、董卓が殺された[一四]。

（洪範九疇の中にある）庶徴の恒燠〔引き続く暑さ〕について、『漢書』は冬の温暖さをこれに当てる。（光武帝による）建武（年間の漢）の中興以来も暖冬はあったが、記録には残されていない[一五]。

[劉昭注]

[一]『古今注』に、「建武六〔三〇〕年十二月に、雒陽の市で火災があった。二十四〔四八〕年正月戊子に、降雨・落雷があり、高廟の北門が火災になった。明帝の永平元〔五八〕年六月己亥に、桂陽郡で炎が飛来し、城市や官署を焼いた。章帝の建初元〔七六〕年十二月に、北宮より火が起こり寿安殿を燃やし、右側の脇門に延焼した。元和三〔八六〕年六月丙午に、雷雨があり、北宮の朱雀門の西側の高殿を焼いた」とある。

[二]『古今注』に、「永初元〔一〇七〕年十二月に、河南の郡・県で火災があり、百五人が焼死

した。（永初）六〔一一二〕年に、河南の郡・県で再び失火があり、五百八十四人が焼死した」とある。

[三]『東観漢記』に、「武器百二十五種を焼き、総額十万銭以上（の被害）であった」とある。

[四]『古今注』に「（永建）三〔一二八〕年五月戊辰に、守宮で失火があり、宮蔵が燃え財物が尽きた。（永建）四〔一二九〕年に、河南の郡県で失火があり、人や家畜を焼いた」とある。

[五]『古今注』に、「（陽嘉元〈一三二〉年）十二月に、河南の郡国で火災があり、住宅を燃やし、死人が出た」とある。

[六] 臣昭が考えますに、（『後漢書』列伝二十上）楊厚伝に記載されているのが、この火災でしょう。

[七]『古今注』に、「（永和）六〔一四一〕年十二月に、雒陽の酒の市で失火があり、店舗が燃え、死人が出た」とある。

[八]『東観漢記』に、「（漢安元年に焼けた百九十七戸）そのうちの九十戸は立ち行かなくなったので、詔して金銭・食糧を賜与した」とある。『古今注』に、「火災によっては、家屋の間にある物から発し、どこから生じたのか分からないものもあり、数ヵ月してようやく止んだ。十二月に、雒陽で失火があった」とある。

［九］袁山松の『後漢書』に、「このとき、毎月火災が起こり、諸々の宮殿・官署のうちには一日に二度も三度も発生するところもあった。また夜ごとに噂話が飛び交い、太鼓が鳴って人々を驚かした。そこで、陳蕃と劉智茂が上疏して、「古の火災は、みな君主が弱く臣下が強いという極陰により生じた変事でした。（しかし、この度のものは）さきに春の始めに裁判や刑罰を残酷に行い、そのために火が（正しく）燃え上がらなくなっ（て火災を起こし）たものでございます。さきに春になっても寒い日が続き、木が凍り、暴風で木が折れ、また八、九の州郡で、いずれも霜が降りてマメを枯らしたという報告がありました。『春秋』に、「晉が季孫行父を捕らえ、（その前兆として）木が凍りついた」とあります。そもそも気が伸びやかであればめでたい星が現れ、気が乱れていれば五惑星が離れ離れになり、日月食が生ずるものでございます。災はすでに行われたことへの反応であり、異はこれから起こることへの前徴です。ついには変事がまさしく朝廷に起こることを危惧しております。（これは）善政によってのみ鎮めることができます。どうか臣の言葉を察せられ、この愚かな忠を棄て去らないよう、（さすれば）民草にとって幸福なことにございます」と諫めた。この書は奏上されたが、聞き入れられなかった」とある。

［一〇］袁山松『後漢書』に、「このとき、宦官が朝政を専断し、党錮の禁が起き、皇帝は何代も

世継ぎが無く、陳蕃・竇武は、曹節たちにより殺害され、（以後）天下の秩序は回復されなかった」とある。

[一一] 陳蕃は、「（春秋時代の魯国で）楚の女が悲しんで西宮で火災が起こりました。宮女にお渡りがなく、その怨恨の情が（火災を）引き起こしたのでございます」と諫めた。

[一二]（楽成門は）南宮の中門である。

[一三]『三国志』魏書（巻二十五 高堂隆伝）に、「魏の明帝の青龍二〔二三四〕年に、崇華殿で火災があった。（明帝は）詔を出して太史令の高堂隆に、「これは何の咎徴であるか。礼によりこれを祓い除く義はあるか」と尋ねた。（高堂隆は）、「災害・変事の発生は、いずれも教戒を明らかにするものです。ただ礼に従い徳を修めることによってのみ、これに打ち勝つことができます。『易伝』に、「上が慎まず、下が分を弁えなければ、災いの火が家屋を焼く」とあり、また、「君主が楼台を高く築けば、天の火が火災を起こす」とあります。これは人君がただ宮室を飾り立てるばかりで、人々の飢えや渇きを知らなければ、そのため天はこれに応じて旱魃を起こし、火が高殿から発生するということです。上天が下界を見て、陛下に譴告しているのです。陛下は人の道をさらに尊び、天の意に応えるべきです。かつて（殷の帝）太戊（の時）に朝廷に桑とコウゾが生えることがあり、武丁（の時）に鳴いている雉が鼎に

止まることがありました。いずれも災いを聞いて恐れ慄き、身を慎んで徳を修め、三年の後、遠方の夷狄までもが朝貢するようになりました。このため（二人はそれぞれ）中宗・高宗と号されたのです。これは前の王朝が残した明確な鑑です。今こうした災異から考えてみますに、火災の発生は、いずれも高台・宮殿の建造に対する戒めです。それなのに現在宮殿が拡充されているのは、実は宮廷内の人がむやみに多過ぎることによります。どうか選び優れたものだけを留めること、周の制のようにし、そのほかの者たちは辞めさせるべきです。これは祖己が高宗に教えたことであり、高宗が偉大な号を得た理由です」と答えた。（明帝はまた）詔して高堂隆に下問し、「吾が聞くところでは、漢の武帝の時に、柏梁台で火災があった。それでも宮殿を建ててそれを鎮めたという。この義はどういうことか」とした。高堂隆は、「臣の聞くところでは、長安の柏梁台で火災があったとき、越の巫人の陳方が、建章宮を建てて、火災の凶兆を鎮めたと申します。しかしこれは夷狄の越の巫人が行ったことであり、聖賢の教えではございません。（『漢書』の）五行志に、「柏梁台で火災があった。そののち、江充が衛太子に巫蠱の罪を着せる事件が起きた」とあります。五行志の説によれば、越の巫人の建章宮は（災いを）鎮めておりません。孔子は、「災異は、種類に合わせ行いに応じて、精気・妖気が感応して起こり、それによって人君を戒める」と言っております。このために聖主は、災異に遭えば我が身を責め、慎んで徳を修め、それにより災異を消し去るのです。今はどうか人々の労役を取り止め、宮殿の造りを簡素にし、内は風雨を凌げれば良しとし、外は儀礼を行えれば良しとし、火災の生じた場所を取り除き、その地に建ててはなりません。そうすれば（瑞草の）萐莆やめでたい穂が、必ずその地に生え、陛下の慎み深い徳に応じるでしょう。人々の労力を酷使し、人々の財産を消耗させることは、符瑞を呼び起こし遠方の人々を心服させることにはなりません」と答えた」とある。臣昭は、高堂隆が災異について述べたことは、天の意図に適うものと言えましょう。五行志本文の示す説とは同じではありませんが、霊帝の時にも（高堂隆の指摘したのと）同じようなことがありました。このため高堂隆の言葉を収録し、災異の説を充実させます。

〔一四〕臣昭が調べますと、（『後漢書』列伝六十五）劉焉伝に、「興平元〔一九四〕年に、自然に発生した火により、劉焉の官府・輜重が焼け、民家に延焼し、住居が焼き尽くされた」とあります。

〔一五〕『越絶書』（外伝 枕中篇）に、「范蠡は、「春に暑くて万物が生じて来ないのは、王者の徳が十分ではないからである。夏に寒くて万物が成長しないのは、臣下が主君の命令を守らないからである。秋に暑くて草木が再度生い茂るのは、百官が刑罰をきちんとしていないからである。冬に温暖で万物が地中から漏れでてくるのは、財物を取り出して功績の無い者に恩賞を与えるからである。以上の四者は、国政で行ってはならない」と言った」とある。『管子』に、「臣下が君主の威を振りかざせば、陰が陽を侵し、真夏に雪が降り、冬に氷が張らなくなる」とある。

草妖〔草木の異常〕

安帝の元初三〔一一六〕年に、根の異なる瓜がつながって生え〔二〕、一つのヘタから八つの瓜が成った。そのときは、めでたい瓜とされた。（しかし）あるひとは、瓜は外に伸びて根から離れた所に実を結ぶものであり、女性や外戚の象であると考えた。このとき、閻皇后が皇后になったばかりで、のちに閻皇后は外戚の耿宝たちと共に太子（の劉保）を誹謗し、廃位して済陰王とし、改めて外から済北王の子の劉犢〔少帝〕を迎え入れて即位させた。（すなわち、瓜の異変は、これに応じて起こった）草妖である。

桓帝の延熹九〔一六六〕年に、雒陽の城市の隅に竹やコノテガシワの葉が傷つくことがあった。占に、「（これは）天子に凶である」という。

霊帝の熹平三〔一七四〕年に、右校別作にニワウルシが二本あった。いずれも高さは四尺程度だったが、そのうちの一つが一夜にして突然成長し、高さは一丈あまり、太さは一抱え、胡人のような姿になり、頭・目・鬢・ひげ・髪が備わっていた。京房の『易伝』に、「王の徳が衰え、下の者が興隆しようとすると、木が人のような姿となる」とある[二]。

（熹平）五〔一七六〕年十月壬午の日に、主上のいる御殿の後ろに植えられた槐は、いずれも太さ六、七かかえほどあったが、ひとりでに抜けてひっくり返り、根が上になった[三]。

中平元〔一八四〕年夏に、東郡、陳留郡の済陽県と長垣県、済陰郡の冤句県と離狐県の郡県の境界で草が生えた[四]。（それらの草は）茎が病み痛み、太く腫れ上がること手の指のようで、形は鳩・雀・龍・蛇といった鳥獣に似て、色合いもそれぞれのようで、毛・羽・頭・目・足・翅がすべて備わっていた[五]。これは草妖に近い。この歳、黄巾の乱が始まり、皇后の兄の何進や異父兄の朱苗が、ともに将軍となり、兵を率い、のちに朱苗は済陽侯に封ぜられた。何進・朱苗が権力を握り、国政を執った。漢朝の衰弱は、ここから始まった[六]。

中平年間〔一八四～一八九年〕に、長安の城市の西北六、七里に在る樹のうろの中に、鬢を生やした人の顔が生じた〔七〕。献帝の興平元（一九四）年九月に、（季節外れにも拘らず）桑が再び実を結び、食べることができた〔八〕。

〔劉昭注〕

〔一〕『古今注』に、「和帝の永元七（九五）年三月に、江夏郡の県にある民家の柱に二本の枝が生えた。一方の長さは一尺五寸で、枝分かれして八本になり、もう一方の長さは一尺六寸で、枝分かれして五本になり、いずれも青い色であった」とある。

〔二〕臣昭は、「木が人のような姿となるのは、下の者が興隆しようとすることを示すという、京房の占辞は的中していますが、容貌が胡人のようであったことについては、まだ説明し切れていません。董卓の乱のとき、（董卓は）実際に胡人の兵を率いて来て、李傕・郭汜のときには胡人の兵が溢れ返り、こうして宮女を略取し、人々をおびやかし、また鮮卑の者どもが畿内の封爵を受けました。胡人による深い害悪も、（下の者の興隆と同じく）また惨憺たるものでした」と考えます。

〔三〕臣昭は、「槐は三公の象であり、これを尊びます。霊帝による任官授位は、徳を基準とせず、貪欲・愚鈍を出世させ、清廉・賢良を退けました。槐がひっくり返ったのは、このためでしょう」と考えます。

〔四〕『風俗通』に、「西では城皇県・陽武県の城郭の路辺にまで及んだ」とある。

〔五〕『風俗通』に、「また人の姿をして、武器を手に取り、諸々の装備を備え、単に（兵士を）思い起こさせるのではなく、似ていることが非常に詳細であった」とある。

〔六〕応劭は、「関東の義兵は、まず宋・衛の郊外から蜂起し、東郡太守の橋瑁は兵を持ち混乱に付け込み、同盟を侮辱し、同族を恨みそねみ、その命を落とした。陳留郡・済陰郡が（橋瑁を）迎えて助けたことは、「徳より離れる」（『春秋左氏伝』襄公二十九年）というもので、仲間を棄ててよそ者と組んだため、人々が滅ぼされた。草妖が生じたことは、決してでたらめであったとはいえないであろう」という。

〔七〕『三国志』（巻一 武帝紀 裴松之注）に、「建安二十五（二二〇）年正月に、曹公（曹操）が雒陽で建始殿をたて、濯龍の樹を斬ると血が噴き出た。また梨の木を掘り返して移そうとしたところ、根が傷ついて血が噴き出た。曹公はこれを嫌がり、そうして病に臥し、その月に薨じた」とある。

〔八〕臣昭は、「桑が二度実を結ぶことは、木の異変ですが、（しかしその意は）人々を救うことにあります。どうして瑞祥でないといえましょうか。当時の人々は戦乱で死傷し、周・秦の地が壊滅し、飢え死んだものは数え切れないほどでした。この二度結ばれた実を食べることで、危機にさらされた命を大いに救いました。これは連理の枝でも及ばないことです。もしこれを怪とみなすのであれば、建武年間（二五〜五六年）に穀物が自生し、麻や豆が盛んに生えたという（光武帝に対する瑞祥）も、また草妖となるのではないでしょうか」と考えます。

羽虫孽〔羽の生えた生物に関する異常〕

安帝の延光三（一二四）年二月戊子に、五色の大鳥が済南国台県に集まった。十月に、また新豊県に集まり、そのときこれらは鳳凰と見なされた。あるひとは、鳳凰は輝かしい徳に対して顕れる瑞応であり、賢明な君主でなければ、隠れて現れないと考えた。そもそも五色の大鳥で鳳に似るものは、多くは羽虫の孽である。このとき、安帝は中常侍の樊豊・江京、乳母の王聖および外戚の耿宝たちの讒言を信じ、太尉の楊震を罷免し、太子を廃嫡して済陰王としたので、（この鳥は安帝の）不哲に対応する異変である。章帝の末期に、鳳凰が百四十九回現れたと称された。そのとき直諫の臣である何敞は、

「羽孽でございます。鳳に似た鳥が宮殿を飛び回ったので、弁別できていないだけです」と申し上げた[一]。これを記録した者は、そののちに章帝が崩御したことは、（この怪異に）対応すると考えた。調べてみると宣帝と明帝の時に、五色の鳥が宮殿を飛び回ったことについて、賈逵は、「胡人が服属する徴でございます」と申し上げている。章帝には善政が多く、過ちがあっても、衰亡には至らなかった。その末年には、胡人が服属すること二十万、これが（五色の大鳥に）対応する事柄である。（一方で）安帝の時には、外では羌族や胡人が反き、内では讒言・隠匿が大いに行われて、羽孽が起こるべき時であった。楽緯の『叶図徴』に、「五鳳はいずれも五色で、瑞祥となるものはそのうちの一つで、孽となるものが四つである」とある[二]。

桓帝の元嘉元（一五二）年十一月に、五色の大鳥が済陰郡己氏県に現れた。当時（の人々）は、それを鳳凰と見なした。（しかし）このとき政道が衰え、梁冀は政治を取り仕切って公正ではなく、主上は亳皇后を寵愛していた。（これらは）いずれも羽孽が起こるに相応しい状態である[三]。

霊帝の光和四（一八一）年秋に、五色の大鳥が新城郡に現れ、多くの鳥がこれに随って飛び、当時の人々はそれを鳳凰と見なした。（しかし）このとき霊帝は政治をかえりみず、中常侍や黄門が政務を専断していた。（これは）羽孽が起こるに相応しい状態である。鳥類の性質は、珍しいまだら模様を見かけると、群がってそれを見ようとする。フクロウをあまり見たことのないスズメに至っては、猛禽が現れてもそれに集まるほどである。

中平三〔一八六〕年八月に、懐陵の上に一万余の雀が現れ、痛烈な悲鳴を皮切りに、入り乱れて殺し合い、いずれも首を断っては、木の枝やカラタチ・イバラに突き刺した。中平六〔一八九〕年になると、霊帝が崩御し、大将軍の何進は、宦官・外戚が長期に亘って悪行を重ねていることから、それらをすべて糾弾して斥け、冗政を大いに革新しようと考えた。しかし何太后は逡巡し、しばらく決断できずにいた。（その間に）何進は宮中から出て、官署にいたときに殺害された。ここにおいて官府では粛清・殺戮が行われ、そののち禄を受けて富貴であった者たちはいなくなった。そもそも陵は、高大さの象である。（雀の異常は）天が、もろもろの爵位・俸禄を受けて富貴であった者どもが、互いに害し合って滅んでしまうというように戒めたのである［四］。

［劉昭注］

［一］臣 昭(わたくししょう)は、「すでにこのことは（『後漢書』列伝三十三）何敞(かしょう)伝に論じられている」と考えます。

［二］『叶図徴』に、「鳳に似たものには四種あり、いずれも妖異である。第一は鷫鷞(しゅくそう)という。鳩のくちばしに丸い目を持ち、義を身体とし、信を載せて礼をまとい、仁を抱いて智を負う。これが至れば旱魃(かんばつ)・兵役の感応である。第二は発明(はつめい)という。鳥のくちばしに長い首、大きな翼に長い脛(すね)を持ち、仁を身体とし、智を載せて義をまとい、信を抱いて礼を負う。これが至れば死別の感応である。第三は焦明(しょうめい)という。長いくちばしに羽毛の粗い翼、丸い尾を持ち、義を身体とし、信を載せて仁をまとい、智を抱いて礼を負う。これが至れば水害の感応である。第四は幽昌(ゆうしょう)という。鋭い目に小さな頭、大きな体に細い足を持ち、脛は鱗葉(りんよう)のようであり、智を身体とし、信を載せて礼を負い、仁を抱く。これが至れば旱魃の感応である」とある。『国語(こくご)』（周語上）に、「周が興隆する時に、鸑鷟(がくさく)が岐山で鳴いた」とある。『説文解字(せつもんかいじ)』（巻四上 鳥部）に、「五方の神鳥は、東方のものを発明といい、南方のものを焦明といい、西方のものを鷫鷞(しゅくそう)といい、北方のものを幽昌(ゆうしょう)といい、中央のものを鳳凰(ほうおう)という」とある。

［三］臣 昭(わたくししょう)が調べてみますと、魏朗(ぎろう)の対策文に、桓帝の時、雉が太常(たいじょう)と宗正(そうせい)の官府に入ったと

あります。魏朗の説は『後漢書』魏朗伝の注に採録されています。

〔四〕『古今注』に、「建武九〔三三〕年に、六郡八県で、鼠が穂を齧った」とある。張播の『後漢紀』に、「初平元〔一九〇〕年三月に、献帝が初めて未央宮に入ると、キジが未央宮に飛来し、これを捕らえた」とある。『献帝春秋』に、「建安七〔二〇二〕年に、五色の大鳥が魏郡に集まり、多くの鳥数千羽がこれに随った」とある。『三国志』魏書に、「(建安)二十三〔二一八〕年に、禿鶖が鄴の王宮である文昌殿の後ろの池に集まった」とある。

羊禍〔赤色の異物〕

桓帝の建和三〔一四九〕年秋七月に、北地郡廉県で肉が降り、それは羊のあばら肉のようであり[一]、手のような大きさのものもあった。これは赤祥のようである。このとき、梁太后が政治を取り仕切り、兄の梁冀が政務を専断して、漢朝の良臣である元の太尉の李固や杜喬を無実の罪で誅殺し、天下はそれを冤罪とした。そののち、梁氏は誅滅された。

〔劉昭注〕

〔一〕『説文解字（せつもんかいじ）』（第四篇下 肉部）に、「肋は、脇骨〔あばらぼね〕のことである」という。

五行志三 第十五　大水　水変色　大寒　雹　冬雷　魚孽　蝗

「洪範五行伝」に、「宗廟をおろそかにし、祈禱をせず［一］、祭祀を廃止し［二］、天の時に逆らうと［三］、水は潤い下らなくなる」とある［四］。水がその本来の性質を失って、災いを起こすことをいう［五］。

［劉昭注］

［一］鄭玄の注に、「虚宿と危宿は、宗廟である」という。

［二］鄭玄は、「牛宿は、祭祀の犠牲を司る」という。

［三］鄭玄は、「月が星紀（夏暦の十一月）にあれば、周は正月となし、月が玄枵（夏暦の十二月）にあれば、殷は正月とする。いずれも四季の巡り合わせが正しく合致せず、（星紀・玄枵は）天の時に逆らう象である。『春秋』の定公十五年に、「夏五月辛亥に郊祭を行った」とあるのは、（郊祭の日どりについて、夏暦・殷暦・周暦の）三つの正月をそれぞれ占い、時期を逸することを批判している。これは天の時に逆らうことの類である」という。

［四］鄭玄は、「君主が以上の四つの失政を行えば、天の北宮の政に逆らうことになる。北宮は

地上では水に当たる。水の本来の性質は浸し潤しながら下に流れ、人々がそれを用いて灌漑をする。何の原因も無く源流が枯れ尽き、川や沢が干上がる、これが水が〔正しく〕流れ下らないということである。これ以外の変異は、みな沴に含まれる」という。

［五］『太公六韜』に、「君主が名山を破壊し、大河をせき止め、名川を疏通させることを好めば、その年は水害が多くなり、五穀が実らなくなる」とある。

（「洪範五行伝」に）また、「耳が人の言葉をよく聴かないこと、これを不謀〔浅慮〕という［一］。（これによって起こる）咎徴は急で［二］、その罰は厳寒［三］、六極では貧しさがこれに当たる［四］。時に鼓妖が起こり［五］、時に魚の孽が起こり［六］、時に豚の禍が起こり［七］、時に耳の痾が起こり［八］、時に黒色の眚・祥が現れる。これらは火が水を損ねたのである」とある。劉歆の「五行伝」は魚孽を介虫の孽としている。（この介虫とは）蝗の類である［九］。

［劉昭注］

［一］鄭玄は、「君主の耳が人の言葉をよく聴かなければ、物事を謀れなくなる」という。（『尚

書』）洪範篇に、「（五事の聴が）聡であれば謀となる」とある。孔安国は、「謀る所が必ず成功する」という。馬融は、「君主が聴く耳を持てば、下々がその謀を進言する」という。

[二] 鄭玄は、「君臣が相談しなければ狭量になる」という。（京房の）『易伝』に、「誅罰が道理を無視しているのは、（誅罰を）下すとは言わない。独断専行で知恵を廻らすのは、（そのことを）謀るとは言わない」とある。

[三] 鄭玄は、「（五事の）聴は（五行の）水に当たり、水は冬を司る。冬の気は蔵気（万物をしまいこむ気）である。蔵気が損われると、そのため常寒となる」という。

[四] 鄭玄は、「蔵気が損われると、人に貧窮が生ずる」という。

[五] 鄭玄は、「鼓は、（五事の）聴に対応する」という。

[六] 鄭玄は、「魚は、水の中に生まれ水の中で動き回る動物である」という。

[七] 鄭玄は、「豚は、家畜のうち囲いの中に居て（人の言うことを）よく聴くものである。（五事では）聴に属す」という。

[八] 鄭玄は、「（耳痾は、五事の）聴の気が損われた（ために発症する）病気である」という。

[九] 『月令章句』に、「介は、甲という意味である。（この時期に当たる動物は介というのは）亀や蟹の類のことをいう」とある。『古今注』に、「光武帝の建武四（二八）年に、東郡以北

で水害が起こった。（建武）七〔三一〕年六月戊辰に、雒水が水かさを増し、決壊して津城門に至り、帝は自ら治水をした。弘農都尉は析県を治水中に水に流されて死亡し、人々が溺れ、実りが傷つけられ、家屋が壊された。（建武）二十四〔四八〕年六月丙申に、沛国で睢水が逆流したが、一昼夜で収まった。章帝の建初八〔八三〕年六月癸巳に、東昏県の城下で池の水が、血のような赤色に変わった」とある。臣昭は、「多くの史書で光武帝の時に、郡・国で水害があったことを記録しますが、この（『続漢書』の）五行志には載せません。光武帝本紀に、「建武八〔三二〕年の秋に洪水が起こった、またこの年に洪水が起こった」とありますが、ここでは（以下に引く『東観漢記』の）杜林の伝に基づき、（五行志本文が最初に取り上げている）和帝の時の記事よりも前に、これらの記事を置くことにします」と考えます。『東観漢記』に、「建武八〔三二〕年の一年間は、七つの郡・国で洪水が起こり、湧水が溢れ出した。杜林は、戦乱の中で軍兵が権勢を我が物とし刑罰を勝手に行い、張氏がすべて降伏・解散したとはいえ、なお未だに討ちもらしたものがおり、長吏は（これを）抑える術がなく、（賊徒を）また活発化させており、人々が虐げられていることが（水害を）発生させていると考えた。（そこで）上疏して、「臣が聞きますに先王には二つの道はなく、聖人は（この一つの道を）用いて治めたと申します。「悪人への態度は農夫が仕事として雑草を抜き、刈り取って積み上げ、その根元から断ち切り、増殖できないようにする」（『春秋左氏伝』隠公六年）と申しますのは、悪が容易に増えることを畏れるためです。古今の常道として、この方法を根本から伝えてまいりました。（『春秋左氏伝』宣公四年には）「狼の子には凶暴な心がある〔危険を持つものは害をなす前に殺さねばならない〕」、よく走る馬はよく気付く〔危険は早く察知せよ〕」ともあります。（周の）成王は深く将来の禍を察知し、殷の遺民の六族を伯禽に任せ、七族を康叔に任せ、懐姓の九族を唐叔に任せて、その悪を抑制し、またそのほかの遺民たちを成周に移し、かつていた地の悪習を、日夜取り締まり、その強大な力を押さえ、その驕慢な態度を斥けたのです。漢が成立すると、主上は先王の制度を鑑みて、それに合致するように政治を行い、斉の田氏たち、楚の昭氏・屈氏・景氏、燕・趙・韓・魏の後裔たちを徙し、それにより六国の強大な宗族を弱くしたのです。（その結果）集落には巨富を積む家はなく、野山には土地を収奪する者がおらず、万里が皇帝の一手に統べられ、天下はそれに頼って安定いたしました。のちにもたびたび服喪の悲しみによりながら、皇帝への追悼という名目で強制したため、（豪族たちは）一族を引き連れて陵墓の周りに移住し、故地を思わなくなりました。先王の方法を振り返って見れば、その政治はいずれも天道に基づいて政教を設けております。樹の幹（に当たる王者）を強めて枝葉（に当たる臣下）を弱くするのは、子々孫々に亘り位を保つ要諦なのです。これによりみな久しく平穏という幸福を享受し、恐れ怯える憂いもなく、後継ぎは王業を受け、己の行いを慎んで治めて来られたのも、このような政策のおかげなのです。（このたび）被災した民のうち拠るべき財産・家族のない者は、両府より官吏を派遣して食料の余っている郡へ送り届けましょう。死亡を恐れて雇われている者たちについても、（以上の対応によって）かれらの飢えを解消し、その性命を救い全うさせられます。むかし魯の隠公には賢行があり、魯国（の君位）を桓公に譲ろうとしましたが、（本来居るべきではない）位に留まり続け、すぐに退位できませんでした。まして粗野な軍団長どもは、結局は何の徳も能力も無いのに、ただ戦乱に便乗し、機会を得て権勢を振るい、刑罰を勝手に行い美食を口にし、猿並みの考えで分不相応の幸運を望み、増長して満足しておりません。張歩の考えはこのようなものです。小人が県の役人に背けば身を滅ぼすほかなく、兵家に背けば一門を断絶し世を滅ぼすことになります。陛下は明らかに成功・失敗の兆しを見極め、かつ諸侯や官府に委ねて、人々はようやく陛下を仰ぎ見られるようになりましたが、しかしまだ逆賊どもが残っており、郡守はこれを抑える方法を失い、（そのために）また賊徒が活発になって暴れまわるのを許しております。毎年大雨が続き、雨水が急激にたまり、湧き水が溢れ出し、水害が城郭・官署や人々の家屋を破壊し、建物を遠くの地に押し流し、跡地を穴だらけにしております。臣が聞くには水は陰に属すると申します。『周易』比卦（象伝）に、「地〔坤☷〕の上に水〔坎☵〕があるものは比〔☵☷〕である」とあります。これは性質が傷つけ合わず、このため楽というのです。しかしながらむやみに互いを破壊し沈没させれば、必ず万民の住居を損うことになります。（これは）陰が下って害し合い、大小・勝ち負けは異なるものの、いずれもふさわしい場所を得られていない、侵犯の象です。『詩経』に、「天の威光に畏敬を払い、それで政道を安泰にする」とあります。どうか陛下にはただ注意深く洞察なさり、繰り返し恐れ考えられれば、天下にとっての幸いにございます」と申し上げた」とある。謝承『後漢書』に、「陳宣子興は、沛国蕭県の人である。剛直勇敢にして、博学で魯詩に通じていた。王莽による簒奪が起こると、隠棲して仕官しなかった。光武帝が即位すると、徴召して諫議大夫とした。建武十〔三四〕年に、雒水が氾濫して津門に至り、城門校尉がこの門を塞ぐことを上奏しようとした。陳宣は、「むかし周公は雒陽の土地を卜することで宗廟を安泰にし、万世の礎としたわけですから、川の水が城門にまで流入するはずはありません（水が城内まで至るのは異常現象、即ち災異です）。もし災異であれば、君主の過ちに起因しており避けられず、門を塞いでも意味がありません。むかし東郡の金堤が大決壊し、東郡が水没しそうになり、県令・官吏・人々は散り散りに逃げました。

（しかし）東郡太守の王尊が、身を捨てて立ち続け動かないことを誓うと、水はやがて自然に引きました。王尊は臣下ですが、それでも正しき行いを修めて災害を止めました。まして陛下は漢の中興を成し遂げられた聖主であり、天より生み授けられたお方です。水は絶対に入って参りません」と申し上げた。この言葉が未だ終わらぬうちに、水は引いた。主上はその言葉を高く評価した。のちに（光武帝が）馬車で外出した際、陳宣は先導して前におり、その進みは遅かった。光武帝は早く駆けたかったので、陳宣の車蓋に鉤を引っ掛け早く進ませようとしたところ、御者が車の下に落ちた。陳宣は帝の前に進み出て、「王者は天を承けて地を統べ、その動きには決まりがあり、車（で進む際に）は鈴で速度を取り、歩みは玉で調子を整えて、その動静は天に応じます。むかし孝文帝の時に、辺境から千里の馬を献上する者がおりましたが、受け取らずに返されました。陛下はどうか古は尭舜を鑑み、近年は文帝を範となされますように」と戒めた。主上はその言葉を容れ、徐行して馬のたずなを制した。（陳宣は）転任して河堤謁者となり、病気のために免ぜられ、家で卒した」とある。

大水〔水が正しく潤い下らないこと〕

和帝の永元元〔八九〕年七月に、九つの郡・国で洪水が起こり、実りを傷つけた〔一〕。

〔劉昭注〕

〔一〕『春秋穀梁伝』（桓公元年・荘公七・十一・二十五年）に、「高いところにも低いところにも水害が及ぶことを大水という」とある。

水変色〔水害の続き〕

京房の『易伝』に、「独断専行で知恵は回り、誅罰が道理を無視していると、それにより起こる災禍は水害である。その水害は、降雨で死者を出し、霜が降り、強風が吹き、天が黄色くなる。飢饉でも食事を減らさないことを「泰」（贅沢）といい、その水害は、水によって死者が出る。君主が有徳者を塞ぎ止めて登用しないことを「狂」（気違いじみている）といい、その水害は、水が人を流して殺し、それが止んでも地面から虫が発生する。無実の人に罪をなすりつけて許さないことを「追非」（非道を成し遂げる）といい、その水害は、寒さによって死者が出る。誅罰を続けて止めないことを「不理」（処断が適切でない）といい、その水害は、五穀が不作になる。大勝しながら戦いを止めないことを「皆陰」（陰ばかりになる）といい、その水害は、水が国都に流れ込み、霜が穀物を枯らす」とある〔一〕。このとき、和帝は幼く、竇太后が摂政し、兄の竇憲が政事を掌握し、そして竇憲の弟たちがみな尊貴な身分となり、勝手に刑罰を行い、暴虐を尽くし、恨みを抱いたものは、そのたびに食客を使ってこれを殺した。そののち、竇氏は誅滅された〔二〕。

（永元）十二〔一〇〇〕年六月、潁川郡で洪水が起こり、実りを傷つけた。このとき、和帝は鄧貴人を寵愛し、陰皇后を廃位したいと密かに考えていた。陰皇后もまた（皇帝に寵愛されない）恨みを抱いていた（ための洪水である）。（洪水の原因について）一説には、これよりさき、恭懐皇后〔梁貴人〕の葬礼に不備があった。竇太后崩御の後、そこで改めて梁皇后として改葬し、西陵へ葬った。梁皇后の兄弟三人をいずれも列侯とし、特進の位を与え、千金もの褒美を下賜した〔三〕。

殤帝の延平元〔一〇六〕年五月に、三十七の郡・国で洪水が起こり、実りを傷つけた。董仲舒は、「水害は、陰の気が盛んなことにより起こる」という。このとき、殤帝はまだ乳飲み子であり、鄧太后が政治を専断していた〔四〕。

安帝の永初元〔一〇七〕年冬十月辛酉に、河南新城県の山から水が突然噴き出し、人々の畑を押し流し、破壊されたところからは水が湧き出し、水深は三丈にもなった。

このとき、鄧太后が皇太子の劉勝ではなく清河王〔劉延平〕の子〔劉蒜〕を立てようとしたため、司空の周章たちは、これを廃位しようと企んだ。十一月に陰謀が発覚し、周章たちは誅された。この年は、四十一の郡・国で水が噴き出し、人々を押し流した[五]。讖に、「水というものは、混じり気の無い陰の精である。陰気が盛んになって溢れ出すのは、小人が権勢をほしいままにし、賢人に嫉妬し、公権に依拠して私党を組んで、君子を虐げるからである。小人が勝ちを占め、情を失って志を叶え、水が湧いて災禍をなす」とある。


（永初）二〔一〇八〕年、洪水が起こった[六]。

（永初）三〔一〇九〕年、洪水が起こった[七]。

（永初）四〔一一〇〕年、洪水が起こった[八]。

（永初）五〔一一一〕年、洪水が起こった[九]。

（永初）六〔一一二〕年、河東郡で池の水が変色し、いずれも血のように赤くなった[一〇]。当時、鄧太后が依然として政治を専断していた[一一]。


延光三〔一二四〕年に洪水が起こり、人々を溺死させ、苗や実りを損ねた。このとき、安帝は、江京・樊豊や乳母の王聖たちの讒言を信じ、太尉の楊震を免官し、皇太子を廃位した[一二]。

質帝の本初元〔一四六〕年五月に、海水が楽安国・北海国にまで溢れ出し、人々や家畜などを溺死させた。このとき質帝は幼く、梁太后が政治を専断していた[一三]。

桓帝の建和二〔一四八〕年七月に、都で洪水が起こった。前年の冬に、梁冀は、もとの太尉の李固と杜喬を不当に殺害した。

（建和）三〔一四九〕年八月に、都で洪水が起こった。このとき、梁太后は、依然として政治を専断していた。

永興元〔一五三〕年秋に、黄河の水が溢れ出し、人々や家畜などを押し流した[一四]。

（永興）二〔一五四〕年六月、彭城国で泗水が水かさを増し、逆流した[一五]。

永寿元〔一五五〕年六月、雒水が溢れて津陽門まで至り、人々や家畜などを押し流した[一六]。このとき、梁皇后の兄の梁冀が政治を取り仕切り、忠義剛直の臣を憎んで陥れ、その権勢は主上を揺るがしていた。後に（梁冀は）誅滅された。

延熹八〔一六五〕年四月、済北国で黄河が澄んだ。九〔一六六〕年四月、済陰郡・東郡・済北国・平原郡で黄河が澄んだ。襄楷は上言して、「黄河は諸侯の象であり、清さは陽明の徴です。どうして諸侯が都を窺う計略を抱いているだけでしょうか」と申し上げた。その翌年、主上は崩御し、解犢亭侯を呼び寄せて漢室の後嗣として、尊位に即けた。これが孝霊皇帝である。

永康元〔一六七〕年八月、六つの州で洪水が起こり、勃海郡で海水が溢れ出し、人々を溺死させた。このとき、桓帝は贅沢に耽り淫祀を行っていた。その年の十一月に崩御し、後嗣はなかった。

霊帝の建寧四〔一七一〕年二月に、黄河の水が澄んだ[一七]。五月、山から水が大量に噴き出し、五百以上の家屋を押し流した[一八]。

熹平二〔一七三〕年六月に、東萊郡・北海国で海水が溢れて、人々や家畜などを溺れさせた。

（熹平）三〔一七四〕年秋に、雒水の水が溢れ出した。

（熹平）四〔一七五〕年夏に、三つの郡・国で洪水が起こり、秋の実りを損ねた。

光和六〔一八三〕年秋に、金城郡で黄河が溢れ、二十余里に亘って浸水した。

中平五〔一八八〕年に、六つの郡・国で水が大量に噴き出した[一九]。

献帝の建安二〔一九七〕年九月に、漢水が流れ出し、人々を害した。このとき、天下は大いに乱れていた[二〇]。

（建安）十八〔二一三〕年六月に、洪水が起こった［二］。
（建安）二十四〔二一九〕年八月に、漢水が溢れ出し、人々を害した［三］。

［劉昭注］

［一］『春秋考異郵』に、「陰が政治を代行し臣下が背き、人々が悲しみその情が外に発すると、洪水が生じ、黄河が決壊する」とある。

［二］『東観漢記』に、「（永元）十〔九八〕年五月丁巳に、都で大雨があった。南山から水が流れ出て東郊に至り、人々の家屋を破壊した」とある。

［三］『広州先賢伝』に、「和帝のとき、陰陽が調和せず、水害があり旱害があったことについて策問した。方正に挙げられた鬱林県の庶民の養奮、字を叔高（という者が）対えて、「天には陰陽があり、陰陽には四季があり、四季にはそれぞれの季節に応じた政令があります。春夏は恵みの季節で寛治と仁政を広く施し、秋冬は厳格な季節で盛んに刑罰を執行します。賞罰・殺生が、それぞれの時節に適っていれば、陰陽が和し、四季が調い、風雨が時宜を得て、五穀が実ります。今はそうではなく、長吏は多く時令を行わず、政事は天の気の運行に逆らい、上の者は下を哀れまず、下の者は上へ忠ではなく、人々が困窮していても哀れみ救

われず、多くの怨念が積もり重なっています。そのために陰陽が調和せず、風雨が時宜を得ず、災害が同類に因って起こっております。水というのは陰が盛んなものであり、小人が尊位にあり、公権を用いて私利を増し、讒言を上の者に説くことに対応します。雨水が満ち溢れるのは、五穀が実らないのに賦税が減免されず、人々が窮乏し、家々が憂いを抱いているためです」と申し上げた」とある。

［四］臣昭が考えますに、本紀（孝安帝紀）にはこの年の九月に、「六つの州で洪水が起こった」とあります。袁山松の『後漢書』に、「六つの州で黄河・済水・渭水・雒水・洧水が水かさを増し、氾濫して秋の実りを傷つけた」とある。

［五］謝沈の『後漢書』に、「死者が何千人にもなった」とある。

［六］臣昭が調べてみますと、本紀（孝安帝紀）に、「都と四十の郡・国で洪水が起こった」とあります。周嘉伝に、「この夏、旱魃が起こり、周嘉は行き倒れた者たちの遺骸を収め葬ったところ、時に応じて恵みの雨が降った。その歳は豊かに実った」とありますので、水が害をなしたのではないでしょう。

［七］臣昭が調べてみますと、本紀（孝安帝紀）に、「都と四十一の郡・国で大雨が降った」とあります。

〔八〕臣昭が調べてみますと、本紀（孝安帝紀）に、「三つの郡（で洪水が起こった）」とあります。

〔九〕臣昭が調べてみますと、本紀（孝安帝紀）に、「八つの郡・国（で大雨が降った）」とあります。

〔一〇〕水の変色について、占に、「水が変化して血となるのは、好んで凶悪な者を任用し、無辜を殺害して、殺戮を親族にまで及ぼし、水が血に染まろうとする（時である）」とある。

〔一一〕『古今注』に、「元初二（一一五）年、潁川郡襄城県で流水が変化して血となった」とある。京房の占に、「流水が変化して血となるのは、兵乱が起きようとしている。干支によってその色を解釈する」とある。『博物記』に、「河川の水が赤くなることを占では泣血といい、道に草が生い茂り、どうしようもなくなる」とある。

〔一二〕臣昭が調べてみますと、（『後漢書』列伝五十一）左雄伝に、「順帝の永建四（一二九）年に、司隷・冀州で洪水が起こり、実りを損ねた」とあります。（『後漢書』列伝二十上）楊厚伝に、「永和元（一三六）年夏に、雒陽で洪水が起こり、千人余りの死者を出した」とある。

〔一三〕『春秋漢含孳』に、「九卿が私党を組み、公正剛直な人物を排除し、驕り昂って主上を害するようになると、河川が決壊する」とある。方儲は対策文で、「人々が悲しみ怨むようになると、陰の類の物が強くなり、河川が決壊して海水が揺れ動き、大地が動いて土が噴き出すのです」と言っている。

[一四]臣昭が考えますに、（『後漢書』列伝三十三）朱穆伝に、「数十万戸を押し流した」とあります。京房の占に、「河川が溢れ出すのは、天と地に一定の構造・規模があって、川や沼を内に保持し、万物を潤すようになっているためである」といいます。この（永興元年の）溢水は、帝位に在る者がその任に堪えず、三公が災禍を自らの責任として受け入れず、法を取り仕切る者たちが刑罰を利益目当てで運用し、法規を正しく用いていないために起きたものです。

[一五]『梁冀別伝』に、「梁冀の専横のために、天が異変を示し、数多くの災害が集中し、蝗害が発生し、河川が逆流し、五惑星が運行を乱し、金星が天を横切り、人々が疫病に罹った。六年が経ったところで、羌人が反乱し、盗賊が人々を襲うようになった。これらは梁冀によって引き起こされた」とある。『敦煌実録』に、「張衡の対策文に、「水は五行の筆頭であり、これが滞って逆流するのは、人君の恩を下々に及ぼすことができず背かせたためです」とある」という。『春秋潜潭巴』に、「水が逆流するのは、命に反しているためである。徳を修めて対応しなければならない」とある。

〔一六〕臣昭が調べてみますと、本紀（孝桓帝紀）に、「この年にまた南陽郡で洪水が起こった」とあります。

〔一七〕袁山松の『後漢書』に、「龍堺で祈禱した」とある。

〔一八〕袁山松の『後漢書』に、「これは河東郡で水が突然噴き出したことである」という。

〔一九〕臣昭が調べてみますと、袁山松『後漢書』に、「山陽郡・梁国・沛国・彭城国・下邳国・東海郡・琅邪国」とあります。すなわち（六郡ではなく）七郡です。

〔二〇〕袁山松の『後漢書』に、「曹操が政治を専断していた」とある。建安十七〔二一二〕年七月に、洪水が起こり、洧水が溢れた。

〔二一〕『献帝起居注』に、「七月に、洪水が起こり、主上は自ら正殿から退去した。八月、雨が止まないため、しばらく正殿に戻った」とある。

〔二二〕袁山松の『後漢書』に、「翌年、魏に禅譲した」とある。

大寒〔恒寒。厳寒〕

庶徴の恒寒である。

霊帝の光和六〔一八三〕年冬に、厳しい寒さとなり、北海国・東莱郡・琅邪国の井戸の中に一尺余りもの厚さの氷が張った[一]。
献帝の初平四〔一九三〕年六月に、冬のころのように寒い風が吹いた[二]。

〔劉昭注〕

[一] 袁山松の『後漢書』に、「このとき、盗賊どもが暴れ、天下が乱れるようになった」とある。讖に、「寒さというものは、小人が残虐で、政治を専断して尊位に居座り、非道な者が高位に上り、刑罰が法に基づかず、無罪の者を殺すために起こる。その寒さは、必ず（人々や動植物を）害する」とある。

[二] 袁山松の『後漢書』に、「このとき献帝は流浪して政権を失っていた」とある。養奮の対策文に、「暖かくあるべき時期に寒いのは、刑罰が残虐であるためです」とある。

雹〔恒寒の続き〕

和帝の永元五〔九三〕年六月に、郡・国の三つで雹が降り、それは鶏卵ほどの大きさであった[一]。このとき、和帝は酷吏の周紆を司隷校尉に就け、刑罰が厳しく行われていた[二]。

安帝の永初元〔一〇七〕年に、雹が降った。二〔一〇八〕年に、雹が降り、鶏の卵ほどの大きさであった。三〔一〇九〕年、雹が降り、雁の卵ほどの大きさで、実りを損ねた。劉向は、「雹が降るのは、陰が陽を脅かしているのである」という。このとき、鄧太后が陰〔女性〕でありながら陽に当たる〔男性がすべき〕政治を専断していた。

元初四〔一一七〕年六月戊辰に、三つの郡・国で雹が降り、椀・杯・鶏卵ほどの大きさで、家畜を殺した[三]。

延光元〔一二二〕年四月に、二十一の郡・国で雹が降り、鶏卵ほどの大きさで、実りを損ねた。このとき、安帝は讒言を信じ、無辜の死者が多く出ていた[四]。

（延光）三〔一二四〕年、雹が降り、鶏卵ほどの大きさだった[五]。

桓帝の延熹四〔一六一〕年五月己卯に、都で雹が降り、鶏卵ほどの大きさであった。このとき、桓帝はでたらめな誅殺をし、また、小人を寵用していた。

（延熹）七〔一六四〕年五月己丑に、都で雹が降った。このとき、皇后の鄧氏は分を超え、わがままに振る舞い、驕慢で寵愛を独り占めにしていた。翌年に廃位され、憂いのために死去し、一族はみな誅殺された。

霊帝の建寧二〔一六九〕年四月に、雹が降った。

（建寧）四〔一七一〕年五月に、河東郡に雹が降った。

光和四〔一八一〕年六月に、雹が降り、鶏卵ほどの大きさであった。このとき、常侍・黄門（といった宦官たち）が政務を取り仕切っていた。

中平二〔一八五〕年四月庚戌に、雹が降り、実りを損ねた。

献帝の初平四〔一九三〕年六月に、右扶風で雹が降り一斗枡ほどの大きさであった［六］。

［劉昭注］
［一］『春秋考異郵』に、「陰気の精髄が集まり合わさって雹ができる。雹という言葉は、「合」ということである。妾を正妻のようにし、大いに尊び、正式な妻・側室にお渡りをせず、妾を目の前に置き、全く離さず、車にも同乗させ、同衾を楽しみ、音楽に耽り、政治を女性に委ね、（天下に恩恵を）施しても行き渡らず、陰の精が集まり（雹として）現れる」とある。易讖に、「およそ雹というものは、君主自身が過ちを犯しながら、その過ちについて耳を傾けようとせず、賢者を抑制して登用せず、内々で悪人と結託して、利益・財産を掠め取り、賢者を邪魔して悪人を用いると、雨が降るべき時期に降らず、そしてかえって雹が降る」とある。

〔二〕『古今注』に、「光武帝の建武十〔三四〕年十月戊辰に、楽浪郡・上谷郡で雹が降り、実りを損ねた。十二〔三六〕年、河南平陽県で杯ほどの大きさの雹が降り、人々の屋舎を破壊した。十五〔三九〕年十二月乙卯に、鉅鹿郡で雹が降り、実りを損ねた。永平三〔六〇〕年八月に、十二の郡・国で雹が降り、実りを損ねた。十〔六七〕年に、十八の郡・国で雹が降り、蝗害が起こった」とある。易緯に、「夏に雹が降るのは、政治が煩瑣で厳しく、労役がせわしなく課され、命令が頻繁に変わり、定まった法規が無いためである。これに正しく対処しなければ、兵事が起こり、強大な臣下が反逆を企て、蝗が穀物を損ねる。これに正しく対処する方法は、賢良を取り立て、功績の有る者に爵位を授け、寛容さを心がけ、誅罰を行わないことである。そのようにすれば災異は消え去る」とある。

〔三〕『古今注』に、「楽安国で雹が降り、椀ほどの大きさで、死者が出た」とある。京房の占に、「夏に雹が降れば、天下で兵乱が大規模に起きる」とある。

〔四〕臣昭が調べてみますと、（『後漢書』列伝六十九上 儒林上）尹敏伝〔正しくは孔僖伝〕に、「この年、河西で大いに雹が降り、（その大きさは）枡ほどもあった。安帝は孔季彦を召し出し、原因を訊ねた。（季彦は）答えて、「これはいずれも陰が陽に乗じていることの徴です。いま高位の臣下が権勢をほしいままにし、太后陛下の私門が盛んです。陛下はどうか聖徳を修められ、この二点をお考え下さい」と申し上げた」とあります。

［五］『古今注』に、「順帝の永建三〔一二八〕年に、十二の郡・国で雹が降った。六〔一三一〕年に、十二の郡・国で雹が降り、秋の実りを損ねた」とある。

［六］袁山松の『後漢書』に、「雹により死者が出た。前後の降雹の中で、これが最も大きなものであった。時に天下は混乱していた」とある。

冬雷〔音に関する怪異〕

和帝の元興元〔一〇五〕年冬十一月壬午に、四つの郡・国で冬雷が鳴った。このとき、何人もの皇子たちが順調に育たず、（のちに生まれた皇子たちは）いずれも民間に隠された。この年、和帝は崩御し、殤帝が生後百数日であったが、（これを）擁立して君主とした。殤帝の兄には持病があり（皇帝とはせず）、平原王に封じたが、（のちに）卒した。いずれも夭逝したために後嗣が無かった［一］。

殤帝の延平元〔一〇六〕年九月乙亥に、陳留郡で雷が鳴り、隕石が四つ地に落ちた［二］。

安帝の永初六〔一一二〕年十月丙戌に、六つの郡で冬雷が鳴った［三］。

（永初）七〔一一三〕年十月戊子に、三つの郡・国で冬雷が鳴った。

元初元〔一一四〕年十月癸巳に、三つの郡・国で冬雷が鳴った。

（元初）三〔一一六〕年十月辛亥に、汝南郡・楽浪郡で冬雷が鳴った。

（元初）四〔一一七〕年十月辛酉に、五つの郡・国で冬雷が鳴った。

（元初）六〔一一九〕年十月丙子に、五つの郡・国で冬雷が鳴った。

永寧元〔一二〇〕年十月に、郡・国の七つで冬雷が鳴った。

建光元〔一二一〕年十月に、七つの郡・国で冬雷が鳴った。

延光四〔一二五〕年に、十九の郡・国で冬雷が鳴った。このとき、鄧太后が政治を取り仕切り、主上は（政治に）関与していなかった。太后が崩じると、それに代わって乳母の王聖と皇后の兄の閻顕兄弟が、権勢を握った。主上はこうして自身で政務を掌握することなく、温厚・寛容な態度で臣下に一任していた[四]。

桓帝の建和三〔一四九〕年六月乙卯に、雷が憲陵の寝屋に落ちた。これよりさき、梁太后は、兄の梁冀が李固・杜喬を謀殺することを許した。

霊帝の熹平六〔一七七〕年冬十月に、東萊郡で冬雷が鳴った。

中平四〔一八七〕年十二月晦日に、雨が降り、雷鳴・稲光が激しく起こり、雹が降った。

献帝の初平三〔一九二〕年五月丙申に、雲が無いのに雷が鳴った。

（初平）四〔一九三〕年五月癸酉に、雲が無いのに雷が鳴った。

建安七、八年の間〔二〇二年、二〇三年〕、長沙郡醴陵県にある大山で、つねに牛の吼える声のような大きな音が鳴り続けた。それは数年に及んだ。のちに豫章の賊徒が、醴陵県を攻め落とし、吏民を殺害・略奪した[五]。

［劉昭注］

［一］『古今注』に、「光武帝の建武七〔三一〕年に、遼東郡で冬雷が鳴り、（冬であるのに）草木が実をつけた」とある。

［二］臣昭が考えますに、天文志の末尾で、すでに隕石の記事を載せていますのに、五行志に重複して掲載するのは、なぜでしょう。隕石と落雷が両方揃った上で記録されているのは、九月に雷が落ちるだけでは異常ではないからです。桓帝の時にもまた、こうした石と雷が共に落ちる現象がありましたが、こののちには（天文志と五行志とで）重複して掲載していません。こちらの方（五行志に重複して載せないこと）が良いでしょう。『古今注』に、「章帝の

建初四〔七九〕年五月戊寅に、潁陰県で石が天から落ち、腰斬台ほどの大きさで、色は黒く、落ち始めに雷のような音が鳴った」とある。

［三］京房の占に、「天が冬雷を鳴らせば、地は必ず震える」とある。また、「教令が乱れている（ことに対応する）」とある。さらに、「雷は十一月に黄鍾を鳴らし、二月に大いに音を発し、八月に地中に隠れる。春夏に無辜の人々を殺し、冬を待たずに刑罰をすれば、災異を引き起こし、地中にいるべき虫が地上で活動する。適切に対処しなければ、冬に暖かい風が吹き、翌年に疫病が起こる。適切な対処とは、幼い孤児を保護し、貧しい者を補助し、刑罰を見直し、罪人を赦すことであり、こうすれば災異は消え去る」とある。『古今注』に、「明帝の永平七〔六四〕年十月丙子に、越嶲郡で雷が鳴った」とある。

［四］『古今注』に、「順帝の永和四〔一三九〕年四月戊午に、雷が高廟と世祖廟の外の槐に落ちた」とある。

［五］干宝は、「『論語摘輔像』に、「山が崩壊し、川が塞がり、漂い流れ、山から泣き声が鳴り、平地を塞ぐと、英傑たちが結集し、覇王が現れる」とある。このとき天下はまだ乱れており、豪傑たちが並び争い、曹操は袁紹・袁術と河北で戦い、孫氏の呉は、基盤を長江の外に作り、劉表は暴徒を襄陽で防ぎ、南に零陵・桂陽を併せ、北に漢川を切り取り、また黄祖を爪牙

とした。黄祖と孫氏とは仇敵の間柄となり、戦争が毎年行われた。建安十〔二〇五〕年、曹操が袁譚を南皮で破り、十一〔二〇六〕年、袁尚を遼東に敗走させた。十三〔二〇八〕年、呉は黄祖を捕らえ、その年、劉表は死去した。曹操は荊州を攻略し、劉備を当陽に追った。十四〔二〇九〕年、呉は曹操を赤壁で破った。これら三雄は、最終的に天下を三分し、帝王の功業を成し遂げた。これが（『論語摘輔像』の言う）「英傑たちが結集し、覇王が現れる」ということである。十六〔二一一〕年、劉備は蜀に入り、呉とまた荊州を奪い合った。時に四分五裂していた天下の地の奪い合いで、荊州が苛烈を極めた。そのため山が音を鳴らすという異変が、この一帯で起こったのである」という。

魚孽〔魚に関する異常〕

霊帝の熹平二〔一七三〕年に、東萊郡で海から巨大な魚が二尾現れ、長さは八、九丈、高さは二丈余りであった。翌年、中山王の劉暢と任城王の劉博がともに薨去した[一]。

［劉昭注］

［一］京房の『易伝』に、「海が巨大な魚を出せば、邪人が取り立てられ、賢人が遠ざけられる」

とある。臣昭が思いますに、この占辞は、霊帝の世に符合するもので、巨大な魚が出現したことは、霊帝期の悪政にこそ対応する徴です。どうして中山王・任城王に対応する妖異に過ぎないことがあるでしょうか。

蝗〔殻を持つ生物に関する異常〕

和帝の永元四〔九二〕年に、蝗害が起こった〔一〕。

（永元）八〔九六〕年五月に、河内郡・陳留郡で蝗害が起こった。九月、都で蝗害が起こった。九〔九七〕年、蝗害が夏から秋に亘って続いた。これよりさき、西羌がしばしば反乱を起こし、将軍を派遣し北軍の五校尉を率いて出征させた。

安帝の永初四〔一一〇〕年夏に、蝗害が起こった。このとき、西羌が来寇し、軍兵が防衛に出征し、それが続くこと十数年であった〔二〕。

（永初）五〔一一一〕年夏に、九つの州で蝗害が起こった〔三〕。

（永初）六〔一一二〕年三月に、蝗を駆除した地域で再び蝗の幼虫が生じた〔四〕。

（永初）七〔一一三〕年夏に、蝗害が起こった。

元初元〔一一四〕年夏に、五つの郡・国で蝗害が起こった。

(元初)二〔一一五〕年夏に、二十の郡・国で蝗害が起こった。

延光元〔一二二〕年六月に、郡・国で蝗害が起こった。

順帝の永建五〔一三〇〕年に、十二の郡・国で蝗害が起こった。このとき、鮮卑が朔方郡に来寇し、兵を動員して討伐していた。

永和元〔一三六〕年秋七月に、偃師県で蝗害が起こった。前年の冬、烏桓が沙南県に来寇し、兵を動員して討伐していた。

桓帝の永興元〔一五三〕年七月に、三十二の郡・国で蝗害が起こった。このとき、梁冀が政治を取り仕切っていたが手本にかなうところが無く[五]、でたらめに権力をわがものとし非道をはたらいた。

(永興)二〔一五四〕年六月に、都で蝗害が起こった。

永寿三〔一五七〕年六月に、都で蝗害が起こった。

延熹元〔一五八〕年五月に、都で蝗害が起こった[六]。

霊帝の熹平六〔一七七〕年夏に、七つの州で蝗害が起こった。これよりさき、鮮卑が前後三十数回にわたって辺塞を侵犯していた。この年、護烏桓校尉の夏育、破鮮卑中郎将の田晏、使匈奴中郎将の臧旻が、南単于以下の兵を率い、三道から出撃して鮮卑を討伐した。（このため、国家財政を扱う）大司農は歳入が足らず、盛んに郡・国から収斂して、それを兵糧に充てた。（それにも拘らず）三将は功績を挙げることなく、帰還した兵も半分以下であった。

光和元（一七八）年に、詔して、「連年蝗が冬になっても活動を止めないのは、何に対する咎めなのか」と策問した。蔡邕が答えて、「京房の『易伝』に、「大規模な工事が不適切な時期に行われると、天が災禍を下し、その咎は蝗が生じる」とあります。『河図秘徴篇』に、「帝が貪欲であれば政治は暴虐で官吏は酷薄となり、（官吏が）酷薄であれば誅罰は厳しく必ず殺すため、これが蝗に当たる」とあります。蝗は、貪欲と苛烈が引き起こすものです」と申し上げた。このとき、百官は移動し、みな勝手に分を超えた礼を行い、西園が（帝・百官が集まることで）官府のようになっていた［七］。

献帝の興平元（一九四）年夏に、大蝗害が起こった。このとき、天下は大いに乱れていた。

建安二（一九七）年五月に、蝗害が起こった。

［劉昭注］

〔一〕臣昭が調べてみますと、本紀（『後漢書』本紀一下 光武帝紀下）に掲載される光武帝の建武六〔三〇〕年の詔に、「以前、旱魃・蝗虫が災害をなした」とあります。『古今注』に、「建武二十二〔四六〕年三月に、都と十九の郡・国で蝗害が起こった。二十三〔四七〕年に、都と十八の郡・国で大蝗害・旱魃が起こり、草木が尽きた。二十九〔五三〕年四月に、武威郡・酒泉郡・清河国・京兆尹・魏郡・弘農郡で蝗害が起こった。三十〔五四〕年六月に、十二の郡・国で大蝗害が起こった。三十一〔五五〕年、郡・国で大蝗害が起こった。中元元〔五六〕年三月に、十六の郡・国で大蝗害が起こった。永平四〔六一〕年十二月に、酒泉郡で大蝗害が起こり、蝗は塞外から入って来た」とある。謝承の『後漢書』に、「永平十五〔七二〕年に、蝗が泰山郡から発生し、兗州・豫州に蔓延した」とある。謝沈の『後漢書』に掲載される鍾離意が北宮の建設を批判した上表文に、「数年しないうちに、豫章郡が蝗害に遭って穀物が取れず、餓死者は県ごとに数千人にもなりました」とある。

〔二〕讖に、「君主が、礼を踏み外し苛烈であれば、旱害が起こり、魚や貝が蝗に変わる」とある。

〔三〕京房の占に、「天は万物百穀を生み、人々に用いさせている。天地の性は人を最も貴いとする。ここで蝗が四方に発生するのは、国に悪人が多く、朝廷に忠臣がいないためである。虫は、人々と食物を取り合うが、高位にいて俸禄を貪っている者どもは、あたかも虫さながらである。ここでもし適切な対応を取らなければ、兵乱を引き起こす。適切な対応とは、有道を高位に就け、諸侯に命じて明経を任用することである。これにより災異を消す」とある。

［四］『古今注』に、「四十八の郡・国で蝗害が起こった」とある。

［五］『春秋考異郵』に、「欲深く騒ぎ立てることは蝗を生じる」とある。

［六］臣昭が調べてみますと、劉歆の「五行伝」に、「（こうした蝗害は）みな（為政者が）天の時宜に逆らい、「聴不聡（耳が人の言葉をよく聴かないこと）」のために起こる災禍である」とあります。養奮の対策文に、「（こうした蝗害は）邪な者どもが不当に厚遇されていることで引き起こされます」とあります。謝沈の『後漢書』に、「（延熹）九（一六六）年に、揚州の六つの郡で立て続けに旱害・蝗害が起こった」とある。

［七］蔡邕は答えて、「蝗が出現しましたら、緊急でない工事は止め、賦税の徴収を減らし、清廉仁慈の者を採り立て、貪欲残虐の者を追い出し、王室の蓄えを切り崩し、余財を減らして、それを国費に充てれば、適切な対処となります。『周易』（損卦 上九 爻辞）に、「臣下を得れば家々の隔てはなくなる」とあります。天下を統治する者は私家としての財は無いということでございます」と申し上げた。

五行志四　第十六　地震　山崩　地陥　大風抜樹　螟　牛疫

「洪範五行伝」に、「宮殿を建築し、楼台を飾り立て、節操の無い女を納れ、親族の秩序に逆らい、父や兄を侮れば、収穫が上がらなくなる」とある。（これは）土が本来の性質を失って災いを起こすことをいうのである。

（「洪範五行伝」に）また、「思慮が寛容ではないこと、これを「不聖」〔聖徳が無い〕という。これによって起こる咎徴は霿〔愚昧で判断能力が無い〕で、その罰は強風、六極では凶短折〔短命〕がこれに当たる。時に脂夜の妖〔心の蒙昧さが夜の暗闇となって顕れる〕が起こり、時に華孽〔花に関する異常〕が起こり、時に牛の禍が起こり、時に心腹の痾〔思心の気が損なわれると発症する病気〕が起こり、時に黄色の眚・祥が現れる。これらは金・水・木・火が土を損ねたのである」とある。華孽は、劉歆の「五行伝」では蠃虫の孽とする。これはズイムシの類のことである。

地震〔金・水・木・火が土を損なうこと〕

光武帝の建武二十二〔四六〕年九月に、四十二の郡・国で地震が起こり、南陽郡がもっとも深刻で、地が裂け人々が圧殺された。そののち、武谿の蛮族が反き、寇害を起こし、南郡まで到達した。（そこで）荊州諸郡の兵を発し、武威将軍の劉尚を派遣して攻撃させたが、蛮族たちに包囲された。さらに兵を発してその地に赴かせたが、（救援は間に合わずに）劉尚はついに戦死した。

章帝の建初元〔七六〕年三月甲寅に、山陽郡・東平国で地震が起こった。

和帝の永元四〔九二〕年六月丙辰に、十三の郡・国で地震が起こった。『春秋漢含孳』に、「女主が権勢を奮い、臣下が命令を定めれば、地が動いて裂け、畔が震えて隆起し、山が崩壊する」とある。このとき、竇太后が政治を取り仕切り、その兄の竇憲が政務を専断しており、このために害を受けようとしていた。その後五日で、詔を下し、竇憲の官位を剝奪した。（竇憲は）兄弟共々封国に赴き、迫られて自殺した。

（永元）五〔九三〕年二月戊午に、隴西郡で地震が起こった。儒家の説では、民は土地に安んずるものである。（それを）大きく移動させようとすると、地が大きく震える。九月に、匈奴の単于の於除鞬が反いたので、使者を出し辺境の郡の兵を派遣して攻撃させた。

（永元）七〔九五〕年九月癸卯に、都で地震が起こった。儒家の説に、宦官は陽の働きが無く、女性に等しい存在であるという。このとき、和帝は、中常侍の鄭衆と共謀して、竇氏の権力を奪い、これに感謝して鄭衆を高く任用した。常侍の蔡倫を寵用するようになると、二人は（宦官として）初めて政務を取り仕切った。

（永元）九〔九七〕年三月庚辰に、隴西郡で地震が起こった。閏月に、塞外の羌族が辺塞に侵攻し、吏民を殺害・略奪した。（そこで）征西将軍の劉尚を派遣して攻撃した。

安帝の永初元〔一〇七〕年に、十八の郡・国で地震が起こった。李固は、「地は陰であり、原則としては安定し静まっているべきものです。（それなのに）今（陰に当たる者が）陰に当たる職務を超えて、陽に当たる政治を専断しております。そのためにこれに応じて地が震えたのです」と申し上げた。このとき、鄧太后が政治を専断していた。建光年間〔一二一年〕に到り、鄧太后が崩御すると、安帝がようやく政治を行うようになった。そこまで（宦官・女君といった）陰の類のものがいずれも盛んになり、西羌が中華を乱すことが、十数年にも亘った。

（永初）二〔一〇八〕年に、十二の郡・国で地震が起こった。

（永初）三〔一〇九〕年十二月辛酉に、九の郡・国で地震が起こった。

（永初）四〔一一〇〕年三月癸巳に、四の郡・国で地震が起こった。

（永初）五〔一一一〕年正月丙戌に、十の郡・国で地震が起こった。

（永初）七〔一一三〕年正月壬寅、二月丙午に、十八の郡・国で地震が起こった。

元初元〔一一四〕年に、十五の郡・国で地震が起こった。

（元初）二〔一一五〕年十一月庚申に、十の郡・国で地震が起こった。

（元初）三〔一一六〕年二月に、十の郡・国で地震が起こった。

十一月癸卯に、九の郡・国で地震が起こった。

（元初）四〔一一七〕年に、十三の郡・国で地震が起こった。

（元初）五〔一一八〕年、十四の郡・国で地震が起こった。

（元初）六〔一一九〕年二月乙巳に、都と四十二の郡・国で地震が起こり、場所によっては地割れがあり、水が噴き出し、城郭や家屋が破壊され、人々が押し潰された。冬に、八の郡・国で地震が起こった。

永寧元〔一二〇〕年に、二十三の郡・国で地震が起こった。

建光元〔一二一〕年九月己丑に、三十五の郡・国で地震が起こり、場所によっては地割れが起き、城郭や家屋が破壊され、圧死者を出した。このとき、安帝は洞察が足りず、宦官や乳母の王聖たちの讒言を信じ、鄧太后の家を破壊した。こののち王聖や宦官たちの言うことばかりを聞いて信用し、中常侍の江京・樊豊たちが政務を取り仕切った。

延光元〔一二二〕年七月癸卯に、都と十三の郡・国で地震が起こった。

九月戊申に、二十七の郡・国で地震が起こった。

（延光）二〔一二三〕年に、都と三十二の郡・国で地震が起こった。

（延光）三〔一二四〕年に、都と二十三の郡・国で地震が起こった。このとき、讒言によって太尉の楊震を免官し、太子を廃嫡した。

（延光）四〔一二五〕年十一月丁巳に、都と十六の郡・国で地震が起こった。ときに安帝はすでに崩御し、閻太后が政治を取り仕切り、（閻太后の）兄弟の閻顕たちが、政務を行っていた。そのため安帝の子〔劉保〕を廃嫡し、代わりに諸封国の王子を召したが、その到着前に、中黄門が閻顕兄弟を誅滅した。

順帝の永建三〔一二八〕年正月丙子に、都と漢陽郡で地震が起こった。漢陽郡では家屋が倒壊して死者が出て、地面が割れて水が噴き出した。このとき、順帝の乳母の宋娥や中常侍の張昉たちが政務を取り仕切っていた。

陽嘉二〔一三三〕年四月己亥に、都で地震が起こった。このとき、宋娥に爵号を与えて山陽君とした。

（陽嘉）四〔一三五〕年十二月甲寅に、都で地震が起こった。

永和二〔一三七〕年四月丙申に、都で地震が起こった。このとき、宋娥が悪事を企み（政敵の曹騰・孟賁たちを）誣告していたが、五月になって悪事は発覚し、免官され、郷里に帰された。

十一月丁卯に、都で地震が起こった。このとき、太尉の王龔は、中常侍の張昉たちが朝政を専断しているため、張昉たちを誅滅するように奏上しようと考えた。王龔の宗族は、かつての楊震のことを引き合いに出して、諫めたので止めた。

（永和）三〔一三八〕年二月乙亥に、都・金城郡・隴西郡で地震・地割れが起こり、多くの城郭・家屋が壊れ、圧死者が出た。閏四月己酉に、都で地震が起こった。十月、西羌が二千騎余りで金城郡の城塞に侵入し、涼州に損害を与えた。

（永和）四〔一三九〕年三月乙亥に、都で地震が起こった。

（永和）五〔一四〇〕年二月戊申に、都で地震が起こった。

建康元〔一四四〕年正月に、涼州部の六つの郡で地震が起こった。前年の九月からこの四月までの間に、合計百八十回もの地震が起こった。山・谷は裂け、城郭・官署が破壊され、人々や家畜を傷つけた。三月に、護羌校尉の趙沖が、反乱を起こした羌族に殺された。

九月丙午に、都で地震が起こった。このとき、順帝が崩御し、梁太后が政治を取り仕切り、順帝のために陵墓をつくり、その規模を奢侈・広大なものにしようとし、多くの吏民の墓を壊した。尚書の欒巴が諫めると、太后は怒り、癸卯に、詔を下して欒巴を投獄し、これを殺害しようとした。（しかし、その四日後の）丙午に地震が起こり、このため太后は欒巴を釈放し、免官して庶人とした。

桓帝の建和元〔一四七〕年四月庚寅に、都で地震が起こった。九月丁卯に、都で地震が起こった。このとき、梁太后が政治を取り仕切り、兄の梁冀が実権を握っていた。和平元〔一五〇〕年になり、梁太后は崩御した。それでも梁冀は政務を掌握し続け、延熹二〔一五九〕年に、ようやく誅滅された。

（建和）三〔一四九〕年九月己卯に、地震が起こった。庚寅にまた地震が起こった。

元嘉元〔一五一〕年十一月辛巳に、都で地震が起こった。

（元嘉）二〔一五二〕年正月丙辰に、都で地震が起こった。

十月乙亥に、都で地震が起こった。

永興二〔一五四〕年二月癸卯に、都で地震が起こった。

永寿二〔一五六〕年十二月に、都で地震が起こった。

延熹四〔一六一〕年に、都・扶風・涼州で地震が起こった。

（延熹）五〔一六二〕年五月乙亥に、都で地震が起こった。このとき、桓帝は中常侍の単超たちと共謀して梁冀を誅殺・排除したので、かれらの言うことに従い、かつ政務を取り仕切らせた。また、鄧皇后はもとは庶民で、その人となりや行動に一貫性がなく、少し容姿が良いだけで、皇后に立てられていた。のちに呪詛を行った罪で廃位され、憂いによって死んだ。

（延熹）八〔一六五〕年九月丁未に、都で地震が起こった。

霊帝の建寧四〔一七一〕年二月癸卯に、地震が起こった。このとき、中常侍の曹節・王甫たちが政務を取り仕切っていた。

熹平二〔一七三〕年六月に、地震が起こった。

（熹平）六〔一七七〕年十月辛丑に、地震が起こった。

光和元〔一七八〕年二月辛未に、地震が起こった。

四月丙辰に、地震が起こった。霊帝のとき、宦官たちが専横を行っていた。

（光和）二〔一七九〕年三月、京兆で地震が起こった。

（光和）三〔一八〇〕年の秋から翌年の春までの間に、酒泉郡表氏県で八十回余りに亘って地震が起こり、水が噴き出し、城市の中の官署・民家はいずれも破壊されたので、県は治所を移し、新たに城郭を築いた。

献帝の初平二〔一九一〕年六月丙戌に、地震が起こった。

興平元〔一九四〕年六月丁丑に、地震が起こった。

山崩　地滔〔地震の続き〕

和帝の永元元〔八九〕年七月に、会稽山の南側が崩れた。会稽は、南方の高名な山である。京房の『易伝』に、「山崩れは、陰が陽を凌ぎ、弱者が強者に勝つことによる」とある。劉向は、「山は陽であり、君に当たる。川は陰であり、民に当たる。君道が崩れ、人々が居るべきところを失っているのである」という。劉歆は、「崩は、弛〔壊れる〕のような意味である」という。このとき、竇太后が政治を取り仕切り、兄の竇憲が政務を専断していた。

（永元）七〔九五〕年七月に、趙国易陽県で地割れが起こった。京房の『易伝』に、「地割れというものは、臣下が離れ、従おうとしないことである」とある。このとき、南単于の配下が離反し、漢軍が追討した。

（永元）十二〔一〇〇〕年の夏、閏四月戊辰に、南郡秭帰県で高さ四百丈の山が、崩れて谷を埋め、百人余りの死者が出た。翌年の冬に、巫県の蛮夷が反乱を起こしたので、使者を派遣し、荊州の吏民を一万人余りを集め、これを討った。

元興元〔一〇五〕年五月癸酉に、扶風雍県で地割れが起こった。こののち、西羌が大挙して涼州に来寇した。

殤帝の延平元〔一〇六〕年五月壬辰に、河東郡垣県で山崩れが起こった。このとき、鄧太后が政治を専断していた。秋八月に、殤帝が崩じた。

安帝の永初元〔一〇七〕年六月丁巳に、河東郡楊県で地面が陥没し、東西は百四十歩、南北は百二十歩に及び、深さは三丈五尺になった。

（永初）六〔一一二〕年六月壬辰に、豫章郡の員谿と原山が、それぞれ六十三ヵ所崩れた。

元初元〔一一四〕年三月己卯に、日南郡で地割れが起こり、長さ百八十二里に及んだ。そののち（元初）三〔一一六〕年正月に、蒼梧郡・鬱林郡・合浦郡で盗賊が大勢蜂起し、吏民を襲って略奪した。

（元初）二〔一一五〕年六月に、河南の雒陽・新城県で地割れが起こった。

延光二〔一二三〕年七月に、丹陽郡で山崩れが四十七ヵ所で起こった。

（延光）三〔一二四〕年六月庚午に、巴郡閬中県で山崩れが起こった。

（延光）四〔一二五〕年十月丙午に、蜀郡・越巂郡で山崩れが起こり、四百人余りの死者が出た。丙午は、天子の朝会の日であった。このとき、閻太后が政治を取り仕切っていた。その十一月、中黄門の孫程たちが江京を殺して順帝を立て、閻后の兄弟を誅した。翌年、閻后が崩じた。

順帝の陽嘉二〔一三三〕年六月丁丑に、雒陽の宣徳亭で地割れが起こり、長さ八十五丈に及んだ。（宣徳亭は）雒陽近郊の地である。ときに李固は対策して、「陰の類のものがほしいままに振る舞い、ばらばらになろうとしていることの象であります。雒陽城の郊外で（地割れを）起こしたのは、上帝が陛下を戒めようと象を示したのでございます」と申し上げた。このとき、宋娥と中常侍は、それぞれ政務を行って互いに抗争していた。後に中常侍の張逵・蘧政が、大将軍の梁商と主導権を争い、商についてデマを流し、陥れようとした。

桓帝の建和元〔一四七〕年四月に、六の郡・国で地割れが起こり、水が涌き出て、井戸が溢れ、官署・家屋を破壊し、死者が出た。ときに梁太后が政治を取り仕切り、兄の梁冀は李固・杜喬を不当に殺害した。

（建和）三〔一四九〕年、五の郡・国で山崩れが起こった。

和平元〔一五〇〕年七月に、広漢郡梓潼県で山崩れが起こった。

永興二〔一五四〕年六月、東海郡で山崩れが起こった。冬十二月に、泰山郡・琅邪国で盗賊が大勢で蜂起した。

永寿三〔一五七〕年七月に、河東郡で地割れが起こった。ときに梁太后の兄の梁冀が政務を掌握し、桓帝は自らの思うがままに政治をしたいと考え、内心ではこれを苦々しく思っていた。

延熹元〔一五八〕年七月乙巳に、馮翊雲陽県で地割れが起こった。

（延熹）三〔一六〇〕年五月甲戌に、漢中郡で山崩れが起こった。このとき、主上は中常侍の単超たちを寵用して専横を許した。

（延熹）四〔一六一〕年六月庚子に、泰山郡博県の尤来山が崩壊した。

（延熹）八〔一六五〕年六月丙辰に、緱氏県で地割れが起こった。

永康元〔一六七〕年五月丙午に、雒陽・高平県・永寿亭・上党郡泫氏県の地で地割れが起こった[一]。このとき、朝臣たちは中常侍の王甫らの専横に苦しんでいた。冬に、桓帝が崩御した。翌年、竇氏らが宦官たちを誅そうとしたが、果たさず、逆に誅された。霊帝の建寧四（一七一）年五月に、河東郡で地割れが十二ヵ所で起こり、地割れの長さを合わせると十里百七十歩となり、幅は三十歩余りに亘り、深過ぎて底が見えなかった。

〔劉昭注〕

〔一〕（泫という字は）「工玄」の反（反切法。前の文字の子音と後の文字の母音で、説明する文字の音を示すもの）である。

大風抜樹〔強風〕

和帝の永元五〔九三〕年五月戊寅に、南陽郡で強風が吹き、木を倒した。

安帝の永初元〔一〇七〕年に、強風が吹いて、木を倒した。このとき、鄧太后が政治を取り仕切っており、清河王の子が幼く、聡明と評判であったので、これを即位させた。これが安帝である。皇太子の劉勝を立てなかった。安帝が賢いので、必ずや鄧氏の功績を恩に感じると考えたためである。のちに安帝は讒言に耳を傾け、鄧氏一族を免官し、郡・県に命じて追い詰めさせ、死者は八、九人に及び、一族は破滅されるに至った。これは「轂霿」〔蒙昧〕に当たる。こののち、西羌もまた大いに涼州に来寇すること十余年におよんだ。

（永初）二〔一〇八〕年六月に、都と四十の郡・国で強風が吹き、木を倒した。

（永初）三〔一〇九〕年五月癸酉に、都で強風が吹き、南郊の道のキササゲを九十六本倒した。

（永初）七〔一一三〕年八月丙寅に、都で強風が吹き、木を倒した。

元初二〔一一五〕年二月癸亥に、都で強風が吹き、木を倒した。

（元初）六〔一一九〕年夏四月に、沛国・勃海郡で強風が吹き、木を倒すこと二万本余りであった。

延光二〔一二三〕年三月丙申に、河東郡・潁川郡で強風が吹き、木を倒した。六月壬午に、十一の郡・国で強風が吹き、木を倒した。このとき、安帝は讒言に耳を傾け、正邪の区別がつかなくなっていた。

（延光）三〔一二四〕年に、都と三十六の郡・国で強風が吹き、木を倒した。

霊帝の建寧二〔一六九〕年四月癸巳に、都で強風が吹いて雹が降り、郊へ向かう道にある十囲以上もの太さの木を百本余り倒した。その後、早朝に黄郊で迎気〔季節に対応する方位の郊で、季節の気を迎え、神祇を祭る儀礼〕を行おうとし、雒水の西橋を通ると、突然の風雨に出くわし、隊列の車の中には車蓋が飛ばされるものもあり、百官がずぶ濡れになった。郊までは行かずに引き返し、担当の役人を派遣して儀礼を行わせた。〔立秋の日に〕西郊で迎気を行う際にも、同様のことが起こった。

中平五〔一八八〕年六月丙寅に、強風が吹き、木を倒した。

献帝の初平四〔一九三〕年六月に、扶風で強風が吹き、屋根を飛ばし木を倒した。

脂夜の妖〔暗闇に関する異常〕

光武の中興以来、脂夜の妖は記録されていない。

螟〔鱗・毛・羽・甲羅などの無い裸の動物に関する異常〕

章帝の七〔八二〕年・八〔八三〕年に、郡・県で大螟害が起こり、実りを損ねた。これに言及する語が（『後漢書』列伝二十五）魯恭伝にある。しかし詳しい記録は残っていない。このとき、章帝は竇皇后の讒言を聴き入れ、宋貴人・梁貴人を害し、皇太子を廃位した。

霊帝の熹平四〔一七五〕年六月に、弘農郡と三輔で螟が食害を起こした。このとき、霊帝は中常侍の曹節たちの讒言を聴き入れ、天下の清廉で優れた士を官職から追放し、これを「党人」〔私党を組む悪人〕と呼んだ。

中平二〔一八五〕年七月に、三輔で螟が食害を起こした。

牛疫〔牛の異変〕

明帝の永平十八〔七五〕年に、牛が伝染病で死んだ。この年に、竇固たちを派遣して西域を討たせ、都護・戊己校尉を設置した。竇固たちが、ちょうど帰還すると西域諸国は反乱を起こし、都護の陳睦と戊己校尉の関寵を殺害した。そこで明帝は激怒し、また討伐の軍旅を派遣しようとしたが、たまたまその秋に明帝は崩御した。これは（「五行伝」のいう）「思慮が寛容でない」ということにあたる。

章帝の建初四〔七九〕年冬に、都の牛に伝染病が大流行した。このとき、竇皇后は、宋貴人の子が太子となり、寵愛を受けていることから、貴人の過失や隙を調べさせ、これを讒言により陥れた。章帝は竇太后の不善を察知できなかった。その咎徴は（「五行伝」のいう）「霿」〔愚昧さ〕に当たる。あるひとは、「この年の六月に、馬太后が崩じ、土木工事が不適切な時期に行われたためである」という。

五行志五　第十七　射妖　龍蛇孽　馬禍　人痾　人化　死復生　疫　投蜺

「洪範五行伝」に、「君主が中正でないこと、これを「不建」〔立たない〕という[一]。これによって起こる咎徴は眊〔乱れていること〕で[二]、その罰は曇天続き[三]、六極では弱〔君主の力量が弱い〕がこれに当たる[四]。時に射にまつわる妖が起こり[五]、時に龍・蛇の孽が起こり[六]、時に馬の禍が起こり[七]、時に下の者が上を伐つという痾が起こり[八]、時に日月の運行が乱れ、星辰が逆行する」とある[九]。〔原文の皇極の〕皇は、君主のことである。極は、中正のことである。眊は、明晰でないことである。〔「洪範五行伝」に関する〕説に、「これは天を損うのである。それなのに「天を損う」と言わないのは、至尊〔天〕に対する言葉だからである。『春秋』にも、「王の軍が負けた」ことは、自らが負けたと書かれている〔王者を尊び、他の者が王者を負かしたという文章にはしないのである〕」とある。

〔劉昭注〕

〔一〕『尚書大伝』は、〔原文の皇極の〕「皇」の字を「王」の字に作る。鄭玄は、「王は、君主である。（五事のような）具体的なものの名をいわず王と言うのは、（他の）五事が五行に対応していることに対して、王極は天に対応しているからである。天は変化して陰になったり陽になったりし、それが五行となる。経（『尚書』尭典篇）に、「暦は日月・星辰を象るようにし、敬い謹んで人々に天の時を与えよ」とある。『論語』（為政篇）に、「徳により政治を行うのは、北極星のようである」とある。これは天の道を人の政治に行うということである。孔子は『春秋』について、「政治が王より発せられなければ、政治と見なすことはできない」という。すなわち王・君とは、政治を発する者を呼ぶ号である。極は、中正という意味である。建は、立てるという意味である。王は天に対応し、その情・性を（天の働きのもとで）五事とし、中正な政治を行う。王の政治が中正でなければ、五事を確立できなくなる」という。古文『尚書』に、「皇極は、皇いにその中正なあり方を立てる」とある。孔安国は、「大中の道は、大いにその中正なあり方を立てるということである。すなわち洪範九疇に従うことである」という。馬融の対策文に、「大中の道は、天では北極星であり、地では君主である」という。

［二］『尚書大伝』は、（「眊」の字を）「瞀」の字に作る。鄭玄は、「瞀は五事の「思心」（が寛容でないこと）の咎徴（「霿」）と同じである。そのため劉歆の「五行伝」では眊という。眊は、

乱れるという意味である。君臣が確立しなければ、上下関係が乱れる」とある。『字林』に、「視力の足りないことを眊という」とある。

〔三〕鄭玄は、「王極は天に対応し、天の陰気は万物を養う。陰の気が損われると、そのため曇り続きとなる」という。

〔四〕鄭玄は、「天は剛徳であり、剛の気が損われると、人において弱さが生じる」という。『周易』（乾卦文言伝）の亢龍のあり方についての説に、「貴いのに位がなく、高いだけで下に人々がおらず、賢人が下位にいて補佐しない」とある。これを弱という。あるいは、「（弱は）軟弱で、毅然としていないことである」という。

〔五〕鄭玄は、「射は、王極の基準である。射人は、放とうとする際、まず先に威儀を整えて、それから矢を放てば、必ず的に当たる。（それと同様に）君主が政令を出そうとする際も、まず朝廷でその是非をはかり、それから政令を出せば必ず人々の心に適う。射は、（自らの側をまず正すという）その象である」という。

〔六〕鄭玄は、「龍は、淵に生まれて、あらゆるものの中を動き回り、天に遊ぶ動物である。（このため）天に属す。蛇は、龍の類である」という。あるいは、「龍の中で角の無いものは、蛇という」という。

［七］鄭玄は、「（『周易』乾卦象伝に）「天の運行は力強い」とある。馬は、家畜の速く走るものである。（このため）王極に属す」という。

［八］鄭玄は、「夏侯勝の説に、「伐」の字は「代」の字であるべきとする。また「代」につくる本もある。陰陽の精髄を精気といい、情・性の精髄を魂魄という。君主の行いが常道を外れ、欺瞞が度を超えていると、魂魄が傷つく。王極の気が損われた（ために発症する）病気である。天は中正でない者に対し、つねにその毒を憎み、病を深刻にさせ、賢者を導き交代させようとするのである。『春秋左氏伝』（襄公二十九年）に、「（天が）伯有の魄を奪う」とあるのが、これに当たる。何の病かを名指さないのは、その病が身体に顕れるものではないからである」という。

［九］鄭玄は、「（日月の運行が）乱れるとは、光が薄れ、食が起こり、闘い合い、日月二つが同時に現れることをいう。（星辰が）逆行するとは、運行が速くあるいは遅く、逆行し異常に輝くことをいう。天を横切り惑星が一つの星宿に留まり続けるという類のことである」という。『太公六韜』に、「君主が軍事を好めば、日月の光が薄れて食が起こり、金星の運行が異常になる」とある。

恒陰〔曇天続き〕

恒陰は、光武の中興以来、記録されていない［一］。

〔劉昭注〕

［一］臣昭が調べてみますと、（『後漢書』列伝二十下）郎顗伝に、「陽嘉二（一三三）年に、郎顗は上書して、「正月以来、暗い日が続いております。「曇天が続いて雨が降らないのは、気を乱しているからである」とあります。賢者を得ながら用いないのは、曇天が続くのに雨が降らないのと同じです」と申し上げた」とあります。

射妖〔弓矢や刺すものの異常〕

霊帝の光和年間（一七八～一八四年）に、雒陽の夜龍という男が、弓矢で北闕を射た。官吏が捕らえて取り調べた。（夜龍は矢を射た理由を）「暮らしが貧しく借金を抱え、どうにも生きていけないので、弓矢を買って射た」と述べた。（これは）射妖のようなものである［一］。のちに、車騎将軍の何苗が、兄である大将軍何進の配下の兵と疑いあい、互いに攻撃して、闕の下で戦った。何苗は死に（配下の）兵は敗れ、数千人が殺された。雒陽の宮殿や宮女は焼き尽くされた〔二〕。

〔劉昭注〕

〔一〕『風俗通』に、「夜龍は、兄の陽に臘銭を求めたが、龍は頻繁に金を借りており、（陽は）とてもこれを嫌がり、陽は（龍に）千銭しか渡さなかった。龍は不服で、（自らの罪に連座させることで）陽の家を破滅させようと考えて、弓矢で北門の東闕（東側の門の高殿）を射ること三発、役人が叱って縛り上げ跪かせた。これによって（皇帝は）中常侍・尚書・御史中丞・直事御史・謁者・衛尉・司隷・河南尹・雒陽令たちを派遣して、みな発射した場所に集まらせた。劭はこのとき太尉府の議曹掾であった。（そこ）で太尉の鄧盛に、「そもそも礼では、闕・観（門の高殿と見張り台）を設けるのは、門を飾り、至尊を明らかにし、教令を象魏（闕）に掛け、人々に礼法を示すためです。そのため車に乗って過ぎる者は下車し、歩いて過ぎる者は小走りで通るのです。（それにも拘らず）いま夜龍は故意に闕を射ており、その意図は高慢で行動は醜悪、大逆に次ぐ罪です。どうか管轄する者を派遣し、この異常事態を取り調べて下さい」と申し上げた。公は、「太尉府は盗賊を管轄しておらず、他の諸府と相談しよう」とされた。劭は、「（かつて）丞相の丙吉は、道端の死傷者は、すでに起こったことで、京兆尹と長安令が取り締まると思いました。しかし、車を止めて牛が喘いで舌を出していることを問い質したのは、人を軽視して家畜を尊んだわけではありません。（まだ暑くない時期に牛が暑さにあえいでいたことから）陰陽の不調和により、これから被害が出ることを憂慮したためです。（丙吉の説明を聞き）属吏は感服し、『漢書』（巻七十四 丙吉伝）は、丙吉が政治の要諦を得ていると称えております。いま夜龍が犯した罪により、内外が騒ぎ立てております。丙吉は災禍を前もって防ぎました。まして（今回のように）すでに異変が明らかな場合は対処しなければなりません。賢明なる閣下は、宰相の任にあり、かつ軍事も司っておられます。およそ辺境の事柄については、すべて一大事とされているのに、どうしてみすみす眼下に混乱の芽を伸ばさせることがありましょうか。孔子が魯の司寇に任じられたのは、臨時の卿でした。（それでも孔子は）分際をわきまえない者どもの芽を摘み、不和の兆しを消し、政治に従事すること三ヵ月で、悪人は魯国から逃げ出し、（治安が改善して）村々は門を閉めなくなり、対外では強国斉に奪われた土地を取り戻し、国内では三桓の威勢をくじきました。（このように）微々たる小国でも、実行に移すことを重んじたのですから、どうして大いなる漢朝で、行わないで良いものでしょうか。賢明なる閣下は、あっさりと自分の役目ではないと仰いました。（しかし）『詩経』（大雅 文王）に、「文王の政治に則れば、万国が真とみなして従う」とあります。（閣下は）他人の模範となるべき立場であり、他人を模範と仰ぐ立場ではないはずです」と申し上げた。すると公は、心中悟るところがあり、令史の謝申を遣わし、配下を率いて、劭の言う通りにし、自ら調査して詳しく報告した。ときに霊帝は詔を下し、「悪を憎むことは本人のみに留める」とした。夜龍は重刑に処されたが、陽は連座しなかった」とある。

〔二〕応劭は、「（夜龍の名前を構成する字の）龍は陽の類で、君主の象である。夜は、明るくないことと対応する。これは（君主が暗愚であることを反映した）象である」という。

龍蛇孽〔龍・蛇に関する異常〕

安帝の延光三〔一二四〕年に、済南国から黄龍が歴城県に出現したと報告があり、琅邪国から黄龍が諸県に出現したと報告があった。このとき、安帝は讒言に従い、太尉の楊震を罷免し、楊震は自殺した。また安帝には、たった一人しか子がなく、それを太子としていたが、讒言を信じてこれを廃嫡した。これらは（「五行伝」のいう）「君主が中正でない」に当たり、そのため龍孽を生じたのである。（しかし）このとき、媚びへつらう者を大勢登用していたため、これを（凶兆とは言わずに）瑞応と見なした。翌年の正月に、東郡からもまた黄龍二匹が濮陽県に現れたと報告があった。

桓帝の延熹七〔一六四〕年六月壬子に[二]、河内郡野王県の山の上で龍が死んでおり、体長は数十丈に及んだ[三]。襄楷は、「そもそも龍は、帝王の瑞兆であり、『周易』では「大人（君主）」といいます。天鳳年間〔一四～一九年〕にも、黄山宮で死龍が発見され、のちに、漢の軍が王莽を誅し、光武帝が漢朝を復興しました。これは王朝が交代する前兆です」と述べた。建武二十五〔四九〕年になって、魏の文帝が漢に代わった[三]。

永康元〔一六七〕年八月に、巴郡から黄龍が出現したと報告があった。官吏の傅堅は、郡がこれを上奏しようとしたので、内々に、「下人の戯れの言葉です、上奏してはなりません」と述べた。太守は聴かなかった。（太守は）かつて傅堅と会った際に語って、「そのとき人々は気温が高いため、池で水浴びしようとして、池の水が濁っているのを見て、そこでふざけて恐れあって、「この中には黄龍がいる」と言った。この言葉が世間に伝わり、郡府に報告された」と述べていた。これを瑞兆としようとして、報告したのである。当時の史官はそれを帝紀に記録した。桓帝のとき、政治が衰えていたのに、各地で盛んに瑞祥を報告したことは、いずれもこうした事情からである。また先儒は、「瑞祥が生ずるのに時宜を得なければ、妖孽である」という。すなわち人々が「龍が現れた」と噂したことは、いずれも龍の孽なのである。

熹平元〔一七二〕年四月甲午に、青い蛇が御坐の上に現れた。このとき、霊帝は宦官に政治を任せ、王室が衰弱していた[四]。

［劉昭注］

［一］干宝『捜神記』に、「桓帝が即位すると、大蛇が徳陽殿の上に現れた。雒陽令の淳于翼は、「蛇には鱗があり、軍兵の象である。それが宮中に現れたのは、外戚の重臣が軍兵により誅されるということであろう」と言った。（そこで）官を捨て隠棲した。延熹二〔一五九〕年になって、大将軍の梁冀を誅し、その一族を捕らえて裁き、兵乱を都で引き起こした」とある。

［二］袁山松『後漢書』に、「長さは百丈余りであった」とある。

［三］臣昭は、「（龍は）身を屈めたかと思えば伸ばし、あるいは躍り出るなど、変化に限りなく、明らかに死体を残す動物ではなく、むやみに強いだけの獣でもありません。『周易』では、（龍を）聖人にたとえており、実際に君道に当たるものです。野王で起こった異変は、おそらく桓帝崩御の予兆でしょう。同じ災異が発生しても、その表すことは異なることがあり、そうした例は多いものです。もし天鳳の時の死龍と同じように、無理に解釈しようとすると、

（この災異に対応する漢魏禅譲までの期間が）皇帝三代にもわたり、年月は五十年を超えています。これはあまりに悠長で、おそらく国家の交代の徴候だったのではないでしょう」と考えます。

［四］楊賜は諫めて、「（「五行伝」に）「君主権力が建たないと、龍蛇の孽が生じる」と申します。『詩経』（小雅 斯干）に、「まむしや蛇は、女子の徴」とあります。重臣の権勢を抑制し、皇后への溺愛を控えれば、蛇の異変を消し去ることができるでしょう」と申し上げた。調べて見ると（『後漢書』列伝五十五）張奐伝に、「建寧二〔一六九〕年夏に、青蛇が御坐の欄干の前に現れた。張奐は上疏して、「陳蕃・竇武がまだ赦されておりません。このような災異が現れるのは、いずれもそのためでございます」と申し上げた」とある。『敦煌実録』に、「蛇は体長六尺で、夜に御坐の前で欄干に向かって現れた」とある。

馬禍〔馬に関する異変〕

更始二〔二四〕年二月に、（更始帝が）雒陽を出発して、長安へ入城しようとした。司直の李松が先導を務め、馬車で走っていると、北宮の鉄柱の門にぶつかり、三頭の馬がみな死んだ。これは馬禍である。ときに更始帝は政道を見失い、滅亡しようとしていた。

桓帝の延熹五〔一六二〕年四月に、騒ぎ立った馬と逃げ出した象が宮殿へ突っ込んだ。これは馬禍のようなものである。このとき、桓帝の政治は混乱していた。

霊帝の光和元〔一七八〕年に、司徒長史の馮巡の馬が人を産んだ〔一〕。京房の『易伝』に、「上に天子が君臨せず、諸侯が攻め合うと、それに応ずる妖として馬が人を産む」とある。のちに馮巡は、甘陵の国相に移り、黄巾の賊徒が蜂起した際に殺害され、また漢朝も四方から攻められた。そののち、函谷関より東の諸州郡がそれぞれ義兵を挙げたが、結局互いに攻め合い、天子は長安へ移り、王政は閉塞した。この災異が意味することは京房（の『易伝』）と一致する。

光和年間〔一七八〜一八四年〕に、雒陽の川の西橋で、人の持ち馬が逃げ出し、人を嚙み殺した。このとき、公卿や重臣および側近たちが、しばしば誅殺されていた。

〔劉昭注〕

〔一〕『風俗通』に、「馮巡の馬が胡人の子を生んだ。馬を飼育していた胡人の下男に問いただすと、この馬を好んだために子が生まれたということであった」とある。

人痾〔下の者が上を伐つ痾、人体に関する異変〕

安帝の永初元〔一〇七〕年十一月戊子に、人々が次々騒いで逃げ出し、道具類を捨てて家屋から去った。

霊帝の建寧三〔一七〇〕年春に、河内郡の妻が夫を食べ、河南の夫が妻を食べた[一]。熹平二〔一七三〕年六月に、雒陽の人々の間でデマが流れ、「虎賁の官署の東壁の中に黄人がいる。姿形や鬚・眉はまことに立派である」といわれていた。見に来る者たちは数万にもなり、役所の者たちが全員表に出て、道が塞がれた[二]。中平元〔一八四〕年二月になると、張角兄弟が、兵を冀州で起こし、黄天と自称し、三十六方が四方から呼応した。（これに対応するため）将軍たちは星のように（あちこちに）展開し、吏や兵たちが出征して、黄巾の疲れや飢えに乗じて、これを打ち破った[三]。

光和元〔一七八〕年五月壬午に、何者かが白い服を着て徳陽殿の門に入ろうとし、「わが梁伯夏が、わたしを殿中に上がらせ、天子とする」と述べた。中黄門の桓賢たちは、門吏の僕射を呼び、それを捕らえようとした。しかし、吏が到着しないわずかの間に走り去り、捜索しても見つからず、姓名も分からなかった。ときに蔡邕は、「成帝のとき、王褒という男が、赤い服を着て宮中に入り、前殿の非常室に上って、「天帝がわたしをここに居させている」と述べた。そののち王莽が皇位を簒奪した。この異変は、成帝の時のものと似ているが相違もあり、服装が異なり、また雲龍門に入る前に発見され、（天子にさせる主体を天帝ではなく）梁伯夏と称しているのも、みな軽度である。成帝の時の事例から今回を考えると、悪賢い者がおり、王莽のような謀略を行おうとしているが、それは成功しないことが分かる」と考えた。そののち、張角が黄天を自称して反乱を起こし、結局は滅亡した[四]。

（光和）二〔一七九〕年に、雒陽の上西門の外側に住む女性が、子供を生んだが、頭が二つあり、肩までは二人分で胸は共通で、ともに同じ向きであった。（女性は）これを不祥であるとし、地面に落として捨てた。これ以降、朝廷は混迷し、政権は臣下にあり、上下の秩序が無くなったことは、頭が二つある子供の異変に対応する。のちに董卓が何太后を殺し、不孝の汚名を着せて、少帝を廃位し、のちにまたこれを殺した。漢が始まって以来、禍がこれよりもひどいことはなかった。

（光和）四〔一八一〕年に、魏郡の張博という男が、鉄製の盧を運んで太官にやって来た。張博は書室殿の山に登り、後宮にまで入り込み、屋根から落ちて大騒ぎした。主上が（張博を）捕らえて取り調べると、「突然のことで記憶がございません」と述べた［五］。

中平元〔一八四〕年六月壬申に、雒陽の劉倉という男が、上西門の外に住んでおり、その妻が男児を生んだが、頭が二つで身が一つであった。

［劉昭注］

［一］臣昭は、「思いますに、この二つの人肉食は、夫婦は同じではなく、黄河の南と北でしたが、いずれも人の死ぬ異変を示しており、これらの異変には対応することがあったのでしょう。黄河というものは、天を通って地を貫く川です。河内は、黄河の陽（北側の地）です。夫婦はそれぞれ陰陽に当たり、一対となって形を成します。ここでは夫が尊く、黄河の陽にあります。それなのに陰（に当たる妻）が低位でありながら、高位の陽（である夫）を食べたのは、君主が蒙昧・虚弱で、陽位に居るだけの徳が無く、そのため陰である下賤な者に損われていたためではないでしょうか。河南は、黄河の陰（南側の地）であり、黄河は諸侯に当たります。夫が家の主であるのに、内事を治める妻を食べたのです。ときに宋皇后が立后されようとしていましたが、霊帝は宦官の言うことばかり聴き、皇后には関心を示しませんでした。後宮の愛憎により、寵愛をしっかりしなかったため、宋皇后はついには廃位されまし

た。（また）王甫が悪事を行い、陰（宦官）でありながら列侯となり、（これは）まさに河南の位に対応しています。天が「むやみに佞臣の言うことに従っていると、夫がその妻を食う」と戒めたのです」と考えます。

〔二〕応劭は、このとき郎官であった。『風俗通』に、「劭はあえて行って（黄人を）見たが、どうして人であろうか。汚らしい部分が漏れ出し、脂っぽい赤土が染み出し、ほかには数寸ほど壁が折れて剝がれたものがある程度であった」とある。応劭は、またこれを解釈して、「季夏（六月）は（五行・五色の）土・黄に当たり、中央の時令を行う。また（黄人は）壁の中にいるとされ、壁もまた土に当たる。これが虎賁の官署に現れたのは、虎賁は国の切り札であり、国難を防ぎ外敵を防ぐ。他ならぬ東側に出現したのは、東が動に当たるからである。（すなわち）軍隊を出して将軍を派遣し、天下が動乱することを言っているのである。天が同類のものを用いて人々に告げることは、影や響きよりもよく対応している」という。

〔三〕『物理論』に、「黄巾は、混じり気の無い黄色の服を着て、武器を持たず、長衣を肩から着て、ゆっくりと歩いた。その到達した郡・県の人々は、従わないものがなかった。その日、天は黄色に染まっていた」とある。

〔四〕『風俗通』に、「光和四〔一八二〕年四月に、南宮の中黄門の官署に一人の男がおり、身長は九尺で、白い服を着ていた。中黄門の解歩が咎めて、「お前は何者だ」と問うと、白い服の男は、勝手に宮殿脇の建物に入り、「我は梁伯夏の後裔である。天は我を天子とする」と言った。解歩が近寄って取り押さえようとすると、すぐに姿を消した。劭は、「『尚書』・『春秋左氏伝』（昭公二十九年）によると、「伯益は、禹の治水事業を助けて梁に封ぜられた。飂国の叔安に董父という子孫がおり、たいへん龍を好み、多くの龍が身を寄せていた。帝舜はこれを称え、董氏という姓を与えた」という。董氏の祖先（皐陶）は、梁氏と共通である。光熹元〔一八九〕年になって、董卓が外地から侵入し、混乱の隙を突いて、少帝を廃位して何太后を殺害し、服喪で君主が政治を行わない期間に、政令を思うがままに発し、殺戮を自ら決定し、権勢は主上よりも重かった。梁氏は安定郡の出身で、董卓は隴西郡の人であり、いずれも涼州（の人）である。天が、「董卓が政治を専断して意のままにしてはならないことは、白い服の者がむやみに宮中に入るべきでないことと同じである」というように戒めたのである。白い服の者が中黄門の官署に出現したのは、董卓期の末に、中黄門の宦官たちが誅滅せられたことが、まさにこれと符合している、といえるであろう」と考える」とある。袁山松は、「考えてみると、張角は一時的な混乱をもたらしただけであり、このように大きな災異を引き起こすには足りない。この事件は曹氏が漢朝を滅ぼすことの徴である」という。

考えてみますと、応劭の述べることとは、五行志とは異なり、年月も食い違うので、この注に掲載しておきます。臣昭は注をつけて、「先人たちの解釈を検討してみると、いずれも適切ではない点があります。調べてみますと、梁は魏の地名であり、伯夏は中国（中原）であることが明らかでして、天下のすべてを呼ぶ言葉ではありません。宦官の孫（曹操）は、まだ王を名乗れておらず、災異の内容と実際の事柄とは、割符を合わせるかのように対応しています。また、「伯夏が我を天子とする」といっています。のちに曹操は、「もし天命が吾にあれば、吾は周の文王になろう（自らは即位せず、子が帝位に即く）」と言いました。これはつまり魏の文帝が、自分の策略を受け継いで帝位にのぼることをいうのでしょう。『風俗通』に、「中黄門の官署に現れた」といっているのは、（曹操が）曹騰の一族であることに、対応していますと考えます。

［五］臣昭は、「魏の人が宮廷に入り込むのは、（魏が）漢を簒奪することの顕れであり、後宮に到達して騒ぎ立てるのは、ついには災禍が皇太后を廃位するに及ぶということです」と考えます。

人化〔人痾の続き〕

霊帝期に、江夏郡の黄氏の家の母が、水浴びしたときにスッポンに変わり、淵の奥深くへ潜り、その後も時々現れた。入浴した時に銀のかんざしを一本差しており、（スッポンに変わったのち）現れた際には、やはりそのかんざしが頭に在った〔一〕。

〔劉昭注〕

〔一〕臣昭は、「黄色は、漢に代わる国家の色です。女性は、臣従する者の現れです。黿（スッポン）とは、元（君主）です。（それが）深い淵に潜ったのは、水が満ちて火を抑え込むことです。そもそも君主の徳は高位の陽であり、九五という高い位にあるのが良く、飛翔して天に在ってこそ、繁栄することができます。（ところが、）それが低く伏し亀やスッポンと同じで、恥じるところがあって浮いたり沈んだりしています。頭にかんざしを乗せたままであるのは、低位であって君主になり切れないことです。のちに皇帝となる者が（魏・呉・蜀で）三人現れ、いずれも権勢を完全に握ることはできませんでした。（漢の）天の徳は衰えたといっても、蜀は依然として辺地で（漢朝を）継いでいます。この異変を考えみると、女性であったことがはっきりとその意味を示しています」と考えます。

死復生〔人痾の続き〕

献帝の初平年間〔一九〇～一九三年〕に、長沙郡で桓という姓の者が死亡したが、棺に納めて一ヵ月余りすると、その母が棺の中から声を聞き、開けてみると、果たして生き返った。死人の蘇生についての解釈では、「陰の極みが陽となり、身分が下の者が上位に就くことになる」という。そののち、曹操が下級役人の身分から成り上がった。

建安四〔一九九〕年二月に、武陵郡充県の李娥という女が、六十余歳で死亡し、その家の杉で作った棺に入れて、城市から数里ほど外の場所に埋めた。それから十四日して、通行人がその墓から声がするのを聞き、すぐに家人に告げた。家人が行ってみると声が聞こえ、そこで掘り出してみると、果たして生き返った〔一〕。

（建安）七〔二〇二〕年に、越巂郡で、男が変化して女になることがあった。ときに周羣は、「哀帝の時にもこのような異変が起こりました。国家が変わろうとしているのでございます」と上言した。二十五〔二二〇〕年にいたると、献帝は（帝位を禅譲して）山陽公に封じられた。

建安年間〔一九六～二二〇年〕に、ある女が男児を生むと、二つの頭があり体を共にしていた。

［劉昭注］

［一］干宝『捜神記』に、「武陵郡充県の李娥という女が、六十余歳で病死し、城市の外に埋められた。十四日が過ぎ、李娥の隣人の蔡仲という者が、李娥が裕福であったと聞いていたので、その棺にはきっと財宝があるだろうと考え、盗んで墓をあばき棺を開けようとした。斧を数回振り下ろしたところで、李娥が棺の中から、「蔡仲よ、おまえは私の頭を傷つけないでおくれ」というのが聞こえた。（蔡仲は）驚き恐れて、すぐに逃げ出した。たまたま官吏に見つかり、捕まって裁かれ、法に基づき棄市の刑に当てられた。李娥の子はこれを聞き、墓に行き李娥を掘り出して連れ帰った。武陵太守は、李娥が死んだのちに蘇ったことを聞き、（李娥を）召し出して事情を尋ねた。李娥は答えて、「手違いで司命〔人の生死を司る神〕に召し出されたと聞き、（現世へ）生き返らせてもらえました。西門に来たところで、たまたま従兄の劉伯文を見かけたので、いたわりの言葉をかけたところ、泣いて悲しみ出しました。娥は、「伯文よ、先日間違って召し出され、いま帰ることができるようになりました。しかし帰路が分からない上に、一人で行けません。わたしと一緒に来てくれるでしょうか」と話

しました。また、「わたしは召されて十数日、肉体は埋められているでしょう。あちらに帰ったところで、自力で出ることができるでしょうか」と尋ねました。伯文は、「これを訊いてみよう」と言いました。門番と戸曹〔死人の戸籍を司る官〕に、「司命が先日、間違えて武陵の老女である李娥を召し出しました。いま帰らせてもらうことができました。（しかし）李娥はここに長い間おりましたので、肉体は葬られ棺に納められております。どのように抜け出せば良いのでしょうか」と尋ねました。また、「女は一人で行くにはか弱く、連れが必要でしょう。この者はわたしの従妹ですので、よろしければ便宜を図ってください」と尋ねました。（すると）「いま武陵の西の李黒という男が、また現世に帰れるようになっているので、それを連れとするのが良かろう」という答えでした。すぐに李黒に来させ、また娥の隣人の蔡仲に命じて、娥を掘り出させるようにしました。こうして娥は出てこれ、伯文とは別れました。その際、伯文は「手紙を一通書くので、子の劉佗に渡してくれ」と申しました。娥はこうして李黒と共に帰り、（その間の）事情はこのような経緯でございます」と申しあげた。太守は感嘆して、「天下には誠に理解の及ばぬことがある」と言った。そこで上表して、「蔡仲は墓をあばきましたが、鬼神にさせられたのであり、たとえあばきたくなくても、それを止めることはできませんでした。何卒お赦しになって下さい」と申し上げた。（これに対して）それを許可する詔書が下された。（また）太守は李娥の言葉の真偽を確かめようとし、騎馬の役人を武陵の西辺に遣わし、李黒を探したところ、発見した。そして李黒の言葉は、（李娥の話と）一致した。そこで劉伯文の手紙を劉佗へ与えたところ、劉佗はその紙を知っており、それは父が死んだ時に棺の中に入れたものであった。そこに文字は残っていた。しかし、内容はよく読めなかった。そこで（仙人に術を学んだ）費長房に頼んでこれを読ませると、「劉佗へ、（わたしは）泰山府君に従って見回りに行き、八月八日の太陽が南中する時刻に、武陵の城市の南にある堀のほとりにいる。おまえはこの時にかならず来なさい」とあった。（そこで）指定された時間に、長幼問わず一族を引き連れて、城市の南側で待機した。しばらくして果たして劉伯文がやって来たが、ただ人馬が賑やかにやって来る音が聞こえるだけであった。それが堀にまで来ると、呼び声が聞こえて来て、「劉佗よ、来なさい。おまえはわたしが李娥に渡した手紙を受け取ったかい」という。「受け取りました。だからここに来たのです」と答えた。劉伯文は、順番に一族の長幼さまざまな者に声をかけ、ひどく悲しんだ。「死者と生者とは道が異なり、頻繁にお前たちの様子を知ることはできなかった。わたしが死んだ後、子供や孫はこんなに大きくなったのか」と言った。しばらくしてまた劉佗に、「次の春には大いに病気が流行しよう。この丸薬を渡す。これを門戸に塗っておけば、来年の病魔を防ぐことができよう」と言った。言い終わるとたちまち去り、結局その姿を見ることはできなかった。次の春になると、武陵で病気が大流行し、日中から死鬼が現れたが、劉伯文の家だけは、死鬼が寄り付かなかった。費長房はその薬を調べて、「これは方相（戈と盾を持ち、追儺や大葬の先導・破邪をする官）が見張っていたからである」と言った」とある。『博物記』に、「漢末、関中が大いに乱れ、前漢の宮人の墓をあばいた者がいた。宮人がまだ生きていた。墓から出ると、生前の様子に戻った。魏の郭后がこれを気に入り、宮中に取り立てて、いつも左右に居させた。漢代の宮中の様子について訊ねると、これをたいへんはっきりと話し、いずれもきちんと筋が通っていた。郭后が崩御すると、哭泣して悲しむあまり、ついに死去した。（また）漢末に范明友の奴婢の墓をあばくと、奴婢がまだ生きていた。范明友は霍光の娘婿である。（奴婢の話す）霍光の家の事や、皇帝廃立の事情は、ほとんど『漢書』と一致した。この奴婢はいつも遊び歩いて民間におり、一つの住居に留まらなかったので、しまいには所在が分からなくなった」とある。

疫〔人痾の続き〕

安帝の元初六〔一一九〕年夏四月に、会稽郡で疫病が大流行した[一]。

延光四〔一二五〕冬に、都で疫病が大流行した[二]。

桓帝の元嘉元〔一五一〕年正月に、都で疫病が大流行した。二月に、九江郡・盧江郡でも疫病が流行した。

延熹四〔一六一〕年正月に、疫病が大流行した[三]。

霊帝の建寧四〔一七一〕年三月に、疫病が大流行した。

熹平二〔一七三〕年正月に、疫病が大流行した。

光和二〔一七九〕年春に、疫病が大流行した。

（光和）五〔一八二〕年二月に、疫病が大流行した。

中平二〔一八五〕年正月に、疫病が大流行した。

献帝の建安二十二〔二一七〕年に、疫病が大流行した[四]。

〔劉昭注〕

〔一〕『春秋公羊伝』（荘公二十年）に、「（原文の）大災とは何のことか。大瘠である。大瘠とは何か。痢である」とある。何休は、「（痢とは）人々の間で疫病が流行することである。（痢は）邪悪で乱れた気により生じる」という。『古今注』に、「光武帝の建武十三〔三七〕年に、揚州と徐州で疫病が大流行し、会稽郡と長江下流域はとくにひどかった」とある。調べてみますと（『後漢書』列伝三十一 鍾離意）列伝に、「鍾離意が（会稽郡の）督郵となった。建武十四〔三八〕年に、会稽郡で疫病が大流行した」とあります。これを考えますと、疫病は連年に及んだのです。『古今注』に、「（建武）二十六〔五〇〕年に、七つの郡・国で疫病が大流行した」とある。

〔一二〕張衡は翌年に封事を奏り、「臣がひそかに思いますに、都は害毒にあわせ侵され、人々が病死すること多く、人々は恐れおののき、朝廷は焦り、たいへんな憂いとしております。臣の官（の職務）は、災禍を考察して祓うことにあります。災禍を解消しようと考えておりますが、まだ災異の原因が分からず、朝夜となく恐れております。臣の聞くところでは、国家の最重要事は祭祀であると申します。祭祀の中でも天への郊祭と祖先への廟祭ほど重要なものはございません。いま道々に噂が流れ、いずれも「孝安皇帝が南巡の道中で崩御され、御車に従っていた左右の悪臣たちは、諸国の王子を召し出（し帝位に即か）そうとしている。そのために喪を発せず、幕を下ろした車で宮殿に帰り、偽って大臣を遣わし、（延命のための）祈禱をした」と申しております。臣は宮外の官におり、詳細は存じあげません。しかし尊い神霊が騙されるとあれば、どうして祟りが無いことがありえましょうか。また、大祭祀にわずかでも至らぬことがあれば譴責が生じるのに、ましてこのような大いに穢れたことで、郊廟に礼を行ったのです。孔子は（『論語』八佾篇に）、「どうして泰山が林放にも及ば（ず礼を知ら）ないと言えようか」と述べております。天地は（人の行いを）はっきりと知り、災禍を下すのは、そのためなのです。また、このごろ、担当の役人はちょうど冬至を過ぎたころに、恭陵内の墳墓への道をつくるよう奏上しております。陛下はたいへん孝心深いため、それを拒むことができず、もしや（工事のために）周囲の墓を壊して遺体をよそへお移しになるかもしれません。（しかし）月令では、「仲冬には、土木作業を起こしてはならず、蓋を開けるようなことは控えなければならず、大衆を動員してはならず、このようにして（物事を）固く閉じるのである。もし地の気が上に漏れ出せば、これを「天地の房舎を暴く」といい、地中にこもっている諸物は死に、人々は必ず疫病に罹り、それにより流亡するであろう」と申します。疫病の気は止んでおらず、それも恐らくこれら二つの事のためでしょう。過ちを知って悔い改めさせようとしてのことでございます。「洪範五行伝」に、「六沴が現れた際、もしその時に身を慎み、帝王がそうして疑わなければ、神が怒りを収め、五福が降り、それが地上に示される」とあります。臣が考えますに、どうか大臣たちを議論に参加させて下さい。それにより、（災異を解消する）方法を述べて過ちを改め、神々へ恭々しく仕え、福禄を多く得るのでございます」と申し上げた。

［三］『太公六韜』に、「君主が賦役を重くし、宮殿を大きくし、高殿で園遊を多くすることを好めば、人々は伝染病に罹ることが多い」とある。

［四］魏の文帝は書簡を呉質に与えて、「さきごろの疫病で、多くの親戚や友人がその災禍に罹った」という。魏の陳思王は、かつて疫病の気を説いて、「家ごとに横死した死者の嘆きがあり、室ごとにそれを泣き叫ぶ遺族の哀しみがある。あるいは一門が滅び、あるいは一族をあげて滅びるものもあった」といった。

投蜺〔曇天続き、異常な曇天〕

霊帝の光和元〔一七八〕年六月丁丑に、黒い気が北宮温明殿の東庭に垂れこんだ。車のかさのように黒く、激しく奮い立ち、その身は五色で頭があった。体は十余丈もの長さで、その形は龍に似ていた。霊帝がこれを蔡邕に問うと、「これは「天が虹を投げる」というものです。足や尾が見えないので、龍と呼ぶことはできません。『易伝』に、「虹の類に徳が無いのは、容色によって好まれるからである」とあります。『春秋潜潭巴』には、「虹が出るのは、后妃が密かに王者を脅かしている（ことに対応する）」とあります。また（『春秋潜潭巴』には）、「五色が代わる代わる現れ、宮殿を照らすのは、兵事がある（ことに対応する）」とあります。『春秋演孔図』には、「天子が外で戦争に苦しみ、内で権勢が奪われ、臣下に忠義がないと、天が虹を投げる」とあります〔一〕。変異は理由無しには生じず、占辞は根拠無しには説かれません」と答えた〔二〕。これよりさき、（霊帝は）何皇后を立てた。皇后は斎戒して祖廟に詣でようとするたびに、変異が生じて詣でることができなかった。中平元（一八四）年に、黄巾賊の張角が、三十六方を立て、挙兵して郡・国を焼き、山東の七州は、あちこちで張角に呼応した。（霊帝は）外では軍を派遣して張角たちを討たせ、内では皇后の兄二人を将軍に任じて軍兵を掌握させた。その年、霊帝が崩御し、皇后が政治を取りしきり、二人の兄が権力を握った。（長兄の何進は霊）帝の母の永楽太后を責め立て、自殺に追い込んだ。（また）秘かに并州牧の董卓を呼び込み、宦官を誅滅しようと企んだが、宦官たちは逆に大将軍の何進を殺し、それぞれの兵力が攻撃しあい、都は兵士たちが道に溢れた。皇太后母子は、こうして太尉の董卓たちに廃位され、みな死亡した。天下の衰亡は、兵がまず宮殿・官署から起こり、外に天下に広がること、二、三十年の間となった。その災禍は何氏から起こったのである〔三〕。

［劉昭注］

［一］調べてみますと、『蔡邕集』に、「『春秋演孔図』に、「虹は、北斗七星の精である。節度を失えば虹がその姿を現す。君主が毀誉に惑わされているからである」とある。『春秋合誠図』に、「天子が外で兵事に苦しむためである」とある」とあります。

［二］蔡邕はまた、「思いますに陛下は、政治の中枢と後宮に、容色により登用され、上位の者を侵害して制度を踏み外す者を仕えさせているために、変異が現れたのです。もし群臣の毀誉により、御心が定まらず、誰が正しいのか分からず、戦乱が相次ぎ、権力が次第に臣下へ移り、忠言が上奏されなくなれば、虹が生じるようになるのです。寵愛する者を抑制し、中正な者を任用し、毀誉をはっきり弁別し、正邪を見分け、それぞれを適切に処遇し、防衛を引き締め、武装を整え、権力を自分で掌握して、他人に任せないようにするのが、災異への適切な対処でございます」と答えた。

［三］袁山松『後漢書』に、「この年の七月に、虹が昼に玉座と玉堂後殿の前庭に現れた。その色は青と赤であった」とある。

五行志六　第十八　日食　日抱　日赤無光　日黄珥　日中黒　虹貫日　月食非其月

日食〔天文の異変〕

光武帝の建武二〔二六〕年正月甲子朔日に〔一〕、日食があり、危宿八度で起こった〔二〕。日食に関する説に、「日というものは、太陽〔盛んなる陽の気〕の精であり、君主の象である。君道に欠けるところがあれば、陰に付けこまれ、そこで日食が起こるのは、陽が陰に勝たないからである」とある。日食についての解釈や様々な説は、『漢書』五行志に記載されている通りである〔三〕。儒家の説では、「諸侯が権勢をほしいままにすれば、それに応じた災異は、多くは日の宿っている分野に当たる国に生じる〔四〕。様々な異変が付随すれば、多くは王者に対するものである。君主が反省して徳を修めれば、害悪は解消される」とある〔五〕。このとき、光武帝が興隆したばかりで、天下の賊徒たちは平定されていなかった。虚宿・危宿は、斉に当たる。賊徒の張歩が兵を保持して斉に居座っており、主上が伏隆を派遣して張歩を説得したところ、（張歩は）投降を聴き入れたが、まもなくまた離反して王を称し、建武五（二九）年にようやくこれを破った。

[劉昭注]

[一]『古今注』に、「建武元〔二五〕年正月庚午朔日に、日食が起こった」とある。それは更始三〔二五〕年のことである。

[二] 杜預は（『春秋左氏伝』桓公三年 杜預注に）、「暦家の説では、日の光が満月の時に遥か遠くから月の光を奪うので、月食が起こるという。日月が同じ位置に在り、月が日を覆い隠すと、日食が起こる。日の欠ける部分に上下があるのは、（月の）運行に上下があるからである。日の光が輪のようになって残り中心部だけが欠けるのは、月が日に接近して覆い隠しているため、日の光が漏れ出しているのである。皆既日食となるのは、ぴったり重なっている上に（月が日を）覆い隠すのが遠い位置だからである。聖人が、「月が日を食した」と言わず、日自らが食するという文章にしたのは、見えていないもの（月）を記述しないからである」という。『春秋潜潭巴』に、「甲子に日食が起こるのは、兵事があり強敵と戦う（ことに対応する）」とある。臣昭が調べてみますと、『春秋緯』は、六十日の日食に、それぞれの干支に応じて説を述べています。（しかし）ここ（『続漢書』五行志本文）では、一端のみを語るに過ぎず、すべての場合について説明していません。そのために（日食の解釈が）実際の事

件とうまく対応しないことがあります。ここ（劉昭注）では、それぞれの日についての説に依拠し、それによって（何に応じた日食であったかの）解釈を敷衍します。京房の占辞では、「（甲子に日食が起こるのは）北夷が来寇し、忠臣に企みがあり、のちに東で洪水が起こる（ことに対応する）」とあります。

［三］『春秋緯』に、「日食が起ころうとしている時には、斗宿の第二星が変色し、微かな赤い色で暗くなり、その七日のちに日食が起こる」とある。

［四］『春秋漢含孳』に、「臣下に陰謀があれば、日食が起こる」とある。『孝経鉤命決』に、「義や徳を失えば、白虎が禁中に現れず、射った矢が曲がり逆行し、山が崩れ日食が起こる」とある。『管子』（四時篇）に、「日は陽を司り、月は陰を司り、星は和を司る。陽は徳に当たり、陰は刑に当たり、和は事に当たる。したがって日食は、徳を失った国にとって厭うべきことである。月食は、刑が正しく行われていない国にとって厭うべきことである。彗星の出現は、和を失った国にとって厭うべきことである。このために聖王は、日食が起これば徳を修め、月食が起これば刑を修め、彗星が現れれば和を修める」とある。

［五］『孝経鉤命決』に、「日食が起これば孝を修め、山が崩れれば迷いを鎮める」とある。

（建武）三（二七）年五月乙卯の晦日に[一]、日食があり、柳宿十四度で起こった。柳宿は、河南に当たる。ときに光武帝は雒陽におり、降伏した赤眉の賊徒の樊崇が反乱を企てていた。その七月に発覚し、みな誅殺された[二]。

（建武）六（三〇）年九月丙寅晦日に、日食が起こった[三]。史官は観測せず、郡が報告した[四]。尾宿八度であった[五]。

（建武）七（三一）年三月癸亥晦日に、日食があり[六]、畢宿五度で起こった。畢宿は辺境の兵にあたる。その秋に、隗囂が反乱を起こし、安定郡に侵攻した。冬に、盧芳の任命していた朔方太守・雲中太守が、いずれも郡をあげて光武帝に降伏した[七]。

（建武）十六（四〇）年三月辛丑晦日に、日食があり[八]、昴宿七度で起こった。昴宿は裁判にあたる。ときに諸郡の太守が、耕地の測量を不正確に行っていることに坐し、光武帝は怒って十数人を殺した。のちに（光武帝は）深くこれを後悔した。

（建武）十七（四一）年二月乙未晦日に、日食があり[九]、胃宿九度で起こった。胃宿は穀物倉にあたる。ときに諸郡が田租の不正の罪で裁かれたため、天下は恐れ憂い、穀物のことについて話をした。それがこのような形で示されたのである。一説には、「胃宿は、供養を行う官である。この十月に、郭皇后を廃位した際の詔に、「供養をきちんと行えない」とある」という。

（建武）二十二〔四六〕年五月乙未晦日に、日食が柳宿七度で起こった。（これは）都にあたる星宿である。柳宿は上倉にあたり、祭祀で供える穀物にあたる。鬼宿に近く、鬼宿は宗廟にあたる。（建武）十九〔四三〕年に、担当の役人が、近親の四（代の皇帝の）廟を立てて祀るように奏上して請うた。（それに対して）詔を下し、「廟の場所がまだ決まっていないので、しばらくは高廟にこれを合わせ祀れ」とした。ここに至るまで三年、ついに廟を立てなかった。（宗廟を）疎かにする考えで、祖先に仕える道に欠けることがあった。そのためこのような形で示されたのである。

（建武）二十五〔四九〕年三月戊申晦日に、日食があり[一〇]、畢宿十五度で起こった。畢宿は辺境の兵にあたる。その冬の十月に、武谿の蛮人が来寇したため、伏波将軍の馬援が兵を率いてこれを討った[一一]。

（建武）二十九〔五三〕年二月丁巳朔日に、日食があり[一二]、壁宿五度で起こった。壁宿は文章にあたり、娵訾の口ともいう。これよりさき、皇子の諸王が、それぞれ文章や議論に長けた人物を招いていた。前年、上奏する者があり、「諸王が招いた者たちは、善悪が混ざっております。受刑者の子孫は、弁別すべきでございます」と申し上げた。このため主上は怒り、詔を下して諸王の客を捕らえ、いずれも苛烈な裁きを行い、死者が出ることたいへん多かった。光武帝は事前に禁令・刑罰を明確に制定しておらず、一度に諸王の客を厳しく裁いた。そのために天がこのような形で示したのである。光武帝はそこで悔い改めて、使者を派遣して不当な裁きをすべて審理し直させた。

（建武）三十一〔五五〕年五月癸酉晦に、日食があり［三］、柳宿五度で起こった。（柳宿は）都にあたる。（建武）二十一〔四五〕年に同じような日食が現れてから、これまでに十年となる。二年のちに、光武帝は崩御した。

中元元〔五六〕年十一月甲子晦に、日食が斗宿二十度で起こった。斗宿は廟にあたり、爵禄を司る。儒家の説に、「十一月甲子は、四時の気が旺盛な日である」とある。また（日蝕が起こったのは）星紀であり、（星紀は）爵禄を司る。この表れは重大である。

［劉昭注］

［一］『春秋潜潭巴』に、「乙卯に日食が起こるのは、雷が生じなくなり、雪が草を殺して成長させず、悪人が宮中に入りこむ（ことに対応する）」とある。

［二］『古今注』に、「（建武）四〔二八〕年五月乙卯の晦日に、日食が起こった」とある。

〔三〕『春秋潜潭巴』に、「丙寅に日食が起こるのは、旱魃が長く続き、多くの凶徴が発生する（ことに対応する）」とある。京房は、「小規模な旱魃が起こる（ことに対応する）」という。

〔四〕本紀では、「都尉の詡が報告した」とある。

〔五〕朱浮は上疏して、「（日食は）郡・県（の長官）がしばしば交代し、諸々の陽気が落ち着かずに起こったのです」と述べた。（『後漢書』列伝二十三）朱浮伝に見える。

〔六〕『春秋潜潭巴』に、「癸亥に日食が起こるのは、天子が崩御する（ことに対応する）」とある。鄭興は、「近年の日食は晦日に多く起こります。これは月の運行が速いためです。君主がせっかちですと、臣下がせわしなくなるのです」という。

〔七〕『古今注』に、「（建武）九〔三三年〕七月丁酉、十一〔三五〕年六月癸丑、十二月辛卯に、いずれも日食が起こった」とある。

〔八〕『春秋潜潭巴』に、「辛丑に日食が起こるのは、君主が臣下を疑っている（ことに対応する）」とある。

〔九〕『春秋潜潭巴』に、「乙未に日食が起こるのは、天下に邪悪な気が多く、それが満ち満ちている（ことに対応する）」とある。京房は、「君主が人々を責め立て、むやみに害する（ことに対応する）」という。

[一〇]『春秋潜潭巴』に、「戊申に日食が起こるのは、地が揺れ動き、強い軍勢が侵入する（ことに対応する）」とある。また、「君主の軍が弱く、諸侯が強い（ことに対応する）」という説もある。

[一一]『古今注』に、「（建武）二十六〔五〇〕年二月戊子に、日食が起こった、皆既日食であった」とある。

[一二]『春秋潜潭巴』に、「丁巳に日食が起こるのは、下々で敗戦がある（ことに対応する）」とある。

[一三]『春秋潜潭巴』に、「癸酉に日食が起こるのは、曇りが続いて晴れず、長雨で山が崩れ、兵事が起こる（ことに対応する）」とある。

明帝の永平三〔六〇〕年八月壬申晦に、日食があり、氐宿二度で起こった[一]。氐宿は宮殿にあたる。このとき、明帝が北宮を建造していた[二]。

（永平）八〔六五〕年十月壬寅晦に[三]、日食があった。皆既日食で[四]、斗宿十一度で起こった。斗宿は、呉にあたる。広陵国は、天文では呉に属する。それから二年して、広陵王の劉荊が謀反の罪により、自殺した。

（永平）十三〔七〇〕年十月甲辰晦に[五]、日食があり[六]、尾宿十七度で起こった[七]。（永平）十六〔七三〕年五月戊午晦に、日食があり[八]、柳宿十五度で起こった。儒説には、「五月の戊午は、十一月の甲子と同様（四時の気が旺盛な日）である」とある。また、柳宿は都にあたる。この表れは重大である。二年ののちに、明帝が崩御した。

（永平）十八〔七五〕年十一月甲辰晦に、日食があり、斗宿二十一度で起こった。このとき、明帝が崩御しており、馬太后が爵禄を取り決めていた。このため陽が陰に勝たなくなったのである。

〔劉昭注〕

〔一〕『春秋潜潭巴』に、「壬申に日食が起こるのは、水が滅び、陽が潰れ、陰が飛翔しようとする（ことに対応する）」とある。

〔二〕『古今注』に、「（永平）四〔六一〕年八月丙寅、未の刻に日食が起こった。五〔六二〕年二月乙未朔日に、日食が起こった。都の観測官は気付かず、河南尹と三十一の郡・国が報告した。六〔六三〕年六月庚辰晦に日食が起こった。ときに雒陽の観測官は観測しなかった」とある。

［三］『古今注』に、「（永平八年の）十二月（のこと）である」とある。

［四］『春秋潜潭巴』に、「壬寅に日食が起こるのは、天下が兵事に苦しみ、大臣が驕慢で専横する（ことに対応する）」とある。

［五］『古今注』に、「（永平十三年の）閏八月（のこと）である」とある。

［六］『春秋潜潭巴』に、「甲辰に日食が起こるのは、四騎が脅かされ、洪水が起こる（ことに対応する）」とある。

［七］京房の占に、「君主の寿命が絶え、のちに洪水が起こる（ことに対応する）」という。

［八］『春秋潜潭巴』に、「戊午に日食が起こるのは、旱魃が長く続くが、穀物は損われない（ことに対応する）」とある。


章帝の建初五〔八〇〕年二月庚辰朔日に、日食があり［一］、壁宿八度で起こった。同様の事例（壁宿での日食）は以前、建武二十九〔五三〕年にもあった。このとき、群臣が経典について議論しており、盛んに非難しあっていた［二］。

（建初）六〔八一〕年六月辛未晦に、日食があり［三］、翼宿六度で起こった。翼宿は遠方からの賓客を司る。冬に、東平王の劉蒼たちが来朝し、翌年の正月に劉蒼が死去した

〔四〕。

章和元（八七）年八月乙未晦に、日食が起こった。史官は観測せず、他の官が報告した。氐宿四度の位置であった〔五〕。

〔劉昭注〕

〔一〕『春秋潜潭巴』に、「庚辰の日食は、彗星が東に至ったり、外敵が侵入したりする（ことに対応する）」とある。

〔二〕また別の解釈では、「庚辰に日食が起こるのは、長期の旱魃が生じる（ことに対応する）」という。

〔三〕『春秋潜潭巴』に、「辛未に日食が起こるのは、洪水が生じる（ことに対応する）」とある。

〔四〕『古今注』に、「元和元（八四）年九月乙未に、日食が起こった」とある。

〔五〕星占に、「天下に災禍が、三年の間に起こる」とある。

和帝の永元二（九〇）年二月壬午に、日食が起こった〔一〕。史官は観測せず、涿郡が報告した。奎宿八度の位置であった〔二〕。

（永元）四〔九二〕年六月戊戌朔日に、日食があり〔三〕、星宿二度で起こった。（星宿は）衣裳を司る。また、「（日食は）軒轅の近くを通り、その左角にあり、太后の一族にあたる」という。この月の十九日に〔四〕、主上は太后の兄弟である竇憲たちを免官して封国に赴かせ、厳酷な国相を選び、封国で強要して自殺させた。

（永元）七〔九五〕年四月辛亥朔日に、日食があり〔五〕、觜宿で起こった。（觜宿は）葆旅にあたり、取り立てを司る。儒説に、「葆旅は、宮中の象であり、取り立ては、強欲・嫉妬の象である」とある。この年に、鄧貴人がはじめて（後宮に）入った。翌年三月に、陰皇后が即位したが、鄧貴人が寵愛を受けており、陰皇后はこれを妬み、のちに罪に坐して廃位された。あるいは、「（この日食は）参宿に差しかかろうとしており、参宿の伐星は斬殺にあたる」という。翌年の七月に、越騎校尉の馮柱が、匈奴の温禺犢王の烏居戦を捕らえて斬った。

（永元）十二〔一〇〇〕年秋七月辛亥朔日に、日食があり、翼宿八度で起こった。（翼宿は）荊州にあたる宿である。翌年の冬に、南郡の蛮人が、反乱を起こした。

（永元）十五〔一〇三〕年四月甲子晦に、日食があり、井宿二十二度で起こった。井宿は、酒食を司る宿である。婦人の役目は（『詩経』小雅 斯干に）、「誤りを犯さず身を飾り立てず、ただ酒食のことに心を配る」とある。前年の冬に、鄧皇后が即位した。鄧皇后は、男の性質を持っており、政治のことに関与した。そのために天がこのような形で示したのである。この年に、洪水があり、降雨が実りを損ねた。

〔劉昭注〕

〔一〕『春秋潜潭巴』に、「壬午に日食が起こるのは、雨が十数日ほど続く（ことに対応する）」とある。

〔二〕京房の占に、「三公と諸侯が攻撃しあい、君主を弱め、それに天が応じて日食が起こる。三公が国を失い、のちに旱魃や洪水が起こる」とある。臣 昭が考えますに、三公は、宰相の位であり、竇憲を指します。

〔三〕『春秋潜潭巴』に、「戊戌に日食が起こるのは、土に関する災禍があり、天子が崩じ、天下が喪に服す（ことに対応する）」とある。京房の占に、「娘が嫁ぎ、一族が殺されようとする（ことに対応する）」とある。

〔四〕（『後漢書』）本紀（四 孝和帝紀）を調べてみると、「（和帝は）庚申に北宮に行幸し、竇憲たちを捕らえる詔勅を発した」とある。庚申は、（十九日ではなく）二十三日である。

〔五〕『春秋潜潭巴』に、「辛亥に日食が起こるのは、子が覇を唱える（ことに対応する）」とある。

安帝の永初元〔一〇七〕年三月二日癸酉に、日食があり、胃宿二度で起こった。胃宿は穀倉を司る。このとき、鄧太后が政治を取り仕切っており、前年の洪水によって実りが損われ、穀倉が空になった〔一〕。

（永初）五〔一一一〕年正月庚辰朔日に、日食があり、虚宿八度で起こった。正月は、王者が政務を統べる正日（端緒の日）である。虚は、空であることを指す。このとき、鄧太后が政治を取り仕切り、安帝は政務を執り行うことができなかった。いずれも正しい有様ではなく、あたかも王者の位が空虚のようであった。このため正月に、陽が陰に勝たない、という形で示したのである。こうして陰が陽に干渉した。そのため夷狄の侵入により、西の辺境の諸郡が、いずれも空になった。

（永初）七〔一一三〕年四月丙申晦に、日食があり〔二〕、井宿一度で起こった。

元初元〔一一四〕年十月戊子朔日に、日食があり〔三〕、尾宿十度で起こった。尾宿は後宮にあたり、後嗣の宮である。このとき、主上はたいへん閻貴人を寵愛し、皇后に立てようとしていた。そこで不善の者が後嗣の禍となろうとしていることを（天が）示したのである。翌年四月に、ついに閻貴人を皇后に立てた。かくて江京・耿宝たちが共謀して太子を讒言して廃位させた。

（元初）二〔一一五〕年九月壬午晦に、日食があり、心宿四度で起こった。心宿は王者である。（この日食は、王者であるべきものが）長い間ふさわしい位を得ていないことを示したのである。

（元初）三〔一一六〕年三月二日辛亥に、日食があり、婁宿五度で起こった。史官は観測せず、遼東郡が報告した。

（元初）四〔一一七〕年二月乙亥朔日に、日食が奎宿九度で起こった[四]。史官は観測せず、七つの郡が報告した。奎宿は武庫の武器を司る。その十月八日壬戌に、武庫で火事が起こり、武器を焼いた。

（元初）五〔一一八〕年八月丙申朔日に、日食があり、翼宿十八度で起こった。史官は観測せず、張掖郡が報告した[五]。

（元初）六〔一一九〕年十二月戊午朔日に、日食が起きた。ほぼ皆既日食に近く、地上は黄昏時のように暗かった[六]。女宿十一度で起こった。これは女主にとって厭うべきことである。その二年後の三月に、鄧太后が崩御した[七]。

永寧元〔一二〇〕年七月乙酉朔日に、日食があり［八］、張宿十五度で起こった。史官は観測せず、酒泉郡が報告した［九］。

［劉昭注］

［一］『古今注』に、「（永初）三〔一〇九〕年三月に、日食が起こった」とある。

［二］『春秋潜潭巴』に、「丙申に日食が起こるのは、諸侯が攻撃し合う（ことに対応する）」とある。京房の占に、「君臣が残虐で、臣下が好き勝手にふるまい、上下の者たちが害し合い、のちに地震が起こる（ことに対応する）」という。

［三］『春秋潜潭巴』に、「戊子の日食は、宮殿に放埒な者を入れ、雌が必ず雄になる（ことに対応する）」とある。京房の占に、「妻が夫を害そうとしており、親族が根絶やしになり、のちに洪水が起こる（ことに対応する）」とある。

［四］『春秋潜潭巴』に、「乙亥の日食は、東国が兵を発する（ことに対応する）」とある。京房の占に、「諸侯が目上の者を侵害して自らを利し、側近が横領を行って財産を蓄えているのに、天子がそれをまだ知らず、そのために日食が起こる」とある。

［五］『春秋潜潭巴』に、「丙申の日食は、夷狄が中国内に侵入する（ことに対応する）」とある。

石氏の占に、「（翼宿での日食は）王者が礼を外れ、宗廟を疎かにして、その年に旱魃が起こる（ことに対応する）」とある。

［六］『古今注』に、「（昼であるのにも拘らず）すべての星が見えた」とある。『春秋緯』に、「皆既日食は、君主の行いが常道を外れ、三公四輔が徳を修めず、夷狄が盛んに侵入し、万事がうまく行かない（ことに対応する）」とある。

［七］『李氏家書』に、「司空の李郃は上書して、「陛下は天の怒りを慎み恐れ、天が示す変異を怖れ、御身を戒め自責して、広く下々にお尋ねになりました。（しかし）咎はいずれも臣に対するものです。（臣が）十分な力量も無いのに重い役目を担っているため、咎徴を引き起こしたのです。去る二月に、都で地震があり、今月戊午に日食がありました。そもそも尊さでは天より上のものはありません。天の異変は日食よりも深刻なものはなく、地の譴責は地震よりも重大なものはありません。この一年の間に、（これらの）大異変が二度も現れております。日食という変異でも、たいへん深刻であります。（加えて）地震という譴責の中で宮殿を揺らすという最も好ましくないことが起こりました。日というものは陽気の精であり、君主の象です。戊というものは土にあたり、後宮を司ります。午というものは火徳であり、漢朝が受けた徳運であります。地の道は安静であり、陽に従うべきであるのに、この度はほしい

ままに振る舞い、宮殿を揺らしました。（これに対応する）禍は、宮中で起こるでしょう。臣はかならずや宮中で陰が陽を犯し、下が上を凌ぎ、反逆をなそうとすることを恐れております。災異は原因も無く生じることはございません。これら二つの異変の原因を考えてみますに、天文の運行（日食）がたいへん分かりやすく、あたかも掌を指すように明らかであります。どうか宮中を調査し、もし疑わしいことがありましたら、すみやかにその謀略をくじき、成功させないようにしてください。政治を修めて恐れ慎み、天意にお応えください。（西周末期）十月辛卯に、日食が起こったことは、周朝にとって好ましくないことで、滅亡の前徴となりました。そのとき、王妃が政治を取り仕切り、七人の臣が政令を出しておりました。（このたび）戊午に起こった災異も、これに似ております。どうか皇后の兄弟・取り巻き・内外の寵臣を退け、賢良を求め、在野の士人を召し出し、徳政を布き、恩恵を施し、その恩沢を天下の隅々に行き渡らせてください」と申し上げた。ときに度遼将軍の鄧遵は、軍旅を発して重税をかけ、辺塞から出撃して、むやみに多く攻めていた。主上は深く李部の言葉を嘉納した。建光元（一二一）年に、鄧太后が崩御した。（主上は）宦官の趙任たちを捕らえて審理し、「地震・日食は、宦官の責任である」と述べた。すると果たして（皇帝を）廃立しようとする陰謀があった。李部はこうして自らの言葉が的中していたことを知った」とある。

［八］『春秋潜潭巴』に、「乙酉の日食は、仁義が明らかでなく、賢人がいなくなる（ことに対応する）」とある。京房の占に、「君主が弱く臣下が強く、司馬が兵を率い、反逆して王を討つ（ことに対応する）」とある。

［九］石氏の占に、「張宿での日食は、王者が礼を失っているのである」とある。

延光三〔一二四〕年九月庚寅晦に、日食があり［一］、氐宿十五度で起こった。氐宿は宮殿にあたる。この宮は、後宮である。ときに安帝は中常侍の江京と樊豊そして乳母の王聖たちの讒言に従い、皇太子を廃位した。

（延光）四〔一二五〕年三月戊午朔日に、日食があり、胃宿十二度で起こった。隴西郡・酒泉郡・朔方郡が、それぞれ状況を報告した。史官は（日食に）気付かなかった［二］。

［劉昭注］

［一］京房の占に、「肉親で害し合い、のちに洪水が起こる（ことに対応する）」という。

［二］『馬融集』を調べてみますと、このとき、馬融は許県の県令でした。この年の四月庚申に、県から上書して、「伏して詔書を拝読いたしますに、陛下は深く（『春秋左氏伝』荘公十一年に

ある）「禹・湯が自らを責めた」という義を思い、（災異の）咎めを御身の罪となさり自らを責めておられます。天の戒めを敬い恐れ、悉く百官を集め、広く重臣に尋ね、異変の由来を知り、詳しくその原因を明らかにし、古来（の政道）を回復して、天命に応じておられます。臣下は遠近を問わず、首を伸ばし踵を上げて待ち望まないものはありません。ごく僅かながらの考えでもあれば、どんな事でも力を尽くすことを願い、それを陛下のお耳に入れようとしております。臣が謹んで日食の観測・判断を考察しますに、古代の典籍である（『詩経』小雅）「十月之交」や『春秋』の伝記、漢注に掲載されております史官の占候や群臣の密対まで、陛下が御覧になり、近臣が諷誦しており、詳細は網羅されております。さらに広く尋ねたとしても、古籍にはっきりした記載があるのですから、それ以上に得るものは無いでしょう。さきに彗星が参宿に現れた象について、臣は敦朴の人として抜擢を蒙っていたことから、後の三年二月に、北宮の端門にて対策して、「参宿は西方に位置し、分野では并州に当たります。西戎・北狄を指すのでしょう」と申し上げました。その後、種羌が反き、烏桓が上郡を侵略し、并州・涼州は兵を動かしました。だいたい的中しておりました。（天が）今またこの大異変を起こし、譴責を重ねておりますのは、これら二城に限られており、全国には現れておりません（このことからも、これらの地域についての譴責であることが分かります。また）三月一日には、日と月の会合が婁宿で起こりました。婁宿もまた西方の星宿です。これらの災異が対応する事柄は、はっきりしております。羌族と烏桓は、過ちを悔いる言葉を述べ、将軍・吏卒は、功績を策書に記される名誉を得ております。（しかし）臣が恐れますに（そこでは）任命された州の長官が、目前の事柄をその場凌ぎでごまかし、いずれも一時の方便を図り、国の百代の利益を顧みていないのではないでしょうか。（また）論者は近い功績のみを重視し、遠くのことを忽せにしており、いずれもそれによる災禍を重く見ておりません。謹んで考えますに、天象に無意味な現れはございません。『老子』（六十三章）に、「難事を簡単な時に図り、大事を小さいことから行う」とあります。災異を消し去るのは、今にあるべきなのです。『詩経』（小雅 十月之交）に、「日月が凶を告げ、常道を外れている。四方の国に良い政治が行われておらず、優れた人物が用いられていない」とあります。『春秋左氏伝』（昭公 伝七年）に、「国に政治が無く、優れた人物を用いなければ、自ら日月の災異という咎めを受ける。そのため政治は慎重に行い、三つのことに努めなければならない。第一に人材を選ぶこと、第二に人々を安んずること、第三に季節に従って事業をなすことである」とあります。臣融が謹んで思いますに、現在の有道の御世は、漢の制度は充実し、侯服・甸服・采服・衛服（といった中華の内郡）では、地方官が、物事をきちんと規則に照らしており、（その治績に）上下はあるものの、その差はほとんどありません。罪を犯した者は、本人が処罰されるだけで、人々に大禍が及ぶことはありません。（これに対して）辺境の郡の長官が和を失した場合、その吉と凶、失敗と成功とは、優劣がかけ離れており、戒めなければなりません。よく人材をお選びになり、上は天変に対応し、下は民草を安んずるべきです。密かに見ますに、列将の子孫は、都で生まれ育ち、俸禄を仰いで生活し、農耕の苦しみを知らず、あまり困難に遭ったことがありません。そのため果敢で迷い無く資財を使って、孤児や弱者に施し、その生活や葬儀の費用を充足させることは、かれらの長所です。法律に捉われず、度を越えて驕奢となり、その功績によって威厳を宣揚でき、その放漫によって教化を損うことができるのは、かれらの短所です。（一方）州・郡出身の士人は、貧困の中で生まれ、抑制の中で育ちました。そのため賞罰の決定を担当しても、あえて越権行為をしないことは、かれらの長所であります。法律にこだわり、非常事態に出遭った際に、臆病で決断できず、始終畏れてばかりで、威厳も恩徳も少ないために、内外が心服せず、兵士たちが服従しないことは、かれらの短所です。必ず将としてはこれら二種の長所を兼ね備え、二種の短所を持たない人材を得て、文官の仕事を託し、武官の業務を任せるべきです。こうした幾つもの才能があってこそ、そののちに困難を克服し、成果を上げ、災禍を福に変えられるのです。孔子は（『論語』公冶長篇に）、「十軒の家がある里には、忠・信のあること丘くらいの者がきっといるであろう」と述べております。（まして）天下の広大さと、人の多さをもってして、そのような優れた人はいないと言うことは、臣は偽りであると存じます。どうか評判の良い者を特に抜擢し、その中でも本当に優秀な者たちを調べ出し、かれらに（涼州・并州の）二方面を防衛させ、優れた人を登用するという義に適うようにして、このたびの大異変を解消なさるべきです」と申し上げています。

順帝の永建二〔一二七〕年七月甲戌朔日に、日食があり[一]、翼宿九度で起こった。

陽嘉四〔一三五〕年閏月丁亥朔日に、日食があり[二]、角宿五度で起こった。史官は観測せず、零陵郡が報告した[三]。

永和三〔一三八〕年十二月戊戌朔日に、日食があり、女宿十一度で起こった。史官は観測せず、会稽郡が報告した。翌年、中常侍の張逵たちが、皇后の父である梁商が謀反を企てていると誣告した。取調べの結果、張逵たちが誅された。

（永和）五〔一四〇〕年五月己丑晦に、日食があり[四]、井宿三十三度で起こった。井宿は、三輔に配当される星宿である。かつ鬼宿にも近く、鬼宿は宗廟にあたる。その秋に、西羌が侵入し、三輔の陵園まで到った。

（永和）六〔一四一〕年九月辛亥晦に、日食があり、尾宿十一度で起こった。尾宿は後宮を司り、継嗣の宮である。継嗣が栄えないことの象と考えられる。

［劉昭注］

［一］『春秋潜潭巴』に、「甲戌の日食は、草木が茂らず、王の命令が実行されない（ことに対応する）」とある。京房の占に、「近臣が殺害を行おうとして、自身が殺されて恥辱を受け、のちに旱魃が起こる（ことに対応する）」とある。

［二］『春秋潜潭巴』に、「丁亥の日食は、陰謀が後宮に満ちている（ことに対応する）」とある。京房の占に、「君臣の区別がきちんとしていない（ことに対応する）」とある。

［三］調べてみると（このとき）張衡が太史令であった。（張衡は）上奏して、「今年三月に、朔方郡で日食を観測し、この郡では兵乱の勃発を怖れています。臣愚が考えますに、北辺の要衝の郡県に命じて、烽火をしっかり準備し、偵察を遠くに出し、防備を固め、穀物や家畜を外に出さないようにさせるのがよろしいでしょう」と申し上げた。（ただ、この日食が）何年の三月のことであるかは明らかではない。

[四]『春秋潜潭巴』に、「己丑に日食が起こるのは、天下が騒がしくなる（ことに対応する）」とある。

桓帝の建和元（一四七）年正月辛亥朔日に、日食があり、室宿三度で起こった。史官は観測せず、郡・国が報告した。このとき、梁太后が政治を取り仕切っていた。同（建和）三（一四九）年四月丁卯晦日に、日食があり[一]、井宿二十三度で起こった。同様の事例は永元十五（一〇三）年にもある。井宿は法を司る。梁太后は（政治を取り仕切るのみならず）さらに兄の梁冀が不当に重臣たちを殺害することを許し、天の法を犯した。翌年、太后は崩御した。

元嘉二（一五二）年七月二日庚辰に、日食があり、翼宿四度で起こった。史官は観測せず、広陵郡が報告した[二]。翼宿は歌唱・音楽を司る。ときに主上は音楽を好むことが度を過ぎていた[三]。

永興二（一五四）年九月丁卯朔日に、日食があり、角宿五度で起こった。角宿は、鄭にあたる星宿である。十一月、泰山郡で盗賊が大勢蜂起して、長吏を殺害した。泰山郡は天文では鄭の地にあたる。

永寿三〔一五七〕年閏月庚辰晦に、日食があり、星宿二度で起こった。史官は観測せず、郡・国が報告した。同様の事例が永元四〔九二〕年にもあった。二年後に梁皇后が崩じ、梁冀兄弟が誅された。

延熹元〔一五八〕年五月甲戌晦に、日食があり、柳宿七度で起こった。（柳宿は）都にあたる星宿である[四]。

（延熹）八〔一六五〕年正月丙申晦日に、日食があり、室宿十三度で起こった。室宿の中は、女主の象である。その二月癸亥に、鄧皇后が酒乱の罪に問われ、主上は暴室に送って、自殺させ、一族は誅された。呂太后が崩じた時もまた同様（に日食が室宿）であった。

（延熹）九〔一六六〕年正月辛卯朔日に、日食があり[五]、室宿三度で起こった。史官は観測せず、郡・国が報告した。谷永は、「三朝（に起こる異変）は、高貴な者にとって厭うべきことである」と述べている。その翌年、主上が崩御した。

永康元〔一六七〕年五月壬子晦に、日食があり[六]、鬼宿一度で起こった。儒家の説に、「壬子は純粋な水の日である」とある。しかも陽が陰に克たず（日食となった）、水害が起きようとしていたのである。その八月、六つの州で洪水が起こり、勃海郡で盗賊が起こった。

〔劉昭注〕

〔一〕『春秋潜潭巴』に、「丁卯の日食は、旱魃や兵事がある（ことに対応する）」とある。京房の占に、「諸侯が殺戮を行おうとしていて、のちに裸虫〔鱗・羽・毛・甲羅などの無い動物〕による災害が生じる（ことに対応する）」とある。

〔二〕京房の占に、「庚辰の日食は、君主が賢者を交代させて強者を用い、それで結局は自らを損ね、のちに洪水が生じる（ことに対応する）」とある。

〔三〕阮籍の「楽論」に、「桓帝は琴を聴き、しきりに心を痛ませ、ついたてに寄りかかって悲しみ、深く嘆息して、「素晴らしい。このように琴を奏でるならば、これだけで十分である」といった」とある。

〔四〕『梁冀別伝』に、「常侍の徐璜が上言して、「道術家が常に述べることを見ますと、漢は戊亥に滅ぶと申しております。いま太歳星は丙戌に宿っており、五月甲戌に、日食が柳宿で起こりました。（柳宿は南宮朱雀に属し）朱雀は、漢家の尊ぶものであり、国としては周に配当され、現在の都がここにございます。史官の奉った占辞は、こうした重大事を取らず、軽微な解釈をしております」と申し上げた。徐璜は太史の陳援を召し出して問い質したところ、そこで陳援は本当のことを答えた。梁冀は、陳援が隠蔽しなかったことを怨み、人をやって陳援の過失を調査させ、暴き出して報告した。主上は（陳援が）観測の解釈を誤り、不真面目であると思い、担当の役人が上奏して獄中で殺害した」とある。

〔五〕『春秋潜潭巴』に、「辛卯の日食は、臣下がその君主に代わる（ことに対応する）」とある。

〔六〕『春秋潜潭巴』に、「壬子の日食は、后妃が専横を行い、女が主君を凌ごうとする（ことに対応する）」とある。

霊帝の建寧元（一六八）年五月丁未朔日に、日食が起こった[一]。冬十月甲辰晦日に、日食が起こった。

（建寧）二（一六九）年十月戊戌晦に、日食が起こった。右扶風が報告した。

（建寧）三（一七〇）年三月丙寅晦に、日食が起こった。梁国の国相が報告した。

（建寧）四（一七一）年三月辛酉朔に、日食が起こった[二]。

熹平二（一七三）年十二月癸酉晦に、日食があり、虚宿二度で起こった。このとき、中常侍の曹節・王甫たちが政務を専断していた[三]。

（熹平）六〔一七七〕年十月癸丑朔、日食が起こった。趙国の国相が報告した[四]。

光和元〔一七八〕年二月辛亥朔日に、日食が起こった。十月丙子晦に、日食があり、箕宿四度で起こった。箕宿は後宮・口舌にあたる。この月、主上は讒言によって宋皇后を廃位した[五]。

（光和）二〔一七九〕年四月甲戌朔日に、日食が起こった。

（光和）四〔一八一〕年九月庚寅朔日に、日食があり、角宿六度で起こった[六]。

中平三〔一八六〕年五月壬辰晦に、日食が起こった[七]。

（中平）六〔一八九〕年四月丙午朔日、日食が起こった。その月の（日食から）十二日経たない内に、主上が崩御した。

[劉昭注]

[一]『春秋潜潭巴』に、「丁未の日食は、王者が崩御する（ことに対応する）」とある。

[二]『春秋潜潭巴』は、「辛酉の日食は、女が主君を凌ごうとする（ことに対応する）」とある。谷永の上書文に、「飲酒が度を越え、君臣の秩序が無く、悪人が行動を起こそうとしております。京房の『易伝』に、「飲酒が度を越えている、これを「荒」といい、それによって起

こる災異は日食であり、その咎めは滅亡である」とあります」とある。霊帝は好んで商人のまねごとをし、宮女の店で酒を飲んでいた。

［三］蔡邕の上書に、「（熹平）四（一七五）年正月朔日に、日の形がわずかに欠け、群臣は赤い頭巾をかぶり、宮門の中へ駆けつけましたが、災異を解消することなく、それぞれ帰りました。天に大異変があったのに、それを隠して公表せず、災禍を塞ぎ止める方法のみを求める、これは従来までの中でも、かなりひどい事柄です」とある。

［四］谷永の上書に、「賦税の徴収がますます重く、人々を顧みず、万民が窮乏すると、日食が起こります。天下が混乱する変事が起きようとしております」とある。

［五］調べてみると、（『後漢書』列伝五十四）盧植伝の盧植の上書に、「丙子の日食は巳より午にわたり、すべて欠けた後には、雲霧が掛かって、日がはっきり見えなくなりました」とあり、（行うべき）八つの事柄を挙げて諫めています。蔡邕は、対策して、「詔で問われますに、『即位以来、災異が頻繁に起こり、近年は日食があり、地震が起こり、風雨が時宜を得ず、疫病が流行し、強風が木を折り、黄河・雒水が洪水を起こしている』とございます。臣が聞くところでは、陽が弱ければ日食が起こり、陰が盛んであれば地震が起こり、思心が乱れれば強風が吹き、貌が常軌を逸していれば長雨が降り、視が蒙昧であれば疾病が流行り、宗廟

をおろそかにすれば、水が潤し下らなくなり、河川が溢れる、と申します。君臣の別を明らかにし、上下の規律を正し、陰を抑制して陽を尊重し、五事を御身で実践し、御心を配って身を慎まれれば、それが災異への適切な対処でございます」と申し上げております。

〔六〕『春秋潜潭巴』に、「庚寅の日食は、将軍や宰相が誅され、洪水が起こり、多数の死傷者が出る（ことに対応する）」とある。

〔七〕『春秋潜潭巴』に、「壬辰の日食は、黄河が決壊し、霧・曇天が続く（ことに対応する）」とある。

献帝の初平四〔一九三〕年正月甲寅朔日に、日食があり、室宿四度で起こった〔一〕。このとき、李傕と郭汜が政治を専断していた〔二〕。

興平元〔一九四〕年六月乙巳晦に、日食が起こった。

建安五〔二〇〇〕年九月庚午朔日に、日食が起こった〔三〕。

（建安）六〔二〇一〕年十月癸未朔日、日食が起こった。

（建安）十三〔二〇八〕年十月癸未朔日に、日食があり、尾宿十二度で起こった〔四〕。

（建安）十五〔二一〇〕年二月乙巳朔日に、日食が起こった。

（建安）十七〔二一二〕年六月庚寅晦に、日食が起こった。
（建安）二十一〔二一六〕年五月己亥朔日に、日食が起こった〔五〕。
（建安）二十四〔二一九〕年二月壬子晦に、日食が起こった。

〔劉昭注〕

〔一〕『春秋潜潭巴』に、「甲寅の日食は、落雷で人が死に、親族で争い合う（ことに対応する）」とある。

〔二〕袁宏『後漢紀』（巻二十七 孝献皇帝紀）に、「日食が起こる八刻前に、太史令の王立が上奏して、「時間が過ぎましたが、日食は起こりませんでした」と申し上げた。そこで臣下たちは、みなお祝いを申し上げた。帝が秘かに尚書に観測させたところ、日暮れの二刻前に日食が起こった。尚書の賈詡が上奏して、「王立は観測が不正確で、上下の人々を惑わしました。太尉の周忠は、それを統括する立場にあります。かれらを罪に問うて下さい」と申し上げた。詔を下して、「天の道は幽遠で、何を示しているかは分かりにくい。かつ災異は政治に応じて起こるものであり、道に通じて予兆を知っていても、どうして誤りの無い判断ができようか。それなのに史官の罪を問うのは、朕の不徳を重ねることになろう」とし、（賈詡の上奏には）従わなかった。そして正殿から退去し、軍事を止め、五日間政務を行わなかった」とある。

〔三〕『春秋潜潭巴』に、「庚午（こうご）の日食は、後に火が国家の軍を焼く（ことに対応する）」とある。

〔四〕『春秋潜潭巴』に、「癸未（きび）の日食は、義を行うことが明らかでない（ことに対応する）」とある。

〔五〕『春秋潜潭巴』に、「己亥（きがい）の日食は、小人が政務を行い、君子が捕らえられる（ことに対応する）」とある。

およそ漢（かん）が中興してより十二代、百九十六年間に、日食は七十二回あり、（そのうち）朔日に起こったのが三十二回、晦に起こったのが三十七回、その月の二日に起こったのが三回であった。

日抱〔星辰逆行の続き〕

光武帝の建武（けんむ）七〔三一〕年四月丙寅（へいいん）に、日の周囲に暈（うん）〔日の周囲に光の輪ができること（ハロー現象）〕・抱（ほう）〔日の周囲を囲む半円状の光〕が現れ、白虹（はくこう）〔太陽の近くに生じる純白の光〕が暈を貫いた。畢宿の八度であった[一]。畢宿は辺境の兵にあたる。秋に、隗囂が反き、安定郡に侵攻した[二]。

〔劉昭注〕

[一]『古今注』に、「卯の刻に、日の東側と西側で抱が現れ、まもなく暈となり、その中の南側に鉤状の光が二つ生じ北を向いていた。白虹が暈を西北から南にかけて貫き、背が日光の中に現れた。巳の刻にいずれも消え去った」とある。

[二]『皇徳伝』に、「史官が、「白虹が日を貫いたのは、地上で軍隊の敗北があるからです。（それは）晉の分野に当たります」といった」とある。『古今注』に、「章帝の建初元〔七六〕年正月壬申に、白虹が日を貫いた。五〔八〇〕年七月甲寅に、夜間に白虹が乙丑の地平から西北の地平に湾曲してかかった。七〔八二〕年四月丙寅、卯の刻に、（日の）西側に抱が現れ、まもなく暈となり、白虹が現れて日を貫いた。殤帝の延平元〔一〇六〕年六月丁未に、日暈の上に半周の暈が現れ、暈の内外に僪〔日の周囲を囲む光〕・背〔日と反対側に反る三日月状の光〕及び二つの珥〔日の左右に小さく丸く現れる光〕が現れた。十二月丙寅に、日に二重の暈が現れ、内側に背・僪が現れた。順帝の永建二〔一二七〕年正月戊午に、白虹が日を貫いた。

三〔一二八〕年正月丁酉に、白虹が現れて交暈〔二つの暈が交わったもの〕の中を貫いた。六〔一三一〕年正月丁卯に、暈と二つの珥が現れ、白虹が珥の中を貫いた。永和六〔一四一〕年正月己卯に、暈と二つの珥が現れ、内側が赤く外側が青く、白虹が暈の中を貫いた」とある。調べてみますと（『後漢書』列伝二十下）郎顗伝に、「陽嘉二〔一三三〕年正月乙卯に、白虹が日を貫いた」とあります。また（『後漢書』列伝七十二下 方術下）唐檀伝に、「永建五〔一三〇〕年に、白虹が日を貫いた。唐檀は、急務三条を上奏し、災異について論じた」とある。『春秋元命苞』に、「陰陽の気が、集まって雲気となり、それが伸びれば虹となり、離れれば倍〔背と同じ〕・僪となり、バラバラになれば抱・珥となる」とある。『春秋考異郵』に、「臣下が反乱を企むと、（光が）日の周囲を完全に囲む」とある。『巫咸占』に、「全くの無知であると、日僪・月僪が現れる」とある。如淳は「蝃蝀を虹といい、その雌を蜺という。外側に反っているものを倍といい、日に差し掛かっているものを僪といい、側で日に向かって半円状になっているものを抱といい、側で日に真っ直ぐ向いているものを珥という」という。孟康は、「僪は僪（おびだま）のような形をしている」という。宋均は、「黄色い気が日を抱えるのは、輔弼の臣が忠義を奉じているのである」という。

日赤無光〔星辰逆行の続き〕

霊帝の時に、日が東より出る際に、しばしば血のように真っ赤で、光が無く、二丈余り昇ったところで、ようやく光を放つようになった。さらに、西に没する際にも、地平から二丈ほどまで下がって来ると、また同様に真っ赤で、光の無いものになった〔一〕。それについての解釈は、「天に仕える態度が恭しさに欠けると、日月が赤くなる」という。このとき、月が昇る時にも沈む際にも地面から二、三丈ほどの高さになると、みな血のように赤くなることが、頻繁にあった〔二〕。

〔劉昭注〕

〔一〕京房の占に、「国に媚び諂いや讒言があり、朝廷に残酷な臣下がいると、日が光らなくなり、真っ暗闇になる」とある。孟康は、「日月に光が無いことを薄という」という。

〔二〕『春秋感精符』に、「日に光が無いのは、君主の権勢が奪われ、群臣が讒言ばかりをしているためである。色が炭のように赤いのは、攻撃されようとしていたり、兵馬が発せられようとしているためである」とある。『礼斗威儀』に、「日月が赤くなるのは、君主の喜怒が一定せず、無辜の者を軽々しく殺し、無罪を戮し、天地に仕えず、鬼神を疎かにしている（ことに対応する）。ときに大雨が降り、土風がひっきりなしに吹き、日は食が起こって光が無くなり、地震が起こり雷が落ちる。ここで災異に適切に対処しなければ、外敵が侵入し、殺害されて野ざらしになる」とある。京房（けいぼう）の占に、「日が原因も無く、朝夕に光を失うのは、天下が衰微し、社稷（しゃしょく）では君主が変わる（ことに対応する）」とある。

日黄珥〔星辰逆行の続き〕

光和（こうわ）四〔一八一〕年二月己巳（きし）に、黄色い気が日を抱え、その外側に黄色と白の珥（じ）が現れた〔一〕。

〔劉昭注〕

〔一〕『春秋感精符（しゅんじゅうかんせいふ）』に、「日に朝に珥が現れれば、死者の出る禍が生じる」とある。また、「日がすでに出ているのに、日没時のように雲が、すべて赤かったり黄色かったりする、（これを）日空という。三年以内に、必ず人々を移住させる者が現れる」とある。

日中黒〔日月乱行・星辰逆行の続き〕

中平四〔一八七〕年三月丙申、黒い気の瓜のように大きなものが、日の中に現れた[一]。

（中平）五〔一八八〕年正月に、日の色が赤・黄になり、その中に飛んでいる鵲のような黒い気があり、数ヵ月してようやくなくなった。

（中平）六〔一八九〕年二月乙未に、白虹が日を貫いた[二]。

［劉昭注］

[一]『春秋感精符』に、「日が黒くなると、洪水が起こる」とある。

[二]『春秋感精符』に、「虹が日を貫くのは、天下の疲弊が極まり、法律が大いに乱れ、百官が殺戮をなし、酷薄な法令が人々をむやみに殺し、下々では告発が多く、刑罰は一族に及び、世間では惨たらしいことが多く、裁判では怨恨が残ることが多く、官吏がいずれも人々を虐げている（ことに対応する）」とある。また、「国に死者の出る禍が多く生じ、天子の命が絶え、重臣が禍を引き起こし、高位の武官が殺害される（ことに対応する）」とある。星占には、「虹は後宮の放埒さを反映し、土の精と土星の異変である」とある。『易讖』に、「（天子が）洞察力を失い、臣下が政務を行い、外戚が朝政に関与し、君主がそれに気付かないでいると、虹が日を貫く」とある。

虹貫日〔星辰逆行の続き〕

献帝の初平元〔一九〇〕年二月壬辰に、白虹が日を貫いた[一]。

〔劉昭注〕

〔一〕袁山松『後漢書』に、「（初平）三〔一九二〕年十月丁卯に、日の付近に二重の倍が現れた」とある。『呉書』に記載する韓馥が袁術に与えた書簡に、「凶事は代郡より起こりました」とある。

月食非其月〔星辰逆行の続き〕

桓帝の永寿三〔一五七〕年十二月壬戌に、月食が予測とは異なる月に起こった[一]。

延熹八〔一六五〕年正月辛巳に、月食が予測とは異なる月に起こった[二]。

〔劉昭注〕

〔一〕『古今注』に、「光武帝の建武八〔三二〕年三月庚子の夜に、月暈が五重に現れ、それは紫色と微かな青・黄色で虹のようであり、黒い気が雲のように伴い、月と星が見えず、丙夜〔夜間を五つに分けた三番目の夜〕になってようやく平常に戻った。中元元〔五六〕年十一月甲辰に、月の中に星が並び、時折出入りした」とある。

〔三二〕袁山松『後漢書』に、「興平二〔一九五〕年十二月、月が太微の端門の内側にある時に、二重の暈と二つの珥が現れ、二つの白い気が広さ八、九寸ほどで、月の東西・南北を貫いた」という。

賛にいう、「皇極を立て、五事をよく正すべきである。罰・咎は気が乱れたところに生じ、様々な混乱が平安を脅かす。火が下って水が上り、木が柔軟で金が酸っぱくなる。妖異は、どうしてむやみに起こることがあろうか、人の気が盛んになることで現れるのである」と。

郡国志一 第十九 司隷 河南 河内 河東 弘農 京兆 馮翊 扶風

『漢書』（巻二十八 上下）地理志は、天下の郡県が（設置されるに至った）最初から漢まで（の経緯）、および山や川の奇観や異称、（郡や県ごとに異なる）風俗の起こった理由を記し、委曲を尽くしている。（そこで）ここでは、ただ後漢の中興以降の郡県の改変と異称、および『春秋』と（『史記』『漢書』『東観漢記』の）三史で会盟や征伐が行われた地名を記録して[一]、郡国志をつくる[二]。凡そ『漢書』地理志に県名があり、ここに記載していない県は、みな世祖光武帝が併せ省いた県である。『漢書』地理志に県名が無く、ここに記載している県は、後から置いた県である。また（列挙している）県名の最初に掲げる県は、郡の治所が置かれている[三]。

[劉昭注]

[一] 臣 昭が考えますに、（『続漢書』郡国）志には、なお遺漏があるようです。（しかし）いま多くの書籍に掲載される地名を（補うにあたって）、それをすべて記載はできません。そのなかで『春秋』に記載される地名は、多くの書に通じた儒者も典拠とし、まだ整っておりま

せんので、（地名の記載を補うには）『春秋』の地名を優先いたしました。

［二］本来の（『続漢書』郡国）志では、郡県の名だけを大きな字で書き、（それに附した）山や川の地名は、すべて小さい字で注としておりましたが、今（臣劉昭が『続漢書』の志を『後漢書』に併せ、注を附すにあたり、もともとの小さい字を）進めて大きな字としました。（小さい字で書かれている）新しい注のよりどころは、臣劉昭が集めたものです。〔なお、本書では、郡・国の前に●、県などの前に○をつけて、分かりやすくした。〕

［三］（皇甫謐の）『帝王世記』に次のようにいう。「天地の開闢より、天下に（土地を）区切る制度があったわけではない。（伏羲・神農・黄帝の）三皇が（それに）努めた。諸子は、神農が天下の支配者となったとき、その地は東西に九十万里、南北に八十五万里であったという。黄帝が天命を受け（て支配者にな）ると、初めて舟と車を作り、行けなかった地域を繋げた。そして星宿の次を推して、律と度を定めた。（具体的には）斗宿の十一度から婺女宿の七度に至る範囲をあるいは須女宿と呼び、星紀の次と呼ぶ。十二辰では丑にあり、これを赤奮若という。十二律では黄鍾となり、斗建〔北斗七星の「柄」の部分に相当する「斗綱」すなわち揺光・開陽・玉衡の三星が、十二カ月の運行に応じて旋回して指し示す特定の方位〕は子にある。今の呉・越の分野である。婺女宿の八度から危宿の十六度に至る範囲を玄枵の次と呼

び、あるいは天黿とも呼ぶ。十二辰では子にあり、これを困敦という。十二律では大呂となり、斗建は丑にある。今の斉の分野である。危宿の十七度から奎宿の四度に至る範囲を豕韋の次と呼び、あるいは娵訾とも呼ぶ。十二辰では亥にあり、これを大淵献という。十二律では太蔟となり、斗建は寅にある。今の衛の分野である。奎宿の五度から胃宿の六度に至る範囲を降婁の次と呼ぶ。十二辰では戌にあり、これを閹茂という。十二律では夾鍾となり、斗建は卯にある。今の魯の分野である。胃宿の七度から畢宿の十一度に至る範囲を大梁の次と呼ぶ。十二辰では酉にあり、これを作噩という。十二律では姑洗となり、斗建は辰にある。今の趙の分野である。畢宿の十二度から東井宿の十五度に至る範囲を実沈の次と呼ぶ。十二辰では申にあり、これを涒灘という。十二律では中呂となり、斗建は巳にある。今の晋・魏の分野である。東井宿の十六度から柳宿の八度に至る範囲を鶉首の次と呼ぶ。十二辰では未にあり、これを叶洽という。十二律では蕤賓となり、斗建は午にある。今の秦の分野である。柳宿の九度から張宿の十七度に至る範囲を鶉火の次と呼ぶ。十二辰では午にあり、これを敦牂と呼び、あるいは大律とも呼ぶ。十二律では林鍾となり、斗建は未にある。今の周の分野である。張宿の十八度から軫宿の十一度に至る範囲を鶉尾の次と呼ぶ。十二辰では巳にあり、これを大荒落という。十二律では夷則となり、斗建は申にある。今の楚の分野である。軫宿の十二度から氐宿の四度に至る範囲を寿星の次と呼ぶ。十二辰では辰にあり、これを執徐という。十二律では南呂となり、斗建は酉にある。今の韓の分野である。氐宿の五度から尾宿の九度に至る範囲を大火の次と呼ぶ。十二辰では卯にあり、これを単閼という。十二律では無射となり、斗建は戌にある。今の宋の分野である。尾宿の十度から斗宿の十度百三十五分に至って終わるまでを析木の次と呼ぶ。十二辰では寅にあり、これを摂提格という。十二律では応鍾となり、斗建は亥にある。今の燕の分野である。

およそ天には十二次があり、日（太陽）と月の位置する所であり、地には十二分があり、王侯の国が置かれる所である。そのため四方は、方ごとに七宿が配当され、すべてで四×七の二十八宿があり、（二十八宿の星は）合わせて百八十二星となる。（二十八宿の）東方の（宮である）蒼龍（に属する星）は三十二星で、（周天の）七十五度（を占め）、北方の（宮である）玄武（に属する星）は三十五星で、（周天の）九十八度四分の一度（を占め）、西方の（宮である）白虎（に属する星）は五十一星で、（周天の）八十度（を占め）、南方の（宮である）朱雀（に属する星）は六十四星で、（周天の）百十二度である。（合計すると）周天は三百六十五度と四分の一度となる。（周天の）一度は（地の）二千九百三十二里にあたるので、（周天を）分けて十二次とすると、一次は三十度と三十二分の十四度となり、それぞれ（蒼龍・玄武・白虎・朱雀に属する）七宿の間に配置されている。周天から（地までの）距離は百七万九百十三里であり、（周天の）径は三十五万六千九百七十一里である。太陽の通る道は（周天の）左を行き、そのため太歳〔木星と逆方向に廻る影像〕は右に回る。およそ中外の官で常に明るい星は百二十四、名をつけられる星は三百二十、（そのほかと）合わせて二千五百星である。微星の数は、およそ一万一千五百二十星であり、万物が（その定めを）受けるもので、みなそれは天命に係わる。これが黄帝の創設した制度の大略である。それにも拘らず、他の説では、太陽と月の照らす範囲を三十五万里であると称している。諸子の記載を考えてみると、神農の地が、日月の表を過ぎるとあるが、これは虚構に近い。少昊氏（の支配）が衰えると、（その諸侯の）九黎は徳を乱し、その制度は聞かれなくなった。顓頊が建てた所、帝嚳の定まった支配を受け継いだ所には、孔子がその地を北は幽陵に至り、南は交阯に及び、西は流沙を踏み、東は蟠木を極め、太陽と月の照らす所で、含まれないところはなく、こうして万国は建てられ、九州が制定されたと述べている。尭は（黄河の）洪水にあい、（天下を）分けて十二州とした。今の（『尚書』）虞書（の天下の区分）がこれである。禹は洪水をおさめ、（天下を）戻して九州とした。今の（『尚書』）禹貢（の天下の区分）がこれである。こうしてその時に、九州の地は、およそ二千四百三十万八千二十四頃にいたり、定住して開墾されている土地は九百三十万六千二十四頃、開墾されていない土地は千五百万二千頃、民の口数は千三百五十五万三千九百二十三人であった。（禹が諸侯と会盟した）塗山の会盟に至ると、諸侯は唐尭と虞舜の盛徳を承け、玉帛を執（り臣従す）るものもまた万国に及んだ。こうして『山海経』に称するように、禹が（臣下の）大章に、歩いて東の端から西の果てまで至らせると、二億三万三千五百里七十一歩であった。また（臣下の）豎亥に、歩いて南の端から北の果てまで至らせると、二億三万三千五百里七十五歩であった。四海のうち、東西は二万八千里、南北は二万六千里、水を出すところは八千里、水を受けるところは八千里、名山五千三百五十を経由し、六万四千五十六里であった。銅を出す山は四百六十七、鉄を出す山は三千六百九。それを財政に供用すれば、倹約すると余りがあり、奢侈におぼれると足りなかった。男女に耕作と織布を行わせ、（不要な労役により、農作業の）時を奪わなかった。そのため公家には三十年分の備蓄があり、私家には九年分の儲があるようになった。夏が衰退すると、農業を放棄して務めず、有窮の乱が起きるが、少康は（夏を）中興して、禹の事迹を復興した。（しかし）孔甲と桀が暴政をしたので、諸侯は互いに協力して、（殷の）湯王の受命に及んだ。諸侯のうち、夏の衰退のなかで国を保ち得たものは、三千余国にすぎず、塗山の会盟の際（に参集した諸侯の数）に比べると、十分の七の国が損われた。民もまた（夏の）毒政から離反し、また同じように損われた。

殷は夏のあとを受け、六百余年の統治を行ったが、その間の盛衰は、資料が残らないので考えられない。また（殷も）紂王のときに政治が乱れ、周が商（である殷）に勝つ（ことにより王朝を創始する）に至り、五等爵の制度により、凡そ千七百七十三国を封建した。また（殷の）湯王の時から減少すること千三百国であった。民の減少も、またこれと同じようであった。（周が建国され）周公旦が成王の宰相となると、政治は整い刑罰はなくなり、民の口数は千三百七十一万四千九百二十三人となった。（夏の）禹王のときより十六万一千人も多く、（これが）周の極盛期である。そののち七十年余りは、天下に事が無く、民はいよいよ息災であった。昭王が南征して帰らず、穆王が失政をし、加えて（犬戎の侵入を招いた）幽王や（反乱が起きて出奔した）厲王の乱政のために（西周は滅亡し）、平王は東（都の雒邑に）遷し（て東周を創始し）た。

（そののち）三十年余りして、斉の桓公の二年、（すなわち）周の荘王の十三年に至ると、五千里のうちで、周王の五等の諸侯として支配下に入っていない者は、世子・公侯より庶民に至るまで、凡そ千百八十四万七千人となり、土地はあっても老いたり病気であるものを除いた、（周王の支配下で）定住して田を耕作している者は、九百万四千人であった。そののち諸侯は互いに併合しあったが、春秋時代には、なお千二百の国があった。二百四十二年間で、君主を弑殺する者は三十六、国を亡ぼす者は五十二、諸侯で逃げて社稷を保てなかった者は、数えきれないほどであった。戦国時代になると、残った国は十余りとなった。ここでは縦横家の外交術が、互いに時流を奪い、民を損う偽りの兵は、万を単位とするほどになった。そのため（晉の軍の）崤での戦いには、匹馬の禍いがあり、（楚が）宋を包囲したときには、子を替えて食べるほど逼迫し、（三国が）晉陽を包囲したときには、釜をかけて炊きだし、（秦が趙を破った）長平の戦では、血の流れで川ができたという。周の列国は、燕・衛・秦・楚だけになった。斉と（趙・魏・韓の）三晉では、みな下克上があり、南面して王を称した。衛は存在していたが、その絶えない様子は糸のようであった。それでも蘇秦や張儀の説いたことから考え、秦および山東の六国を計えると、戎卒はなお五百万余りはおり、民の口数を推定すると、なお一千万余りは存在していた。秦が、諸侯を兼併し（て中国を統一し）、三十六郡を置くまでの間に、殺傷される者もあったが、（なお）三人に二人はおり、なお余力があった。（しかし秦はさらに）三族連坐の刑を行い、三分の二の賦を収奪して、北は長城を築くために四十万人余り、南は五嶺を守るために五十万人余り、阿房宮と驪山陵（の造営）に七十万人余り（を動員したため）、十年余りの間で、民草は死没して、互いに路に連なった。

（こうした秦の支配に反対して）陳勝と項羽（が立ち上がったが、かれら）も、秦の激しさを継承したので、新安の穴埋めでは二十万人余りが、彭城の戦いでは、（死者のため）睢水が流れなくなった。

（こののち）漢の高祖劉邦が天下を定めるに至った。（その間の）民の死傷者は、また数百万人にのぼった。このために平城で（匈奴と戦った際）の兵力は、三十万人に満たず、これを六国と比べると、五分の二を損ったことになる。恵帝より文帝・景帝に至り、民に休息を与えることが六十年余り続き、民草は大いに増加し、太倉には食べきれないほどの粟があり、都内〔大内、宮中の銭保管庫〕には貫をまとめる糸が朽ちるほどの銭があった。武帝はその材を用いて、三十年余り遠征を行い、土地は万里を拡げたが、天下の民はまた半減した。霍光は政権を担当すると、役を省くことに務め、平帝に至るまで六代続けたので、時には征討を行ったが大きな害とはならず、民戸はまた休息した。元始二〔西暦二〕年には、郡・国は百三、県・邑は千五百八十七、地は東西に九千三百二里、南北に一万三千三百六十八里、定墾田は八百二十七万五百三十六頃、民戸は千三百二十三万三千六百十二、口は五千九百十九万四千九百七十八人となり、周の成王（のとき）の四千五百四十八万五十五人より多く、漢の極盛期であった。王莽が簒奪をし、さらに更始・赤眉の乱があったので、光武帝の（漢の）

中興に至っても、民草は消耗しており、十分の二だけが残存するあり様であった。中元二〔五七〕年に、民戸は四百二十七万千六百三十四、口は二千百万七千八百二十人であった。永平年間〔五八～七五年〕・建初年間〔七六～八四年〕には、天下に事がなく、政務は民を養うことに置かれたので、和帝期に及ぶまで、民戸は次第に増加した。安帝の永初年間〔一〇七～一一三年〕・元初年間〔一一四～一二〇年〕に及び、兵役と飢餓の苦しみで、民草はまた損耗した。桓帝期に至ると、少し前より（比べて）増加した。永寿二〔一五六〕年には、戸は千六百七万九百六、口は五千六万六千八百五十六人となり、墾田も多く、小規模な戦いがしばしば行われた。霊帝期に黄巾の乱が起こると、献帝は即位したが董卓が乱を起こし、大いに宮廟を焚き、御座を奪って西（の長安）に遷都したため、京師（の雒陽）は寂れ果て、豪傑は並び争い、郭汜や李傕などが（民を）損うこともまた激しかった。こうして興平年間〔一九四～一九五年〕・建安年間〔一九六～二二〇年〕には、天下は荒れ果て、天子は翻弄され、白骨は野を覆った。このため陝津では、（船に助けを求めた人の指を切り落としたため）箕で指を掬えるほどの苦難にあい、安邑の東では、（伏皇后が持っていたわずかな絹も奪われ）皇后の衣裳は破れたままであった。戦いは続き、雄雌は決せず、三十年余り人々は殺し奪いあった。（ようやく）魏武皇帝（曹操）が天下を統一するにいたり、文帝は（漢から）禅譲を受け（て新たに魏を創設し）たが、人々が損われたさまは、一万人に一人が生き残るという状態であった。景元四〔二六三〕年に、蜀（漢を滅ぼした際にその人口）と合わせて数えると、民戸は九十四万三千四百二十三、口は五百三十七万二千八百九十一人であった。また正始五〔二四四〕年に、揚威将軍の朱照日の上奏から考えると、呉の領土の兵戸は、およそ十三万二千、その民の数を推定すると、蜀より多いことはありえない。むかし後漢の永和五〔一四〇〕年に、南陽郡の戸は五十万余り、汝南郡の戸は四十万余りであった。これを今と比べると、三人の皇帝が鼎足してい（る三国時代の戸数をすべて加え）ても、（後漢時代の）二郡（の戸数）を超えることはない。加えて（そのなかには）食禄に伴い税が免除される民があり、凶作の年には飢え、病になることも多い。（三国の皇帝のために）使役できる民（の数）は、（後漢のときに使役できた）わずか一郡の民に過ぎない。一郡の民により三人の皇帝の用を負担するのであるから、たいへんな負担である。禹から今に至るまで二千年余り、六代の（人口）の増減は、この議論に備わっている」と。

　臣昭が考えますに、皇甫謐の文章で、春秋時代に千二百国があったとするのは、典拠が分かりません。班固は、（『漢書』巻二十八上 地理志上に）周の始めには、爵は（公・侯・伯・子・男の）五等で、封土は（百里・七十里・五十里の）三、おおむね千八百国であったと言っています。それが次第に滅ぼしあい、数百年を経て、多くの国が消耗して、春秋時代に至り、なお数十国残っていたのです。

司隷

●河南尹　秦の三川郡であり、（前漢の）高皇帝（劉邦）が名を改めた。世祖（光武帝）は雒陽に都をおき、建武十五〔三九〕年に、改めて河南尹とした〔一〕。二十一城である。永和五〔一四〇〕年には、戸数は二十万八千四百八十六戸、口数は百一万八百二十七人であった。

○雒陽〔二〕周の時には成周とよんでいた〔三〕。狄泉があり、（雒陽）城中にある〔四〕。唐聚がある〔五〕。上程聚がある〔六〕。士郷聚がある〔七〕。褚氏聚がある〔八〕。栄錡澗がある〔九〕。前亭がある〔一〇〕。圉郷がある〔一一〕。大解城がある〔一二〕。○河南〔一三〕周公の時に雒邑を築いたところである。春秋の時には、ここを王城と呼んだ〔一四〕。東城門を鼎門と名づけ〔一五〕、北城門を乾祭と名づけた〔一六〕。また甘城があり〔一七〕、蒯郷がある〔一八〕。○梁もとは国であり、（皐陶の子である）伯翳の後裔である〔一九〕。霍陽山がある〔二〇〕。注城がある〔二一〕。○熒陽　鴻溝水がある〔二二〕。広武城がある〔二三〕。虢亭があり、虢叔国であった。

隴城がある〔二四〕。薄亭がある。敖亭がある〔二五〕。熒沢がある〔二六〕。○巻〔二七〕長城があり、陽武を経て密に到る〔二八〕。垣雝城があり、あるいは古衡雍とよぶ〔二九〕。扈城亭がある〔三〇〕。○原武。○陽武〔三一〕。○中牟〔三二〕圃田沢がある〔三三〕。清口水がある〔三四〕。管城がある〔三五〕。曲遇聚がある〔三六〕。蔡亭がある。○開封〔三七〕。○苑陵　棐林がある〔三八〕。制沢がある〔三九〕。瑣侯亭がある〔四〇〕。○平陰　○穀城　瀍水が流れ出る〔四一〕。函谷関がある〔四二〕。○緱氏〔四三〕鄔聚がある〔四四〕。轘轅関がある〔四五〕。○鞏〔四六〕尋谷水がある〔四七〕。東訾聚があり、今の名訾城である〔四八〕。坎埳聚がある〔四九〕。黄亭がある。湟水がある〔五〇〕。明谿泉がある〔五一〕。○成皋〔五二〕旃然水がある〔五三〕。瓶丘聚がある。漫水がある。汜水がある〔五四〕。○京〔五五〕○密〔五六〕大騩山がある〔五七〕。梅山がある〔五八〕。陘山がある〔五九〕。○新城〔六〇〕高都城がある〔六一〕。広成聚がある〔六二〕。鄤聚がある。古の瑛氏であるが、今は蛮中と呼ぶ〔六三〕。○偃師〔六四〕尸郷があり〔六五〕、春秋の時には尸氏とよんでいた〔六六〕。○新鄭『詩経』の鄭国であり、（高辛氏の火正、顓頊の孫、のちに火の神とされた）祝融の廃墟である〔六七〕。○平。

〔劉昭注〕

〔一〕応劭の『漢官儀』に、「（河南尹の）尹は、正しいという意味である。郡の役所の政務室の壁には代々の河南尹の画像と賛文がある。〔画賛を描くことは〕建武年間〔二五～五七年〕から始まり、陽嘉年間〔一三二～一三五年〕まで続いた。〔賛文では河南〕尹の清濁や進退を記す際に、過ちを隠すことはせず、みだりに褒めず、きちんと事実を書いた。〔その文は〕後世の人々がこれを見て、〔善を〕勧め〔悪事を〕恐れるに足りる内容であった。『春秋』はほんの小さな善でも記し、ごく僅かな悪でも〔記して、これを〕罰し、王公でも避けなかったが、それで誤りはなかった。〔河南尹の政庁の壁に描かれた画〕賛は〔そうした『春秋』の義を〕もっとも明らかにしたものである」とある。

［二］摯虞は、「古の周南は、今の雒陽である」という。『魏氏春秋』に、「〔雒陽には〕委粟山があり、陰郷にあるが、魏のとき〔そこに〕円丘を造営した」とある。『皇覧』に、「〔雒陽〕県の東北の山に萇弘〔周の敬王の大夫〕の冢があり、県の北芒山道の西に呂不韋の冢がある」とある。

［三］『春秋公羊伝』〔昭公伝二十六年〕に、「成周とは何か。東周のことである」とある。何休は、「周の道が初めて成り、王が都を置いた所で〔あるため成周と呼ぶので〕ある」という。『帝王世記』に、「〔雒陽の〕城は、東西が六里十一歩、南北が九里百歩である」という。『晋元康地道記』に、「〔雒陽の〕城内は、南北が九里七十歩、東西が六里十歩であり、地は三百

頃十二畝と三十六歩である。城の東北の隅には周の威烈王の冢がある」とある。

〔四〕『春秋左氏伝』僖公 経二十九年に、「狄泉に会盟をする」とある。杜預は、「（狄泉は雒陽）城内の太倉の西南にある池水である」という。もとは城外にあったともいう。定公元年に、成周に城を築き、池水をめぐらすとある。調べてみますと、この池水は、晋のとき東宮の西北にありました。『帝王世記』に、「狄泉は、もと殷の墓地であった。成周の東北にある。いま（雒陽）城中に殷王の冢というのがある。また太倉の中の大きな冢は、周の景王のものである」という。

〔五〕『春秋左氏伝』昭公 伝二十三年に、「尹辛が劉子の軍を唐で破った」とある。

〔六〕（上程は）古の程国である。『史記』（巻百三十 太史公自序）に、「（程は）重黎の後裔である、伯休甫の国である」という。関中には、このほかに程（という名の土地）がある。『帝王世記』に、「文王は程におり、都を豊に遷した」とある。そのため、これに加えて上程と呼んでいるのである。

〔七〕（士郷は、光武帝の臣下の）馮異が、武勃を斬った土地である。

〔八〕『春秋左氏伝』昭公 伝二十六年に、「王は褚氏に宿営する」とある。杜預は、「（雒陽）県の南に褚氏亭がある」という。

[九]『春秋左氏伝』（昭公 伝二十二年）に、「周の景王が栄錡氏に崩御した」とある。杜預は、「（栄錡氏は）鞏県の西である」という。

[一〇]（『春秋左伝正義』巻十三 僖公 伝十一年に）杜預は、「（雒陽）県の西南に泉亭がある。すなわち泉戎である」という。

[一一]『春秋左氏伝』昭公 伝二十二年に、「単氏が東圉を伐つ」とある。杜預は、「（雒陽）県の東南に圉郷がある」という。また西南に戎城がある。伊雒の戎である。

[一二]『春秋左氏伝』昭公 伝二十三年に、「晋の軍が解に宿営する」とある。杜預は、「（雒陽）県の西南に大解・小解がある」という。

[一三]『帝王世記』に、「（河南県）城の西に郟溢陌がある。（夏の王で、啓の子の）太康が有雒の表に、田したという場所は、今の河の南である。本伝には負犢山にあるとしている」とある。

[一四]鄭玄の『詩譜』に、「周公が五年摂政をすると、成王は雒邑を計測し、邵公に宮宅を調査させ、すでに成ると、これを王城と呼んだ」とある。『博物記』に、「王城は、四方が七百二十丈で、その郛は、四方が十里、南は雒水を望み、北は陜山に至るものであった」とある。『地道記』に、「（河南県は）雒城を去ること四十里である」という。『春秋左氏伝』定公 伝八年に、「単子が穀城を伐つ」とある。杜預は、「（河南）県の西にある」という。

［一五］『帝王世記』に、「東南の門は（周の）九鼎が入ったところである」という。また、「（周の）武王は鼎を雒陽の西南に定めた。雒水の北にある鼎中観がこれである」という。

［一六］『春秋左氏伝』昭公 伝二十四年に、「士伯が乾祭を立てた」とある。『皇覧』に、「（河南県）城の西南の柏亭、西周山の上に周の霊王の冢があり、民が祀り絶えることがない」とある。

［一七］杜預は、「（河南）県の西南に甘泉がある」という。

［一八］『春秋左氏伝』昭公 伝二十三年に、「尹辛が蒯を攻めた」とある。『晋地道記』に、「（河南）県の西南に（蒯郷が）あり、蒯亭がある」という。

［一九］（蒯郷には）陽人聚がある。『史記』（巻五 秦本紀）に、「秦は東周を滅ぼしたが、その祭祀は絶やさず、陽人の地を周君に賜わった」とある。

［二〇］『春秋左氏伝』哀公 伝四年に、「楚は、ある晩に急に命を下して、翌日に梁と霍を襲った」とある。

［二一］『史記』（巻四十四 魏世家）に、「魏の文侯は、三十二年に秦を注城で破った」とある。『博物記』に、「梁伯は、土木工事を好んだので、いま梁には多くの城がある」という。

［二二］文穎は、「滎陽の下流から河東の南に（水を）引いて鴻溝をつくった、すなわち官度の水である」という。

［二三］『西征記』に、「(広武城には) 三皇山があり、三室山ともいう。山の上には二つの城があり、東を東広武といい、西を西広武という。それぞれ山に一つの頭があり、互いに離れること二百歩余り、その間は深い谷に隔てられている。漢の高祖（劉邦）が項籍（項羽）と語ったところである」という。

［二四］『春秋左氏伝』文公 経二年に、「垂隴に会盟する」とある。

［二五］周の宣王が敖に狩した。『春秋左氏伝』宣公 伝十二年に、「晋の軍隊が敖と鄗の間にいる」とある。秦は（敖亭に倉を）立てて敖倉とした。

［二六］『春秋左氏伝』宣公 伝十二年に、「楚の潘党は魏錡を逐い、熒に至った」とある。杜預は、「(熒陽) 県の東に熒沢がある」という。

［二七］『春秋左氏伝』成公 伝十年に、「晋は鄭と脩沢で会盟した」とある。杜預は、「(巻) 県の東に脩武亭がある」という。

［二八］『史記』(巻六十九 蘇秦列伝) に蘇秦は (魏の) 襄王に説いて、「大王の地は、西には長城の境界があります」といった。

［二九］『史記』(巻四十四 魏世家) に (信陵君) 无忌は魏王に、「王には鄭の地があり、垣雍を得ようとしておられます」と申し上げた。杜預は、「すなわちこれは衡雍である」という。いま

県の治所となっている城市である。

〔三〇〕『春秋左氏伝』荘公 経二十三年に、「扈で会盟をした」とある。杜預は、「（巻）県の西北にある」という。

〔三一〕（陽武県には）武彊城がある。『史記』（巻五十四 曹相国世家と巻六 秦始皇本紀）に、「曹参は武彊を攻めた。秦の始皇帝は東遊して陽武県の博浪沙中に至り、盗賊に驚かされた」とある。

〔三二〕『春秋左氏伝』宣公 伝元年に、「諸侯は鄭を救い、北林に遇った」とある。杜預は、「（中牟）県の西南に林亭があり、鄭の北にある」という。

〔三三〕『春秋左氏伝』僖公 伝三十三年に、「原圃がある」という。『爾雅』十藪に、「鄭に圃田がある」という。

〔三四〕『春秋左氏伝』閔公 伝二年に、「清に遇った」とある。杜預は、「（東阿）県に清陽亭がある」という。

〔三五〕杜預は、（『春秋左氏伝』宣公 伝十二年の注に）、「（管城は古の）管国である、京県の東北にある」という。『漢書音義』は、「もとの管叔の邑である」という。

〔三六〕『漢書』（巻三十九 曹参伝）に、「曹参が楊熊を破った」とある。

〔三七〕『春秋左氏伝』哀公 伝十四年に、「逢沢に介麋がある」とある。杜預は、「（開封）県の東北にあるとするが遠いので、おそらく誤りであろう」という。徐広は、「（逢沢は『漢書』地理志では）逢池である」という。

〔三八〕『春秋左氏伝』宣公 伝元年に、「諸侯は棐林に会盟した」とある。杜預は、「（宛陵）県の東南に林郷がある」という。徐斉民の『北征記』に、「（宛陵）県の東南に大隧澗がある。鄭の荘公の開いたものである」という。また（宛陵県の）大城は東は濮水に臨み、水は東に流れて溱水より洧水に注ぐ。城は東は洧水に臨む。

〔三九〕『春秋左氏伝』成公 伝十六年に、「諸侯は制田に遷った」とある。杜預は、「（宛陵）県の東に制沢がある」という。

〔四〇〕『春秋左氏伝』襄公 伝十一年に、「諸侯の軍は、瑣に宿営した」とある。杜預は、「（宛陵）県の東に瑣侯亭がある」という。

〔四一〕『博物記』に、「（瀍水は）潜亭山から流れ出る」と。

〔四二〕『西征記』に、「函谷関の左右の絶壁は十丈であり、中に車を容れられるほどである」という。

〔四三〕『春秋左氏伝』成公 伝十三年に、「呂相は秦伯と（交わりを）絶った。わが費と滑を殲滅した」とある。杜預は、「滑国は費に都を置いていた、今の緱氏県である」という。本紀を調べてみますと、県には百坏山があります。干寶の『捜神記』に、「県に延寿城がある」とある。

〔四四〕『春秋左氏伝』隠公 伝十四年に、「王は鄔と劉を取った」とある。杜預は、「鄔は（緱氏）県の西南にある」という。

〔四五〕瓚は、「（轘轅関は）険道の名である。県の東南にある」という。

〔四六〕（鞏県は）鞏伯国である。『春秋左氏伝』昭公 伝四年に、「商の湯王に景亳（地名、殷の三亳の一つ）の命があった」とある。杜預は、「（鞏）県の西南に湯亭がある」という。『帝王世記』に、「湯亭は偃師にある」とある。また、「夏の太康の五人の弟が、雒汭で待った。（そこは）県の東北三十里にある」とある。

〔四七〕『春秋左氏伝』昭公 伝二十三年に、「王の軍と晉の軍は鄩中を包囲した」とある。『史記』（巻七十 張儀列伝）に張儀は、「兵を三川に下し、什谷の口を塞ぐ」と言った。徐広は、「県には尋口がある」という。

〔四八〕『春秋左氏伝』昭公 伝二十三年に、「単子が訾を取る」とある。杜預は、「（訾は鞏）県の西南にある」という。『晉地道記』に、「（鞏）県の東にある」とある。

[四九]『春秋左氏伝』僖公 伝二十四年に、「周の襄王が国を出たが、周の人々は王を坎欿より周にもどした」とある。杜預は、「（訾は鞏）県の東にある」という。『地道記』に、「南にある」とある。

[五〇]『春秋左氏伝』昭公 伝二十二年に、「王子猛が皇に居る」とある。杜預は、「黄亭があり、（鞏）県の西南にある」という。

[五一]『春秋左氏伝』昭公 伝二十二年に、「賈辛が谿泉に軍を置く」とある。

[五二]『史記』（巻七 項羽本紀集解）に、「成皋県の北門を玉門と名づける」とある。『春秋左氏伝』（隠公 伝五年）に、「燕の軍隊を北制に破る」とある。杜預は、「北制は、別名では虎牢と呼んでいる」という。またこれも成皋県にある。『穆天子伝』に、「七萃の士が、虎を生け捕りして天子に献上した。命じて印をつけて、これを東虢で養った。ここを虎牢と呼ぶ」とある。『春秋左氏伝』（昭公 伝五年）に、「鄭の子皮が晉の韓宣子を索氏で労った」とある。杜預は、「（成皋）県の東に大索城がある」という。『尚書』禹貢に、「大伾に至る」とある。張揖は、「成皋県の山である」という。また旋門坂があり、県の西南十里にある、と『東京賦に』見える。

[五三]『春秋左氏伝』襄公 伝十八年に、「楚は鄭を伐ち、旃然に宿営した」とある。

[五四]『春秋左氏伝』（僖公 伝二十四年）に、「周の襄王は鄭の地の氾にいた」とある。

[五五]（京は）鄭の共叔のいるところで、『春秋左氏伝』は、これを京城の大叔という。応劭は、「索亭がある。楚と漢は京と索で戦った」という。『北征記』に、「また索水がある」という。

[五六]（密は）春秋の時には新城といい、『春秋左氏伝』では新密という。（『春秋左氏伝』）僖公 伝六年に、「諸侯は新城を包囲した」とある。杜預は、「あるいは密県とも呼ぶ」という。

[五七]『山海経』（巻五）に、「大誠の山は、その陰に鉄が多く、美玉も多い。草があり、その状態は蓍のようで毛があり、青い花で白い実である。その名を蒗といい、（その草を）服する者は若死にしない」とある。

[五八]『春秋左氏伝』に、「襄公 伝十八年、楚は鄭を伐ち、右に梅山を迴った」とある。（密）県の西北にある。

[五九]『史記』（巻四十四 魏世家）に、「魏の襄王六年に、楚を伐ち、これを陘山に破る」とある。秦が魏を華陽に破った地もまた（密）県にある。杜預の遺令に、「（陘）山の上に冢があり、一説には子産の冢であるという。斜めに東北を向き新鄭城を指しており、本元を忘れていない」とある。

[六〇]『春秋左氏伝』に、「文公 伝十七年、周は戎を邥垂に破る」とある。杜預は、「（新城）県の

北に垂亭がある」という。『史記』（巻四 周本紀）に、「秦は西周公を軼狐に遷した」とある。徐広は、「（軼狐は）陽人聚に近く、雒陽の南百五十里の梁と新城の間にある」という。

[六一]『史記』（巻四 周本紀）に、「蘇代は、韓の相国に説いて、「高都を周に与えよ」と言った」とある。

[六二]（広成聚には）広成苑がある。

[六三]『春秋左氏伝』昭公 伝十六年に、「楚は瑛子を殺す」とある。杜預は、「（新城）県の東南に蛮城がある」という。また祭遵が張満を獲たところである。

[六四]『帝王世記』に、「（偃師は）帝嚳が都を置いたところである。殷の盤庚は、南亳に（都を）戻すと、ここを西亳と呼んだ」とある。『皇覧』に、「北に睾繇の祠がある」とある。また、「湯亭があり、湯王の祠がある」とある。

[六五]『帝王世記』に、「尸郷は（偃師）県の西二十里にある」とある。

[六六]『春秋左氏伝』昭公 伝二十六年に、「劉人は子朝の軍隊を尸氏で破った」とある。『漢書』に、「（尸氏は）田横が自殺したところである」という。

[六七]皇甫謐は、「古に熊国があり、黄帝が都を置いたところである」という。

●河内郡　高帝〔劉邦〕が置いた。雒陽の北百二十里にある。十八城で、戸数は十五万九千七百七十、口数は八十万一千五百五十八である。

○懐　隰城がある[一]。○河陽[二]（盟津に）湛城がある。○軹[三]　原郷がある[四]。湨梁がある[五]。○波　絺城がある[六]。○沁水[七]。○野王　太行山がある[八]。射犬聚がある[九]。邘城がある[一〇]。○温　蘇子〔有蘇氏、周の司寇〕が都を置いた所である。済水が（流れ）出ていたが、王莽のとき大旱にあい、ついに枯れて絶えた[一一]。○州。○平皐　邢丘がある。故の邢国で、周公の子が封じられた所である[一二]。李城がある[一三]。○山陽邑である。雍城がある[一四]。蔡城がある[一五]。○武徳。○獲嘉　侯国である。○脩武　もとの南陽であり、秦の始皇帝が名をあらためた。南陽城があり[一六]、陽樊・攢茅田がある[一七]。小脩武聚がある[一八]。隤城がある[一九]。○共　もとは国であった。淇水が流れ出ている[二〇]。汎亭がある[二一]。○汲[二二]。○朝歌[二三]　紂が都としていた所で[二四]、南に牧野があり[二五]、北に邶国があり、南〔『春秋左氏伝正義』は東〕に寧郷がある[二六]。○蕩陰　羑里城がある[二七]。○林慮　もとの隆慮であり、殤帝が（名前を）改めた。鉄を産出する[二八]。

[劉昭注]

[一]『春秋左氏伝』（隠公 伝十一年）に、「王は、（蘇忿生の田地である）隰郕を鄭（のため）に取っ（て与え）た」とある。杜預は、「（懐）県の南西にある」という。『春秋左氏伝』（成公 伝十一年）にさらに、「（晉の旧地であると主張する）郤至が、周と鄇という土地を争った」とある。杜預は、「（懐）県の南西に威人亭がある」という。

[二]『春秋左氏伝』（隠公 伝十一年）に、「王は、（蘇忿生の田地である）盟を鄭に与えた」とある。杜預は、「（懐）県の南にある盟津である」という。

[三]『春秋左氏伝』（隠公 伝十一年）に、「王は、蘇忿生の田地である向を鄭に与えた」とある。杜預は、「（軹）県の西北を向上と呼ぶ」という。

[四]『春秋左氏伝』（隠公 伝十一年）に、「王は、（蘇忿生の田地である）原を鄭に与えた」とある。杜預は、「沁水の西北に原城がある」という。

[五]『春秋左氏伝』に、「襄公 伝十六年に諸侯は湨梁で会盟した」とある。

[六]『春秋左氏伝』（隠公 伝十一年）に、「王は、（蘇忿生の田地である）絺を鄭に与えた」とある。杜預は、「野王県の南西にある」という。

[七]『山海経』（海内東経）に、「沁水は、井陘の東から流れ出ている」とある。

[八]『山海経』（北山経）に、「（太行山の）山上には金や玉があり、麓には碧がある。獣がおり、その形は麋（カモシカ）のようで四（本）角があり、馬（のような）尾をして蹴爪がある。その名前を驒といい、かえる（のがうまい）」とある。（『漢書』巻四十三 酈食其伝に）酈食其は「太行の道を閉じられよ」という。韋昭は、「（野王）県の北にある」という。

[九]（射犬聚は）光武帝が青犢を破った場所である。

[一〇]『史記』（巻三 殷本紀）に、「紂は、文王・九侯・鄂侯を三公とした」とある。徐広は、「鄂は、ある本では邘に作る」という。武王の子の封地は、（野王）県の西北にある。

[一一]『皇覧』に、「県の郭の東で済水の南に虢公の冢がある」という。

[一二]臣瓚は、「（邢は）丘の名前であり、国ではない。襄国の西にある」という。

[一三]『史記』（巻七十六 平原君列伝）に、「邯鄲で李同は、秦の兵をしりぞけた。趙は（戦死した）李同の父を（代わりに）李侯に封じた」とある。徐広は、「まさしくこの城である」という。

[一四]杜預は、「（雍城は）むかしの雍国であり、県の西にある」という。

[一五]蔡叔は、蔡城を邑とした。鄭の管城に相当するものであろうか。

[一六]『春秋左氏伝』僖公 伝四年に、「晉の文公は南陽を包囲した」とある。『史記』（巻七十三

白起伝）に、「白起は、韓の南陽を攻め、太行の道はこのため断絶した」とある。『山海経』（西山経）に、「太行の山は、清水が流れ出ている」とある。郭璞は、「脩武県の北の黒山からも清水が流れ出ている」という。

〔一七〕服虔は、「樊仲山の居た所なので、陽樊と名付けられた」という。杜預は、「（脩武）県の西北に攢城がある」という。『春秋左氏伝』に、「定公の元年に、魏献子（魏舒）は大陸（河南省修武付近）で狩りをしていた」とある。杜預は、「西北の呉沢である」という。

〔一八〕（小脩武は）『春秋』では寧という。『史記』（巻八 高祖本紀）は、「高祖（劉邦）が韓信の軍を小脩武で併せた」とある。晋灼は、「（大脩武の）城の東にいた」という。

〔一九〕『春秋左氏伝』隠公 伝十一年に、「（王は、蘇忿生の田地である）隤を鄭に与えた」とある。

〔二〇〕前志（『漢書』巻二十八上 地理志上）の注に、「（淇）水は北山から流れ出ている」とある。『博物記』に、「奥水があり、流れて淇水に入り、緑竹草がある」とある。

〔二一〕（凡亭は）凡伯の邑である。

〔二二〕『晋地道記』に、「（汲県には）銅関がある」という。

〔二三〕（朝歌県には）鹿腹山がある。

〔二四〕『帝王世記』に、「紂王の糟丘・酒池・肉林は（朝歌県の）城の西にある」とある。『漢書』

の注に、「鹿台は（朝歌県の）城の中にある」とある。

［二五］（朝歌）県から十七里離れている。

［二六］『史記』（巻四十四　魏世家）に、「旡忌が魏の安僖王に説いて、「韓の上党を共と寧に開通する」と言った」とある。徐広は、「朝歌に寧郷がある」という。『春秋左氏伝』に、「襄公伝二十三年に（叔孫豹が軍を率いて）晉を救いに行き、（晉の）雍楡に宿営した」とある。杜預が「朝歌県の東に雍城がある」というのは、それである。

［二七］韋昭は、「羑は音が酉である。文王が拘われた場所である」という。

［二八］徐広は、「洹水の流れ出る所である。蘇秦が諸侯を引き合わせ会盟した場所である」という。班彪の「遊居の賦」も、「余の馬を洹泉で漱ぐ、ああ西伯が牖城にいらっしゃったのだ」という。

●河東郡　秦が置いた。雒陽の北西五百里にある［一］。二十城で、戸数は九万三千五百四十三、口数は五十七万八百三である。

○安邑［二］鉄が採れ、塩池がある［三］。○楊　高梁亭がある［四］。○平陽　侯国である［五］。鉄が採れる。堯はここに都を置いた［六］。○臨汾［七］董亭がある［八］。○汾陰［九］介山がある[一〇]。○蒲坂 雷首山がある[一一]。沙丘亭がある[一二]。○大陽 呉山があり、麓に虞城があり[一三]、下陽城があり[一四]、茅津がある[一五]。顚軨坂がある[一六]。○解[一七] 桑泉城がある[一八]。臼城がある[一九]。解城がある[二〇]。瑕城がある[二一]。○皮氏 耿郷がある[二二]。鉄が採れる。冀亭がある[二三]。○聞喜 邑であり[二四]、もとの曲沃である[二五]。董池陂があり、古の董沢である[二六]。稷山亭がある[二七]。涑水がある[二八]。洮水がある。○絳 邑である[二九]。翼城がある[三〇]。○永安 もとの彘であり[三一]、陽嘉二（一三三）年に名をあらためた[三二]。霍大山がある[三三]。○河北 『詩経』の魏国である。韓亭がある。○猗氏[三四]。○垣 王屋山があり、兗水が流れ出る[三五]。壺丘亭がある[三六]。邵亭がある[三七]。○襄陵[三八]。○北屈[三九] 壺口山がある[四〇]。采桑津がある[四一]。○蒲子[四二]。○濩沢 侯国である。析城山がある[四三]。○端氏[四四]。

［劉昭注］

［一］『博物記』に、「（河東郡は）山や沢があり、塩池にも近い。（しかし）豊かな土地の民は不才であり、漢が興ってから名声の高い人は少なく、高官は三代でみな衰え絶えてしまう」とある。

〔二〕『帝王世記』に、「（安邑）県の西に鳴条陌がある。湯王は桀を征伐し、昆吾亭で戦った」とある。『春秋左氏伝』（昭公 伝十八年）に、「昆吾は桀と同じ日に亡んだ」とある。『地道記』に、「巫咸山は南にある」という。

〔三〕『前志』（『漢書』巻二十八上 地理志上の注）に、「（塩）池は県の西南にある」という。「魏都賦」の注に、「猗氏は六十四里にある」という。（東晋の）楊佺期の『雒陽記』に、「河東の塩池は長さ七十里、広さ七里、水の気は紫色である。別に御塩があり、四面は歯を押しつけたような文章が彫られていて、字の妙は言いようもない程であった」とある。

〔四〕『春秋左氏伝』に、「僖公 伝二十四年に、晋の懐公は高梁で死んだ」とある。杜預は、「（楊）県の南西にある」という。『地道記』に、「梁城があり、（楊）県から五十里の所にあり、叔嚮の邑である」とある。

〔五〕『春秋左氏伝』に、「成公 経七年に、諸侯は馬陵で会盟した」とある。杜預は、「衛の地である。平陽の東南の地を馬陵と名づけた」という。また「魏郡の元城にある」という。

〔六〕『晉地道記』に、「尭城がある」という。

〔七〕『博物記』に、「賈郷があり、賈伯の邑である」という。

〔八〕『春秋左氏伝』（文公 伝六年）に、「晉は改めて董で勢揃いをした」とある。杜預は、「（汾陰）県に董亭がある」という。

[九]『博物記』に、「（汾陰は）古の綸であり、少康の邑である」という。

[一〇]（汾陰）県の西北に狐谷亭がある。郭璞の『爾雅』の注に、「（汾陰）県に水（が噴き出す）孔があり、車輪の許のようであり、水が湧き出るが、其の深さは限り無く、濆（地底から吹き出す泉）という」とある。

[一一]『史記』（巻三十九 晉世家）に、「趙盾が首山で狩りをしたおり、桑下で休息したが、餓えた祇彌明がいた」とある。（蒲坂）県の南二十里に歴山があり、舜が耕した所である。また（『史記』巻六十一 伯夷列伝に）伯夷・叔斉は首陽山に隠れた」とある。馬融は、「（首陽山は）蒲坂の華山の北、河曲の中にある」という。

[一二]『春秋左氏伝』に、「文公 経十二年に、秦と晉は河曲で戦った」とある。杜預は、「（蒲坂）県の南にある」という。湯王が桀を征伐したところであり、孔安国は、「河曲の南である」という。

[一三] 杜預は、「（虞城は）虞国である」という。『帝王世記』に、「舜が虞で嫁を娶ったというのは、虞城のことである」という。また呉城ともいい、『史記』（巻五 秦本紀）に、「秦の昭王は、魏を征伐して呉城を取った」とあるのは、この城のことである。『皇覧』に、「盗跖の冢

は、河曲を見下ろす場所にある」という。『博物記』に、「傅巖は、県の北にある」という。

[一四]（下陽城は）虢の邑である。『春秋左氏伝』に、「僖公経二年に、虞師・晉師が滅ぼした所である」という。（大陽）県の東北三十里にある。

[一五]『春秋左氏伝』（文公伝三年）に、「秦伯は晉を伐ち、そうして茅津から河をわたった」とある。杜預は、「（大陽）県の西にある」という。南に茅亭があり、それが茅戎である。

[一六]『春秋左氏伝』（僖公伝二年）に、「顚軨から入る」とある。『博物記』に、「（顚軨坂は大陽）県の塩池の東にある」とあり、呉城の北、いまの呉坂である。杜預は、「（大陽）県の北東にある」という。

[一七]『春秋左氏伝』（僖公伝二十四年）に、「咎犯（狐偃）は、秦と晉の大夫に郇で誓約を交わした」とある。杜預は、「（解）県の北西に郇城がある」という。『博物記』に、「智邑がある」という。

[一八]『春秋左氏伝』に、「僖公伝二十四年に、晉の文公は（河を渡り）桑泉に入った」とある。杜預は、「県の西二十里にある」という。

[一九]『春秋左氏伝』（僖公伝二十四年）に、「晉の文公は、（河を渡り、晉に）入って臼衰を攻め取った」とある。杜預は、「（臼城は解）県の南東にある」という。『博物記』に、「臼季は邑

である。県の西北の卑耳山である。県の西南は、斉の桓公が西伐するときに登った所である」という。

[二〇]『春秋左氏伝』に、「僖公 伝十五年に、晋侯（恵公）は秦（の穆公）に賄賂として、内は（河北の）解梁城に及ぶ（所までを差し上げましょうと約束した）」とある。

[二一]『春秋左氏伝』に、「文公 伝十二年に、秦は晋（の地に入り）瑕（の街）に侵入した」とある。杜預は、「猗氏県の東北に瑕城がある」という。

[二二]『尚書』（咸有一徳）に、「祖乙は耿に徙った」とある。『春秋左氏伝』閔公 伝元年に、「晋（侯）は耿を滅ぼした」とある。杜預は、「（皮氏）県の南東に耿郷がある」という。『博物記』は、「耿城がある」という。

[二三]『春秋左氏伝』僖公 伝二年に、「晋の荀息は、「冀は無道である」と言った」とある。杜預は、「（冀）国は、（皮氏）県の北東にある」という。『史記』（巻六十九 蘇秦列伝）に、「蘇代は燕王に、「南陽・（河南の）封・（山西河津の）冀に下って（韓を脅かす）」と言った」とある。

[二四]『博物記』に、「県は涑の川を治める」とある。『史記』（巻七十三 白起王翦列伝）に、「韓を伐って乾河に到る」とある。郭璞は、「（聞喜）県の北東に乾の河口がある。ただむかし水が流れていた溝の迹が残るだけで、水は流れない」とある。『春秋左氏伝』に、「僖公 伝三十

一年に、晋は清原で兵を集めた」とある。杜預は、「(聞喜)県の北にある」という。

[二五] 曲沃は、(聞喜)県の北東数里にあり、晋から六、七百里離れている。毛詩譜の注に見える。

[二六] 『春秋左氏伝』(文公 伝六年)に、「改めて董で兵を集めた」とあり、(宣公 伝十二年に)「董沢の蒲」とある。

[二七] (聞喜)県の西五十里にある。『春秋左氏伝』に、「宣公 伝十五年に、晋侯は稷で閲兵した」とある。

[二八] 『春秋左氏伝』(成公 伝十三年)に、「晋(侯)は呂相を遣わし、秦に絶交して、「(康公はな)お悛ず、我が河曲に入り込み)我が涑川を伐った」と言った」とある。

[二九] (絳)県の西に絳邑城があり、杜預は(『春秋左伝正義』成公 伝六年の注に)、「もとの絳である」という。

[三〇] 『春秋左氏伝』隠公 伝五年に、「曲沃(の荘伯)は翼を伐った」とある。杜預は、「(絳)県の東八十里にある」という。

[三一] 『史記』(巻五 秦本紀)に、「周の穆王は造父を趙城に封じた」とある。徐広は、「(趙城は)永安(県)にある」という。『博物記』に、「呂郷があり、呂甥の邑である」とある。

[三二] 杜預は(『毛詩正義』小雅 雨無正に)、「(永安)県の北東に彘城がある」という。

［三三］『爾雅』（釈地第九）に、「西南がよいのは、霍山が多くの珠玉を産出することによる」とある。『春秋左氏伝』に、「閔公 伝元年に、晉は霍を滅した」とある。杜預は、（『春秋左伝正義』隠公 伝五年の注に）「（永安）県の東北に霍大山がある」という。『史記』（巻四十三 趙世家）に、「原過は、神人の書を受け、「わたし（神人）は霍の大山の山陽侯の天吏である」と称えた」とある。また（『史記』巻五 秦本紀に）「蜚廉は、山で石棺を得て、（霍泰山に）葬られた」とある。

［三四］『地道記』に、「『春秋左氏伝』文公 伝十三年に、（晉公が）詹嘉に（命じて）瑕を治めさせたとある地は、（猗氏）県の北東にある」という。

［三五］『史記』（巻四十四 魏世家）に、「魏の武侯の二年、王垣に城を築いた」とある。『博物記』に、「（王屋）山は東にあり、形状は垣のようである」という。

［三六］『春秋左氏伝』襄公 伝元年に、「晉は宋の五大夫を討ち、瓠丘に住まわせた」とある。杜預は、「（垣）県の南東に壺丘亭がある」という。

［三七］『博物記』に、「（垣）県の東九十里に郫邵の阨があり、賈季は公子楽を陳に迎え、趙孟諸を郫邵で殺した」という。

［三八］『晉地道記』に、「晉の武公は、曲沃からここ（襄陵）に徙った」とある。

〔三九〕『春秋左氏伝』（荘公 伝二十八年）に、「二屈」とある。杜預は、「二は北につくるべきである」という。『春秋左氏伝』（僖公 伝二年）に、「屈の（牧場産の）馬四頭」とあるのは、駿馬がいるということである。

〔四〇〕（『尚書』夏書）禹貢に、「壺口から（水普請をはじめて）梁山及び岐山を切り開く」とある。

〔四一〕『春秋左氏伝』僖公 伝八年に、「晉は狄を采桑で破った」とある。杜預は、「（北屈）県の西南に采桑津がある」という。

〔四二〕『春秋左氏伝』（荘公 伝二十八年）は、「晉の文公（である重耳）は蒲城に居（させられ）た」という。杜預は、「西晉の蒲子県である」という。

〔四三〕『漢書』（巻二十八上 地理志上の注）に、「（析城山は濩沢）県の西南にある」という。

〔四四〕『史記』（巻四十三 趙世家）に、「趙・韓・魏氏は晉を分割し、（改めて）晉君を端氏に封じた」とある。

●弘農郡（前漢の）武帝が置いた。そのなかの二県（湖と華陰）は、建武十五〔三九〕年に属した。雒陽の西南四百五十里にある。九城で、戸数は四万六千八百十五、口数は十九万九千百十三である。

○弘農　もとの秦の函谷関があり[一]、燭水が流れ出る[二]。枯樅山がある[三]。桃丘聚があり、もとの桃林である[四]。務郷がある[五]。曹陽亭がある[六]。○陝[七]　もとの虢仲国である[八]。焦城がある[九]。陝陌がある[一〇]。○黽池　穀水が流れ出る[一一]。二崤がある。○新安　澗水が流れ出る[一二]。○宜陽[一三]。○陸渾　西に略地がある[一四]。○盧氏　熊耳山があり[一五]、伊水・清水が流れ出る[一六]。○湖　もとは京兆尹に属し（鼎湖と呼ばれ）ていた[一七]。閿郷がある[一八]。○華陰　もとは京兆尹に属していた[一九]。太華山がある[二〇]。

［劉昭注］

［一］『春秋左氏伝』（僖公 伝二年）に、「虢公が戎を桑田で破った」とある。杜預は、「（弘農）県の東北に桑田亭がある」という。

［二］『前志』（『漢書』志二十八上 地理志上）に、「（燭水は）衙嶺の下谷から流れ出ている」とある。

［三］本伝（『後漢書』本紀第一上 光武帝紀上）に、「赤眉は、劉盆子を鄭の北で即位させた」とある。『古今注』は、「この山の下である」という。

［四］『春秋左氏伝』（文公 伝十三年）に、「桃林の塞を守る」とある。『博物記』に、「湖県の休

与山にある」とある。

［五］（務郷は）赤眉が李松を破った場所である。

［六］『史記』（巻六 秦始皇本紀）に、「章邯は周章を曹陽で殺した」とある。晋灼は、「（曹陽は弘農）県の東十三里にある」という。また献帝が東に帰るときに敗れた所であり、（のち）曹操は（名を）改めて好陽といった。

［七］『史記』（巻三十四 燕召公世家）に、「陝から西側は、邵公が統率し、陝から東側は、周公が統率した」とある。

［八］杜預は（『春秋左伝正義』僖公伝五年の注に）、「虢は上陽に都を置いた、（陝）県の東南にある。虢城がある」という。

［九］（焦城は）もとの焦国である。『史記』（巻四 周本紀）に、「武王は神農の後裔を焦に封じた」とある。

［一〇］『博物記』に、「（陝陌は）二伯が分割（の境界と）した所である」とある。

［一一］『前志』（『漢書』巻二十八上 地理志上）に、「穀陽谷から（穀水は）流れ出している」とある。

［一二］『博物記』に、「西漢水は新安から流れ出て雒水に注ぎ込む」とある。また孝水があり、潘岳の西征の賦に見える。

〔一三〕金門山があり、（そこで採れる）山竹は律管となる。

〔一四〕『春秋左氏伝』僖公 伝十五年に、「晉侯は、秦（伯である穆公）に賄賂として、東は虢の地すべてを贈る（と約束した）」とある。杜預は、「河曲を南に下った地で、東はもとの虢の地すべてを贈ることになる」という。

〔一五〕『山海経』（中山経 中次四経 熊耳山）に、「山上に漆（の木）が多く、山すそにシュロが多い。浮豪の川はここから流れ出て、西北へと流れて雒水に注ぐ。川の中には美しい玉が多く、人魚が多い」とある。

〔一六〕『晉地道記』に、「伊水は東北に流れて雒水に注ぎ込む」とある。

〔一七〕前志（『漢書』巻二十五上 郊祀志上）に鼎湖がある。

〔一八〕『皇覧』に、「戻太子は南に出かけ（て亡くなり）、閿郷の南に葬られた」とある。秦はまた（名前を）改めて寧秦とした。

〔一九〕『史記』（巻四十四 魏世家）に、「魏の文侯の三十六年に斉が陰晉を侵した」とある。『前志』（『漢書』地理志の注）に、「高帝は（名前を）改めて華陰といった」とある。『呂氏春秋』に、「九藪は秦の陽華のことである」という。高誘は、「あるいは華陰の西にある」という。高誘はまた、「桃林県の西の長城が華陰である」という。『晉地道記』に、「潼関がこれである」とある。

[二〇]『春秋左氏伝』（僖公伝十五年）に、「晉（侯である恵公）は秦（伯である穆公）に賄賂として、南は華山に至るまで（の地）を贈る（と約束した）」とある。『山海経』（西山経 太華山）に、「太華の山は、険しく切り立っていて裾野は四角形で、その高さは五千仞あり、その広さは十里あり、鳥獣はいない。蛇がいて、肥遺といい、足が六本翼は四枚あり、見ると世の中は大変な旱となる」とある。武王は馬牛を桃林の墟に放った。孔安国は、「華山の東にあった」という。『晉地道記』に、「（太華）山は県の西南にある」とある。

●京兆尹　秦の内史であり、武帝が（名前を）改めた。そのなかの四県（長陵・商・上雒・陽陵）は、建武十五（三九）年に属した。雒陽の西九百五十里にある[一]。十城で、戸数は五万三千二百九十九、口数は二十八万五千五百七十四である。

○長安　高帝（劉邦）が都を置いた所である[二]。鎬は、上林苑の中にある[三]。細柳聚がある[四]。蘭池がある[五]。曲郵がある[六]。杜郵がある[七]。○霸陵　枳道亭がある[八]。長門亭がある[九]。○杜陵[一〇]鄠は西南にある[一一]。○鄭[一二]。○新豊　驪山があり〔一三〕、東に鴻門亭〔一四〕および戯亭がある〔一五〕。掫城がある。○藍田 美玉を産出する〔一六〕。○長陵 もとは馮翊に属した〔一七〕。○商 もとは弘農に属した〔一八〕。○上雒 侯国である。冢領山があり、雒水が流れ出ている。もとは弘農に属した〔一九〕。菟和山がある〔二〇〕。蒼野聚がある〔二一〕。○陽陵 もとは馮翊に属した。

〔劉昭注〕

〔一〕『三輔決録注』に、「京は、大きいという意味である。天子は、兆民（多くの民）という」とある。

〔二〕『漢旧儀』に、「長安城は、四方六十三里、経と緯はそれぞれ長さ十五里で、十二の城門があり、九百七十三頃（の広さ）である。城内の人はみな長安令の支配下にある。辛氏の『三秦記』に、「長安の地は、みな黒い土壌であるが、城中（の土壌）は、いま火のように赤く、石のように堅い。長老の伝承では、すべて龍首山を鑿って城にしたそうである」とある。『皇覧』に、「衛思后は、（長安）城の南東の桐柏園に葬られた。いま千人聚がそれである」という。

〔三〕孟康は、「長安の南西に鎬池がある。秦の始皇帝に江神は璧を戻し、「わたしのために鎬池君を遣せ」と言った」という。『古史考』に、「武王が鎬に遷都した。(その場所は)長安の豊亭の鎬池である」とある。『皇覧』に、「文王・周公の冢は、みな鎬聚の東の杜の中にある」とある。

［四］『前書』(『漢書』巻四 文帝紀)に、「周亜夫が駐屯した場所である」という。

［五］『史記』(巻六 秦始皇本紀)に、「秦の始皇帝がお忍びで夜に出かけ、盗賊に蘭池であった」とある。『三秦記』に、「始皇帝は渭水を引いて長池とした。東西は二百里、南北は三十里であり、石に刻んだ二百丈の鯨魚をつくった」とある。

［六］『前書』(『漢書』巻四十 張良伝)に、「高帝(劉邦)は、黥布を征伐し、張良は(それを)曲郵まで見送った」とある。

［七］『史記』(巻七十三 白起伝)に、「(杜郵は)白起が死んだ場所である」という。『三秦記』に、「長安城の西に九嵕山があり、西に杜山がある」とある。杜預は(『春秋左伝正義』僖公 伝二十四年の注に)、「畢国は西北にある」という。

［八］『前書』(『漢書』巻九十八 元后伝)に、「秦の王である子嬰は、軹道の旁で降伏した」とあり、『地道記』に、「(軹道は)霸水の西である」とある。

［九］『前書』(『漢書』巻二十五上 郊祀志上)に、「文帝は、長門から出たところ、五帝を道の北

側に見た気がしたので、五帝壇を立て（五牢によって祀っ）た」とある。

〔一〇〕杜預は（『春秋左伝正義』襄公 伝二十四年の注に）、「古の唐杜氏である」という。

〔一一〕杜預は（『春秋左伝正義』僖公 伝二十四年の注に）、「（酆は）鄠県の東にある」という。『三輔決録注』に、「鎬は酆水の東にあり、酆は鎬水の西にあり、お互いに二十五里離れている」とある。

〔一二〕『史記』（巻六十八 商君列伝）に、「商君を鄭の黽池で殺した」とあり、（また『史記』巻三十四 燕召公世家に）「鄭の桓公はここに封建された」とある。『三輔黄図』に、「下邽県並びに鄭県は、桓帝が西巡した折りに復した」とある。

〔一三〕杜預は（『春秋左伝正義』荘公 伝二十八年の注に）、「（新豊は）古の驪戎国である」という。韋昭は（『史記』巻百十 匈奴列伝集解に）、「戎がやって来てこの山に住み着いた、だから驪戎という」という。『三秦記』に、「始皇帝の墓は山の北側にあり、始皇帝の祠がある。斎戒しないで往くと、すぐに疾風暴雨となる。人として踏み行うべき道を進めようとすると、暗くなって道を失う。（新豊）県の西に白鹿原があり、周の平王のときに白鹿が出た（所である）」とある。（臣昭が）調べたましたところ、『関中図』に、「（新豊）県の南に新豊原があり、白鹿（が現れた所）は霸陵にある」とあります。

〔一四〕『前書』（『漢書』巻一上高帝紀上）に、「高帝が項羽と会見した場所である」という。孟康は（『漢書』巻一高帝紀上の注に）、「（新豊）県の東七十里にあり、旧大道の北に下坂口の名がある」という。『関中記』に、「始皇帝陵の北十里余に謝聚がある」という。

〔一五〕周の幽王が死んだ場所である。蘇林は、「（新豊）県の東南四十里にある」という。

〔一六〕『三秦記』に、「川があり、四方三十里（に及び）、その川は北から流れている。玉・銅・鉄・石を産出する」という。『地道記』に、「虎候山がある」とある。

〔一七〕蔡邕は「樊陵の頌」を作り、「前漢のときには戸数は五万、口数は十七万もあったが、王莽ののちはその一割にも満たない。永初元〔一〇七〕年に、羌戎が残虐（な侵略）をおこなった。光和年間〔一七八～一八四年〕に至り（黄巾の乱が起きると）、領戸は四千に盈たない（までに減っていた）。園陵・蕃衛・粢盛の供貢など、さまざまな労役は民戸に依拠している。民用が窮乏して、それらのことに堪えられなくなった」という。

〔一八〕『帝王世記』に、「（商は）契が封建された場所である」とある。『春秋左氏伝』哀公伝四年に、「まさに、少習の関に入ろうとする」とある。杜預は、「少習は、（商）県の東の武関である」という。

〔一九〕『山海経』（中山経 中次四経 讙挙山）に、「雒水は讙挙の山から流れ出る」とある。調べたましたところ、『史記』（巻二夏本紀）には、「雒水は熊耳から流れ出る」とあります。『山海経』に、「雒水は王城の南から流れ出て、相谷の西に至り、（さらに）東北に向かって流れ、虎牢城の西の四十里にある河口に注ぐ、これを雒汭という」とあります。

[三〇]『春秋左氏伝』哀公伝四年に、「楚の司馬は菟和に軍を布いた」とある。

[三一]『春秋左氏伝』に、「哀公伝四年に、楚の右師は蒼野に軍を布いた」とある。杜預は、「県の南にある」という。

●左馮翊　秦では内史に属していたが、武帝が分けて、名を改めた。雒陽の西六百八十八里にある[一]。十三城で、戸数は三万七千九十、口数は十四万五千百九十五である[二]。

○高陵。○池陽[三]。○雲陽[四]。○祋祤　永元九〔九七〕年に復した。○頻陽。○万年[五]。○蓮勺。○重泉。○臨晉　もとの大荔である。河水祠がある。芮郷がある[六]。○王城がある[七]。○郃陽　永平二〔五九〕年に復した。○夏陽　梁山[八]・龍門山がある[九]。○衙[一〇]。○粟邑　永元九〔九七〕年に復した。

［劉昭注］

［一］『三輔決録注』に、「馮は、馮（大きい）という意味である。翊は、明らかという意味である」とある。

［二］潘岳の「関中記」に、「三輔は、もともとは長安の城中を治め（る行政区域であり）、（三人の）長官がそれぞれの（管轄する）県で民を治めた。光武帝が東遷した後、扶風（の長官）は出て槐里を治所とし、馮翊（の長官）は出て高陵を治所とするようになった」とある。

［三］『爾雅』十藪に、「周に焦穫がある」とある。郭璞は、「（池陽）県の瓠中がこれである」という。『地道記』に、「巀嶭山があり、北にある。鬼谷があり、三所氏を生んだ」とある。調べてみますと、『史記』（巻六十九 蘇秦列伝集解）に、「鬼谷は、潁川の陽城にある」とあり、『地道記』と同じではありません。

［四］（雲陽県には）荊山がある。『帝王世記』に、「禹は、鼎を荊山で鋳造したが、（荊山は）馮翊の懐徳の南にあり、いまはその麓は荊渠である」という。

［五］『帝王世記』に、「秦の献公は、櫟陽に都を置いた」とあるのは、ここである。

［六］（芮郷は）古の芮国であり、虞と互いに譲りあった国である。

［七］『史記』（巻五 秦本紀）に、「秦の厲恭公は大荔を征伐し、その王城を取った」というのは、

この城である。『春秋左氏伝』（僖公 伝十五年）に、「晉の陰飴甥は、秦伯と王城で誓った」とある。杜預は、「そののち改めて武郷とした。（臨晉）県の東に（三城）あ（り、いま武郷と名づけられてい）る」という。

[八]『詩経』（大雅 韓奕）に、「大きくうねる梁山」とある。（夏陽）県の西北にある。『春秋公羊伝』（成公五年）は、「河上の山である」という。杜預は、「古の梁国である」という。『史記』（巻五 秦本紀）は、「もとの少梁である」という。『爾雅』（釈山）に、「梁山は、晉が山川の神を祀った山である」という。

[九]『尚書』（禹貢篇）に、「河を積石まで導き、龍門をめぐる」とある。太史公は、「わたくし遷は、龍門で生まれた」という。韋昭は、「（夏陽）県の北にある」という。『博物記』は、「韓原があり、韓武子の采邑である」という。

[一〇]『春秋左氏伝』文公 経二年に、「晉は、秦を彭衙で破った」とある。『皇覧』に、「蒼頡の冢があり、利陽亭の南にある。墳墓の高さは六丈である」という。

●右扶風　秦では内史に属していたが、武帝が分けて、名を改めた[一]。十五城で、戸数は一万七千三百五十二、口数は九万三千九十一である。

○槐里 周では犬丘といったが[二]、高帝（劉邦）が改めた。○安陵[三]。○平陵。○茂陵。○鄠[四] 豊水が流れ出ている[五]。甘亭がある[六]。○郿 部亭がある[七]。○武功 永平八〔六五〕年に復した。太一山があり、もとの終南山である。垂山は、もとの敦物山である[八]。斜谷がある[九]。○陳倉[一〇]。○汧[一一] 呉嶽山があり[一二]、もとは汧といい、汧水が流れ出ている。回城があり、回中という[一三]。○渝麋 侯国である。○雍[一四] 鉄が採れる[一五]。○栒邑 豳郷がある[一六]。○美陽 岐山があり[一七]、周城がある[一八]。○漆 漆水がある[一九]。鉄が採れる[二〇]。○杜陽 永和二〔一三七〕年に復した[二一]。

以上が司隷校尉部であり、郡は七、県・邑・侯国は百六である[二二]。

[劉昭注]

[一]『三輔決録注』に、「扶風は、化（という意味）である」という。

[二]（犬丘は）廃丘とも呼ばれている。周の懿王と章邯が、都を置いた場所である。

[三]『皇覧』に、「（安陵）県の北西の畢陌に、秦の武王の冢がある」という。

[四]（鄠県は）古の扈国である。

[五]『春秋左氏伝』（昭公 伝四年）に、「康王に酆宮の朝見がある」という。杜預は、「霊台があ

り、康王はここで諸侯に朝見した」という。

［六］『帝王世記』に、「（鄠）県の南にある。夏啓は、扈を征伐し、大いに甘で戦った。また南山には、王季の冢がある」とある。

［七］『史記』（巻四 周本紀）に、「棄を邰に封じた」とある。徐広は、「いまの楠郷である」という。また調べてみますと（『後漢書』列伝七十一 独行）王忳伝に、「郿の楠亭は、無実の罪を着せられたまま死んだ鬼のために故の亭長をその報いとして殺したところである」とあります。秦のときには栄県でしたが、のちに省かれました。『帝王世記』に、「秦の出公は平陽に徙った」とある。（後漢の桓譚の）『新論』に、「邰は漆県にあり、その民には会日（盟約を交わす日）があり、その日にお互いに夜中に商売をしても、あがったりで、天が戒めとして下す災いがある」とある。

［八］『前志』（『漢書』巻二十八上 地理志上）に、「（武功）県の東にある」とある。

［九］「西征の賦」の注に、「褒斜谷は、長安の西南にある。南（の河）口に褒があり、北（の河）口に斜があり、長さは百七十里である。その川は南に向かって流れている」と。

［一〇］『三秦記』に、「秦の武公は雍に都を置いた。陳倉城がそれである。石鼓山がある。戦争が起ころうとすると、この山が鳴く」とある。

〔一一〕『爾雅』十藪に、「秦に楊紆がある」という。郭璞は、「(汧)県の西にある」という。

〔一二〕郭璞は、「(呉嶽山の)別名は呉山である。『周礼』でいう嶽山である」という。

〔一三〕(後漢の建国の功臣)来歙が、道を開通させた場所である。

〔一四〕『春秋左氏伝』(僖公 伝二十四年)に「(雍は)邵の穆公の采邑である」という。『史記』(巻十二 孝武本紀)に「鴻冢がある」という。

〔一五〕『帝王世記』に、「秦の徳公は(雍に)都を徙した」とある。

〔一六〕鄭玄の「詩譜」に、「豳とは、公劉が邰から出して、徙した戎狄の地名である」という。また劉邑がある。

〔一七〕『春秋左氏伝』(昭公 伝四年)に「椒挙は、「成王には岐陽の召集がありました」と言った」とある。『山海経』(中山経 岐山)に、「(岐山は)山上に白金が多く、山の麓に鉄が多い、城(減)水がここから出で、東南へ流れて長江に注ぐ」とある。

〔一八〕杜預は(『春秋左伝正義』隠公 伝六年注に)、「(周)城は(扶風の雍)県の北西にある」という。『帝王世記』に、「周の太王(古公亶父の長子)が徙った所で、南に周原がある」とある。

〔一九〕『山海経』(西山経 羭次山)に、「羭次の山は、漆水がこの山から流れ出る」とある。郭璞は、「漆水は岐山から流れ出る」という。『詩経』(大雅 二緜)に、「自然と沮・漆(の二川)をねじろとした」とある。『地道記』に、「川は県の西を流れる」とある。『皇覧』に、「師曠の冢があり、師曠山と呼ばれている」とある。

〔二〇〕杜預は、「豳国は北東にある」という。『帝王世記』に、「豳亭がある」とある。

〔二一〕「詩譜」に、「周原は、岐山の南側にあり、その地は杜陽に属し、地形は険しく（周）原の畑は肥えてよい」とある。

〔二二〕『漢旧儀』に、「司隷の治所に、もとの孝武帝の廟がある」とある。『魏略』に、「曹公は関中を分けて漢興郡を置き、游楚を登用して太守とした」とある。『献帝起居注』に、「中平六（一八九）年に、扶風都尉を省き、漢安郡を置いた」とある。（漢安郡に属する県は）鎮雍・渝麋・杜陽・陳倉・汧の五県である。

郡国志二 第二十

豫州　潁川　汝南　梁国　沛国　陳国　魯国
冀州　魏郡　鉅鹿　常山　中山　安平　河間　清河　趙国　勃海

豫州

●潁川郡　秦が置いた。雒陽の東南五百里にある。十七城で、戸数は二十六万三千四百四十、口数は百四十三万六千五百十三である。

○陽翟　禹が都を置いた所である[一]。鈞台がある[二]。高氏亭がある[三]。雍氏城がある[四]。○襄　養陰里がある。○襄城[五]　西不羹がある[六]。氾城がある[七]。汾丘がある[八]。魚歯山がある[九]。○昆陽　湛水がある[一〇]。○定陵　東不羹がある[一一]。○舞陽邑である。○郾。○臨潁。○潁陽。○潁陰[一二]　狐宗郷がある。あるいは古の狐人亭という。岸亭がある[一三]。○許[一四]。○新汲[一五]。○鄢陵　春秋のときは鄢といった[一六]。○長社　長葛城がある[一七]。向郷がある[一八]。蜀城があり、蜀津がある[一九]。○陽城[二〇]　嵩高山があり[二一]、洧水・潁水が流れ出る[二二]。鉄が採れる。負黍聚がある[二三]。○父城　応郷がある[二四]。○輪氏　建初四〔七九〕年に置かれた。

［劉昭注］

［一］『汲冢書』に、「禹は陽城に都を置いた」とある。『古史考』に、「鄭の厲公は櫟に入った」とあるのは、これである。『晉地道記』に、「（陽翟は）雒陽から離れること二百八十六里、河南に属する」とある。

［二］『春秋左氏伝』（昭公 伝四年）に、「夏の（禹王の子）啓が鈞台で（諸侯を）持てなした」とある。杜預は、「（陽翟県に）鈞台陂がある」という。『帝王世記』に、「（鈞台は陽翟）県の西にある」とある。

［三］『春秋左氏伝』成公 伝十七年に、「衛は鄭を侵略し、高氏に到達した」とある。杜預は、「（高氏亭は陽翟）県の西南にある」という。

［四］『春秋左氏伝』襄公 伝十八年に、「楚は鄭を征討し、雍梁を侵略した」とある。杜預は、「（河南の陽翟）県の北東にある」という。『史記』（巻四十六 田敬仲完世家）に、「斉は湣王の十二年に魏を攻め、また楚は（韓の領地である）雍氏を包囲した」とある。

［五］『春秋左氏伝』定公 経四年に、「臯鼬で（諸侯は）会盟した」とある。杜預は、「（繁昌）県の南東に城臯亭がある」という。

［六］杜預は（『春秋左伝正義』昭公 伝四年の注に）、「（襄城県の南東に）不羹城がある」という。

［七］杜預は（『史記』巻四周本紀集解に）、「（汜は襄城）県の南にある」という。周の襄王の居た所である。

［八］『春秋左氏伝』襄公伝十八年に、「楚（の子庚）は汾で兵を揃えた」とある。杜預は、「（襄城）県の北東に汾丘城がある」という。

［九］『春秋左氏伝』（襄公伝十八年に）に、「魚陵」とある。杜預は、「魚歯山であり、犨県の北にある」という。

［一〇］『春秋左氏伝』襄公伝十六年に、「楚の公子格は晉と湛阪で戦った」とある。

［一一］杜預は（『春秋左伝正義』昭公伝十一年の注に）、「（定陵）県の西北に不羹亭がある」という。『地道記』は、「高陵山であり、汝水が流れ出ている所である」という。

［一二］『春秋左氏伝』文公伝九年に、「楚は鄭を伐ち、狼淵に出陣した」とある。杜預は、「（潁陰）県の西に狼陂がある」という。献帝は兼御史大夫の張音に皇帝の璽綬と策書を捧げ持たせ、帝位を魏に禅譲した。そこで文帝（曹丕）は王位を継ぎ、南巡して潁陰県に滞在し、役人は祭壇を潁陰に造った。庚午、（王は）受禅壇に登り、魏王国の相国である華歆が跪いて璽綬を受けると、王に進めた。王は受けおわると、祭壇を降り（柴を焼いて天を祀る）燎をみて、礼を成し（終えると）かえった。『帝王世記』に、「魏の文帝は、登って曲蠡の繁陽亭

（の受禅壇）で禅譲を受けたので、県を（新たに）つくり繁昌とよんだ」とある。また（『尚書』）禹貢篇の豫州の区域は、現在の許の封内で、潁川の繁昌がそれである。『北征記』に、「（潁陰）城は、許の南七十里にある。東に受禅台があり、高さ七丈、四方は五十歩であり、受禅台の南に高さ二丈の祭壇があり、四方は三十歩で、他ならぬ（文帝が禅譲を）受けた祭壇である」という。考えてみますと、『北征記』が、「これが外黄県の繁昌城にある」といっていることは、誤りです。

［一三］『史記』（巻四十四 魏世家）に、「魏の哀王の五年に、秦は魏を伐ち、（魏は）犀首の岸門に逃げた」とある。徐広は、「（潁陰に）岸亭（がある）」という。

［一四］『春秋左氏伝』荘公 伝二十八年に、「楚は鄭を伐ち、鄭は桐丘に逃れた」とある。杜預は、「（許昌）県の北東に桐丘城がある」という。献帝は遷都し、許昌と改名した。

［一五］『春秋左氏伝』文公 伝元年に、「衛の孔達は鄭を侵略し、綿訾や匡を伐った」とある。杜預は、「（新汲）県の北東に匡城がある」という。また、（『春秋左氏伝』）成公 伝十七年に、「（楚の成公子は）鄭を伐ち曲洧に達した」とある。杜預は、「（新汲）県の治所である曲洧城は、洧水を見下ろす位置にある」という。

［一六］春秋時代に鄭の共叔段が守った所なので、「段に鄢に克つ」という。また『春秋左氏伝』

成公 伝十七年に、「晉は楚を鄢陵で破った」とある。李奇は、「(戦国の) 六国は、安陵といっていた」という。

[一七]『春秋左氏伝』隠公 経五年に、「宋は鄭を伐ち、長葛を包囲した」とある。(長社) 県のもとの名は長葛である。『地道記』に、「社中の樹が急に長くなったので、漢は (その不祥から) 改名した」とある。

[一八]『春秋左氏伝』襄公 伝十一年に、「諸侯は向に軍隊を進めた」とある。杜預は、「(長社) 県の東北にある」という。

[一九]『史記』(巻四十四 魏世家) に、「魏の恵王の元年に、韓と趙は軍を合わせて魏の蜀沢を伐った」とある。

[二〇]『帝王世記』に、「陽城に啓の母の冢がある」という。

[二一]『山海経』(中山経 中次七経) に、考えるに、「太室の山」とある。(『尚書』夏書) 禹貢に、「外方山がある」という。鄭玄の「毛詩譜」に、「外方山とは嵩山である」とある。『孟子』(万章章句上) に、「益は禹の子を箕山の陰に避けた」とあり、注に、「嵩高の北である」とある。

[二二]『晉地道記』に、「潁水は陽乾山から流れ出ている」とある。

[二三]『史記』（巻四十二 鄭世家）に、「周の敬王の十九年に、鄭は負黍を伐った」とある。馮敬通の賦に、「許由に負黍で遭った」とある。

[二四] 杜預は（『春秋左氏伝』僖公 伝二十四年の注に）、「応国は、（城父県の）西南にある」という。『史記』（巻四 周本紀）に、「客は周最に、「応を秦王の太后の養地（である湯林の邑）とする（のがよろしい）」と言った」とある。

●汝南郡 高帝（劉邦）が置いた。雒陽の東南六百五十里にある。三十七城で、戸数は四十万四千四百四十八、口数は二百十万七千七百八十八である。

○平輿 沈亭があり、もとは国で、姫の姓である[一]。○新陽 侯国である。○西平 鉄が採れる。柏亭があり、もとの柏国である。○上蔡 もとの蔡国である。○南頓 もとの頓国である。○汝陰 もとの胡国である[二]。○汝陽。○新息 侯国である。○北宜春。○濦強 侯国である。○灈陽。○期思 蔣郷があり、もとの蔣国である。○陽安 道亭があり、もとは国であった[三]。○項[四]。○西華。○細陽。○安城 侯国である。武城亭がある。○呉房 棠谿亭がある[五]。○鮦陽 侯国である[六]。○慎陽。○慎。○新蔡 大呂亭がある[七]。○安陽 侯国である。江亭がある。もとは国であり、嬴の姓である。○

富波侯国である。永元年間〔八九～一〇五年〕に復した。○宜禄永元年間に復した。○朗陵侯国である[八]。○弋陽侯国である。黄亭がある。もとの黄国であり、嬴の姓である。○召陵[九]陘亭がある[一〇]。安陵郷がある。○征羌侯国である。安陵亭がある[一一]。○思善侯国である。○宋公国であり、周の名は郪丘であり、漢は新郪と改称して、章帝の建初四〔七九〕年に、宋公をここに徙した。繁陽亭がある[一二]。○褒信侯国である。頼亭がある。もとは国である[一三]。○原鹿侯国である[一四]。○定潁侯国である。○固始侯国である。もとの寝であり、光武帝の中興により名前を改めた。寝丘がある[一五]。○山桑侯国である。もとは沛国に属した。下城父聚がある。垂恵聚がある[一六]。○城父もとは沛国に属す。春秋の時には夷といった[一七]。章華台がある[一八]。

[劉昭注]

[一] 犨亭があり、『説文解字』（巻四上）に見える。

[二] 杜預は（『春秋左伝正義』昭公経四年の注に）、「（汝陰）県の西北に胡城がある」という。『地道記』に、「陶丘郷がある」という。『詩経』（周南汝墳）にいう「汝墳」である。

［三］杜預は、「（道亭は陽安）県の南にある」という。袁山松の『後漢書』に朔山がある。『魏氏春秋』に、「初平三〔一九二〕年に、二県を分けて陽安都尉を置いた」とある。

［四］（項県は）もとは国であり、『春秋左氏伝』僖公 経十七年に、「魯が滅ぼした所である」とある。『地道記』に、「公路城があり、袁術が築いたものである」という。

［五］『春秋左氏伝』（昭公 伝十三年）に、「房国は、楚の霊王が滅ぼした所である」という。また「楚は呉王の夫概を棠谿に封じた」と（『史記』巻六十六 伍子胥列伝に）ある。『地道記』に呉城がある。

［六］『皇覧』に、「（鮦陽）県に葛陂郷があり、城の東北に楚の武王の冢があり、人々はこれを楚王岑という。永平年間〔五八〜七五年〕に、葛陂城の北の祝里社近くの土中で銅鼎が見つかり、「楚の武王の冢」と記されていたという。人々の伝承では秦・（秦末の）項羽・赤眉の時のもので、掘り出そうとすると崩れ落ち、掘り出せなかった」とある。

［七］『地道記』に、「（大呂亭）はもとの呂侯の国である」とある。『春秋左氏伝』昭公 伝四年に、「呉は楚を伐ち、櫟に入った」とある。杜預は、「（新蔡）県の東北に櫟亭がある」という。

［八］『春秋左氏伝』成公 伝六年に、「楚は晉を桑隧で防いだ」とある。杜預は、「（朗陵）県の東に桑里亭がある」という。

[九]『春秋左氏伝』昭公 伝十三年に、「楚の蔡公は子干・子晳と鄧で会盟した」とある。杜預は、「(召陵)県の西南に鄧城がある」という。

[一〇]『春秋左氏伝』僖公 経四年に、「斉は楚を伐ち、陘に宿営した」とある。杜預は、「(召陵)県の南にある」という。(『史記』巻六十九 蘇秦列伝に)蘇秦は韓の宣恵王に説いて、「南に陘山がある」と言った。

[一一]『史記』(巻四十四 魏世家)に、「无忌は、魏の安釐王に説き、「王の使者が、安陵氏をよぎり(不快なことがあったので)秦を譏りました」と言った」とある。『博物記』に、「もとの安陵君である」という。

[一二]『春秋左氏伝』襄公 伝四年に、「楚の軍は繁陽にある」という。杜預は、「鯛陽の南に繁陽亭がある」という。

[一三]『史記』(巻五十 楚世家)に、「楚の王孫の勝すなわち白公を封じた」とある。杜預は、「褒信県(の西南)に白亭がある」という。

[一四]『春秋左氏伝』僖公 経二十一年に、「宋は鹿上で会盟をした」とある。杜預は、「原鹿県である」という。

[一五]『史記』(巻百二十六 滑稽列伝)に、「楚の荘王は孫叔敖の子を封じた」とある。また(巻

七十三 白起王翦列伝に）、「蒙恬は楚の軍を破った」とある。

［一六］蘇茂は、垂恵に敗走したが、その時の王は劉紆であった。

［一七］夷は、陳国に属する。『春秋左氏伝』僖公 伝二十三年に、「楚が取った所」とある。（『春秋左伝正義』僖公 伝二十三年の注に）「乾谿があり、（汝陰）県の南にある」とある。

［一八］杜預（『春秋左伝正義』昭公 伝七年の注に）は、「章華宮は、華容県の城内にある」という。

●梁国　秦の碭郡であり、高帝（劉邦）が改名した。そのなかの三県は、元和元〔八四〕年に属した。雒陽の東南八百五十里にある。九城で、戸数は八万三千三百、口数は四十三万一千二百八十三である。

○下邑［一］。○睢陽［二］もとは宋国の閼伯の廃墟である。盧門亭がある［三］。魚門がある［四］。陽梁聚がある［五］。○虞 空桐地があり、桐地があり、桐亭がある［六］。綸城があり、少康の邑である。○碭 山は文石を産出する［七］。○蒙［八］蒙沢がある［九］。○穀熟 新城がある［一〇］。邳亭がある［一一］。○鄢 もとは陳留郡に属した。○寧陵 もとは陳留郡に属した［一二］。葛郷があり、もとの葛伯の国である［一三］。○薄 もとは山陽郡に属した。湯王が都を置いた所である［一四］。

〔劉昭注〕

〔一〕『春秋左氏伝』哀公 伝七年に、「黍丘を築いた」とある。杜預は、「（下邑）県の西南に黍丘亭がある」という。

〔二〕『北征記』は、「（睢陽）城の周りは三十七里あり、南は濊水を見下ろし、すべてで二十四門ある」という。『地道記』に、「梁の孝王は、十二里の（睢陽）城を築いた。（城を築くとき）小鼓で節を付けて地面を杵いて唱和し、睢陽曲といった」とある。

〔三〕『春秋左氏伝』桓公 伝十四年に、「宋は鄭を伐ち、太宮の椽を取って、盧門の椽とした」とある。また（『春秋左氏伝』）昭公 伝二十一年に、「呉を鴻口で破った」とある。杜預は、「（睢陽）県の南東に鴻口亭がある」という。『地道記』に、「昭公二十一年に、諸を横で禦いだ。横亭は県の南にある」とある。

〔四〕『春秋左氏伝』僖公 伝二十二年に、「邾の人が我が公の冑を魚門に掲げた」とある。

〔五〕『春秋左氏伝』襄公 伝十二年に、「楚は宋を伐ち、楊梁に軍を進めた」とある。杜預は、「梁亭がある」という。また（『春秋左氏伝』）僖公 伝二十八年に、「楚の子玉は夢に河神が現れ、「わたしはお前に孟諸の麋をとらせよう」と言った」とある。杜預は、「（睢陽）県の東北にある」という。『爾雅(じが)』の十藪に、「宋に孟諸がある」という。

［六］『春秋左氏伝』哀公 伝二十六年に、「宋の景公(けいこう)は空桐で死んだ」とある。

［七］『史記』（巻八 高祖本紀）に、「高祖（劉邦）は、芒山(ぼうざん)・碭山(とうざん)や沼地、険しい岩の隙間に（始皇帝の捜索から）隠れた」とある。（碭山に）陳勝(ちんしょう)の墓がある。

［八］『帝王世記』に、「（蒙には）北亳(ほくはく)がある。すなわち景亳(けいはく)である。湯王が会盟した場所である」とある。

［九］『春秋左氏伝』（荘公 伝十二年）に、「宋万(そうまん)は宋の閔公(びんこう)を蒙沢で弑殺(しいさつ)した」とある。（『春秋左氏伝』）僖公 伝二年に、「斉侯は貫(かん)で会盟した」とある。杜預は、「（梁国の蒙）県の西北に貰(せい)城がある」という。貰の字と貫の字とは互いに似ている（ので誤ったのであろう）。

［一〇］『春秋左氏伝』に、「文公 経十四年に、諸侯は新城で会盟した」とある。『帝王世記』に、「（穀熟に）南亳(なんはく)がある」とある。

［一一］（邳亭は）いにしえの邳国(ひこく)である。

［一二］『春秋左氏伝』成公 伝十六年に、「沙随(さずい)で会盟した」とある。杜預は、「県の北に沙随亭(さずいてい)がある」という。

［一三］杜預は（『春秋左氏伝』桓公 経十五年の注に葛国が）、「県の東北にある」という。

[一四] 杜預は（『春秋左伝正義』荘公伝十二年の注に）、「蒙県の西北に薄城がある」という。中に湯王の冢がある。『春秋左氏伝』（荘公伝十二年）に、「宋の公子の御説が亳に出奔した」とある。さらにその西に微子の冢がある。

●沛国　秦の泗水郡で、高帝（劉邦）が改名した。雒陽の東南千二百里にある。二十一城で、戸数は二十万四百九十五、口数は二十五万一千三百九十三である。

○相[一]。○蕭　もとは国である[二]。○沛　泗水亭がある[三]。○豊[四]　西に大沢がある。○高祖（劉邦）が白蛇を斬った所である。枌楡亭がある[五]。○酇[六]　鄍聚がある[七]。○穀陽。○譙[八]　豫州刺史の治所である[九]。○洨　垓下聚がある[一〇]。○蘄　大沢郷があり、陳渉はここで蜂起した[一一]。○銍。○鄲。○建平。○臨睢　もとの芒であり、光武帝が改名した。○竹邑　侯国であり、もとの竹である。○公丘　もとの滕国である[一二]。○龍亢[一三]。○向　もとは国である。○符離。○虹[一四]。○太丘。○杼秋　もとは梁国に属し、澶淵聚がある[一五]。

[劉昭注]

［一］『春秋左氏伝』桓公伝十五年に、「袲で会盟した」とある。杜預は、「（相）県の西南にある」という。一名は犖である。

［二］『北征記』に、「（蕭）城の周りは十四里あり、南は汙水を見下ろす」とある。

［三］（泗水）亭に高祖（劉邦）の碑があり、班固が碑文を作った。そのことは班固の文集に見える。『地道記』に、「許城がある」という。『春秋左氏伝』定公八年に、「鄭が許を伐った」とある。

［四］『地道記』に、「（豊は沛）国から二百六十里、州（の治所）から六百里、雒陽から千二十五里である」という。

［五］調べてみますと、『漢書』（巻二十五上 郊祀）志の注に、「枌楡社は（豊）県の東北十五里にある」とあります。あるいは郷の名であり、高祖（劉邦）の里社です。戴延之の『西征記』に、「（豊）県の西北に漢祖の廟があり、亭長のいた所となっている」とある。

［六］『春秋左氏伝』昭公伝四年に、「呉は楚を伐ち棘に入った」とある。杜預は、「（酇）県の東北に棘亭がある」という。（『春秋左氏伝』）襄公伝元年に、「鄭は宋を侵略し、犬丘を取った」とある。杜預は、「（酇）県の東北に犬丘城がある」という。『帝王世記』に、「（曹操の祖父の）曹騰は、費亭侯に封じられた。県に費亭があるのはそれである」という。

［七］『春秋左氏伝』（僖公 伝二年）に、「冀は、無道で、鄍の三門（山のあたり）に攻め寄せた」とある。服虔は、「鄍は、晋の別の都である」という。杜預は、「これは虞の邑である」という。（しかし）地処を闕いているので、この鄍ではない。『博物記』に、「諸侯は鄍亭で会盟した」とある。

［八］平陽は邑である。『春秋左氏伝』僖公 伝二十三年に、「楚が取った所である」とある。乾谿は（城父県の）南にある。

［九］『漢官』は、「（譙は）雒陽から千二十里離れている」という。

［一〇］（垓下聚は）高祖（劉邦）が項羽を破った所である。

［一一］『史記』（巻八 高祖本紀）に、「高祖は黥布を会甀で撃った」とある。徐広は、「（蘄）県の西にある」という。

［一二］杜預は（『春秋左氏伝』隠公 経七年の注に）、「（滕国は公丘）県の東南にある」という。

［一三］『地道記』に、「（『春秋左氏伝』）隠公 経二年に、「向城に入った」とある。（龍亢）県の東南にある」とある。

［一四］『地道記』に、「（『春秋左氏伝』）昭公 伝八年に、「紅で大演習をした」とある」という。

［一五］『春秋左氏伝』襄公 経二十年に、「（諸侯と衛の）澶淵で会盟した」とある。

●陳国　高帝（劉邦）が置き、淮陽郡とした。章和二〔八八〕年に改名した。雒陽の南東七百里にある。九城で、戸数は十一万二千六百五十三、口数は百五十四万七千五百七十二である。

○陳[一]。○陽夏　固陵聚がある[二]。○寧平。○苦　春秋のときには相といった。頼郷がある[三]。○柘。○新平。○扶楽。○武平[四]。○長平　もとは汝南郡に属した[五]。辰亭がある[六]。赭丘城がある。

〔劉昭注〕

[一]『帝王世記』に、「（陳県は）庖犠氏が都を置いた場所で、舜の後裔が封じられた」とある。『春秋左氏伝』僖公 経元年に、「檉で会盟した」とある。杜預は、「（陳）県の北西に檉城がある」という。『爾雅』（釈丘）に、「丘の上に丘があることを宛丘という」とある。陳に株邑があり、おそらく朱襄の地であろう。『博物記』に、「邛の地は（陳）県の北にあり、防亭はここにある」とある。『詩経』（陳風 防有鵲巣）に、「邛に旨苕があり、防に鵲巣がある」とある。

〔二〕『史記』（巻七 項羽本紀）に、「高祖五年に、項羽を追って固陵に至った」とある。晋灼の『漢書』（巻一 高帝紀下）の注は、「汝南郡の固始県」という。

〔三〕伏滔の『北征記』に、「（苦県に）老子の廟があり、廟の中に九井があり、水がそれぞれ通じている」とある。『古史考』に、「（苦県に）曲仁里があり、老子の郷里である」という。『地道記』に、「（苦の県）城の南三十里に平城がある」という。

〔四〕『春秋左氏伝』成公 伝十六年に、「諸侯が陳の鳴鹿を侵略した」とある。杜預は、「（武平）県の西南に鹿邑がある」という。

〔五〕『春秋左氏伝』（昭公 伝二十年）に、「宋の華氏は鬼閻で戦った」とある。杜預は、「（長平）県の西北に閻亭がある」という。

〔六〕『春秋左氏伝』宣公 経十一年に、「辰陵で会盟をした」とある。杜預は、「（長平）県の東南に辰亭がある」という。

●魯国　秦の薛郡であり、高后（呂后）が改名した。もとは徐州に属していたが、光武帝が改めて豫州に属させた。六城で、戸数は七万八千四百四十七、口数は四十一万一千五百九十である。

○魯国　いにしえの奄国である[一]。大庭氏の倉庫がある[二]。鉄が採れる。闕里があり、孔子が居た所である[三]。牛首亭がある[四]。五父衢がある[五]。○騶　もとの邾国である[六]。○蕃　南梁水がある[七]。○薛　もとは国であり[八]、六国のときには徐州と言った[九]。○卞　盜泉がある。○郚郷　城がある[一〇]。○汶陽[一一]。

以上が豫州刺史部で、郡・国は六、県・邑・公・侯国は九十九である。

［劉昭注］

［一］『帝王世記』に、「黄帝は寿丘で生まれたが、（その地は）魯の東門の北にある。少昊は窮桑から帝位に登ったが、窮桑は魯の北にあり、のち曲阜に徙った」とある。応劭は（『史記』巻四 周本紀に）、「曲阜は魯の城中にあり、曲がりくねった丘が、長さ七、八里に亘って続く」という。『春秋左氏伝』に、「伯禽は少昊の廃墟に封じられた」とある。また（『春秋左氏伝』）僖公 伝二十九年に、「介の葛盧は、昌衍に宿った」とある。杜預は、「（魯）県の南東に昌平城がある」という。『皇覧』に、「奄里伯公の冢は城内の祥舎の中にあり、人々の伝承では、「魯の五徳の奄里伯公はその敷地に葬られた」と言われている」とある。

［二］杜預は（『春秋左氏伝』昭公 伝十八年に）、「大庭氏は、いにしえの国の名で、城内にあり、

魯はそこに倉庫を造った」という。

〔三〕『漢晉春秋』に、「鍾離意は、魯の国相となり、孔子の廟が崩れ壊れているのを見て、諸生を廟中に集め、憤り歎いて、「(『詩経』召南 甘棠に)「こんもりと陰をなす甘棠は、切ってはならぬ、倒してはならぬ(召公の宿ったところであるから)」とある。ましてや聖人の廟を目の当たりにすれば、なおさら(そのままにしておいては)いけない」と言った。こうして自ら留まって孔子廟を修繕した。見ると多くの輿服〔車と衣装〕がそこにあったが、孔子からこのかた、開けた者がないものもあった。鍾離意は開いて輿服を見、古い文字で書かれた策書を手に入れたが、「我が書を混乱させる者は、董仲舒である。私の堂を修繕する者は、鍾離意である。七枚の璧があるが、張伯はその内の一枚を盗む」と書かれていた。鍾離意は案件を探し求めたが、見つけられずにいた。ところが、にわかに張伯という者が、中庭を修繕し、地面を整備したところ六枚の璧を手に入れました、と献上した。鍾離意は、「璧は七枚ある。どうしてこれで終わりというのか」と言った。張伯は恐懼し、璧を懐中に探し(差し出し)た。魯(の人々)はこれを計り知れないとした」とある。『鍾離意別伝』に、「鍾離意は堂をみると、孔子の小さな車があったが、みな朽ち果てていたので、自ら修繕の報酬や仕事の代価・漆や膠の費用を競りにかけ、魯の人々が修繕することを求め、(孔子の)机や剣や履を護ろうとした。のちに甕の中から素書を手に入れたが、「我が履を護るものは、鍾離意である」と書かれていた」とある。また『礼記』（射義）に、「矍相の圃も、また城中の西南にある」とあり、孔子廟に近い。しかし孔子の墓は、魯の城門の北、すなわち城門の外の泗水のほとりにあり、城から一里離れている。葬地は、おそらく一頃ほどで、墳墓は南北に十歩、東西に十三歩、高さ一丈二尺である。墓前に瓦を敷き、祭祀をする場所としている。四方は六尺あり、地面と平行になっている。墓域の不思議な木々は、百以上あるが、魯の人で識別できる者はいない。『皇覧』に、「孔子には、もともと祭壇は無かったが、墓域では、いばらや人を刺す草が生えなかった。（孔子の子の）伯魚〔孔鯉〕の冢は、孔子の冢の東にあり、孔子の冢と併せられ、大きい冢と小さい冢がお互いに向かい合っている。（孔子の孫の）子思の冢は、孔子の冢の南に在る」とある。調べてみますと、今の『墓書』では、孫（の子思）のものが祖父（の孔子）の前にあります。これを驕孫耐〔わがままに振る舞う孫の幸せ〕といいます。

［四］『春秋左氏伝』桓公 伝十四年に、「宋は鄭を伐ち、牛首を取った」とある。

［五］『地道記』は、「（五父衢は魯）城の東にある」という。

［六］（騶には）騶山があり、高さは五里で、秦の始皇帝は、ここに石刻をさせた。劉薈の『騶

山記』に、「邾城は山の南にあり、山から二里離れている。城の東門の外には韋賢の墓があり、北に繹山がある。『春秋左氏伝』文公 伝十三年に、「邾は繹に遷った」とある。郭璞は、「繹山は大きな石からなり、積み重なり組まれた石が、途切れることなく続いている」という。城の北に牙山があり、牙山の北に唐口山があり、唐口山の北に陽山がある。また城の北に孟子の冢がある。

〔七〕『春秋左氏伝』襄公 伝四年に、「狐台で戦った」とある。杜預は、「(蕃)県の南東に目台亭がある」という。

〔八〕『地道記』に、「夏の車正である奚仲が封じられた場所で、冢は城の南二十里の山上にある」とある。『皇覧』に、「靖郭君の冢は、城中の南東のすみにある。孟嘗君の冢は、城中の門に向かって北東のへりにある」とある。

〔九〕『史記』(巻四十六 田敬仲完世家)は、「斉の宣王の九年に、魏の襄王と徐州で会盟して互いに王と称した」とある。

〔一〇〕『春秋左氏伝』文公 経七年に、「郚に城を築いた」とある。杜預は、「(卞)県の南に郚郷城がある」という。また(『春秋左氏伝』)隠公 経元年に、「蔑で会盟した」とある。杜預は、「蔑は、地名で、(卞)県の南に姑城がある」という。(『春秋左氏伝』)襄公 経十七年に、「斉は、桃を包囲した」とある。杜預は、「(卞)県の東南に桃の廃墟がある」という。

[一二]『春秋左氏伝』桓公 経十二年に、「曲池で会盟した」とある。杜預は、「(汶陽)県の北に曲水亭がある」という。『地道記』に、「臨淄県の西南の門を曲門という。その側に池がある」という。調べてみますと、魯の桓公は、杞・莒と会盟をしましたが、斉の地に行ってはおりません。『地道記』はでたらめです。

冀州

●魏郡　高帝(劉邦)が置いた。雒陽の東北七百里にある[一]。十五城で、戸数は十二万九千三百十、口数は六十九万五千六百六である。

○鄴　もとの大河がある[二]。滏水がある[三]。汙水があり、汙城がある[四]。平陽　城がある[五]。武城がある。九侯城がある[六]。○繁陽。○内黄　清河水が流れ出る[七]。羛陽聚がある[八]。黄沢がある[九]。○魏。○元城[一〇]　五鹿の廃墟で、もとの沙鹿であり[一一]、沙亭がある[一二]。○黎陽[一三]。○陰安　邑である。○館陶。○清淵。○平恩。○沙侯国である[一四]。○斥丘　葛がある[一五]。○武安　鉄が採れる[一六]。○曲梁　侯国であり[一七]、もとは広平郡に属した。雞沢がある[一八]。○梁期。

[劉昭注]

[一]『魏志』(『三国志』巻一 武帝紀)に、「建安十七〔二一二〕年、河内郡の蕩陰県・朝歌県・林慮県、東郡の衛国・頓丘県・東武陽県・発干県、鉅鹿郡の廮陶県・曲周県・南和県・広平県・任県、趙国の襄国県・邯鄲県・易陽県を割譲して、魏郡を増やした。建安十八〔二一三〕年、東西の都尉を分置した」とある。

[二]『帝王世記』に、「(鄴)県の西南に上司馬があり、殷の太甲は、つねにここに居た」とある。(『文選』賦丙 京都下 左太沖)「魏都賦」の注に、「(鄴)県の北西に鼓山があり、時々自然に鳴り、鳴ると戦争がおこる」とある。また「交谷水は(鄴)県の南にある」とある。調べてみますと、本伝(『後漢書』列伝七十三 逸民 高鳳伝)に西唐山があります。また鄴の北に太行山があり、山は北西の方角へ続きますが、山の極まる所は分かりません。それは東海の水の窮まる所が分からないようなものです。

[三](『文選』賦丙 京都下 左太沖)「魏都賦」に、「北に向かって漳水・滏水に臨むと、冬と夏で沼を異にする」とある。注に、「川は鄴の北西を流れている。滏水は熱いので、滏口と名づけられている」とある。

［四］『史記』（巻七 項羽本紀）に、「項羽は、秦の軍を汙水のほとりで破った」とある。

［五］『史記』（巻六十八 靳歙伝）に、「靳歙は、別に平陽城を降した」とある。

［六］徐広は（『史記』巻三 殷本紀集解に）、「（九侯城は）ある本は、鬼侯に作っている」という。文王と共に、紂の三公となったものである。

［七］『春秋左氏伝』襄公 経十九年に、「柯で会盟をした」とある。杜預は、「（内黄）県の北東に柯城がある」という。また（『春秋左氏伝』）昭公 伝九年に、「荀盈は戯陽で亡くなった」とある。杜預は、「（内黄）県の北に戯陽城がある」という。

［八］（羛陽聚は）世祖（光武帝）が五校（の賊）を破った場所である。

［九］『前志』（『漢書』巻二十八上 地理志上）に、「（黄沢は内黄）県の西にある」という。

［一〇］『春秋左氏伝』成公 経七年に、「馬陵で会盟した」とある。杜預は、「（元城）県の南東に土地があり、馬陵と呼ばれている」という。『史記』（巻六十八 商君列伝）に、「（元城は）龐涓が死んだ場所である」とある。

［一一］『春秋左氏伝』（僖公 経十四年）に、「沙鹿が崩れた」とある。『春秋穀梁伝』（僖公十四年）に、「林が山についているのを鹿という。沙は、山の名である」とある。

［一二］『春秋左氏伝』定公 経七年に、「沙で会盟した」とある。杜預は、「沙亭は（元城）県の南

東にある」という。また、(『春秋左氏伝』定公伝)七年に、「瑣で会盟した」とある。『晋地道記』に、「(元城)県の南に瑣陽城がある」という。

〔一三〕『春秋左氏伝』定公 経十四年に、「牽で会盟をした」とある。杜預は、「(黎陽)県の北東に牽城がある」という。

〔一四〕「魏都賦」の注に、「龍山がある」という。

〔一五〕杜預は(『春秋左氏伝』昭公 経二十八年の注に)、「(魏郡の斥邱県に)乾侯がある」という。魯の昭公が居た所である。

〔一六〕(武安県は)台孝威が、県の山に隠れた所である。

〔一七〕『春秋左氏伝』宣公 伝十五年に、「赤狄を曲梁で破った」とある。

〔一八〕『春秋左氏伝』襄公 経三年に、「諸侯は雞沢で会盟した」とある。杜預は、「(雞沢は曲梁)県の西南にある」という。

●鉅鹿郡　秦が置いた。建武十三〔三七〕年に、広平国を省き、その県を属させた。雒陽の北千百里にある。十五城で、戸数は十万九千五百十七、口数は六十万二千九十六であった。

○廮陶　薄落亭がある。○鉅鹿　もとの大鹿で、大陸沢がある[一]。○楊氏。○鄡。○下曲陽　鼓聚があり、もとの翟の鼓子国である[二]。昔陽亭がある[三]。○任。○南和。○広平。○斥章。○広宗。○曲周。○列人。○広年。○平郷。○南䜌。

[劉昭注]

[一]（鉅鹿県には）広阿沢がある。『呂氏春秋』（有始覧）の九藪に、「趙の鉅鹿」とある。高誘の注に、「広阿沢である」という。『山海経』（北山経 敦與山）に、「大陸の水」とある。『史記』（巻三 殷本紀）に、「紂王は、鉅橋の（倉に）粟を満たした」とある。許慎は（『史記』巻三 殷本紀集解に）、「鉅鹿の大橋である」という。鉅鹿の南に棘原があり、章邯が軍を置いたところである。『前書』（『漢書』巻二十八上 地理志上）に、「沙丘台は、（鉅鹿）県の東北七十里にある」とある。

[二] 杜預は（『春秋左氏伝』昭公 伝十二年の注に）、「（下曲陽）県の西南に肥累城がある。いにしえの肥国で、白狄は（鮮虞とは）種族が異なる」という。

[三]『春秋左氏伝』昭公 伝十二年に、「晉の荀呉は、昔陽に侵入した」とある。杜預は、「沾県の東に昔陽城がある」という。肥は、もとは都であった。

●常山国　高帝（劉邦）が置いた。建武十三〔三七〕年に、真定国を省き、其の（省いた）県を属させた。十三城で、戸数は九万七千五百、口数は六十三万一千百八十四であった。

○元氏[一]。○高邑 もとの鄗であり、光武帝が改名した。（冀州）刺史の治所がある[二]。千秋亭・五成陌があり[三]、光武帝はここで即位した。○都郷 侯国である。鉄が採れる。○南行唐 石臼谷がある。○房子 賛皇山は[四]、済水が流れ出る[五]。○平棘 塞がある。○欒城[六]。○九門[七]。○霊寿 衛水が流れ出る。○蒲吾[八]。○井陘。○真定。○上艾 もとは太原郡に属した。

[劉昭注]

[一]『晋地道記』に、「（元氏県には）石塞・三公塞がある」という。

[二]『漢官』に、「（高邑県は）雒陽から一千里離れている」とある。

[三]（千秋亭・五成陌は、高邑）県の南七里にある。

[四]（賛皇山は、房子）県の西南六十里にある。

［五］『晋地道記』に、「（房子県には）礫塞・中谷塞がある」という。

［六］（欒城は）平棘県の西北四十里にある。

［七］『史記』（巻四十三 趙世家）に、「趙の武霊王は、九門宮を出て、野台に行き、斉と中山の国境を望見した」とある。碣石山は、『戦国策』（巻二十九 燕二）に「（九門）県の県境にある」という。

［八］（蒲吾県は）『史記』（巻四十三 趙世家）の番吾君である。杜預は（『春秋左氏伝』成公 経九年の注に）、「晋の蒲邑である」という。『古今注』に、「永平十〔六七〕年に、常山の呼沱河に蒲吾渠を作り、漕船を通すようにした」とある。

●中山国　高祖（劉邦）が置いた。雒陽の北一千四百里にある。十三城で、戸数は九万七千四百十二、口数は六十五万八千百九十五であった。

○盧奴。○北平　鉄が採れる。○毋極。○新市　鮮虞亭があり、もとは国であり、子姓である［一］。○望都［二］。○唐　中人亭があり［三］、左人郷がある［四］。○安国。○安憙　もとの安険であり、章帝が改名した。○漢昌　もとの苦陘であり、章帝が改名した。○蠡吾　侯国であり、もとは涿郡に属した。○上曲陽　もとは常山国に属した。恒山は西北にある[五]。○蒲陰もとの曲逆であり、章帝が改名した。陽城がある[六]。○広昌もとは代郡に属した。

[劉昭注]

[一] 杜預は、「白狄は（鮮虞とは）種族が異なる」という。

[二]『春秋左氏伝』（昭公 伝十三年）に、「晉は、鮮虞を伐ち、中人にまで攻め寄せた」とある。杜預は、「（望都）県の西北に中人城がある」という。『晉地道記』に、「馬安関がある」という。

[三]『博物記』に、「堂関は、中人の北西百里に在り、中人は県の西四十里にある」とある。『列子』（巻八 説符篇）に、「趙襄子は、新稺穆子に翟を攻めさせ、左人・中人を取った」とある。

[四]『帝王世記』に、「尭は唐に封じられた。尭山は北にあり、唐水は、西に流れて黄河に注ぎ、南に望都山がある。そこは尭の母である慶都がいた所であり、それぞれは五十里離れている。都山は豆山とも呼ばれている」とある。『博物記』に、「左人は、唐の北西四十里にある」とある。

[五]（恒山には）泉水があり、干吉は、そこで神書を手に入れた。『晉地道記』に、「（上国陽）

県の北から四百二十五里行くと、山坂が長く続き、飛狐口と名づけられている」とある。
[六]『晉地道記』に、「陽安関がある。陽城がある。蒲陽山は、蒲水が流れ出る」とある。

●安平国　もとの信都郡であり、高帝（劉邦）が置いた。明帝は楽成と名づけ、延光元（一二二）年に改名した。雒陽の北二千里にある。十三城で、戸数は九万一千四百四十、口数は六十五万五千百十八であった。

○信都　絳水・呼沱河がある。○阜城　もとの昌城である。○南宮。○扶柳。○下博。○武邑。○観津[一]。○経　西に漳水があり、渡し場は薄落津と呼ばれる[二]。○堂陽　もとは鉅鹿郡に属した。○武遂　もとは河間国に属した。○饒陽　もとは饒と呼ばれ、涿郡に属した。無蔞亭がある[三]。○安平　もとは涿郡に属した。○南深沢　もとは涿郡に属した。

[劉昭注]

[一]（観津は）もとは清河のほとりにあった県である。『決録注』に、「孝文帝の竇皇后の父は、お忍びで魚釣りをし、淵に墜ちて亡くなった。景帝が即位し、竇皇后が皇太后となると、使

者を派遣して、改めて父が墜ちた所の淵を塡めさせて埋葬し、大きな墳墓を（観津）県城の南に建てた。（これを）人々は竇氏の青山と呼んだ」とある。

［二］『史記』（巻四十三 趙世家）に、「趙の武霊王は、「吾が国の東には河水と薄落水がある」と言った」とある。

［三］（無蔞亭は）馮異が豆粥を光武帝に進めた（場所である）。調べてみますと、志（『後漢書』志九 祭祀下 宗廟）に、解犢侯（の記載）があり、霊帝が封じたものです。

●河間国　文帝が置いた。世祖（光武帝）は省き、（県は）信都郡に属させ、和帝は永元二〔九〇〕年にもとに戻した。雒陽の北二千五百里にある。十一城で、戸数は九万三千七百五十四、口数は六十三万四千四百二十一であった。

○楽成。○弓高。○易 もとは涿郡に属した。○武垣 もとは涿郡に属した。○中水 もとは涿郡に属した。○鄚 もとは涿郡に属した。○高陽 もとは涿郡に属した。葛城がある。○文安 もとは勃海郡に属した。○束州 もとは勃海郡に属した。○成平 もとは涿郡に属した。○東平舒 もとは勃海郡に属した。

●清河国　高帝（劉邦）が置いた。桓帝の建和二〔一四八〕年に、甘陵と改名した。雒陽の北千二百八十里にある。七城で、戸数は十二万三千九百六十四、口数は七十六万四百十八であった。

○甘陵　もとの厝であり、安帝が改名した。○貝丘。○東武城。○鄃。○霊　和帝の永元九〔九七〕年に戻した[一]。○繹幕。○広川　もとは信都郡に属した。棘津城がある[二]。

[劉昭注]

[一]『地道記』に、「鳴犢河がある」という。

[二] 太公望呂尚は、棘津城で苦しんだが、琅邪の海曲は、この城ではない。調べてみますと、永初元〔一〇七〕年に鄧太后が分割して広川王国を置き、のち王が薨去すると、その国は除かれました。そののち鄧太后が崩御すると、また清河国を増やしました。

●趙国　秦の邯鄲郡であり、高帝（劉邦）が改名した。雒陽の北千百里にある。五城で、戸数は三万二千七百十九、口数は十八万八千三百八十一であった。

○邯鄲［一］叢台がある［二］。○易陽［三］。○襄国 もとの邢国であり、秦は信都としたが、項羽が改名した。澶台がある［四］。蘇人亭がある。○柏人。○中丘［五］。

［劉昭注］

［一］張華は、「趙奢の冢は、邯鄲県の西の山上にあり、これを（馬服君である趙奢にちなんで）馬服山という」とある。

［二］（邯鄲県には）洪波台がある。

［三］（『文選』賦丙 京都下 左太沖）「魏都賦」に、「温泉が湧き流れて、自然と波を立てる」とある。その注に、「温泉は易陽県にあり、いつの世も疾病を治癒し、百病を洗い流してきた」とある。

［四］『史記』（巻四十三 趙世家）に、「趙の成侯（の時）、魏が椽にする良材を献上したので、澶台をつくった」とある。

［五］『晋地道記』に、「石門塞・燒梁関がある」とある。

●勃海郡 高帝〔劉邦〕が置いた。雒陽の北千六百里にある。八城で、戸数は十三万二千三百八十九、口数は百十万六千五百であった。

○南皮。○高城侯国である。○重合侯国である。○浮陽侯国である。○東光[一]。○章武。○陽信延光元〔一二二〕年に戻した。○脩もとは信都郡に属した。

以上が冀州刺史部であり、郡・国は九、県・邑・侯国は百である。

[劉昭注]

[一]（東光には）胡蘇亭がある。胡蘇河の名は『爾雅』（釈水）に見える。

郡国志三 第二十一

兗州 陳留 東郡 東平 任城 泰山 済北 山陽 済陰
徐州 東海 琅邪 彭城 広陵 下邳

兗州

●陳留郡 武帝が置いた。雒陽の東五百三十里にある。十七城で、戸数は十七万七千五百二十九、口数は八十六万九千四百三十三である。

○陳留 鳴雁亭がある[一]。○浚儀 もとの大梁である[二]。○尉氏[三]。○雍丘 もとの杞国である[四]。○襄邑 滑亭がある[五]。承匡城がある[六]。○外黄[七] 葵丘聚があり、斉の桓公はここで（諸侯と）会盟した。城中に曲棘里がある[八]。繁陽城がある。○小黄[九]。○東昏[一〇]。○済陽[一一]。○平丘 臨済亭があり、田儋はここで死んだ。匡亭がある[一二]。黄池亭がある[一三]。○封丘[一四] 桐牢亭があり、一名「古の虫牢」と呼ぶ[一五]。○酸棗[一六]。○長垣 侯国である。匡城がある[一七]。蒲城がある[一八]。祭城がある[一九]。○己吾 大棘郷がある[二〇]。首郷がある[二一]。○考城 もとの菑であり[二二]、章帝が改名した。もとは梁国に属していた[二三]。○圉 もとは淮陽国に属していた。高陽亭がある[二四]。○扶溝 もとは淮陽国に属していた。

［劉昭注］

［一］『春秋左氏伝』成公伝十六年に、「衛は、鄭を鳴雁で伐った」とある。杜預は、「(鳴雁は)雍丘県の北西にある」という。(東晉の江敞の)『陳留志』に、「桐陵亭があり、古の桐丘である」とある。

［二］『帝王世記』に、「禹は、商均を浚儀に避けた」とある。『晉地道記』に、「儀封の人というのは、この県である」とある。(漢の服虔の著とされる)『通俗文』に、「渠は、浚儀にあり、莨蕩というのである」とある。

［三］『陳留志』に、「陵樹郷がある。北に沢があり、沢に天子の苑囿がある。秦の楽厩があり、漢の諸帝は(ここで)猛獣を飼い慣らした」とある。

［四］『陳留志』に、「(雍丘県の)城内には神井があり、霧や雹を発生させられる」とある。調べてみますと、徐斉民の『北征記』に、「呂禄の台があり、高さは七丈である。酈生の祠がある」とあります。曹植の「禹廟の讃」に、「禹の祠があり、植はその城に(禹の祠を)移した。(雍丘)城はもと杞城と名付けられていた」とあります。

［五］『春秋左氏伝』荘公経三年に、「滑に宿った」とある。杜預は、「(襄邑)県の北西にある」

という。

［六］『地道記』に、「（承匡城は襄邑）県の西にある」とある。『春秋左氏伝』文公 経十一年に、「晉の郤缺と承匡で会盟した」とある。桐門亭があり、黄門亭がある。また（『春秋左氏伝』）襄公 経元年に、「鄫で会盟した」とある。杜預は、「（襄邑）県の東南に鄫城がある」という。

［七］『春秋左氏伝』恵公 伝季年に、「宋の軍を黄で破った」とある。杜預は、「（黄は）宋の邑であり、（陳留の外黄）県の東に黄城がある」という。

［八］『春秋左氏伝』昭公 経二十五年に、「宋公は介添えをして曲棘で卒した」とある。

［九］『漢旧儀』に、「高祖の母は（劉邦が）兵を起こしたとき（小黄）県の北で死んだので、小黄県に陵廟を造った」とある。

［一〇］『陳留志』に、「もとの戸牖郷に陳平の祠がある」とある。

［一一］（済陽県に）武父郷がある。『春秋左氏伝』桓公 経十二年に、「武父で会盟した」とある。杜預は、「（陳留の済陽）県の北東に武父城がある」という。（済陽）県の東南に戎城がある。県都郷に行宮があるが、光武帝が生まれたところである。

［一二］匡人亭は、曹操が袁術を破った所である。

［一三］『陳留志』に、「黄亭は封丘にある」とある。『春秋左氏伝』哀公 伝十三年に、「黄池で会

盟した」とある。杜預は、「封邱県の南にある」という。『春秋左氏伝』（哀公 伝十三年）に、「呉は子服景伯を捕らえて帰り、戸牖まで行った」とある。黄池は戸牖の西にある。外黄県を東溝とするのは、誤りである。

［一四］『博物記』に、「狄溝」がある。「狄を長丘で破った」というのがそれである。

［一五］『春秋左氏伝』成公 経五年に、「諸侯は虫牢で会盟した」とある。『陳留志』に、「鞠亭」があるが、古の鞠が居たところである。

［一六］『春秋左氏伝』（隠公 伝元年）に、「鄭の太叔は廩延にまで手を伸ばした」とある。杜預は、「（酸棗）県の北に延津がある」という。（また『春秋左氏伝』）襄公 伝五年に、「城棣で会盟した」とある。杜預は、「（酸棗）県の西南に棣城がある」という。東に烏巣があり、曹操が袁紹を破った所である。『陳留志』に、「（酸棗）城内に韓王の故宮の闕がある」とある。

［一七］『陳留志』に、「孔子はここ（匡）で包囲された」とある。『北征記』に、「（匡）城の周りは三里である」という。『春秋左氏伝』僖公 経十五年に、「牡丘で会盟し、匡に宿った」とある。杜預は、「匡は（長垣）県の西南にある」という。また、（『春秋左氏伝』）昭公 経十三年に、「平丘で会盟した」とある。杜預は、「（長垣）県の西南に平丘城がある」という。

［一八］『春秋左氏伝』成公 経九年に、「蒲で会盟した」とある。杜預は、「（長垣）県の西南にあ

る」という。『史記』（巻四十七 孔子世家）に、「孔子は匡から蒲を通り過ぎた」とある。『陳留志』に、「子路の祠がある」という。

〔一九〕杜預は（『春秋左伝正義』桓公 経十一年の注に）、「（祭城は）鄭の祭の封人である仲足の邑である」という。『陳留志』に、「蘧伯玉の墓及び祠がある」という。また（陳留の長垣県の）西南に宛亭がある。『春秋左氏伝』僖公 伝二十八年に、「（寧武子は）衛の人々と宛濮で会盟した」とある。杜預は、「濮水に近い」という。

〔二〇〕『春秋左氏伝』宣公 経二年に、「鄭は宋の軍を大棘で破った」とある。杜預は、「（大棘は）襄邑県の南にある」という。

〔二一〕『春秋左氏伝』僖公 伝五年に、「斉侯は、首止で会盟した」とある。杜預は、「（首止は）襄邑県の東南にある。首郷がある」という。

〔二二〕『陳留志』に、「（菑は）古の戴国の地名である」とある。杜預は（『春秋左伝正義』隠公 経十年の注に）、「戴は外黄県の東南にある」という。『爾雅』（巻九 木）に、「木が立ち枯れしているのを菑という」とある。『呂氏春秋』（巻二十 達鬱）に、「草が鬱塞すると立ち枯れを起こす」とある。

〔二三〕『陳留志』に、「箕子の祠がある。穀亭がある。古の句瀆の丘である」とある。調べてみますと（『後漢書』列伝六十六 循吏）仇覧伝に蒲亭があります。
[二四]『陳留志』に、「万人聚がある。王邑が翟義を破って、尸を積んだ場所である」とある。『前書』（『漢書』本紀一上 高帝紀上）に、「漢の高陽である」とある。文穎は、「高陽は、聚邑の名である」という。（雍丘）県の（南）西にある。

●東郡　秦が置いた。雒陽から八百里余り離れている。十五城で、戸数は十三万六千八十八、口数は六十万三千三百九十三である。
○濮陽　古の昆吾国である[一]。春秋時代に濮と呼んだ。鹹城があり、あるいは古の鹹国ともいう[二]。清丘がある[三]。鉏城がある。○燕　もとの南燕国である。雍郷がある[四]。胙城があり、古の胙国である。平陽亭がある[五]。瓦亭がある[六]。桃城がある[七]。○白馬　韋郷がある[八]。○頓丘[九]。○東阿[一〇]　清亭がある[一一]。○東武陽　湿水が流れ出る。○范　秦亭がある[一二]。○臨邑　泲廟がある。○博平。○聊城　夷儀聚がある[一三]。聶城がある[一四]。○発干。○楽平　侯国である。もとの清であり、章帝が改名した。○陽平　侯国である。莘亭がある[一五]。岡成城がある[一六]。○衛　公国である。もともとは観の故国である。姚姓であり、光武帝が改名した。河牧城がある[一七]。竿城がある[一八]。

○穀城　春秋時代の小穀である[一九]。巂下聚がある[二〇]。

[劉昭注]

[一] 杜預は、「(濮陽は)古の衛である」という。『帝王世記』に、「顓頊は窮桑から商丘に徙った」とある。『春秋左氏伝』(昭公 伝十七年)に、「衛は、顓頊の墟である」という。杜預は(『春秋左伝正義』昭公 伝十七年の注に)、「帝丘は、昆吾氏が拠点とした場所である。だから昆吾の墟という。(濮陽)県城内に顓頊の冢がある」という。『皇覧』に、「冢は城門の外の広陽里の中にある」という。『博物記』に、「桑中は、その中にある」という。

[二]『春秋左氏伝』僖公 経十三年に、「(諸侯は)集まり鹹で会盟した」とある。

[三]『春秋左氏伝』に、「宣公 経十二年に、清丘で会盟した」とある。杜預は、「(濮陽)県の東南にある」という。

[四] 謝沈の『後漢書』に、「赤眉が雍郷を攻めた」とある。

[五]『春秋左氏伝』哀公 伝十六年に、「衛侯は、孔悝を平陽でもてなした」とある。

[六]『春秋左氏伝』に、「定公 経八年に、(公は晉と)瓦で会盟した」とある。杜預は、「(東郡の燕)県の東北にある」という。

[七]『史記』（巻七十八 春申君列伝に）に、「春申君は（秦の昭王に上書し）説いて、「王はまた兵を挙げて（魏を攻め燕・酸棗・虚・）桃を抜いて邢に入った」というのは、ここである。

[八] 杜預は（『春秋左氏伝』襄公 伝二十四年の注に）、「（東郡の白馬）県の南東に韋城がある」という。古の豕韋氏の国である。

[九]『皇覧』に、「帝嚳の冢は、（頓丘）城の南の台陰の野中にある」というのは、これである。

[一〇]『春秋左氏伝』桓公 経十年に、「桃丘で会盟した」とある。杜預は、「（済北の東阿）県の東南に桃城がある」という。襄公 伝十四年に、「孫林父は、衛侯を阿沢で破った」とある。杜預は、「（済北の東阿）県の西南の大沢である」という。『魏志』に渠丘山がある。

[一一]『春秋左氏伝』隠公 経四年に、「（我が公は）清で（宋公と）会合した」というのは、これである。

[一二]『春秋左氏伝』荘公 経三十一年に、「台を秦に築いた」とある。『地道記』は、「県の西北にある」という。

[一三]『春秋左氏伝』僖公 経元年に、「邢が夷儀に遷った」とある。

[一四]『春秋左氏伝』（昭公 伝二十年）に、「聊摂から東（は民が多い）」とある。

〔一五〕杜預は『春秋左氏伝』（昭公 伝七年）に注して、「衛は、新台を作った。（それは）県の北にある。衛が公子伋を殺した地である」という。だから（『春秋左氏伝』桓公 伝十六年に）「刺客を莘に待たせた」とある。

〔一六〕秦は、蔡沢に土地を与えて岡成君とした。このことはまだはっきりしない。

〔一七〕『春秋左氏伝』文公 経元年に、「戚に会盟した。鄭は晉の中行氏を救い、晉は鄭を鉄に破った」とある。杜預は、「戚城の南に鉄丘がある」という。

〔一八〕『前書』（『漢書』巻二十八上 地理志上）に、「もとの発干城である」とある。

〔一九〕『春秋左氏伝』荘公 経三十二年に、「小穀に築いた」とある。杜預は、「（済北の穀城県の）城中に管仲の井戸がある」という。さらに『春秋左氏伝』（文公 伝十一年）に、「長狄は栄如の首を周首の北門に埋めた」とある。杜預は、「（済北の穀城）県の北東に周首亭がある」という。

〔二〇〕『春秋左氏伝』僖公の二十六年に、「斉の軍隊を追って酅に至った」とある。杜預は、「（済北の穀城）県の西に酅下という地名がある」という。『皇覧』に、「（穀城）県の東十五里に項羽の冢がある」という。

●東平国　もとの梁国であり、景帝が分割して済東国とした。のちに宣帝が（東平国と）改名した。雒陽の東九百七十五里にある。七城で、戸数は七万九千十二、口数は四十四万八千二百七十である。

○無塩　もとは宿国で、任姓である[一]。章城がある[二]。○東平陸　六国の時には平陸といった。闞亭がある[三]。堂陽亭がある[四]。○富成。○章。○寿張　春秋時代には良といい、漢代には寿良といい、光武帝は寿張と改名した。堂聚があり、もとは聚で東郡に属していた[五]。○須昌　もとは東郡に属していた[六]。致密城があり、古の中都である。陽穀城がある[七]。○寧陽　もとは泰山郡に属していた。

[劉昭注]

[一]『春秋左氏伝』昭公伝二十五年に、「臧会は、逃げて郈に走った」とある。杜預は、「（東平の無塩）県の東南に郈郷亭がある」という。

[二]（章城は）古の国である。『春秋左氏伝』荘公経三十年に、「斉は鄣を取った」とある。

[三]『春秋左氏伝』桓公経十一年に、「闞で会盟した」とある。杜預は、「須昌県の東南にある。闞城がある」という。『博物記』に、「すなわち闞亭とは、これである」という。

[四]（堂陽は）もとは県であったが、のちに省かれた。

[五]『地道記』に、「蚩尤の祠と狗城がある」という。『皇覧』に、「蚩尤の冢は、県の闞郷城のなかにあり、高さは七丈である」という。

[六] 杜預は（『春秋左氏伝』僖公 伝二十一年に）、「須句は、古の国であり、（須昌県の）西北にある」という。

[七]『春秋左氏伝』僖公 経三年に、「陽穀で会盟した」とある。杜預は、「（須昌）県の北にある」という。

●任城国　章帝の元和元〔八四〕年に、東平国を分割して任城国とした。雒陽の東千百里にある。三城で、戸数は三万六千四百四十二、口数は十九万四千百五十六である。

○任城　もとの任国である。桃聚がある[一]。○亢父[二]。○樊。

[劉昭注]

[一] 光武帝は、龐萌を桃郷で破った。

［二］『春秋左氏伝』襄公 経十三年に、「邿を取った」とある。杜預は、「(任城の亢父) 県に邿亭がある」という。また哀公 経六年に、「邾瑕に築いた」とある。杜預は、「(任城の亢父) 県の北に邾瑕城がある」という。

●泰山郡　高帝〔劉邦〕が置いた。雒陽の東千四百里にある。十二城で、戸数は八千九百二十九、口数は四十三万七千三百十七である。

○奉高　明堂があり、武帝が造った［一］。○博　泰山廟がある。岱山は北西にある。亀山がある［二］。龍郷城がある［三］。○梁甫　侯国である。菟裘聚がある［四］。○鉅平　侯国である。亭禅山がある［五］。陽関亭がある［六］。○嬴　鉄が採れる。○山荏　侯国である。○萊蕪　原山があり、潘水が流れ出る［七］。○蓋　沂水が流れ出る［八］。○南武陽　侯国である。顓臾城がある。○南城　もとは東海郡に属した。東陽城がある［九］。○費　侯国であり［一〇］、もとは東海郡に属した。祊亭がある［一一］。台亭がある［一二］。○牟　もとは国であった。

〔劉昭注〕

〔一〕『前書』（『漢書』巻二十八上 地理志上）は、「（明堂は奉高）県の西南四里にある」という。『春秋左氏伝』昭公伝八年に、「紅で（軍事の）大演習をし、商・衛の国境で行われた」とある。紅亭は、（奉高）県の西北にある。杜預は、「宋・衛に接している」という。

〔二〕『春秋左氏伝』定公経十年に、「斉が亀陰の田を返した」とある。杜預は、「（亀陰の）田は（泰山の博県の北にある亀）山の北にある」という。『琴操』に、「孔子は亀山の琴の曲を演奏した」とある。

〔三〕『春秋左氏伝』成公伝二年に、「斉は龍を包囲した」とある。杜預は、「（泰山の博）県の西南にある」という。『史記』（巻十四 諸侯年表）は、隆に作っている。また楚は、蜀へと侵攻することになった。杜預は、「（泰山の博）県の西北に蜀亭がある」という。

〔四〕『春秋左氏伝』隠公（伝十一年）に、「菟裘に宮を造らせ、そこで隠居しようと思う」とある。杜預は、「（泰山の梁甫）県の南に菟裘城がある」という。

〔五〕（亭禅山は）古の天子が禅祭をした亭亭のことである。

〔六〕『春秋左氏伝』襄公伝十七年に、「我が軍は、陽関から出た」とある。桓公伝六年に、「成で会盟した」とある。杜預は、「（泰山の鉅平）県の東南にある」という。成城は、孟孫の邑である。

[七]杜預は(『春秋左氏伝』僖公 伝元年に)、「汶水が(泰山の萊蕪県の西から)流れ出ている」という。

[八]『春秋左氏伝』隠公 経九年に、「防で会盟した」とある。杜預は、「(琅邪の華)県の東南にある」とある。防城がある。

[九]『呂氏春秋』(巻六 季夏紀)に、「夏の孔甲は、東陽の萯山で狩りをした」とある。『春秋左氏伝』哀公 伝八年に、「(呉の軍は)東陽を陥した」とある。襄公 経十九年に、「(魯は)武城に築いた」とある。杜預は、「(泰山の)南(の武)城県である」という。(『春秋左氏伝』)哀公 伝十四年に、「司馬牛は丘輿に葬られた」とある。杜預は、「(泰山の南城)県の西北に輿城がある」という。

[一〇]曹騰が、費に封じられたのは、鄪県の費亭であって、この国ではない。

[一一]『春秋左氏伝』隠公 伝八年に、「鄭(伯)は、祊を贈らせた」とある。杜預は、「(費)県の東南にある」という。(『春秋左氏伝』)閔公 伝二年に、「莒の国の人は、共仲を帰すと(共仲は)密まで来た」とある。杜預は、「(費)県に密如亭がある」という。

[一二]『春秋左氏伝』襄公 経十二年に、「莒は台を包囲した」とある。杜預は、「(費)県の南に台

亭がある」という。

●済北国　和帝の永元二（九〇）年に、泰山郡を分割して置いた[一]。雒陽の東千百五十里にある。五城で、戸数は四万五千六百八十九、口数は二十三万五千八百九十七である。

○盧[二]。平陰城がある。防門がある[三]。光里がある。景茲山がある[四]。敖山がある[五]。清亭がある[六]。長城があり、東海まで続いている[七]。○蛇丘　遂郷がある[八]。下讙亭がある[九]。鋳郷城がある[一〇]。○成　もとは国である[一一]。○茌平　もとは東郡に属した。○剛[一二]。

〔劉昭注〕

[一] 臣昭が考えますに、済北国は、前漢の旧国であり、ここで泰山郡に併せられていたものが、また分かれました。

[二]『春秋左氏伝』隠公伝三年に、「斉と鄭が（石門で会盟したのは）盧の会盟を温めたものである」という。杜預は、「今の（済北の盧）県の故城である」という。郩山があり、（郩）

県の北にある。成公 伝二年に、「鋭司徒の娘が石窌に封じられた」とある。杜預は、「（盧）県の東に石窌と名づけられた土地がある」という。

［三］『春秋左氏伝』襄公 伝十八年に、「斉は、晉を平陰で防ごうとし、防門（の外）に塹壕を巡らした」とある。杜預は、「（済北の盧）県の北にある」という。また（『春秋左氏伝』襄公 伝十八年に）、「斉（侯）は巫山に登って晉の軍を見た」とある。杜預は、「（巫山は盧）県の北東にある」という。

［四］杜預は（『春秋左氏伝』襄公 伝十八年の注に）、「（盧）県の東南にある」という。

［五］『春秋左氏伝』（桓公 伝六年）に、「先君の献公（具）・武公（敖）のために（具山と敖山の）二山の名前を廃止した」というのは、つまり敖山・具山のことである。

［六］『春秋左氏伝』哀公 伝十一年に、「斉は魯を伐ち、清に攻め及んだ」とあるのは、これである。

［七］『史記』（巻四十 楚世家）に、「蘇代は燕王にむかって、「斉には長城・巨防がある」と言った」とある。巨防は、防門のことである。

［八］（遂郷は）古の遂国である。『春秋左氏伝』荘公 経十三年に、「斉の人が遂を滅ぼした」とある。

[九]『春秋左氏伝』桓公 経三年に、「姜氏を讙で見送った」とある。

[一〇] 周の武王は、まだ車を下りないうちに、尭の後裔を鋳に封じた。『春秋左氏伝』（昭公 伝十三年）に、棘地がある。成公 経三年に、「叔孫僑如が、包囲して攻めた場所である」とある。杜預は、「汶水の北の地に棘郷がある」という。『東観漢記』に、芳陘山がある。

[一一]『春秋左氏伝』（隠公 経五年）に、「衛の人が郕に攻め入った」とある。杜預は、「東平の剛父県の西南に郕郷がある」という。

[一二]『春秋左氏伝』哀公 経八年に、「斉は、闡を取った」とある。杜預は、「県の北にある」という。闡郷がある。

●山陽郡 もとの梁国であり、景帝が分割して置いた。雒陽の東八百十一里にある。十城で、戸数は十万九千八百九十八、口数は六十万六千九十一であった。

○昌邑 兗州刺史の治所である。梁丘城がある[一]。甲父亭がある[二]。○東緡 春秋時代には緡といった[三]。○鉅野[四] 大野沢がある[五]。○高平 侯国である。もとの橐であり、章帝が改名した[六]。茅郷城がある[七]。○湖陸 もとの湖陵であり、章帝が改名した[八]。○南平陽 侯国である。漆亭がある[九]。閭丘亭がある[一〇]。○方与 武唐亭があり[一一]、魯侯の観魚台である[一二]。泥母亭があり、あるいは古の寧母であるともいう[一三]。○瑕丘。○金郷[一四]。○防東。

［劉昭注］

［一］『春秋左氏伝』荘公 経三十二年に、「（宋公と斉侯の二君が）梁丘で会盟した」とある。杜預は、「梁丘郷は（昌邑）県の西南にある」という。

［二］杜預は（『春秋左氏伝』昭公 伝十六年の注に）、「甲父は、古の国名で、県の東南にある」という。『春秋左氏伝』隠公 経十年に、「防を攻め取った」とある。杜預は、「（高平の昌邑）県の西に防城がある」という。

［三］『春秋左氏伝』僖公 経二十三年に、「斉（侯）が（宋を討ち）緡を包囲した」とある。

［四］『春秋左氏伝』桓公 経七年に、「咸丘で野を焼い（て狩りをし）た」とある。杜預は、「（高平の鉅野）県の西に咸亭がある」という。

［五］『春秋』（哀公 経十四年）に、「西に当たる（大野の）狩りで麒麟を捕らえた」とある場所である。『爾雅』の十藪に、「魯に大野がある」とある。杜預は、「（鉅野）県の西南に郥亭がある」という。（『春秋左氏伝』）定公 伝十三年に、「斉が晉を伐った」とある場所である。

〔六〕『前漢志』（『漢書』巻二十八上 地理志上）に、「王莽は、高平と改名した」とある。のちに章帝は、王莽のこの名称に戻した。『春秋左氏伝』隠公 伝元年に、「費伯は（軍隊を率いて出向き）郎に築いた」とある。杜預は、「（高平の方与）県の東南に郁郎亭がある」という。

〔七〕杜預は（『春秋左氏伝』僖公 伝二十四年の注に）、「茅郷は、昌邑の西南にある」という。

〔八〕『前漢志』（『漢書』巻二十八上 地理志上）に、王莽が、「湖陸と改名した」とある。のちに章帝は、その名称に戻した。『博物記』に、「苟水が流れ出している」とある。『地道記』に、「県の西に費亭城があり、魏の武帝が初めて封じられた」とある。

〔九〕『春秋左氏伝』（定公 経十五年）に、「漆に築いた」とある。

〔一〇〕『春秋左氏伝』襄公 経二十一年に、「邾の庶其が、漆・閭丘を率いて逃げてきた」とある。杜預は、「（平陽）県の東北に漆郷があり、西北に顕閭亭がある」という。哀公 伝七年に、「邾子を負瑕に閉じ込めた」とある。杜預は、「（高平の南平陽）県の西北に瑕丘城がある」という。

〔一一〕『春秋左氏伝』桓公 経二年に、「唐に会盟した」とある。杜預は、「（高平の方与県の）西南にある」という。

〔一二〕『春秋』隠公 経五年に、「漁具を棠の地で陳列させた」とある。

［一三］『春秋左氏伝』僖公経七年に、「寧母で会盟した」とある。杜預は、「（高平の方与）県の東にある」という。僖公伝三十一年に、「臧文仲は重の館に宿った」とある。杜預は、「（高平の方与）県の北西に重郷城がある」という。

［一四］『晋地道記』に、「この県には山が多く、治所は金山と名付けられている。山の北側に石に穴を開けて、冢としているものがあり、深さは十余丈で、隧道の長さは三十丈あり、傍道をさらに入っていくと、堂は三方に分かれている。白い兎を葬らなかったので、改めて南山に葬ろうとし、穴を掘ると金が出てきたので、金山と言った。このため、冢は今に至るまで存在する。あるいは、漢の昌邑王が作ったものだといい、あるいは、秦の時に作られたものだともいう」とある。

●済陰郡　もとの梁国で、景帝が分割して置いた。雒陽の東八百里にある。十一城で、
戸数は十三万三千七百十五、口数は六十五万七千五百五十四である。

○定陶　もとの曹国で[一]、古の陶は、尭が居た所である[二]。三鬷亭がある[三]。○冤句　煮棗城がある[四]。○成陽　尭の冢と霊台があり、雷沢がある[五]。○乗氏　侯国である[六]。泗水がある。鹿城郷がある。○句陽　垂亭がある[七]。○鄄城。○離狐　も

とは東郡に属した。○廩丘　もとは東郡に属した。高魚城がある。有運城がある[八]。○単父　侯国であり、もとは山陽郡に属した。○成武　もとは山陽郡に属した[九]。郜城がある[一〇]。○己氏　もとは梁国に属した[一一]。

以上が兗州刺史部であり、郡・国は八、県・邑・公・侯国は八十である。

[劉昭注]

[一] 郭璞は（『山海経』海内経 九丘建木の注に）、「（定陶）城中に陶丘がある」という。『皇覧』に、「伯楽の冢は、（定陶）県の南東一里の所にあり、高さ四、五丈である」とある。

[二] 『帝王世記』に、「舜の陶は、黄河のほとりにあった。（定陶）県の南西にある陶丘亭がそれである」とある。

[三] 湯王は、三鬷を伐った。孔安国は、「今の定陶である」という。

[四] 『史記』（巻六十九 蘇秦列伝）に、「蘇秦は、魏の襄王に向かって、「大王の地は、東に淮・潁・煮棗がございます」と申し上げた」とある。

[五] （『尚書』夏書）禹貢に、「雷夏は、すでに沢になっている」とある。『帝王世記』に、「舜は、歴山で耕し、雷沢で漁をした。済陰に歴山がある」とある。

［六］『博物記』に、「古の乗丘である」という。

［七］『春秋左氏伝』隠公 経八年に、「垂で会盟した」とある。『史記』（巻四十四 魏世家）に、「无忌は、魏の安僖王に向かって、「文台は毀たれ、垂都は焼かれました」と申し上げた」とある。徐広は、「（句陽）県に垂亭がある」という。

［八］『春秋左氏伝』襄公 伝二十六年に、「斉の烏余が、廩丘の邑を領したまま晋に逃げた」とある。杜預は、「今の（廩丘）県の故城がそれである」という。また（『春秋左氏伝』襄公 伝二十六年に）、「衛の羊角という邑を襲って占領した」とある。杜預は、「今の県の治所の城である」という。また（『春秋左氏伝』襄公 伝二十六年）に、「我が魯の高魚の邑を襲った」とある。杜預は、「（廩丘）県の北東にある」という。

［九］『春秋左氏伝』隠公 経七年に、「戎の人が凡伯を（曹国の）楚丘で捕らえた」とある。杜預は、「（済陰の成武）県の西南にある」という。

［一〇］『春秋左氏伝』隠公 経十年に、「郜を占領した」とある。杜預は、「（済陰の成武）県の東南に郜城がある」という。『地道記』に、「秺城がある」とある。

［一一］『皇覧』に、「平和郷があり、郷に伊尹の冢がある」とある。

徐州

●東海郡　高帝（劉邦）が置いた。雒陽の東千五百里にある。十三城で、戸数は十四万八千七百八十四、口数は七十万六千四百十六である。

○郯　もとは国であり、徐州刺史の治所がある[一]。○蘭陵　次室亭がある[二]。○戚。○朐[三]　鉄が採れる。伊盧郷がある[四]。○襄賁。○昌慮　藍郷がある[五]。○承。○陰平。○利城。○合郷[六]。○祝其　羽山がある[七]。春秋時代に、祝其は夾谷の地といった[八]。○厚丘[九]。○贛楡　もとは琅邪国に属していたが、建初五〔八〇〕年に戻した[一〇]。

［劉昭注］

［一］『博物記』に、「勇士亭がある。それは勇士の（集う）菑丘欣である」という。

［二］『地道記』に、「もとの魯の次室の邑である」という。『列女伝』（巻三 魯漆室女）に、「漆室に女がいる」とある。ある本では（漆室は）次室に作っている。

［三］『山海経』（海内東経 琅邪台）に、「都州は海中にある。ある本では、郁州となっている」とある。郭璞は、「（東海の朐）県の県域内にある。世間の伝承では、「その山は蒼梧にあった

が、移ってきたので、山上に南方の樹木がある」という。『博物記』に、「（朐）県の北東の海沿いの植石は、秦が立てた東門である」とある。

［四］『史記』（巻九十二淮陰侯列伝）に、「鍾離眛の家は伊廬にある」という。

［五］『春秋左氏伝』昭公伝三十一年に、「邾の黒肱が、濫を率いて逃げてきた」とある。杜預は、「（昌慮）県の治所で、城の東北に郳城がある。郳は、小邾国である」という。

［六］漷水は、ここから南の湖陸まで流れている。

［七］殛鯀山である。杜預は（『春秋左氏伝』昭公伝七年の注に）、「（東海の祝其）県の南西にある」という。『博物記』に、「北東の独居山は、南西に淵水があるが、それが羽泉であり、世間ではこの山を徽父山という」とある。

［八］『春秋左氏伝』定公経十年に、「（魯の定公が）斉侯と夾谷で会盟したが、孔子が介添えをした」とある。

［九］『春秋左氏伝』成公経九年に、「中城を築いた」とある。杜預は、「（厚丘）県の西南にある。中郷城がある」という。

［一〇］『春秋左氏伝』（昭公伝十九年）に、斉（の高発）は、（軍を率いて）莒を伐った。莒子は紀鄣へ逃げた」とある。杜預は、「（東海の贛楡）県の北東に紀城がある」という。『地道記』

に、「岸から百五十歩離れた海中に、秦の始皇帝の碑があり、長さは一丈八尺で、広さは五尺、厚さは八尺三寸あり、一行は十二字書かれている。潮水が碑の上に三丈かかり、潮が引くと三尺になって現れる」とある。

●琅邪国　秦が郡を置いた。建武年間〔二五～五五年〕に城陽国を省き、その県を所属させた[一]。雒陽の東千五百里にある。十三城で、戸数は十二万八百四、口数は五十七万九百六十七である。

○開陽[二]もとは東海郡に属していた。建初五〔八〇〕年に属した。○東武。○琅邪[三]。○東莞　鄆亭がある[四]。邳郷がある。公来山があり、あるいは古は浮来と呼んだ[五]。○西海[六]。○諸[七]。○莒　もとは国であり、もとは城陽国に属していた[八]。鉄が採れる。崢嶸谷がある。○東安　もとは城陽国に属していた。○陽都　もとは城陽国に属していた。牟台がある[九]。○臨沂　もとは東海郡に属していた。叢亭がある[一〇]。○即丘　侯国であり、もとは東海郡に属していた。春秋に、「祝丘」とある。○繒　侯国であり、故は東海郡に属していた。概亭がある[一一]。○姑幕[一二]。

［劉昭注］

［一］調べたところでは、（『後漢書』本紀七 桓帝）本紀に、「永寿元（一五五）年に置いた。都尉が（琅邪を）治めた」とあります。

［二］杜預は（『春秋左氏伝』昭公 経十八年の注に）、「（開陽は）古の鄅である」という。『春秋左氏伝』哀公 経三年に、「啓陽に築いた」とある。杜預は、「開陽である」という。

［三］『山海経』（海内東経 琅邪台）に、「琅邪台がある。海に突き出た岬のあたり、琅邪の東にある」という。郭璞は、「琅邪は海岸にあり、高く聳える山があり、形は高台のようである。それが琅邪台である」という。斉の景公は、「わたしは海にそって南下し、琅邪にたどり着いた」という。『越絶書』に、「句践は、琅邪に徙り、観台を建てた。台の周囲は七里あり、東海を眺めることができる」とある。『史記』（巻六 秦始皇本紀）に、「秦の始皇帝は民の三万戸を琅邪台に徙した」とある。（『後漢書』列伝七十三 逸民 逢萌）伝に、「労山がある」とある。

［四］『春秋左氏伝』（昭公 伝二十六年）に、「公は鄆にお住みになった」とある。

［五］『春秋左氏伝』隠公 経八年に、「（公は莒の人と莒の）浮来で会盟した」とある。杜預は、「邳来山のあたりを邳来と呼ぶ」という。荘公 伝九年に、「鮑叔は管仲を受け入れ、堂阜に

まで来ると戒めを解いた」とある。杜預は、「東莞の蒙陰県の西北に夷吾亭がある。鮑叔が夷吾（管仲）の縄をここで解いたので、名付けられた」という。すなわち古の堂阜であり、東莞はのちに郡となった。

〔六〕『東観漢記』に、「勝山がある」とある。『博物記』に、「太公望呂尚の出身地であり、いま東呂郷がある。また（太公望は）棘津で釣りをしたが、その浦はいまも残っている」とある。

〔七〕『春秋左氏伝』荘公 伝二十九年に、「諸に築いた」とある。杜預は、「諸県は城陽郡にある」という。また隠公 経四年に、「莒の人が杞を伐ち、牟婁を取った」とある。杜預は、「（城陽の諸）県の東北に婁郷がある」という。

〔八〕『春秋左氏伝』成公 伝八年に、「申公屈巫は渠丘公と会盟した」とある。杜預は、「（莒）県に蘧丘里がある」という。

〔九〕『春秋左氏伝』宣公 経元年に、「（公は斉侯と斉の）平州で会盟した」とある。杜預は、「（泰山の牟）県の西にある」という。

〔一〇〕『春秋左氏伝』隠公 経六年に、「艾に盟す」とある。杜預は、「（泰山の牟）県の東南に艾山がある」という。隠公 経七年に、「中丘に築く」とある。杜預は、「（琅邪の臨沂）県の東北に中丘亭がある」という。『博物記』に、「（臨沂）県の東の境界の次睢に大叢社があり、民草はそれを食人社と呼んでいる。それが次睢の社である」とある。

［二］『春秋左氏伝』荘公 経九年に、「蔇で会盟した」とある。杜預は、「（琅邪の繒）県の北にある」という。

［三］『春秋左氏伝』昭公 経五年に、「莒の牟夷が、牟婁と防茲（の二邑）を持って（我が国へと）逃げて来た」とある。杜預は、「（姑幕）県の東北に茲亭がある」という。『博物記』に、「淮水が流れ込む。城の東南五里に公冶長の墓がある」とある。

●彭城国　高祖（劉邦）が置いて楚としたが、章帝が改名した。雒陽の東千二百二十里にある。八城で、戸数は八万六千百七十、口数は四十九万三千二十七である。

○彭城［一］鉄が採れる。○武原。○傅陽　柤水がある［二］。○呂。○留［三］。○梧。○菑丘。○広戚　もとは沛国に属していた。

［劉昭注］

［一］古の大彭の邑である。『北征記』に、「城の西二十里に山があり、山には楚の元王の墓がある」という。伏滔の『北征記』に、「城の北六里に山があり、泗水に臨む。宋の桓魋の石槨があり、みな青い石で（つくられ）、ぼんやりと亀龍・麒麟・鳳凰のかたちが浮かび上がっている」とある。

［二］『春秋左氏伝』襄公経十年に、「偪陽を滅ぼした」とある。杜預は、「それがこの傅陽県である」という。

［三］『西征記』に、「（留の）城中に張良の廟がある」という。

●広陵郡　景帝が置いて、江都国とした。のちに武帝が改名した。建武年間（二五～五五年）に泗水国を省き、その県を所属させた。雒陽の東千六百四十里にある。

十一城で、戸数は八万三千九百七、口数は四十一万百九十である。

○広陵［一］東陵亭がある［二］。○江都　江水の祠がある。○高郵。○平安。○凌　もとは泗水国に属していた。○東陽　もとは臨淮郡に属していた。長洲沢があり、（呉楚七国の乱を起こした）呉王の劉濞の太倉は、ここにあった［三］。○射陽　もとは臨淮郡に属していた[四]。○塩瀆 もとは臨淮郡に属していた。○輿 侯国であり、もとは臨淮郡に属していた。○堂邑 もとは臨淮郡に属していた。鉄が採れる。春秋時代には堂と言った。○海西 もとは東海郡に属していた。

［劉昭注］

［一］呉王の劉濞が都を置いた所であり、城の周囲は十四里半ある。

［二］『博物記』に、「杜姜という女性は、よこしまな導きによって、神に通じた。県は邪悪なものとし、獄に閉じ込めて、手かせ足かせをすると、ついに形を変え、どうなったか分かる者はなかった。状況を報告すると、形を変えたところを廟祠とし、東陵聖母と呼ぶことにした」とある。

［三］（東陽）県には、大鹿がたくさんいる。『博物記』に、「千頭ずつを一つの群れとする。（土を）掘って草の根を食べ、その（掘った場）所は泥になり、麋畯〔大鹿の管理する畑〕と呼ばれる。民がこの畑に稲を植えると、耕作せずに収穫しても、その収穫は百倍にもなる」とある。また、扶海の中州のほとりに草が生えていて、畯蒒と名付けられている。その実を食べると大麦のようで、七月から稔り熟す。人々は、穀物の取り入れを冬になって終えると、（畯

蒒を食べ）自然穀と名付け、あるいは禹が残した食料という。

［四］梁湖がある。『地道記』に、「博支湖がある」という。

●下邳国　武帝が置いて臨淮郡としたが、永平十五〔七二〕年に、下邳国と改名した。雒陽の東千四百里にある。十七城で、戸数は十三万六千三百八十九、口数は六十一万一千八十三である。

○下邳　もとは東海郡に属していた［一］。葛嶧山は、もとの嶧陽山である［二］。鉄が採れる。○徐　もとは国である。楼亭があり、あるいは、古の蔞林であるという［三］。○僮　侯国である。○睢陵。○下相。○淮陰［四］。○淮浦。○盱台。○高山。○潘旌。○淮陵。○取慮　蒲姑陂がある［五］。○東成。○曲陽　侯国であり、もとは東海郡に属していた。○司吾　侯国であり、もとは東海郡に属していた。○良成　もとは東海郡に属していた。春秋時代には良といった［六］。○夏丘　もとは沛国に属していた。

以上が徐州刺史部であり、郡・国は五、県・邑・侯国は六十二である［七］。

［劉昭注］

〔一〕戴延之の『西征記』に、「沂水があり、城の西から流れ西南の泗水に注ぐ。（泗水から）別れて下る（支流は）城の南を迴り、また泗水に注ぐ。もともとの橋があった場所は、張良が黄石公とこの橋であったものである」とある。

〔二〕（嶧陽）山から産出する木を桐という。伏滔の『北征記』は、「今たらい状の根があちこちに残っている」とある。

〔三〕杜預は（『春秋左氏伝』僖公 経三年の注に）、「（下邳の）僮県の東南にある」という。伏滔の『北征記』は、「県の北に大きい冢があり、その徐君の墓は、延陵が剣を解いた場所である」とある。

〔四〕下郷に南昌亭がある。韓信が食糧をたよった場所である。

〔五〕『春秋左氏伝』昭公 伝十六年に、「斉の軍が蒲隧に至った」とある。杜預は、「（下邳の取慮）県の東に蒲姑陂がある」という。

〔六〕『春秋左氏伝』昭公 伝十三年に、「晉侯は呉子と（宋の）良で会盟しようとした」とある。

〔七〕『魏氏春秋』に、「初平三（一九二）年に、琅邪郡・東海郡を分けて城陽郡・利城郡・昌慮郡とした。また建安十一（二〇六）年に、昌慮郡を省いて東海郡に併せた」とある。

郡国志四 第二十二

青州　済南　平原　楽安　北海　東萊　斉国
荊州　南陽　南郡　江夏　零陵　桂陽　武陵　長沙
揚州　九江　丹陽　廬江　会稽　呉郡　豫章

青州

●済南国　もとの斉国で、文帝が分けた。雒陽の東千八百里にある。十城で、戸数は七万八千五百四十四、口数は四十五万三千三百八である。

○東平陵　鉄が採れる。譚城がある[一]。天山がある。○著。○於陵[二]。○台。○菅　頼亭がある[三]。○土鼓。○梁鄒。○鄒平。○東朝陽[四]。○歴城　鉄が採れる。巨里聚がある[五]。

[劉昭注]

[一]（譚城は）もとの譚国である。

[二] 杜預は（『春秋左氏伝』昭公 伝十年の注に）、「（於陵）県の北西に于亭がある」という。陳の桓子が斉の公子周を封じた場所である。

〔三〕『春秋左氏伝』哀公伝六年に、「（悼）公は（先公の妾の胡姫に安孺子を預けて）頼に行かせた」とある。

〔四〕杜預は（『春秋左氏伝』襄公伝二十七年の注に）、「（済南の東朝陽）県の西に崔城がある」という。

〔五〕（巨里聚は）耿弇が、費敢を破った場所である。『皇覧』に、「太甲に冢があり、歴山の頂にある」という。

●平原郡　高帝（劉邦）が置いた。雒陽の北千三百里にある。九城で、戸数は十五万五千五百八十八、口数は百万二千六百五十八である。

○平原〔一〕。○高唐　湿水が流れ出る。○般。○鬲　侯国である。夏の時に鬲君がおり、浞を滅ぼして少康を立てた〔二〕。○祝阿　春秋の時には祝柯と言った〔三〕。野井亭がある〔四〕。○楽陵。○湿陰。○安徳　侯国である。○厭次　もとの富平であり、明帝が改名した。

［劉昭注］

［一］『地道記』に、「（平原県に）篤馬河がある」という。

［二］（『文選』京都下 左太沖）「魏都賦」の注は、「（鬲）県（の北）に蓋節淵がある」という。『三斉記』に、「城南に蒲台があり、高さは八十尺で、秦の始皇帝が留まった場所である。台下に蒲をからませて馬を繋ぐ場所があった。いまもなお、蒲はからませることができる」とある。

［三］『春秋左氏伝』哀公 伝十年に、「（晉の軍は）犂と轅を取った」とある。杜預は、「（祝阿）県の西に轅城がある」という。もとは県であったが、省かれた。

［四］『春秋左氏伝』昭公 経二十五年に、「斉侯が、（魯の昭）公に野井でお悔やみを述べた」とある。杜預は、「（祝阿）県の東に（野井亭が）ある」という。

●楽安国　高帝（劉邦）が置き、千乗とした。永元七〔九五〕年に、改名した。雒陽の東千五百二十里にある。九城で、戸数は七万四千四百、口数は四十二万四千七十五である。

○臨済　もとは狄であり、安帝が改名した［一］。○千乗。○高菀。○楽安。○博昌薄姑城がある[二]。貝中聚がある[三]。時水がある[四]。○蓼城侯国である[五]。○利もとは斉国に属していた。○益侯国であり、もとは北海国に属していた。○寿光もとは北海国に属していた。灌亭がある[六]。

［劉昭注］

［一］『地道記』に、「狄は、衛の懿公を伐った」とある。

［二］古の薄姑氏である。杜預は（『春秋左氏伝』昭公伝九年の注に）、「薄姑の地である」という。

［三］『春秋左氏伝』（荘公伝八年）に、「斉侯は（姑棼に行き、ついでに）貝丘で狩りをした」とある。杜預は、「（博昌）県の南に貝丘という地名がある」という。

［四］『春秋左氏伝』荘公経九年に、「（斉の軍と）乾時で戦った（が敗れた）」とある。杜預は、「時水は（楽安）県の域内にあり、分岐して流れ、旱になると涸竭する。そこで乾時というのである」という。

［五］杜預は（『春秋左氏伝』昭公伝二十年に）、「（蓼城）県の北東に摂城がある」という。

［六］古の灌国である。

●北海国　景帝が置いた。建武十三〔三七〕年に、菑川国と高密国と膠東国の三国を省き、それらの県を所属させた。十八城で、戸数は十五万八千六百四十一、口数は八十五万三千六百四である。

○劇　紀亭があり、古の紀国であった。○営陵。○平寿　斟城がある[一]。寒亭があり、古の寒国であり、浞はここに封じられた。○都昌[二]。○安丘　渠丘亭がある[三]。○淳于　永元九〔九七〕年に戻した。密郷がある[四]。○平昌　侯国であり、もとは琅邪国に属していた。蔞郷がある[五]。○朱虚　侯国であり、もとは琅邪国に属していたが、永初元〔一〇七〕年に（北海国に）属した[六]。○東安平　もとは菑川国に属していた。六国の時には安平と言った。鄑亭がある[七]。○高密　侯国である。○昌安　侯国であり、安帝が戻した。○夷安　侯国であり、安帝が戻した。○膠東　侯国である。○即墨　侯国である。棠郷がある[八]。○壮武　安帝が戻した[九]。○下密　安帝が戻した。○拒挺[一〇]。○観陽。

［劉昭注］

［一］杜預は（『春秋左氏伝』襄公 伝四年の注に）、「（平寿県の南東に）斟亭がある」という。古の

斟国である。もとは県であったが、のちに省かれた。

[二]『春秋左氏伝』荘公 経元年に、「斉は紀の郚城を遷した」とある。『地道記』に、「郚城は県の西にある」とある。

[三]『地道記』に、「(渠丘亭には)渠丘城がある」とある。

[四]『春秋左氏伝』隠公 経二年に、「紀(の子帛と)莒(子)とが(莒の地の)密で会盟した」とある。もとの密郷である。(城陽の淳于)県の北東にあったが、のちに省かれた。

[五]『春秋左氏伝』昭公 経五年に、「莒の牟夷は(莒の)牟婁と防・茲(の三邑)を率いて逃げてきた」とある。杜預は、「(平昌)県の西南に防亭がある」という。

[六]『春秋左氏伝』荘公 経元年に、「斉は紀の郚を遷した」とある。杜預は、「朱虚県の東南に郚城がある」という。『鄭志』は、「小泰山があり、公玉帯が言うには、岐伯は黄帝に東泰山に封じさせたとあるのは、他ならぬ此の山である」という。

[七](鄑亭は)もとの兆である。『春秋左氏伝』荘公 経三年に、「紀季は鄑を率いて斉に入った」とある。『地道紀』に、「光頭山がある」という。

[八]『春秋左氏伝』襄公 伝六年に、「棠を包囲した」とある。杜預は、「棠は国である」という。

[九](壮武は)もとの夷国である。『春秋左氏伝』隠公 伝元年に、「紀は夷を伐った」とある。

［一〇］『地道記』に、「奚養沢は西にあり、幽州の大きな沢である。萊山には、萊王の祠がある」とある。

●東萊郡　高帝（劉邦）が置いた。雒陽の東三千百二十八里にある。十三城で、戸数は十万四千二百九十七、口数は四十八万四千三百九十三である。

○黄［一］。○牟平。○惤　侯国である［二］。○曲成　侯国である［三］。○掖　侯国である。○過郷がある［四］。○当利　侯国である。○東牟　侯国である。○昌陽。○盧郷。○長広　もとは琅邪国に属していた。○黔陬　侯国であり、もとは琅邪国に属していた。○介亭がある［五］。○葛盧　尤渉亭がある。○不其　侯国であり、もとは琅邪国に属していた［六］。

［劉昭注］

［一］『地道記』に、「（黄）県の東二百三十里の海中に、土道がある岑が連なり、秦の始皇帝はこの山を登った。二碑を列ねる」とある。東二百三十里に始皇帝と漢の武帝の二碑がある。

［二］『地道記』に、「百枝萊君の祠がある」とある。『三斉記』に、「南に蹲犬山があり、山は、

犬が蹲っているような形で神が居る。劉寵は、西都（長安）から出て、この山を通りかかった時、山犬に吠えられた。劉寵は、山神がわたしは人間である、といったという」とある。

[三]『前書』（『漢書』巻二十五上 郊祀志上）に、「（天子は）万里沙で祈禱した」とあるのは、この曲成県にある。

[四]（過郷は）もとの過国である。

[五]『春秋左氏伝』襄公伝二十四年に、「莒を討ち、介根を侵した」とある。杜預は、「（黔陬）県の東北の計基城である」という。介国と呼ばれた。

[六]『三斉記』に、「鄭玄は、不其山で教授した。山の麓には薤〔おおにら〕のような大きさの草が生じ、葉の長さは一尺余りもあり、異常なほど堅く、土地の人は（その草を）「康成〔鄭玄〕の書帯」と呼んでいる」とある。

●斉国　秦が置いた。雒陽の東千八百里にある。六城で、戸数は六万四千四百十五、口数は四十九万一千七百六十五である。

○臨菑　もとは斉であり、青州刺史の治所である[一]。○西安　棘里亭がある[二]。蘧丘里があり、古の渠丘である。○昌国。○臨朐　三亭があり、古の郱邑である[三]。

○広。○般陽　もとは済南国に属していた。

以上は青州刺史部であり、郡・国は六、県は六十五である。

［劉昭注］

［一］『爾雅』の十藪に、「斉に海の果てがある」とある。郭璞は、「海浜は広く大きい」という。『春秋左氏伝』（荘公 伝八年）に、「斉（の襄公）は（連称・管至父に命じて）葵丘を守備させた」とある。杜預は、「（臨淄）県の西に（葵丘という地名が）ある」という。『皇覧』に、「呂尚の冢は（臨淄）県の城の南にあり、県から十里余り離れていて、斉の桓公の冢の南にある。菑水の南の桓公の冢の西北に晏嬰の冢がある」と。『孟子』（告子章句上）の注に、「南の小山を牛山という」とある。『博物記』に、「（臨淄）県の西に袁婁がある」とある。

［二］杜預は（昭公 伝十年の注に）、「（斉国の西安）県の東にある。陳の桓子が子山を封じた場所である」という。

［三］『春秋左氏伝』荘公 経元年に、「斉（の軍）が移した場所である」とある。杜預は、「（朐）県の東南にある」という。応劭は、「（朐は）伯氏の邑である」という。『地道記』は「石高山がある」という。

荊州

●南陽郡　秦が置いた。雒陽の南七百里にある。三十七城で、戸数は五十二万八千五百五十一、口数は二百四十三万九千六百十八である。

○宛　もとは申伯の国である［一］。南就聚がある。瓜里津がある［二］。夕陽聚がある［三］。東武亭がある。○冠軍　邑である。○葉　長山があり、方城という［四］。巻城がある［五］。○新野　東郷があり、もとの新都である［六］。黄郵聚がある［七］。○章陵　もとの舂陵であり、世祖（光武帝）が改名した［八］。上唐郷がある［九］。○西鄂［一〇］。○雉［一一］。○魯陽　魯山がある［一二］。牛蘭累亭がある［一三］。○犨。○堵陽。○博望。○舞陰　邑である。○比陽。○復陽　侯国である。杏聚がある。○平氏　桐柏の大復山であり、淮水が流れ出る［一四］。宜秋聚がある［一五］。○棘陽［一六］　藍郷がある［一七］。黄淳聚がある［一八］。○湖陽　邑である［一九］。○随［二〇］　西に断蛇丘がある［二一］。○育陽　邑である。小長安がある［二二］。東陽聚がある［二三］。○涅陽。○陰。○酇。○鄧　鄾聚がある［二四］。○山都　侯国である。○酈　侯国である［二五］。○穣。○朝陽［二六］。○蔡陽　侯国である［二七］。○安衆　侯国である［二八］。○筑陽　侯国である。渉都郷がある［二九］。○武当　和成聚がある［三〇］。○順陽侯国であり、もとは博山である。須聚がある。○成都。○襄郷。○南郷。○丹水 もとは弘農郡に属していた[三一]。章密郷がある。三戸亭がある[三二]。○析 もとは弘農郡に属し、もとは楚の白羽の邑であった[三三]。武関があり、県の西にある[三四]。豊郷城がある[三五]。

[劉昭注]

[一]『荊州記』に、「(南陽の)郡城の周囲は三十六里ある」とある。『博物記』に、「(宛には)申亭がある」という。

[二]『東観漢記』に、「南都賦」の注は、「(宛には)玉池・沢陂がある」という。

[三]袁山松の『後漢書』に、「鄧奉は光武帝を瓜里で防いだ」とある。

[四]杜預は(『春秋左氏伝』僖公伝四年に)、「方城山は(南陽の葉)県の南にある」という。屈完は、「楚国の方城は城とみなす」という。『皇覧』に、「県の北西の城から三里離れた所に葉公の諸梁の冢があり、近県はこれを祀り、葉君丘と呼んでいる」とある。

[三]袁山松の『後漢書』に、「賈復は(光武帝に)従って鄧奉を撃ち、追撃して夕陽聚にたどり着いた」という。

[五]『春秋左氏伝』昭公伝二十五年に、「楚子は季然に巻の外城を造らせた」とある。

[六]（巻城は）王莽の封地である。

[七]（新都は）呉漢が、秦豊を破った地である。

[八]『古今注』に、「建武十八〔四二〕年に、中郎将の耿遵に城を築かせた」とある。

[九]『前志』（『漢書』巻九十九下 王莽伝下）に、「（上唐郷は）もとの唐国である。下江の兵は、荊州の軍である」とある。

[一〇]精山があり、朱儁が孫夏を破った（場所である）。『山海経』（中山経 豊山）に、「豊山があり、神の耕父はここにおり、いつも清泠の淵で遊び、淵に出入するたびに光を放つ。この神を見ると、すぐにその国に混乱が起こる。九つの鍾があり、それは霜を知って鳴る」とある。郭璞は、「清泠の淵は、西鄂県の山上にあり、神が来る時は水が赤くなり、光り輝く。いま建物があり、祀っている。霜が降りると鍾が鳴る、そのために知ることができる。物には自然の感応があって、人為的にその現象を起こすことはできない」という。「南都賦」の注に、「耕父は、旱鬼〔旱を起こす鬼神〕である」とある。『皇覧』に、「王子朝の冢は、（西鄂）県の西にある」とある。

[一一]『博物記』に、「（雉県から）滍水が流れ出る」とある。

[一二]『前志』（『漢書』巻二十八上 地理志上）に、「古の魯県である」という。「南都賦」の注に、

「尭山があり、劉累を封じ、尭の祠を立てた」とある。

［一三］謝沈の『後漢書』に、「（牛蘭累亭は）牛蘭山にある」という。

［一四］『前書』（『漢書』巻二十八上 地理志上）は、「（大復山は平氏）県の南にある」という。『荊州記』に、「桐柏は、淮水の源流が涌き出し、山の中を三十里に亘って流れ、東方の大復山の南側に流れ出る。山の南に淮源の廟がある」とある。『博物記』に、「陽山があり、紫草が生える」とある。

［一五］（宜秋聚は）伯升（劉縯）が、下江の兵を見た場所である。

［一六］『荊州記』に、「（棘陽県の）東北百里に謝城がある」とある。

［一七］（藍郷は）伯升（劉縯）が、甄阜を襲った場所である。

［一八］（黄淳聚は）また伯升（劉縯）が梁丘賜を攻めた場所である。杜預は（『春秋左氏伝』桓公伝十一年の注に）、「蓼国は（棘陽県の）東南にある」という。『前志』（『漢書』巻二十八上 地理志上）に、「蓼国は湖陽である」というのがそれである。

［一九］『荊州記』に、「樊重の母は雷を畏れ、石室を造って雷を避け、すべて文石（瑪瑙）によって階段を造った。今も残っている」とある。

［二〇］（随は）古の随国である。

［二一］（断蛇丘は）珠を銜んだ蛇（に関わる丘）である。杜預は、「頼亭がある」という。『春秋左氏伝』僖公 経十五年に、「斉が厲を伐った」とある。（義陽の随）県の北に（厲郷は）ある。『帝王世記』に、「神農氏は、列山より起こったので、列山氏という。いまの随厲郷がそれである」とある。『荊州記』に、「（随）県の北の境界に重山があり、山に一つの穴があり、神農が生まれた所である。また周囲が一頃二十畝の土地があり、外側には二重に塹壕が掘られ、中側には九つの井戸がある。言い伝えでは神農は成長すると、九つの井戸を自分で掘った。一つの井戸から水を汲むと他の井戸も動いたという。そこでこの地に神農の社を造り、毎年欠かさず神農を祀った」とある。

［二二］（小長安は）漢軍が甄阜に敗れた場所である。

［二三］（東陽聚は）朱祐が張成を破った場所である。

［二四］『春秋左氏伝』桓公 伝九年に、「楚の軍隊が鄾を包囲した」とある。

［二五］『荊州記』に、「（酈）県の北八里には菊水が流れていて、その源流の側にはどこにも芳菊が生え、水は極めて甘く香る。また中洲には三十家があり、井戸を掘ることなく、頼ってこの水を飲み（長生を得て）、上寿は百二十や百三十、中寿は百余り、七十の者はまだ早死とされる。漢の司空の王暢や、太傅の袁隗が南陽令のときには、一月おきに三十石余りを送らせ、

飲食や沐浴に用いた。太尉の胡広の父が風羸にかかると、南陽郡がつねにこの水を汲み、飲ませたので病気はついに癒えた。この菊の茎は短く花は大きく、これを食べると甘く美味で、ほかの菊とは異なっている。胡広は、その実を収穫すると、それを京師に種え、やがてあちらこちらに伝えられた」とある。

〔二六〕「南都賦」に、「陂沢〔貯水池〕に鉗盧〔陂〕がある」という。注は、「（朝陽）県にある」という。

〔二七〕『襄陽耆旧伝』に、「松子亭があり、下に神陂があり、中に魚は多いが、人は捕らえようとしても手にできない」とある。それは「南都賦」でもいわれている。

〔二八〕『博物記』に、「土魯山があり、紫の石英を産出する」とある。

〔二九〕杜預は（『春秋左氏伝』桓公 経七年の注に）、「穀国は（南郷の筑陽）県の北にある」という。『博物記』に、「いまの穀亭である」という。『荊州記』に、「県の北四里に開林山があり、西北に䭲山がある」という。

〔三〇〕『荊州記』に、「（武当）県に女思山がある。南の二百里に、武当（山）がある」という。

〔三一〕南郷・丹水の二県に、商城がある。張儀が、楚の商於に与えた土地である。

〔三二〕『春秋左氏伝』哀公 伝四年に、「晉は蛮子を捕らえて、楚の軍に引き渡した」とある。

〔三三〕『春秋左氏伝』昭公 経十八年に、「許は、白羽に遷った」とある。

〔三四〕「南都賦」に、「武関は、その西にある」とある。文潁は、「（析）県から百七十里離れている」という。

〔三五〕『春秋左氏伝』哀公 伝四年に、「司馬は、豊・析（と狄・戎）の人を動かし（晉の上雒に迫っ）たとある。『荊州記』は、「（析）県に龍淵があり、深さは測れない。県の北に馬頭山がある」という。

●南郡　秦が置いた。雒陽の南千五百里にある。十七城で、戸数は十六万二千五百七十、口数は七十四万七千六百四である。

○江陵〔一〕　津郷がある〔二〕。○巫　西に白帝城がある〔三〕。○秭帰　もとは国であった〔四〕。○中盧　侯国である〔五〕。○編　藍口聚がある〔六〕。○当陽〔七〕。○華容　侯国である。雲夢沢は南にある〔八〕。○襄陽　阿頭山がある〔九〕。○邔　侯国である。犁丘城がある〔一〇〕。○宜城　侯国である〔一一〕。○鄀　侯国であり、永平元〔五八〕年に戻った〔一二〕。○臨沮　侯国である。荊山がある〔一三〕。○枝江　侯国である。もとは羅国であった。丹陽聚がある〔一四〕。○夷道〔一五〕。○夷陵　荊門がある〔一六〕。虎牙山がある〔一七〕。○州陵〔一八〕。○佷山もとは武陵郡に属していた。

〔劉昭注〕

〔一〕『史記』（巻四十 楚世家）に、「楚の熊渠は、長子の康を立てて句亶王とした」とある。張瑩は、「いまの江陵である」という。『皇覧』に、「孫叔敖の冢は城中の白土里にある」とある。

〔二〕『春秋左氏伝』荘公 伝十九年に、「楚子は、津で大いに（巴の軍を）破った」とある。『荊州記』に、「（江陵）県の東三里あまりに三つの湖があり、湖の東に川があり、萇谷と名付けられている。さらに北西に小城があり、冶父と呼ばれている」とある。『春秋左氏伝』（桓公伝十三年）に、「莫敖は、荒谷で縊れて死に、部下の将領は冶父で囚人となった」とある。（江陵）県の北十余里に紀南城があり、楚王が都とした場所である。東南に郢城があり、子囊が築いた場所である。『史記』（巻六十九 蘇秦列伝）に、「蘇秦は楚の威王に、「楚の東に夏州がある」と説いた」とある。『春秋左氏伝』（宣公 伝十一年）に、「楚の荘公は、陳を伐ち、各郷から一人ずつ集めて帰属させた。それを夏州という」とある。いま夏口城に中洲があり、夏口と名付けられている。

〔三〕郭璞は、「巫山がある」という。

〔四〕杜預は、「夔国である」という。『荊州記』に、「県の北百里に屈平の旧宅があり、四方は七頃で、石を重ねて建物の基礎としている。いまその地は楽平と名付けられている。その旧宅の北東六十里に女須の廟がある」と。

〔五〕『襄陽耆旧伝』に、「(中盧は)古の盧戎である。(中盧)県の西の山中に一筋の道があり、漢のとき常に数百匹の馬がその道の中から出てきた。馬の形はみな小さく、巴や滇の地の馬に似ている。三国のとき陸遜は襄陽を攻め、その穴の中から数十匹の馬が出てくるのに遭い、陸遜は(その馬を)載せて建業に帰った。蜀の使者が来たとき、五部の兵家である滇池という者がいて、その馬の色を覚えていて、亡父が乗った馬であると言い、その馬に対面して涕を流した」とある。『荊州記』に、「これは析県の馬頭山である。また(中盧)県の南十五里に疎水が流れていて、東に流れて沔水に注いでいる。水中に生き物がいて馬のようであり、背中は鮮やかな鯉のようであり、射ても突き通すことはできない。七、八月中は好んで河原にいて、自分から日向ぼっこをする。膝頭は虎の掌の爪に似ている。小児が知らずに取ろうと思い、触っておもちゃにしようとすると、ただちに人を殺す。ある人が言うには、生まれながらに五体満足な者は、自分の鼻を摘み取られても、気持ちを静めて大したことがない、とすべきである。そして、大したことがないとして、そのまま（鼻を）木盧（木偶の皿）と言えばよい」とある。

［六］（藍口聚は前漢末の反乱集団である）下江の兵が拠点とした場所である。『春秋左氏伝』（荘公 伝十八年）に、「闘緡は権によって叛き、楚（の武王は権の人を）那処に移した」とある。杜預は、「（編）県の南東に那口城がある」という。

［七］杜預は（『春秋左氏伝』荘公 伝十八年の注に）、「（南郡の当陽）県の東南に権城がある。楚の武王が勝った場所である」という。『荊州記』に、「（当陽）県の東南に麦城がある。城の東に盧城があり、沮水の西に磨城がある。伍子胥は、この二城を造って麦城を攻めた」とある。

［八］杜預は（『春秋左氏伝』桓公 伝十一年の注に）、「州国は（南郡の華容）県の東南にある」という。枝江県に雲夢城があり、江夏の安陸県の南東に雲夢城がある。ある人は、「華容県の東南にも雲夢がある。巴丘湖は、江南の雲夢である」という。『爾雅』の十藪に、「楚に雲夢がある」という。郭璞は、「巴丘湖が（いま南郡の華容県の東南にある）雲夢である」という。

［九］（阿頭山は）岑彭が、張楊を破った場所である。『襄陽耆旧伝』に、「（襄陽）県の西九里に方山があり、父老たちは、「鄭交甫が游女を見た場所であり、この山の麓の曲隈がそれである」と言い伝えてきた」とある。『荊州記』に、「襄陽はもと、楚の北の渡し場である。襄陽

から長江を渡り、南陽をへて、方関に出るのが、周・鄭・晉・衛（へ通じるため）の道である。楚の東の渡し場からは江夏をへて、平睾関に出る、陳・蔡・斉・宋へ通じる道である」とある。

［一〇］朱祐は、秦豊を蘇嶺山で捕虜にした。

［一一］杜預は（『春秋左氏伝』桓公 伝十二年の注に）、「（宜城）県の西はもとの羅国であり、のちに枝江に徙った」という。

［一二］『春秋左氏伝』（荘公 伝十九年）に、「楚の文王は黄国を討ち、引き上げて湫まで来た」とある。杜預は、「（南郡の鄀）県の東南に湫城がある」という。

［一三］『山海経』（中山経 兔牀山）に、「兔牀山の南側は鉄が多く採れ、山の北側は銅が多く採れる。山中には牛が多い」とある。『荊州記』に、「西北の三十里に清谿があり、谿の北は、荊山であり、初め景山と言った。卞和が玉璞を山中で手に入れた場所である」とある。「南都賦」の注は、「漢水は荊山まで流れ、東方で別れて流れ、滄浪の川になる」という。

［一四］『史記』（巻七十 張儀列伝）に、「秦と斉は、楚の屈匄を破り、そうして丹陽を取った」とある。

［一五］『荊州記』に、「（夷道）県の西北に宜陽山があり、東南に羊腸山がある」とある。

[一六]（荊門は）岑彭が、田戎を破った場所である。

[一七]『荊州記』に、「荊門は、長江の南、虎牙は、長江の北にある。虎牙には歯牙のような文字が伝わっていて、（荊門の）茨の門の上部は茨が絡み合っていて下部が開く」と。

[一八]『史記』（巻四十 楚世家）に、「楚の考烈王は、州を秦に献上した」とある。

●江夏郡 高帝（劉邦）が置いた。雒陽の南千五百里にある。十四城で、戸数は五万八千四百三十四、口数は二十六万五千四百六十四である。

○西陵。○西陽。○軑 侯国である[一]。○鄳[二]。○竟陵 侯国である。鄖郷がある[三]。章山があり、もとの内方であった[四]。○雲杜[五]。○沙羨。○邾[六]。○下雉。○蘄春 侯国である。○鄂。○平春 侯国である。○南新市 侯国である[七]。○安陸。

[劉昭注]

[一] 杜預は（『春秋左氏伝』僖公 経五年の注に）、「（軑は）古の鄖国で、東南にあり、鄖城がある」という。

[二]『史記』（巻四十四 魏世家）に、「无忌は、魏の安僖王に向かって、「秦はあえて冥猬の塞を

攻めませんでした」と言った」とある。徐広は、「それはこの県である」といっている。

[三]『春秋左氏伝』桓公 伝十一年に、「鄖の人が、蒲騒に軍を留めた」とある。

[四]『荊州記』に、「(章)山の高さは三十丈で、周囲ひとまわりは百里あまりある」という。(竟陵)県の東に臼水が流れている。『春秋左氏伝』(昭公 伝十三年)に、「楚の公子比は王となり、魚陂に宿った」とある。杜預は、「(竟陵)県の西北にある」という。

[五]杜預は(『春秋左氏伝』桓公 伝十一年の注に)、「(江夏の雲杜)県の南東に鄖城がある。もとは国であった」という。

[六]『地道記』に、「楚は邾を滅ぼし、邾の君主をこの城に移した」とある。

[七]本伝(『後漢書』列伝一 劉玄伝)を調べると離郷聚・緑林がある。

●零陵郡　武帝が置いた。雒陽の南三千三百里にある。十三城で、戸数は二十一万二千二百八十四、口数は百万一千五百七十八である。

○泉陵。○零陵　陽朔山があり、湘水が流れ出る[一]。○営道　南に九疑山がある[二]。○営浦[三]。○泠道[四]。○洮陽。○都梁　路山がある。○夫夷　侯国である。○始安　侯国である[五]。○重安　侯国であり、もとの鍾武であった。永建三〔一二八〕年に改名した。○湘郷。○昭陽侯国である[六]。○烝陽侯国であり、もとは長沙郡に属していた。

[劉昭注]

[一] 羅含の『湘中記』に、「営水があり、洮水があり、灌水があり、祁水があり、宜水があり、舂水があり、烝水があり、耒水があり、米水があり、淥水があり、連水があり、瀏水があり、溈水があり、汨水があり、資水があり、みな湘水に注いでいる」とある。

[二] (九疑山は)舜が葬られた場所である。郭璞の『山海経』(海内経 蒼梧丘)の注は、「その山中の九つの谷川は、みなそれぞれ似ている。このため九疑という」とある。『湘州営陽郡記』に、「九疑山の下に舜の祠がある。このため長老たちは、舜が九疑山に登ったと伝えている」とある。

[三] 『営陽郡記』に、「(営浦)県の南三里余りの所に、舜が南巡して止まり宿った場所があり、いま廟が立っている」とある。

[四] (泠道県に)舂陵郷がある。

[五] 『始安郡記』に、「(始安)県の東に駿楽山があり、東に遼山がある」という。

［六］『荊州記』に、「（昭陽）県の東に余水があり、傍に漁父の廟がある」という。

●桂陽郡　高帝（劉邦）が置いた。上領山がある。雒陽の南三千九百里にある。十一城で、戸数は十三万五千二十九、口数は五十万一千四百三である。

○郴　客嶺山がある［一］。○便。○耒陽　鉄が採れる。○陰山。○南平。○臨武。○桂陽。○含洭。○湞陽　茬領山がある［二］。○曲江［三］。○漢寧　永和元〔一三六〕年に置かれた。

［劉昭注］

［一］『湘中記』に、「項羽は、義帝を郴に移して殺害した。いま義陵の祠がある。また（郴）県の南十数里に馬嶺山があり、仙人の蘇耽の壇がある」という。『荊州記』に、「城の南六里、（郴）県の西北に温泉があり、その下流に数十畝の畑があり、毎年十二月に種を植えると、翌年三月には新穀がすぐに実り、一年に三度収穫できる」とある。

［二］『始興郡記』に、「（湞陽に）呉山がある」という。

［三］『始興郡記』に、「（曲江）県の北に臨沅山がある」とある。

●武陵郡　秦の昭王が置き、黔中郡と名付けた。高帝（劉邦）の五〔前二〇二〕年に改名した［一］。雒陽の南二千百里にある。十二城で、戸数は四万六千六百七十二、口数は二十五万九百十三であった。

○臨沅［二］。○漢寿　もとの索であり、陽嘉三〔一三四〕年に改名した。荊州刺史の治所である［三］。○孱陵［四］。○零陽。○充。○沅陵　先に壺頭山がある［五］。○辰陽。○酉陽。○遷陵。○鐔成。○沅南　建武二十六〔五〇〕年に置く。○作唐。

［劉昭注］

［一］『先賢伝』に、「晉代の（武陵）太守の趙厥が主簿の潘京に、「貴郡はどうして武陵と名付けられたのか」と尋ねた。潘京は、「鄙郡のもとの名は義陵で、辰陽県の県境にあり、夷狄に接していたため、攻められれば打ち破りました。光武帝のときに東に移りましたが、このように（武により）安全を得られましたので、先の表記を変えて名付けられました。『春秋左氏伝』（宣公 伝十二年）には、「戈を止めることが武である」とあります。また高く平らな地を陵ということから、改名いたしました」と答えた」とある。臣昭が考えますに、『漢

書』（巻二十八上 地理志上）は、初めから武陵と呼んでおり、この答えが何に基づいているのか分かりません。『荊州記』に、「郡の社中にある麃樹という木は、光武帝が種えたものが今まで残っているものである」という。

［二］『荊州記』に、「（漢寿）県の南は沅水に臨み、水源は牂牁郡の且蘭県から流れ出て、武陵郡の境界で分かれて五谿となる。だから五谿蛮という」とある。

［三］『漢官儀』に、「（漢寿県は）雒陽から三千里離れている」とある。

［四］『魏氏春秋』に、「（孱陵は）劉備が荊州にいたとき都とした場所で、改めて公安と呼んだ」とある。

［五］（沅陵は）馬援の軍が渡った場所である。松梁山があり、山には石があり、切り開いた場所は数十丈になり、その上は天門と呼ばれた。

●長沙郡　秦が置いた。雒陽の南二千八百里にある。十三城で、戸数は二十五万五千八百五十四、口数は百五万九千三百七十二であった。

○臨湘。○攸。○茶陵。○安城。○酃［一］。○湘南　侯国である。衡山は東南にある［二］。○連道。○昭陵。○益陽［三］。○下雋。○羅［四］。○醴陵［五］。○容陵。

以上は荊州刺史部に属しており、郡は七、県・邑・侯国は百十七である［六］。

［劉昭注］

［一］『荊州記』に、「酃湖があり、周囲は三里ある。湖水を取って酒を造ると、酒は極めて甘く、うまいものができる」とある。『湘東記』に、「（酃）県の西南に母山があり、周囲は四百里ある」とある。

［二］郭璞は（『山海経』中山経 衡山に）、「（衡）山の別名は岣嶁である」という。『湘中記』に、「衡山には玉で作られた札があり、禹はその文に思いを巡らして治水を行った。澎で遠く衡山を望むと、雲がわき起こって陣形のように見え、湘水に沿って千里も続き、何度も付いたり離れたりして、そして再び見えなくなる」とある。

［三］『荊州記』に、「（益陽）県の南方十里の所に平岡があり、岡には金を採掘する穴が数百有る。浅いものでは四、五尺あり、深いものは測ることができない。民間の伝承では、「金人がおり、杖で地面をつくと、たちまち金を採掘する穴になる」という」とある。

［四］『帝王世記』に、「（羅県に）黄陵亭がある」とある。『湘中記』も「（羅県に）二妃の神がいる」とある。劉表は、二妃のために碑を立てた。

［五］『荊州記』に、「（醴陵）県の東方四十里の所に大山があり、山に三石室があり、室中に石のベッドや石臼がある。長老の伝承では、「むかし道士がおり、仙術を此の室で学んだ。石臼は金沙を調合するための臼である」という」とある。

［六］『魏氏春秋』に、「建安二十四〔二一九〕年に、呉は、巫と秭帰を分けて固陵郡とした。建安二十五〔二二〇〕年、南郡の巫・秭帰・夷陵・臨沮ならびに房陵・上庸・西城の七県を分けて新城郡とした」とある。

揚州

●九江郡　秦が置いた。雒陽の東千五百里にあった。十四城で、戸数は八万九千四百三十六、口数は四十三万二千四百二十六であった。

○陰陵。○寿春［一］。○浚遒［二］。○成徳。○西曲陽。○合肥　侯国である。○歴陽　侯国であり、揚州刺史の治所である。○当塗　馬丘聚があり、徐鳳はここで反旗を翻した［三］。○全椒。○鍾離　侯国である。○阜陵。○下蔡　もとは沛国に属していた［四］。○平阿　もとは沛国に属していた。塗山がある［五］。○義成　もとは沛国に属していた。

[劉昭注]

[一]『漢官』に、「(寿春は)揚州刺史の治所であり、雒陽から千三百里離れている」とある。(歴陽を揚州刺史の治所とする)志の記述と異なっている。

[二]『春秋左氏伝』哀公 経十二年に、「呉と橐皐で会盟した」とある。杜預は、「(淮南の逡遒)県の東南にある」という。(『後漢書』列伝三十一)宋均伝を調べてみますと、「(逡遒)県に唐・后の二山がある」といっています。

[三]『帝王世記』に、「禹は諸侯と塗山で会盟した」とある。『皇覧』に、「楚の大夫である子思の冢は、(当塗)県の東の山郷の西にあり、県から四十里離れている。子思は芍陂を造った(人物である)」という。

[四]『春秋左氏伝』成公 経七年に、「(馬陵で会盟したころ)呉は州来を侵した」とある。杜預は、「(淮南の)下蔡県である」という。

[五]応劭は、「塗山は当塗にある」という。『春秋左氏伝』(昭公 伝四年)に、「穆王には(諸侯を多く集めた)塗山の会盟があった」という。

●丹陽郡　秦の鄣郡であり、武帝が改名した。雒陽の東二千百六十里にある。建安十三〔二〇八〕年に、孫権は新都郡を（丹陽郡から）分けた。十六城で、戸数は十三万六千五百十八、口数は六十三万五百四十五であった。

○宛陵。○溧陽。○丹陽。○故鄣[一]。○於潜。○涇。○歙[二]。○黟[三]。○陵陽[四]。○蕪湖　中江は西にある[五]。○秣陵[六]　南に牛渚がある。○湖熟　侯国である。○句容。○江乗。○春穀。○石城。

[劉昭注]

[一]（故鄣は）秦の鄣郡の治所である。『呉興記』に、「中平二〔一八五〕年に、（故鄣）県の南側を分けて安吉県を置いた。光和年間〔一七八～一八四年〕の末に、張角が反乱を起こしたが、この郷は険しい地形で守り、国を助けた。漢はこのことを喜ばしく思い、そのため県を立て、中平二年にさらに分けて原郷県を立てた」とある。

[二]『山海経』（海内南経）に、「三天子鄣山は、閩の西の海の北にある」という。郭璞は、「（歙）県の東にあり、いまこれを玉山という」という。『魏氏春秋』に、「（歙県に）安勒烏邪山がある」とある。

[三]『魏氏春秋』に、「（黟県に）林歴山がある」という。

[四] 陵陽子明は、仙術をこの(陵陽)県の山で得た。だから(陵陽子明に)因んだ(陵陽という)県名とした。

[五]『春秋左氏伝』襄公伝三年に、「楚子(重)は呉を伐ち、鳩茲に勝った」とある。杜預は「(丹陽の蕪湖)県の東にある」という。

[六] その地は、もと金陵といったが、秦の始皇帝が改名した。建安十六(二一一)年に、孫権は建業と改名し、建安十七(二一二)年に、石頭(城)を築いた。

●廬江郡 文帝が淮南郡を分けて(廬江郡を)置いた。建武十三(三七)年に、六安国を省いて、その県を所属させた。雒陽の東千七百里にある。十四城で、戸数は十万一千三百九十二、口数は四十二万四千六百八十三である。

○舒 桐郷がある[一]。○雩婁 侯国である。○尋陽[二] 南に九江があり、東に向かって合流して大江となる[三]。○潜[四]。○臨湖 侯国である。○龍舒 侯国である。○襄安。○晥 鉄が採れる。○居巣 侯国である[五]。○六安国[六]。○蓼 侯国である。○安豊 大別山がある[七]。○陽泉 侯国である[八]。○安風 侯国である。

［劉昭注］

［一］（桐郷は）古の桐国である。『春秋左氏伝』昭公伝五年に、「呉は楚を鵲岸で破った」とある。杜預は、「（廬江の舒）県に鵲尾渚がある」という。

［二］（尋陽県に）置馬亭がある。劉勲の軍勢が散じた所である。

［三］釈慧遠の『廬山記略』に、「（廬）山は尋陽の南にあり、南方は宮亭湖に沿い、北方は小江の対岸にあり、（廬）山は小江から三十里余り離れている。匡俗先生という方がおり、殷から周に移り変わる際に世に出て、隠遁してこの山の麓に潜んで住み、道術を仙人から受けて嶺で生活を共にしていた。そのとき匡俗が生活していた場所を仙人の廬として廬山と命名したのである。その山の大きな嶺は、すべてで七重あり、円い土台が、周囲五百里に亘って垂れさがっているようである。その南の嶺は宮亭湖に面し、麓に神廟がある。七嶺は（主峰に）寄り添い、これより高い峰はない。東南に香讃山があり、その頂は大気が厚く集まって焼香の煙のようである。西南の中石門の前に左右二つの物見台があり、千仞余り（の高さ）を壁に添って、滝が流れている。その山中の鳥獣草木の美しさ、霊薬芳林の珍しさは、世に名代といわれる理由である」という。『豫章旧志』に、「匡俗の字は君平で、夏禹の末裔である」とある。

［四］『春秋左氏伝』に、「昭公 伝三十一年に、呉の人が楚を侵し（楚の邑である）夷を伐ち、潜と六を侵した。楚の沈尹戌は軍を率いて潜を救った」とあるのはこれである。潜には天柱山がある。

［五］『皇覧』に、「范増の冢は城郭の東側にある。また役所の中に亞父（范増）の井戸があり、官吏や人民はみな亞父を居巣の役所で祀り、県の役人の上位にある者は初めて政務に取り掛かる時には、みな祀ってから政治に従事した。のちさらに祠〔ほこら〕を東に造った」とある。『広志』に、「（居巣には）二つの大きな湖がある」という。

［六］『皇覧』に、「皐陶の冢は（六安）県にある」という。

［七］『春秋左氏伝』昭公 経二十三年に、「呉は諸侯の軍を雞父で破った」とある。杜預は、「（安豊）県の南に雞備亭がある」という。

［八］『広志』に、「（陽泉県に）陽泉湖がある」という。

●会稽郡　秦が置いた。もとの治所は呉県にあったが、別に郡を呉に立てたので、（会稽郡の治所は）山陰県に移った。雒陽の東三千八百里にある。十四城で、戸数は十二万三千九十、口数は四十八万一千百九十六であった。

○山陰[一] 会稽山は南にあり、（会稽山の）頂に禹の冢がある[二]。浙江がある[三]。○鄮。○烏傷[四]。○諸曁[五]。○余曁[六]。○太末[七]。○上虞[八]。○剡。○余姚。○句章[九]。○鄞。○章安 もとの冶であり、閩越の地である、光武帝が改名した[一〇]。○永寧 永和三〔一三八〉年に、章安県の東甌郷を県とした。○東部 侯国である。

［劉昭注］

［一］『越絶書』に、「句践の小城は、山陰がそれである。稷山というものは、句践の斎戒台である」という。『呉越春秋』に、「句践が城を築き完成すると、怪山が（山陰に）やって来た。怪山とは、琅耶の海中の山である。一夕にして自らやって来た。だから怪山と名付けたのである」という。

［二］『山海経』（南山経 会稽山）に、「会稽山は、山すそは四角形で、山上には黄金や玉が多く、ふもとには玞石が多い」とある。郭璞は、「禹の井戸がある」という。『越絶書』に、「重山があり、句践が大夫種を葬った場所である」という。

［三］郭璞は『山海経』（海内南経 三天子鄣山）に注を付けて、「（浙）江は歙県の玉山から流れ出る」という。

［四］『越絶書』に、「常山があり、古の聖王が薬を採取した場所であり、高くかつ神々しい」とある。『英雄交争記』に、「初平三〔一九二〕年、（烏傷）県の南側の郷を分けて長山県とした」とある。

［五］『越絶書』に、「興平二〔一九五〕年に、（諸暨県を）分割して呉寧県を立てた」とある。

［六］『越絶書』に、「（余暨は）西施の出身地である」とある。謝承の『後漢書』に、「（余暨に）渉屋山がある」という。「魏都賦」の注に、「蕭山があり、潘水はここから流れ出る」とある。

［七］『春秋左氏伝』（隠公 経元年）に、「姑蔑という」とある。初平三〔一九二〕年、（太末県を）分割して新安県を立てた。建安四〔一九九〕年、孫氏は（太末県を）分割して豊安県を立て、二十三〔二一八〕年、遂昌県を立てた。『東陽記』に、「（太末）県の龍丘山に九つの石があり、とくに林の外側からみると優美で、色は丹白であり、遠くから見るとすべて蓮の花のようである。龍丘萇がここに隠遁したので、この名前を採った。その峯のへりに恐ろしい穴があり、外（の入り口）は窓のような形をしていて、中に石林（鍾乳石）がある。恐ろしい穴の前には一本の桃の樹があり、其の実はとても甘く、山中に初めからあったわけではないが、誰が植えたのか分からない」とある。

〔八〕漢末に南郷を分割して始寧県を立てた。

〔九〕『山海経』（南山経 余句山）に、「余句山は、草も木も無く、黄金と玉が多い」とある。郭璞は、「山は余姚県の南、句章県の北にある。だからこの二県（余姚県と句章県）はこの山（余句）にちなんで名とした」という。かつて句践は、呉王を甬東に移そうとした。韋昭は、「県の東の洲である」という。

〔一〇〕『晋太康記』に、「もと鄞県の南の廻浦郷は、章帝の章和元（八七）年に立てられた」とある。（このことは）明確ではない。

●呉郡　順帝が会稽郡を分割して置いた。雒陽の東三千二百里にある。十三城で、戸数は十六万四千百六十四、口数は七十万七百八十二であった。

○呉　もとは国であった〔一〕。震沢は西にあり、のちに具蹬沢と名付けられた〔二〕。○海塩〔三〕。○烏程〔四〕。○余杭〔五〕。○毗陵　季札が住んで居た所である。北江は北にある〔六〕。○丹徒〔七〕。○曲阿。○由拳〔八〕。○安〔九〕。○富春。○陽羨　邑である〔一〇〕。○無錫　侯国である〔一一〕。○婁。

［劉昭注］

［一］『越絶書』に、「呉の大城は、闔閭が造ったものであり、周囲は四十七里二百十歩二尺ある。さらに伍子胥の城であった居巣城がある。昌門の外に闔閭の冢である虎丘がある。穹隆は、赤松子が赤石の脂を取った所であり、（呉）県から二十里離れている。麋湖、欐谿城がある。また石城は、闔閭が美人を置いた山である。虞山は、巫咸の山である」とある。『皇覧』に、「（呉）県の東門の外に孫武の冢がある。さらに要離の冢は、県の西南にある」とある。

［二］『爾雅』の十藪に、「呉と越の接するところに具蹬がある」という。郭璞は、「（呉）県の南の太湖である」という。中に包山があり、麓に洞庭（太湖）があり、地下水は湖の穴を通り地表に出ずに地下を流れ、どの水脈にも通じているので、地脈という。『越絶書』に、「湖の周囲は三万六千頃ある」という。そのほかに大雷山があり、小雷山は、周処の『風土記』に、「舜が沢で漁をした場所である」という。臣昭が考えますに、この僻地の成陽にあるのがそれです。また呉は越を討ち、夫椒で破りました。杜預は、「太湖の中の椒山がそれである」という。

［三］いまの計偕簿を勘案すると、県のもとの治所である。順帝の時に陥没して湖となり、いまは当湖という。大旱になると湖は竭れ、城郭のあった場所が分かる。

［四］『春秋左氏伝』襄公伝三年に、「楚は呉を討ち衡山まで進んだ」とある。杜預は、「（烏程）県の南にある」という。ある人は、「丹陽県の横山である。鳩茲から遠く離れておらず、子重がたどり着いた場所である」という。『呉興記』に、「（烏程）県の北西の卞山に項羽の祠がある。興平二（一九五）年、呉郡太守の許貢が上奏して、（烏程）県を分割して永県とした」とある。

［五］顧夷は、「秦の始皇帝が会稽にいたり、ここを経由したとき、立てて（余杭）県とした」という。『史記』（巻六 秦始皇本紀）に、「始皇帝は浙江を渡ろうとしたが、水波が高かったので、西方百二十里の陴中から渡った」とある。徐広は、「余杭である」という。臣昭が考えますに、始皇帝が通り過ぎた所は、銭塘・富春ですので、どうして余杭の県境に近いことがありましょうか。

［六］『越絶書』に、「（豊陵）県の南城は、古の淹の地である。上湖の中の冢とは、季子（延陵の季札）の冢である。延陵の墟と呼ばれている」とある。『皇覧』に、「曁陽郷である」という。

［七］『春秋』に、「（丹徒は）朱方である」という。

［八］『春秋左氏伝』（定公 経十四年）に、「越は、呉を檇李で破った」とある。杜預は、「（呉郡の

嘉興）県の南の酔李城である」という。干宝の『捜神記』に、「秦の始皇帝が東巡したおり、望気者が、「五百年の後、江東に天子が立つ気があります」といった。始皇帝は江東に着くと、囚人十万人にその地を掘削させ、悪い名前を付けようとした。そこで（嘉興県を）改名して由拳県とした」とある。

［九］『越絶書』に、「西岑の冢があり、越王の孫の開が建立したもので、春申君に警備させた。春申君は西岑の冢を子供に守らせたが、子供が亡くなると城中に改葬した」とある。

［一〇］郭璞は、「（陽羨）県に張公山があり、洞密に二堂がある」という。

［一一］『史記』（巻七十八　春申君列伝）に、「春申君は、もとの呉の墟城に城を築き、自分の都邑とした」とある。城は無錫にある。『皇覧』に、「呉王太伯の冢は、呉県の北の梅里聚にあり、城から十里離れている。太伯がはじめに居た場所は句呉という」とある。臣昭が思いますに、無錫県の東皇山に太伯の冢があり、人々は代々その手入れをして敬ってきました。墓から十里離れている所に、旧宅と井戸があり、まだ存在しているようです。臣昭が思いますに、旧宅というのは、太伯のために廟を置いたもので、『皇覧』がいうところは異なっています。『越絶書』に、「（無錫）県の西の龍尾の陵道は、春申君が初めて封じられたとき、呉が造ったものである」という。臣昭が思いますに、いま現在あるものは、初めから山の名前なの

であり、陵道を築いたわけではないでしょう。

●豫章郡　高帝が置いた。雒陽の南二千七百里にある。二十一城で、戸数は四十万六千四百九十六、口数は百六十六万八千九百六である〔一〕。◯南昌〔二〕。◯建城〔三〕。◯新淦。◯宜春。◯廬陵〔四〕。◯贛　豫章水がある。◯雩都。◯南野　台領山がある。◯南城。◯鄱陽　鄱水がある。黄金采がある〔五〕。◯歴陵　傅惕山がある。◯余汗。◯鄡陽。◯彭沢　彭蠡沢は西にある。◯柴桑。◯艾〔六〕。◯海昏　侯国である〔七〕。◯平都　侯国であり、もとの安平である。◯石陽。◯臨汝　永元八〔九六〕年に置いた。◯建昌　永元十六〔一〇四〕年に、海昏県を分割して置いた。

以上は揚州刺史部であり、郡は六、県・邑・侯国は九十二である。

〔劉昭注〕

〔一〕『豫章記』に、「新呉・上蔡・永脩県は、みな中平年間〔一八四〜一八九年〕に設けられた。豫章県は、建安年間〔一九六〜二二〇年〕に設けられた。上蔡の人々は、分かれてこの地に移り、新たに設けた地を上蔡と名付けた」とある。

［二］『豫章記』に、「長江・淮水の付近では、ただこの（南昌）県と呉・臨湘の三県だけが（小県を治める県長ではなく県）令（が治める地）である」とある。

［三］この地（建城）は、（のちに新たに設けられ）上蔡と名付けられた。『豫章記』に、「（建城）県に葛郷があり、石炭を産する土地が二頃あり、燃やして炊ぐことができた」とある。

［四］興平元（一九五）年、孫策は分割して廬陵郡を設けた。

［五］建安十五（二一〇）年、孫権は分割して鄱陽郡を設け、（鄱陽）県を治所とした。

［六］『春秋左氏伝』哀公 伝二十年に、「呉の公子慶忌が居た場所である」という。

［七］昌邑の城にある。『豫章記』に、「城の東十三里、県は長江の川岸に列なっていて、慨口と呼ばれている。豫章にある長江が流れ出る河口にあたる。昌邑王は、流れに乗るたびに東の方角を見上げ、その度ごとに憤慨して還った。だから、ここを慨口という」とある。

郡国志五　第二十三

益州　漢中　巴郡　広漢　蜀郡　犍為　牂牁　越巂　益州　永昌　広漢
属国　蜀郡属国　犍為属国

涼州　隴西　漢陽　武都　金城　安定　北地　武威　張掖　酒泉　敦煌
張掖属国　張掖居延属国

幷州　上党　太原　上郡　西河　五原　雲中　定襄　雁門　朔方

幽州　涿郡　広陽　代郡　上谷　漁陽　右北平　遼西　遼東　玄菟　楽浪　遼東属国

交州　南海　蒼梧　鬱林　合浦　交趾　九真　日南

益州

●漢中郡　秦が置いた。雒陽の西千九百九十里にある。九城で、戸数は五万七千三百四十四、口数は二十六万七千四百二十二である。

○南鄭[一]。○成固　嬀墟は西北にある[二]。○西城[三]。○褒中[四]。○沔陽　鉄が採れる[五]。○安陽。○錫　錫が採れ、春秋時代には錫穴といった[六]。○上庸　もとの庸国である。○房陵[七]。

〔劉昭注〕

〔一〕『華陽国志』（巻二 漢中志）に、「（城郭を守る）堀池があり、旱山から引かれている」とある。

〔二〕『前書』（『漢書』巻二十八上 地理志上）は、「（嫣墟は）西城にある」とある。『帝王世記』も、「姚墟は西北にあり、舜の祠がある」とある。

〔三〕『巴漢志』に、「漢末に（西城県を）西城郡とした」とある。

〔四〕『華陽国志』（巻二 漢中志）に、「（褒中に仙人の）唐公房の祠がある」とある。

〔五〕『華陽国志』（巻二 漢中志）に、「（沔陽に）定軍山がある」とある。『博物記』に、「（沔陽）県の北に丙穴がある」とある。『巴漢志』に、「（沔陽）県に度水が流れているが、二つの源流があり、一つを清検といい、もう一つを濁検という」とある。

〔六〕『春秋左氏伝』文公 伝十一年に、「楚（子）が麇を討ち、錫穴に至った」とある。

〔七〕『巴漢志』に、「建安十三〔二〇八〕年に、（房陵県は漢中郡から）別れて新城郡に属した。維山があり、維水が流れ出る所で、東方の瀘水に注がれる」とある。

●巴郡　秦が置いた。雒陽の西三千七百里にある〔一〕。十四城で、戸数は三十一万六百

九十一、口数は百八万六千四十九である。

○江州[二]。○宕渠　鉄が採れる。○朐忍[三]。○閬中[四]。○魚復[五]。扞水に扞関がある[六]。○臨江。○枳[七]。○涪陵　丹砂を産出する[八]。○墊江。○安漢。○平都[九]。○充国　永元二〔九〇〕年に閬中郡を分割して置いた[一〇]。○宣漢[一一]。○漢昌　永元年間〔八九～一〇五年〕に置いた[一二]。

[劉昭注]

[一] 譙周の『巴記』に、「初平元〔一九〇〕年に、趙穎は、巴郡を分けて二郡とし、巴のもとの名前に戻そうとした。そこで巴郡は、墊江県を治所とし、安漢県より下流を永寧郡とした。建安六〔二〇一〕年に、劉璋は巴郡を分け、永寧郡を巴東郡とし、墊江を（治所とする巴郡を）巴西郡とした」とある。「蜀都賦」の注に、「銅梁山は、巴東郡とし、巴東郡にある」という。干宝の『捜神記』に、「沢水があり、人々は神龍といった。すぐに大雨を降らせるので、鼓を沢水の傍で鳴らしてはいけない」とある。「蜀都賦」に、「潜龍は沮沢でとぐろを巻き、鼓の響きに応じて雨を起こす」とある。

[二] 杜預は（『春秋左氏伝』桓公 伝九年の注）に、「（江州県は）巴国である」という。塗山があり、

禹は塗山で娶った。『華陽国志』（巻一 巴志）に、「禹の廟の銘が残っている」とある。清水穴があり、巴の人がこれでおしろいを作ると、潤いがあり、鮮やかで良い香りがするおしろいができ、都に献納したので、（それに）因んで粉水と名付けた。

[三]『巴漢志』に、「（朐忍の）山には規模の異なる、石を積み重ねて造った堅固な城がある」とある。

[四] 調べてみますと、本伝（『後漢書』列伝七十六 南蛮西南夷列伝）に兪水がありますす。『巴漢志』に、「彭池・大沢・名山・霊台があり、『孔子内讖』に見える」とある。

[五]（魚復は）古の庸国であり、『春秋左氏伝』文公 伝十六年に、「（裨・鯈および）魚の人が楚の軍を逐った」とあるのがそれである。

[六]『史記』（巻四十 楚世家）に、「楚の粛王は、扞関を造って蜀を防いだ」とある。

[七]『史記』（巻六十九 蘇秦列伝）に、「蘇代は（燕王に）、「楚は枳を手に入れて国は滅亡いたします」と言った」とある。『華陽国志』（巻一 巴志）に、「明月峡・広徳嶼がある」とあるのはそれである。

[八]『巴記』に、「霊帝は、涪陵県を分割して永寧県を置いた」とある。『巴漢志』に、「涪陵県は、巴郡の南の郊外、枳県より南にある丹を折れて、涪水に至る場所にあり、もとの楚の商

於の土地と接している。前漢のとき、赤甲軍は常にその民を取った」とある。

[九]『巴記』に、「(平都県は)和帝が枳県を分割して置いた」とある。

[一〇]『巴記』に、「初平四(一九三)年に、(充国を)ふたたび分割して南充国県とした」とある。

[一一]『巴漢記』に、「(宣漢県は)和帝が、宕渠県の東部を分割して置いた」とある。

[一二]『巴記』に、「宕渠県の北部を分割して漢昌県を置いた」とある。

●広漢郡　高帝(劉邦)が置いた。雒陽の西三千里にある。十一城で、戸数は十三万九千八百六十五、口数は五十万九千四百三十八である。

○雒州　益州刺史の治所である。○新都[一]。○綿竹[二]。○什邡。○涪[三]。○梓潼[四]。○白水[五]。○葭萌[六]。○郪。○広漢　沈水がある。○徳陽[七]。

[劉昭注]

[一]『華陽国志』(巻三 蜀志)に、「(新都県には)金堂山があり、川が巴郡まで流れている」とある。

[二]『地道記』に、「(綿竹には)巖山があり、綿水の流れ出る所である」という。

［三］『巴漢志』に、「孱水は、孱山から流れ出る」とある。

［四］『地道記』に、「五婦山は、馳水が流れ出る」とある。建安二十二（二一七）年に、劉備は（梓潼県を梓潼）郡とした。

［五］『山海経』（海内東経 岷三江）に、「白水は、蜀の国から流れ出て、東南に流れて長江に注ぎ込む」とある。郭璞は、「いま梓潼の白水県にある」という。

［六］『華陽国志』（巻二 漢中志）に、「（葭萌県には）川があり、漢川につながっていて、金銀のあらがねを産し、人々は洗って採る」とある。

［七］『華陽国志』（巻二 漢中志）に、「（徳陽県には）剣閣道があり、三十里行くと、険に至る」とある。

●蜀郡　秦が置いた。雒陽の西三千百里にある。十一城で、戸数は三十万四百五十二、口数は百三十五万四百七十六である。

○成都［一］。○江原。○繁。○広都［二］。○臨邛　鉄が採れる［三］。○湔氐道［四］。○岷山　西の国境の外にある［五］。○汶江道［六］。○八陵。○広柔［七］。○綿虒道［八］。

［劉昭注］

［一］「蜀都賦」の注は、「武帝の元鼎二〔前一一五〕年に、成都の外城に十八の門を立てた」という。

［二］任豫の『益州記』に、「（広都）県に望川源があり、石を二十里に亘って掘り、郫江の水を引いて広都の畑に流した。後漢に掘られたものであるという」とある。

［三］『博物記』に、「火井があり、深さは二、三丈で、（臨邛）県の南方百里の所にある。竹や木を投げ入れて火を取っていたが、後世の人が灯火を井戸の中に投げ込むと、火はたちまち消えてしまい、二度と再び然えることはなかった」とある。「蜀都賦」の注に、「火井の中の火を取り出したいときには、最初に家庭で熾した火を投げ入れると、しばらくほどして隆々と（火柱が）雷声のような音で（上がり）、爛々と燃えて天に登り、光は十里先まで耀き照らした。竹筒で火を取ろうとすると、其の光に当たって炭さえ無くなってしまう。井戸の火を持ち帰り、井戸の水を煮ると、一斛の水で四、五斗の塩ができるが、家庭で熾した火で井戸の水を煮ると、二、三斗の塩しかできない」という。

［四］『蜀王本紀』に、「（湔氏道）県の入り口に二つの石があり、対になっていて闕〔宮門の外に左右相対する高楼〕のようなので、彭門という」とある。

［五］『山海経』（中山経 中次九経 岷山）に、「岷江は、江水が岷江から流れ出て、北東へと流れ海に注ぐ。川の中に良い亀が多く、山上に金や玉が多く、麓に白い珉〔玉に似た石〕が多く、山の獣に犀・象・夔〔牛〕が多い」とある。郭璞は、「いま蜀の山中に大きな牛がいて、重さは数千斤で、夔という」という。「蜀都賦」の注は、「岷山はとくに薬（になる草木）が多く、岷山の椒〔さんしょう・はじかみの実〕は、とくに良いものが多く、世の中の良いものにくらべても非常に優れている」という。

［六］『華陽国志』（巻三 蜀志）に、「瀸水・駹水が流れ出る。厳しい寒さの日が多く、常夏でもかたく凍って溶けない」とある。安帝の延光三〔一二四〕年に、再び立てて郡とした。

［七］『帝王世記』に、「禹は石紐を生んだ。（広柔）県に石紐邑がある」とある。『華陽国志』に、「夷人がその地を治め、四方は百里あり、進んで地方長官に就こうとはしなかった。過ちを犯したものがいれば、野原の中に逃れても、思い切って追うことはせず、禹の神が恐ろしいという。人目に付かずに三年過ごすことができ、なにか人のためになる所があれば、謹んで罪人を許し、禹の神霊が助けたという」とある。

［八］『華陽国志』に、「玉塁山があり、璧玉を産出し、湔水が流れ出る所である」とある。

●犍為郡　武帝が置いた。雒陽の西三千二百七十里にある。劉璋は（犍為郡を）分割して江陽郡を立てた。九城で、戸数は十三万七千七百十三、口数は四十一万千三百七十八である。

○武陽　彭亡聚がある[一]。○資中。○牛鞞。○南安[二]　魚泣涪津がある[三]。○僰道[四]。○江陽[五]。○符節。○南広。○漢安。

[劉昭注]

[一]（彭亡聚は）岑彭が死んだ場所である。『南中志』に、「（武陽）県の南方二十里にある彭望山である」という。『益州記』に、「（武陽）県に王喬が、仙人になった場所がある。王喬の祠は、いま県にあり、麓に彭祖の冢があり、頂上に彭祖の祠がある」という。

[二]「蜀都賦」の注は、「（南安）県の南に五屼山があり、一山で五里あり、越巂郡との境界にある」という。

[三]「蜀都賦」の注に、「魚符津は数百歩（の広さが）あり、（南安）県の北方三十里にある。県は長江に面し、みぎわに山の峰がこもごも連なり、益州郡を通過するところに、広さ四、五尺の道がある。深いところでは百丈あり、切り開いた跡が今残っていて、むかし唐蒙が造っ

た所である」という。『博物記』に、「（南安）県の西方百里に牙門山がある」という。『華陽国志』に、「（南安）県の西方に熊耳峡があり、南方に峨眉山があり、県から八十里余り離れている」とある。

［四］『華陽国志』（巻三 蜀志）に、「馬湖江を治水して一筋の流れにし、川を越巂郡まで通した。もと僰人がおり、茘枝や薑蒟〔生姜やまたたび〕を産する。蜀王の武器を掛ける棚があり、李氷がその棚を崖で焼くと五色になり、赤と白が水に映り、黒と黄になった。魚が楚から泳いで来て、ここに辿り着いて留まるのは、崖が水に映るのを畏れるためである」という。

［五］『華陽国志』（巻三 蜀志）に、「長江と雒水が合流する所に、方山蘭の祀があり、長江の中に左右対称の高楼で大きいものと小さいものがある」という。「蜀都賦」の注に、「沱水・潜水は、もはや通じており、（江陽）県の南から流れて漢嘉県に辿り着くと、大きな穴の中へと注ぎ込み、中間は剛山の下を通り、南の方から潜って出てくる。いま復出水と名付けられているものがそれである」とある。

●牂牁郡　武帝が置いた。雒陽の西五千七百里にある。十六城で、戸数は三万一千五百二十三、口数は二十六万七千二百五十三である。

○故且蘭[一]。○平夷。○鼈[二]。○毋斂。○談指　丹砂を産出する[三]。○夜郎　雄黄〔砒素の硫化物で黄色の顔料になる〕と雌黄〔硫黄と砒素の混合物で薬用及び黄色の顔料になる〕を産出する[四]。○同並。○談稾。○漏江。○毋単。○宛温[五]。○鐔封[六]。○漏臥。○句町[七]。○進乗。○西随[八]。

[劉昭注]

[一]『地道記』に、「（故且蘭に）沅水がある」という。

[二]『地道記』に、「不狼山は、鼈水が流れ出る所である」という。

[三]『南中志』に、「（談指に）不津江があり、川には（熱病を発病させる）毒気がある」という。

[四]調べてみますと、本伝（『後漢書』列伝七十六 西南夷 夜郎伝）に、竹王三郎の祠（の記録）があります。

[五]『南中志』に、「（宛温）県の北三百里に盤江があり、広さは数百歩で、深さは十余丈ある。この川には毒気がある」という。

[六]『華陽国志』（巻四 南中志）に、「（鐔封県には）温水がある」という。

[七]調べてみますと、本伝（『後漢書』列伝七十六 西南夷 夜郎伝）に、桄榔木（の記録）があり

ます。『地道記』に、「文衆水がある」という。

［八］『地道記』に、「麊水は、西の方はとりでの外を流れ、東の方は麊泠まで達し、尚龍谿に注がれる」とある。

●越巂郡　武帝が置いた。雒陽の西四千八百里にある。十四城で、戸数は十三万百二十、口数は六十二万三千四百十八である。

○邛都　南山は銅を産出する［一］。○遂久［二］。○霊関道［三］。○台登　鉄を産出する［四］。○青蛉　禺同山があり、世間では金馬碧雞がいるという［五］。○卑水［六］。○三縫［七］。○会無　鉄を産出する［八］。○定莋［九］。○闡［一〇］。○蘇示。○大莋。○莋秦。○姑復［一一］。

［劉昭注］

［一］『南中志』に、「（邛都）県の東南数里に川があり、邛広都河と呼ばれ、東西南北は二十里、深さ百余丈で、魚がおり、長さは一、二丈におよび、頭はとくに大きく、遠くからみると、鉄を乗せた釜のような形をしている」とある。『華陽国志』に、「（邛広都）河には嵻嶲山があり、また温水穴があり、冬夏ともに熱い」とある。

［二］『華陽国志』（巻四 南中志）に、「（遂久県に）縄水がある」という。『広志』に、「（遂久県は）薄い藍色の石が採れ、瑠璃色の玉が採れる」とある。

［三］『華陽国志』に、「（霊関道県に）銅山があり、また利慈がある」という。

［四］『華陽国志』（巻三 蜀志）に、「（台登県に）孫水があり、別名を白沙江という。山は鏃にする石が採れ、火で焼くと鉄になる」とある。

［五］『華陽国志』（巻四 南中志）に、「（青蛉県に）塩官が置かれた。濮水が流れ出る」とある。

［六］『華陽国志』（巻三 蜀志）に、「（卑水県の）川は馬湖に繋がっている」とある。

［七］『華陽国志』（巻三 蜀志）に、「（三縫県の）道は寧州に通じ、瀘水を越え蜻蛉県へと至る。長谷・石時坪があり、中に石の豬がおり、子供と母親で数千頭になる。長老の伝承では、「夷人がむかし豬をここで放牧していたが、ある朝、豬が石に変化したので、今日まで夷人は決して放牧しなくなった」という」とある。

［八］郭璞は、「『山海経』（西山経 高山）に、（会無）県の東山は碧を産出する。玉の類である」という。『華陽国志』（巻三 蜀志）に、「もとの濮人の邑である。いま濮人の冢がある。冢は戸を閉めておらず、その中には珠が多くあるが、人は取ることができず、それを取るとよくないことがおこる。天馬河がある。天馬は、一日に千里を行く。（会無）県に天馬の祠がある。

人々は家にいながら、馬を麓で放牧し、もしも駿馬が産まれると、天馬の子であるという。いま天馬が通った小道があり、その跡痕が残っている。川の中に銅船があり、いまも残っており、羊を供えて祀れば、取ることができる。川の中にあるのが見える。この土地はとくに良い犀牛を産する。東山は青い碧玉を産出する」とある。

[九]『華陽国志』（巻三　蜀志）に、「（定莋）県は、（越巂）郡の西にある。瀘水をわたり、賓岡徼の白摩沙の夷に、塩を採る穴があり、薪を積んで、塩水を注いだ後で薪を焚くと、白塩となる。漢末に夷はその塩を独占した」とある。

[一〇]『華陽国志』（巻三　蜀志）に、「（闡県は）もとの邛人の邑であり、邛都城を治所とする」とある。

[一一]『地道記』に、「塩池沢は、（姑復県の）南にある」という。

●益州郡　武帝が置いた。もとの滇王の国である。雒陽の西五千六百里にある。諸葛亮の表に、耽文山・沢山・司弥瘞山・婁山・辟龍山（の地名）がみえるが、これらはみな、どの県にあったのか分からない。十七城で、戸数は二万九千三十六、口数は十一万八百二である。

○滇池　鉄が採れる。池沢がある[一]。北に黒水祠がある[二]。○勝休[三]。○兪元　装山は銅が採れる[四]。○律高　石室山は錫が採れる。盢町山は銀や鉛が採れる。○賁古　采山は銅や錫が採れる[五]。羊山は銀や鉛が採れる[六]。○毋棳[七]。○建伶。○穀昌。○牧靡[八]。○味。○昆沢。○同瀨[九]。○同労。○双柏　銀が採れる。○連然。○梇棟[一〇]。○秦臧。

[劉昭注]

[一] 池沢は（滇池）県の西にあり、『前書』（『漢書』巻二十八上 地理志上）に見える。『南中志』に、「池の周囲は、二百五十里である」という。

[二] 『華陽国志』（巻四 南中志）に、「（滇池県の一部の）水は温泉である。さらに白蝟山があり、山には針鼠がいる」とある。

[三] 『南中志』に、「大河があり、東西南北は北百四十里にわたり、深さは数十丈ある」という。『地道記』に、「川は東方の毋棳に流れ着くと、橋水に注がれる」とある。

[四] 『華陽国志』に、「（装山は）河の中洲の岸辺にある」という。

[五] 『前書』（『漢書』巻二十八上 地理志上）に、「（采山は賁古）県の北にある」という。

[六]（羊山は賁古）県の西にある。『地道記』に、「南烏山は、錫を産出する」とある。
[七]『地道記』に、「橋水があり、橋山から流れ出ている」とある。
[八]李奇は、「靡は音が麻である」という。（薬品の）升麻を産出する。
[九]『地道記』に、「銅虜山は、米水が流れ出る所である」という。
[一〇]『地道記』に、「連山は、無血水が流れ出る所である」という。

●永昌郡　明帝が永平十二（六九）年に、益州郡を分割して置いた。雒陽の西七千二百六十里にある[一]。八城で、戸数は二十三万一千八百九十七、口数は百八十九万七千三百四十四である。

○不韋　鉄が採れる[二]。○嶲唐[三]。○比蘇。○楪楡[四]。○邪龍。○雲南[五]。○哀牢　永平年間（五八～七五年）に置いた。もとの牢王国である。○博南　永平年間に置いた。南の県境は金が採れる[六]。

[劉昭注]

[一]『広志』に、「永昌の一郡は、龍の輝きを見ることができ、太陽と月が連なっているように

みえる」とある。

［二］『華陽国志』（巻四 南中志）に、「武帝は不韋県を置き、南越の国相である呂嘉の子孫一族を移して住まわせ、不韋と名付けて、その祖先の悪行を明らかにした」とある。

［三］（巂唐は）もと西南の蛮族（の地）である。『史記』（巻百十六 西南夷列伝）に、「古は巂と昆明であった」とある。『古今注』に、「永平十（六七）年に、益州西部都尉を置いた。巂唐を治所として、哀牢の人である楪榆の蛮夷を鎮め、安んじた」とある。『華陽国志』に、「周水があり、国境の外から流れて来る」とある。

［四］（楪榆県に）河がある。『広志』に、「弔鳥山が、（楪榆）県の北西八十里の阜山にある。多数の鳥の群れが一度に集まって、けたたましく鳴き叫び、毎年七月、八月の朔と望になると、六日間集まる。一年に、だいたい六回やって来る。雉雀が飛んで来て弔う声は、とくに悲しげである。その地方の人は、夜に火を燃やして、こっそり覗いて取りあげるが、嗉嚢（咽の食べ物を受けるふくろ）に物がなく、餌を食べていない鳥は、義鳥とみなして、捕らない。世間では鳳皇が、この山で死んだという。だから鳥たちが飛んで来て弔うのである」とある。『地道記』に、「沢があり、（楪榆）県の東にある」という。

［五］『南中志』に、「（雲南）県の西側にある高い山々は、連なっている。山には大きな泉があり、

水は万歩にわたり一巡りし、馮河と呼ばれている。県の北西百数十里の所に山があり、山々の中でとくに高く大きく、形状は扶風の太一山のようである。木々が鬱蒼と生い茂り、高く聳え立ち、雲のように空中に現れる気と一緒になっているので、視ようとしても見えない。その山は、凝り固まった陰気が寒々と行き渡り、五月の暑い盛りでも熱くならない」とある。『広志』に、「五月の霜と雪は、皓々と白く輝いている」とある。

［六］『華陽国志』（巻四 南中志）に、「西山は、高さ三十里である。越山には蘭滄水があり、金沙が採れ、洗って取り出し溶かして金にする。光の珠の穴がある」という。『広志』に、「虎魄が地中に生じるが、その地表や側には草が生えない。深いものでは四、五尺から八、九尺の所にあり、大きなものは十斗枡くらいあり、外皮を削り取ると、中は虎魄で一升枡ほどあり、初めは桃のゼリー状であったものが、堅く固まって虎魄になる」という。

●広漢属国　もとは北部都尉で、広漢郡に属していた。安帝の時に属国都尉となり、別に三城を管轄した。戸数は三万七千百十、口数は二十万五千六百五十二である。

○陰平道。○甸氐道［一］。○剛氐道［二］。

［劉昭注］

［一］『華陽国志』（巻二漢中志）に、「（旬氏道に）白水があり、国境の外に出て、漢水に注がれる」とある。

［二］『華陽国志』（巻二漢中志）に、「（剛氏道は）涪水が流れ出る所で、金銀の鉱石が採れる」とある。

●蜀郡属国　もとは西部都尉に属していた。延光元（一二二）年に属国都尉となり、別に四城を管轄した。戸数は十一万一千五百六十八、口数は四十七万五千六百二十九である。

○漢嘉　もとの青衣であり、陽嘉二（一三三）年に改めた。蒙山がある［一］。○厳道　邛棘九折坂があり、邛郵が置かれた［二］。○徙［三］。○旄牛［四］。

［劉昭注］

［一］『華陽国志』に、「（漢嘉県に）洙水があり、邛来から岷江に流れ出て、さらに岷山から西

方の長江に注がれ、郡（の他の川）と合流して青衣江を下り、長江に注ぐ。この土地は山が多い」とある。「蜀都賦」に、「霊関を城郭で囲い、門を造った」とある。注に、「（霊関は）山の名である。地は（漢嘉）県の南にある」という。

［二］『山海経』（中山経 崍山）に、「崍山は、江水が流れ出る」とある。郭璞は、「中江が流れ出る場所である」という。『華陽国志』に、「道は至って険しく、長嶺があり、棟のように連なっていて、八渡の難所、楊母閣の峻険がある。むかし楊氏は、唱えて閣をつくったため、これを名とし（て楊母閣とし）たのである。邛崍山は、もとは邛莋とよばれていた。もとの邛人と莋人の境界だからである。（山は）険しく峻厳で、つづら折りの道が幾重にも続き、ようやく山頂に至る。万年雪は夏も融けず、冬は猛烈に寒い。王陽は、支配地を巡察してここに至り（気候と山の厳しさのため）引き返した」とある。

［三］『華陽国志』に、「（徙県は）丹砂・雄雌黄・空青・青碧を産出する」とある。

［四］『華陽国志』に、「旄は、地名である。邛崍山の外側にある。邛人が蜀から国に入り、山を越えるには、とても険しい難所であったため、南方の人が毒づいて、邛崍と名付けたのである。鮮水・若水があり、別に洲江とも呼ばれている」とある。

●犍為属国　もとは犍為郡の南部都尉であり、永初元〔一〇七〕年に、属国都尉となり、別に二城を管轄した。戸数は七千九百三十八、口数は三万七千百八十七である。

○朱提[一]　山は銀・銅を産出する[二]。○漢陽。

以上は益州刺史部であり、郡・国は十二、県・道は百十八である[三]。

[劉昭注]

[一]『南中志』に、「(朱提)県に水を深くたたえた池があり、千頃池と呼ばれている。西南二里の所に堂狼山があり、毒草が多く、盛夏の月に、飛ぶ鳥がここを通り過ぎようとすると、飛び去ることができなくなる」とある。「蜀都賦」の注は、「(朱提県に)霊池があり、県の南数十里にある。周囲は四十七里ある」という。

[二] 調べましたところ『前書』(『漢書』巻二十四下 食貨志下)に、「朱提の銀の重さは八両を一流とし、(質がよいので)千五百八十銭に相当し、他の銀の一流は千銭に相当する」とあります。『南中志』に、「もとは(朱提県には)銀の採掘場が数ヵ所あった」とある。諸葛亮の書簡に、「漢嘉の金、朱提の銀は(重要な収入源であるが)、これを採取しても(北伐の費用が莫

大なため）自給するには足らない」とある。

［三］（益州は）もとの梁州である。袁山松の『後漢書』に、「建安二十（二一五）年に、ふたたび漢寧郡、漢中の安陽・西城郡を置き、錫・上庸を分けて上庸郡とし、都尉を置いた」とある。

涼州

●隴西郡　秦が置いた。雒陽の西二千二百二十里にある。十一城で、戸数は五千六百二十八、口数は二万九千六百三十七である。

○狄道。○安故。○氐道　養水はここから流れ出る［一］。○首陽　鳥鼠同穴山があり［二］、渭水が流れ出る［三］。○大夏。○襄武　五雞聚がある。○臨洮　西頃山がある［四］。○鈾罕　もとは金城郡に属していた。○白石　もとは金城郡に属していた。○鄣。○河関　もとは金城郡に属していた。積石山は南西にあり、河水が流れ出る。

［劉昭注］

［一］『巴漢志』に、「漢水は、二つの源流があり、東の源流は（氐道）県の養山から流れ出て、

養水と呼ばれている」とある。「南都賦」の注に、「漢水の源流は、隴西から流れ出し、武都を通って武関山にたどり着き、南陽の境界を通って、沔口に出て、長江に注ぎ込む」という。『巴漢志』に、「西の漢水は、隴西の嶓冢山より（流れ出て）、白水と合流して葭萌を通り、漢水に注ぎ込む。始源を沔という。だから漢沔という」とある。

[二]『爾雅』（釈鳥）に、「（鳥鼠同穴山にいる）その鳥を鵌といい、その鼠を鼵という。人家の鼠のように尾は短い。鵌は鵽（えびすすずめ）に似て小さく、黄黒色をしている。地面に穴を掘って三、四尺もぐり、鼠は穴の内にいて、鳥は外にいる」とある。孔安国の『尚書』の伝に、「共に雌雄をなす」とある。張氏の『地理記』に、「雌雄にはならない」とある。『山海経』に、「この（鳥鼠同穴）山には白虎・白玉が多い」とある。

[三]『地道記』に、「（首陽県に）三危があり、三苗がいた所である」という。

[四]『前志』（『漢書』巻二十八下 地理志下）に、「（西頃山は臨洮）県の西にある」という。本伝（『後漢書』列伝七十七 西羌 滇良伝）に、「馬防が索西城を築いた」とある。

●漢陽郡　武帝が置き、天水と名付けた。永平十七（七四）年に、改名した。雒陽の西二千里にある[一]。十三城で、戸数は二万七千四百二十三、口数は十三万百三十八である。

○冀[二] 朱圄山がある[三]。緹群山がある。雒門聚がある[四]。○望恒。○阿陽。○略陽 街泉亭がある[五]。○勇士。○成紀[六]。○隴 涼州刺史の治所である[七]。大きな坂があり隴坻と名付けられている[八]。獂坻聚に秦亭がある[九]。○獂道[一〇]。○蘭干。○平襄。○顕親。○上邽 もとは隴西郡に属していた[一一]。○西 もとは隴西郡に属していた。嶓冢山、西漢水がある[一二]。

[劉昭注]

[一]『秦州記』に、「中平五（一八八）年に、（漢陽郡を）分割して南安郡を置いた」とある。『献帝起居注』に、「初平四（一九三）年十二月に、すでに漢陽郡・上郡を分割して永陽郡とし、郷亭を属県とした」とある。

[二]『史記』（巻五 秦本紀）に、「秦の武公は、冀戎を討ち、（その後そこに）県を置いた」とある。

[三]『前志』（『漢書』巻二十八下 地理志下）に、「（朱圄山は冀）県の南（の梧中聚）にある」という。

[四]（雒門聚は）来歙が、隗囂を破った場所である。

［五］街泉は、もとは県であったが、省かれた。

［六］『帝王世記』に、「庖犠氏は、成紀で生まれた」とある。

［七］『漢官』に、「雒陽から二千百里離れている」とある。

［八］『三秦記』に、「（隴坻という）その坂は幾度も回りくねり、高さはどれくらいあるか分からず、上ろうとするものは、七日かけてようやく越えることができる。高い所では百軒余りの家を容れられるほどで、清水が四ヵ所から流れ落ちている」とある。郭仲産の『秦州記』に、「（隴坻は）隴山の東西百八十里にある。山の嶺に登って、東方の秦川の方角を眺めると、四、五百里も離れていて、見渡す限り霞んでいる。山東の人で徴用され、土木工事や国境の守備に当たるとき、ここに登って振り向いてみる者は、誰でも悲しみにくれた。だから歌に、「隴山の頭は（涙である）水を流し、分離して四ヵ所に注ぎ下る。私の徴用を思い、飄々と何もなく広々とした野原、高い所に登って遠く眺めると、涕が両方の目から落ちる」とある。汧山・隴山を越えていくと、養蚕の桑はなく、八月であるのに麦があり、五月になると氷が溶ける」とある。

［九］秦の祖先の封地は、ここから始まった。

［一〇］『史記』（巻五 秦本紀）に、「秦の孝公は、西方で戎（の獂）王を斬った」とある。

［二］『秦州記』に、「（上邽）県の北に利山があり、川の中の平地に土が盛り上がった丘があり、高さは五丈で、細竹を生み、青々と茂って通常のものとは異なっている。二本の楊の樹があり、大きさは数十囲で、人々はその樹を祀る」とある。

［三］『史記』（本紀一 五帝本紀）に、「重ねて和仲に命じて、西土（の昧谷）に居らせた」とある。徐広は、「いまの（天水郡の）西県である」という。鄭玄は、「西県は、隴西郡の西にあり、いまこれを八充山という」という。

●武都郡　武帝が置いた。雒陽の西千九百六十里にある。七城で、戸数は二万百二、口数は八万千七百二十八である。

○下弁［一］。○武都道［二］。○上禄。○故道［三］。○河池［四］。○沮　沔水は東狼谷から流れ出る。○羌道。

［劉昭注］

［一］（下弁に）赤亭がある。

［二］『華陽国志』に、「（武都道に）天池沢がある」という。

［三］干宝の『捜神記』（巻十八 怒特祠）に、「（故道に）怒特の祠があり、秦が旄頭騎を置くことは、ここから始まった」とある。

［四］『地道記』に、「（河池に）泉街水がある」という。

●金城郡　昭帝が置いた。雒陽の西二千八百里である。十城で、戸数は三千八百五十八、口数は一万八千九百四十七であった。

○允吾［一］。○浩亹［二］。○令居。○枝陽。○金城。○楡中。○臨羌　崑崙山がある。○破羌。○安夷。○允街。

［劉昭注］

［一］（『後漢書』列伝七十七）西羌伝に、唐谷がある。秦州に牢北山があり、そばに三つの洞窟がある。

［二］雒都谷があり、馬武が羌族を破った場所である。

●安定郡　武帝が置いた。雒陽の西千七百里にある。八城で、戸数は六千九十四、口数は二万九千六十であった。

○臨涇[一]。○高平 第一城がある[二]。○朝那[三]。○烏枝 瓦亭があり[四]、薄落谷から（烏水が）流れ出ている[五]。○三水[六]。○陰盤[七]。○彭陽。○鶉觚 もとは北地郡に属していた。

[劉昭注]

[一] 謝承の『後漢書』に、「宣仲が、県の高位の役人となると、（その善政を慕って）人々はむりに引き留め、改名して宣民と言った」とある。（しかし）李固の伝を見ても、郡国志のこの改名の記述は無い。恐らく謝承の妄言ではなかろうか。

[二] （高平県の第一城は）高峻が、拠点とした場所である。

[三] （朝那に）湫淵があり、四方は四十里あり、水は停まって流れず、冬でも夏でも増減することなく、草木を生じない。郭璞は『山海経』（海内東経 岷三江）に注をつけて、「涇水が（朝那）県の西の幵頭山から流れ出て、渭水に流れ込む」という。

[四] （烏枝は）牛邯が、軍を布いた場所である。

[五] 本伝（『後漢書』列伝三 隗囂伝）に龍池山があり、『地道記』に、「烏水が流れ出る」とある。

［六］（三水に）左谷があり、盧芳がいた場所である。

［七］（陰盤県には）もと陰密県があったが、いまだにどこと合併したか、はっきりしない。杜預は（『春秋左氏伝』昭公 伝十五年に）、「定安の陰密県は、もとの密須国である」という。『史記』（巻五 秦本紀）に、「秦は白起を陰密に遷す」とある。『山海経』（海内東経 岷三江）に、「温水は崆峒山から出る。臨汾の南にあり河に注ぎ込む。華陽の北側である」という。郭璞は、「（川の）水はいつも温かい」という。

●北地郡　秦が置いた。雒陽の西千百里にある。六城で、戸数は三千百二十二、口数は一万八千六百三十七である。

○富平。○泥陽　五柞亭がある［一］。○弋居　鉄が採れる。○廉［二］。○参䜌　もとは安定郡に属していた［三］。○霊州。

［劉昭注］

［一］『地道記』に、「泥水は郁郅の北の蛮中から流れ出る」とある。

［二］『前志』（『漢書』巻二十八下 地理志下の注）に、「卑移山は北西にある」という。

［三］（参繇には）青山がある。謝沈の『後漢書』に、「属国都尉は、降伏した羌と胡の数千人を山に住まわせて作物を耕作し、動物を飼育させた」とある。

●武威郡　もと匈奴の休屠王の土地であり、武帝が（武威郡を）置いた。雒陽の西三千五百里である。十四城で、戸は一万四十二、口数は三万四千二百二十六である。

〇姑臧［一］。〇張掖。〇武威。〇休屠。〇揟次。〇鸞鳥。〇樸劋。〇媼圍。〇宣威。〇倉松［二］。〇鸇陰　もとは安定郡に属していた。〇租厲　もとは安定郡に属していた。〇顕美　もとは張掖郡に属していた。〇左騎　千人官がある。

［一］『地道記』に、「南山は、谷水が流れ出る場所である」という。

［二］『地道記』に、「南山は、松陝水が流れ出る場所である」という。

●張掖郡　もと匈奴の昆邪王の地であり、武帝が（張掖郡を）置いた。雒陽の西四千二百里にある。献帝は分割して西郡を置いた。八城で、戸数は六千五百五十

二、口数は二万六千四十である。

○觻得。○昭武。○删丹　弱水が流れ出る。○氏池。○屋蘭。○日勒。○驪靬。○番和。

●酒泉郡　武帝が置いた。雒陽の西四千七百里にある。九城で、戸数は一万二千七百六である。

○福禄。○表氏。○楽涫。○玉門。○会水。○沙頭。○安弥　もとは綏弥といった。○乾斉。○延寿[一]。

[劉昭注]

[一]『博物記』に、「（延寿）県の南に山があり、石の穴から水が湧き出ている。大きいものは、竹製の丸い箱や馬に飼料を与える丸籠ほどあり、地面に注ぎ、溝になっている。その水は、肥えていて、煮肉のスープのようであり、長々と流れて、凝まらない脂肪のようである。これを燃やせば非常に明るいが、食べることはできない。（延寿）県の人々はこれを石の漆という」とある。

●敦煌郡　武帝が置いた。雒陽の西五千里にある〔一〕。六城で、戸数は七百四十八、口数は二万九千百七十である。

○敦煌　古の瓜州であり、美味しい瓜を産出する。○冥安。○効穀。○拼泉。○広至。○龍勒　玉門関がある。

〔劉昭注〕

〔一〕『耆旧記』に、「国は北西に位置し、その土地は北東の大きな丘に列なっている。川には県泉の神がおり、山には鳴沙山の妙がある。川には人を害する蛇やまむしはおらず、沢には猛獣の兕獣〔水牛に似た一角獣〕や虎はいない。中国と外国が交わる場所で、一都市である」という。

●張掖属国　武帝は属国都尉を置き、蛮夷の降伏した者を支配させた。安帝の時に、別に五城を管轄した。戸数は四千六百五十六、口数は一万六千九百五十二であった。

○候官。○左騎。○千人。○司馬官。○千人官。

●張掖居延属国　もとは郡都尉であった。安帝が別に一城を管轄させた。戸数は千五百六十、口数は四千七百三十三である。

○居延　居延沢がある。古の流沙である[一]。

以上は涼州刺史部であり、郡国は十二、県・道・候官は九十八である[二]。

［劉昭注］

［一］献帝の建安年間（一九六～二二〇年）の末に、（新たに郡を）立てて西海郡とした。

［二］袁山松の『後漢書』に、「興平元（一九四）年に、安定郡の鶉觚県と右扶風の漆県を分割して新平郡を置いた」とある。

幷州

●上党郡　秦が置いた。雒陽の北千五百里にある。十三城で、戸数は二万六千二百二十二、口数は十二万七千四百三である。

○長子[一]。○屯留　絳水が流れ出る[二]。○銅鞮[三]。○沾[四]。○涅　閼与聚がある[五]。○襄垣[六]。○壺関　黎亭がある。もとの黎国である[七]。○泫氏　長平亭がある[八]。○高都[九]。○潞　もとは国である[一〇]。○猗氏[一一]。○陽阿　侯国である。○穀遠[一二]。

［劉昭注］

[一]『山海経』（北山経　発鳩山）に、「発鳩山があり、漳水はここから流れ出る」とある。『上党記』に、「関城は、都尉が治める場所である。令狐徴君は、城の東の山中に隠れていたが、その場所は郡から六十里離れた所にあった。壺関の三老であった令狐茂が天子（の武帝）に書を奉って戻太子（の無実）を訴えた者である。令狐茂は、その山に埋葬された」とある。

[二]『上党記』に、「（屯留県に）鹿谷山があり、濁漳が流れ出る場所である。余吾城があり、県の北西三十里にある」という。

[三]『上党記』に、「晋の別宮と廃れた関は、いまなお残っている。北城があり、晋の宮から二十里離れており、羊舌〔晋の羊舌虎〕が邑とした場所である」という。『春秋左氏伝』成公経九年に、「晋は、鄭伯をここで捕らえた」とある。

[四]『山海経』（北山経 少山）に、「（沾県にある）少山は、山上に金や玉があり、麓に銅がある」という。郭璞は、「（楽平郡）沾（県）にある」という。

[五]『史記』（巻八十一 廉頗藺相如列伝）に、「趙奢は、秦の兵を閼与で破った」とある。『山海経』（北山経 謁戻山）に、「謁戻山に金や玉があり、沁水はここから流れ出る。南の方角に流れて河に注ぎ込む」とある。郭璞は、「（上党郡）涅（県）にある」という。

[六]『上党記』に、「邑は山林が巡らされ、よく茂った松がこの邑に生い茂っている」とある。

[七]（『尚書』西伯戡黎に）「文王は、黎を征伐した」とあるのは、ほかならぬこの地である。『上党記』に、「東山は、城の東南にあり、晋の申生が伐たれた場所で、いま平皋と呼ばれている」とある。

[八]『史記』（巻八十三 魯仲連列伝）に、「白起は趙を長平で破った」とある。『上党記』に、「城は郡の南の山中、百二十里の所にある」という。

[九]『前志』（『漢書』巻二十八上 地理志上）に、「天井関がある」という。『戦国策』（魏二）に、「桀は、天井に居た」とあるのは、天門のことである。『博物記』に、「県の南の地を即垂と呼ぶ」とある。

[一〇]『春秋左氏伝』哀公 伝四年に、「斉は晋を壺口で討った」とある。杜預は、「潞県の東に

壺口関がある」という。『上党記』に、「潞は、濁漳である。県の城は潞水に面している。晉の荀林父が、曲梁を討った場所は、城の西十里にあり、いま石梁と呼ばれている。また東北八十里の場所に黎城があり、壺口関に面している。建安十一（二〇六）年になると、洶河口から溝を切り開いて潞河に注ぎ込ませ、泉州梁と名付けて、海に通じさせた」とある。

［二］『漢書音義』に、「（猗氏）県は鶡〔かけい〕を産出する」とある。

［三］『上党記』に、「（穀遠に）羊頭山があり、沁水が流れ出る所である」という。

●太原郡　秦が置いた。十六城で、戸数は三万九百二、口数は二十万百二十四である。

○晉陽　もとの唐国である［一］。龍山があり、晉水が流れ出る所である［二］。幷州刺史の治所がある［三］。○界休　界山があり、綿上聚がある［四］。千畝聚がある［五］。○榆次［六］　鑿壺がある［七］。○中都［八］。○于離。○茲氏。○狼孟。○鄔［九］。○盂［一〇］。○平陶。○京陵　春秋時代の九京である［一一］。○陽曲。○大陵　鉄が採れる［一二］。○祁。○慮虒。○陽邑　箕城がある［一三］。

［劉昭注］

［一］『毛詩譜』に、「尭は、始め晋陽〔唐国〕に都を置いたが、のちに河東の平陽に遷った」とある。

［二］『山海経』（北山経 県雍山）に、「（晋陽に）懸甕山があり、その山上には玉が多く、その麓には銅が多く、その獣には閭や麋〔となかい〕が多く、晋水がここから流れ出て、東南の方角の汾水に注がれる」とある。郭璞は、「（晋陽）県（の西）にある」という。『春秋左氏伝』（昭公 伝元年）に、「実沈を大夏に遷す」とある。賈逵は、「唐尭の後裔は、劉累である」という。杜元凱は、「いまの晋陽県である」という。

［三］『漢官』に、「（晋陽県の）南に梗陽城があり、中行献子が巫皐を目にした場所である」という。

［四］『春秋左氏伝』（僖公 伝二十四年）に、「晋の文公は、綿上を（死んだ）介之推のために所領とした」とある。界山は、介之推が焼け死んだ山である。だから太原郡の風俗に寒食〔冬至から百五日目から始まる三日間は火を使わない。晋の文公が定めた〕がある。

［五］『春秋左氏伝』（桓公 伝二年）に、「晋は、千畝の戦いをした」とある。（西河の界休）県の南にある。

［六］『春秋左氏伝』（昭公 伝二十八年）に、（楡次は）「塗水」とある。

〔七〕『史記』（巻七十八 春申君列伝）に、「韓と魏は、智伯〔春秋時代の晉の六卿、智襄子荀瑤〕を殺して、鑿壺の麓に葬った」とある。

〔八〕『春秋左氏伝』昭公 伝二年に、「陳無宇を中都に閉じこめた」とある。杜預は、「界休県の南の中都城がそれである」という。

〔九〕『史記』（巻五十四 曹相国世家）に、「韓信が、夏説を鄔東で破った」とある。徐広は、「（鄔は）音が於庶の反である」という。

〔一〇〕（盂は）晉の大夫である盂丙の邑である。

〔一一〕『礼記』（檀弓篇）に、「趙武は、先の大夫のため九京に付き従った」とある。鄭玄は、「晉の卿・大夫の墓地である。京は、字の誤りで、九原につくるべきである」という。

〔一二〕『史記』（巻四十三 趙世家）に、「趙の粛侯は、大陵に出掛け、鹿門から出ようとした」というのは、すなわち大陵のことである。

〔一三〕『春秋左氏伝』僖公 経三十三年に、「晉は狄を箕で破った」とある。

●上郡　秦が置いた。十城で、戸数は五千百六十九、口数は二万八千五百九十九である。

○膚施。○白土。○漆垣。○奢延。○雕陰。○楨林。○定陽。○高奴。○亀茲属国。○候官。

●西河郡　武帝が置いた。雒陽の北千二百里にある。十三城で、戸数は五千六百九十八、口数は二万八百三十八である。

○離石。○平定。○美稷。○楽街。○中陽。○皐狼。○平周。○平陸。○益蘭。○圜陰。○藺。○圜陽。○広衍。

●五原郡　秦が置き九原郡と名付けた。（のちに前漢の）武帝が改名した。十城で、戸数は四千六百六十七、口数は二万二千九百五十七である。

○九原。○五原。○臨沃。○文国。○河陰。○武都。○宜梁。○曼柏。○成宜。○西安陽　北に陰山がある［一］。

［劉昭注］

［一］徐広は、「陰山は河南にあり、陽山は河北にある」という。『史記』（巻八十八 蒙恬列伝）に、

「蒙恬は、長城を臨洮に築いた。はるか万里余りの長さに延び、黄河を渡り、陽山にかかっている」とある。

●雲中郡　秦が置いた。十一城で、戸数は五千三百五十一、口数は二万六千四百三十であった。

○雲中。○咸陽。○箕陵。○沙陵。○沙南［一］。○北輿。○武泉。○原陽。○定襄　もとは定襄郡に属していた。○成楽　もとは定襄郡に属していた。○武進　もとは定襄郡に属していた。

［劉昭注］

［一］調べてみますと、烏桓（の支配地）には蘭池城があり、（そこは）烏桓が耿曄（順帝期の護烏桓校尉）を包囲した場所でしょう。

●定襄郡　高帝（劉邦）が置いた。五城で、戸数は三千百五十三、口数は一万三千五百七十一であった。

○善無　もとは雁門郡に属していた。○桐過。○武成。○駱。○中陵　もとは雁門郡に属していた。

●雁門郡　秦が置いた。雒陽の北千五百里にある。十四城で、戸数は三万千八百六十二、口数は二十四万九千であった。

○陰館[一]。○繁畤。○楼煩。○武州[二]。○汪陶。○劇陽。○崞。○平城[三]。○埒。○馬邑[四]。○鹵城　もとは代郡に属していた[五]。○広武　もとは太原郡に属していた。夏屋山がある[六]。○原平　もとは太原郡に属していた[七]。○彊陰。

[劉昭注]

[一]『史記』（巻十 孝文本紀）に、「漢の蘇意は、句注に軍を進めた」とある。応劭は、「山険の名であり、（陰館）県にある」という。『爾雅』の八陵に、「西隃雁門」とあるのはこれである。郭璞は、「それこそが、雁門山である」という。『山海経』（海内西経 雁門山）に、「雁門山というのは、雁が山の間から飛んで出てくるから（そう呼ぶの）である」という。

[二]『前書』（『漢書』巻九十四上 匈奴伝上）に、「武帝は、匈奴を誘い出して、武州の砦に入れ

た」とある。

［三］『前書』（『漢書』巻四十三 婁敬伝）に、「高帝（劉邦）は、白登で（匈奴に）包囲された」とある。服虔は、「（白登は平城）県から七里離れている」という。

［四］干宝の『捜神記』（巻十三 馬邑城）に、「むかし秦の人が、城を武州の砦の中に築いて、胡の侵入に備えようとした。城が完成しそうになると、何度も崩れる。（そのとき）馬が同じ場所を何度もぐるぐると走り回った。父老たちはこれを不思議に思い、そこで（馬が走った跡に沿って）城を築くと、ようやく城は崩れなくなった。そこで馬邑と名付けた」とある。

［五］『山海経』（北山経 泰戯山）に、「泰戯山は、草木がなく、金や玉が多い。呼沱川は、ここから流れ出る」とある。郭璞は、「いまの呼沱河は、（鹵城）県の武夫山より流れ出る」という。『周礼』（職方氏）に、「并州、川には呼沱がある」という。『魏志』（『三国志』巻一 武帝紀）に、「建安十〔二〇五〕年に、溝を掘り呼沱から汾水に注ぎ込ませ、平虜渠と名付けた」とある。

［六］『史記』（巻四十三 趙世家）に、「趙襄子は、北の方角にある夏屋山に登り、銅のひしゃくで代王を殴り殺した」とある。郭璞は、「『爾雅』（五方）に、山中に獣がいて、形は兎のようで、背負いあって一緒に行動する。土地の人は俗に、これを蹷〔ふみつけおしのける〕と

いう」という。

[七]『古史考』に、「趙衰が原に居たというのは、いまの原平県である」という。

●朔方郡　武帝が置いた。六城で、戸数は千九百八十七、口数は七千八百四十三である。
○臨戎。○三封。○朔方。○沃野。○広牧。○大城　もとは西河郡に属していた。
以上は并州刺史部であり、郡は九、県・邑・侯国は九十八である[一]。

[劉昭注]

[一]『古今注』に、「建武十一〔三五〕年十月に、西河の上郡が属した」とある。『魏志』（『三国志』巻一 武帝紀）に、「建安二十〔二一五〕年に、雲中郡・定襄郡・五原郡・朔方郡を省いて、（郡ごとに）一県を置いてその民を治めさせ、合併して新興郡とした」とある。

幽州

●涿郡　高帝（劉邦）が置いた。雒陽の北東千八百里にある。七城で、戸数は十万二千二百十八、口数は六十三万三千七百五十四である。

○涿。○迺　侯国である[一]。○故安　易水が流れ出て、雹水が流れ出る[二]。○范陽　侯国である。○良郷。○北新城　汾水門がある[三]。○方城　もとは広陽郡に属していた。臨郷がある[四]。督亢亭がある[五]。

［劉昭注］

［一］『史記』（巻十　孝武本紀）に、「漢の武帝は、鳴沢に至った」とある。服虔は、「（迺）県の北の境界にある」という。

［二］調べたましたところ本紀（『後漢書』本紀四　和帝紀）に、「永元十五〔一〇三〕年、ふたたび（故安）県に鉄官を置いた」とあります。

［三］『史記』（巻四十三　趙世家）に、「趙は、燕に汾門を与えた」とある。

［四］（臨郷は）もとは県であったが、のちに省かれた。恵文王は、燕に臨楽を与えた。

［五］劉向の「別録」に、「督亢は、肥沃な土地である」という。『史記』（巻八十六　刺客　荊軻伝）に、「荊軻は、督亢の地図を奉じて秦に入った」とある。

●広陽郡　高帝（劉邦）が置いた。燕国であったが、昭帝が改名して郡とした。世祖

（光武帝）は省いて上谷郡と合併したが、永元八〔九六〕年に（郡に）復帰した。

五城で、戸数は四万四千五百五十、口数は二十八万六千六百である。

○薊 もとは燕国であった。幽州刺史の治所である〔一〕。○広陽。○昌平 もとは上谷郡に属していた。○軍都 もとは上谷郡に属していた。○安次 もとは勃海郡に属していた。

［劉昭注］

［一］『漢官』に、「（薊は）雒陽の北東二千里にある」という。

●代郡 秦が置いた。雒陽の北東二千五百里にある〔一〕。十一城で、戸数は二万百二十三、口数は十二万六千百八十八である。

○高柳。○桑乾。○道人。○当城。○馬城。○班氏。○狋氏。○北平邑 永元八〔九六〕年に戻った。○東安陽。○平舒。○代〔二〕。

［劉昭注］

〔一〕『古今注』に、「(代郡は)建武二十七〔五一〕年七月に、幽州に属した」とある。

〔二〕干宝の『捜神記』に、「代城が始めて築かれたとき、板幹〔築地を築く時、内側に土を入れるため、両側に立てる板と柱〕を立てると、一朝にして南西の板が無くなり、四、五十里離れた沢の中に自力で立っていた。そこで葦を結んで外門とし、ここに築城した。もともと、城の周囲三十五丈は、(城市の体裁を持つ)九門になっていた。そのため城があった位置によって、東城と名付けた」とある。

●上谷郡　秦が置いた。雒陽の北東三千二百里にある。八城で、戸数は一万三百五十二、口数は五万千二百四である。

○沮陽。○潘　永元十一〔九九〕年に戻った。○寧。○広寧。○居庸。○雊瞀。○涿鹿〔一〕。○下落。

〔劉昭注〕

〔一〕『帝王世紀』に、「(涿鹿県は)黄帝が都を置いた場所で、蚩尤の城・阪泉の地・黄帝の祠がある」という。『世本』に、「(涿鹿県は)彭城の南にある」という。張晏は、「(涿鹿県は)

上谷にある」という。瓚が思うに、礼〔『大戴礼記』〕の五帝位〔五帝徳〕に、「黄帝が赤帝と阪泉の野で戦った」と言っているのは、涿鹿ではなく、これは蚩尤を討った場所である。

●漁陽郡　秦が置いた。雒陽の北東二千里にある。九城で、戸数は六万八千四百五十六、口数は四十三万五千七百四十である。

○漁陽　鉄が採れる。○狐奴。○潞。○雍奴。○泉州　鉄が採れる。○平谷。○安楽。○傂奚。○獷平。

●右北平郡　秦が置いた。雒陽の北東二千三百里にある。四城で、戸数は九千百七十、口数は五万三千四百七十五である。

○土垠。○徐無。○俊靡。○無終。

●遼西郡　秦が置いた。雒陽の北東三千三百里にあった。五城で、戸数は一万四千百五十、口数は八万千七百十四であった。

○陽楽。○海陽。○令支　孤竹城がある[一]。○肥如。○臨渝[二]。

[劉昭注]

[一]（孤竹は）伯夷・叔斉の生まれた国である。

[二]『山海経』（北山経 碣石山）に、「碣石山は、縄水が流れ出る。山上に玉があり、麓に青碧が多い」とある。『水経』に、「（碣石山は遼西の臨渝）県の南（の中洲）にある」という。郭璞は、「あるいは「（碣石山は）右北平の驪成県にある海辺の山である」ともいう」とある。

●遼東郡　秦が置いた。雒陽の北東三千六百里にある[一]。十一城で、戸数は六万四千百五十八、口数は八万千七百十四である。

○襄平。○新昌。○無慮。○望平。○候城。○安市。○平郭　鉄が採れる。○西安平[二]。○汶。○番汗。○沓氏。

[劉昭注]

[一] 調べてみますと本紀（『後漢書』本紀四 和帝紀）に、「和帝の永元十六〔一〇四〕年、（遼東を）郡に戻し、西部都尉の官を置いた」とあります。

〔二〕『魏氏春秋』に、「（西安平）県の北に小川があり、南に流れて海に注ぎ込む。（高）句驪の別の種族なので、この地を小水貊〔小川が流れている所にいる貊〕と名付けた」とある。

●玄菟郡　武帝が置いた。雒陽の北東四千里にあった。六城で、戸数は千五百九十四、口数は四万三千百六十三であった。

○高句驪。遼山があり、遼水が流れ出る〔一〕。○西蓋馬。○上殷台。○高顕　もとは遼東郡に属していた。○候城　もとは遼東郡に属していた。○遼陽　もとは遼東郡に属していた〔二〕。

〔劉昭注〕

〔一〕『山海経』（海内東経　岷三江）に、「遼水は白平の東側から流れ出る」とある。郭璞は、「辺塞の外衛の白平山から流れ出る。遼山は、小遼水が流れ出る場所である」という。

〔二〕『東観漢記』に、「安帝が即位した年に、（遼東郡から高顕・候城・遼陽の）三県を分けて（玄菟郡に）所属させた」とある。

●楽浪郡　武帝が置いた。雒陽の東北五千里にある。十八城で、戸数は六万千四百九十二、口数は二十五万七千五十であった。

○朝鮮。○䛁邯。○浿水。○含資。○占蟬。○遂城。○増地。○帯方。○駟望。○海冥。○列口[一]。○長岑。○屯有。○昭明。○鏤方。○提奚。○渾弥。○楽都。

［劉昭注］

［一］郭璞は『山海経』に注をつけて、「列は、川の名前である」という。列水は遼東にある。

●遼東属国　もとの邯郷であり、西部都尉の管轄であった。安帝の時に属国都尉が治めるようになり、別に六城を管轄した。雒陽の北東三千二百六十里にある。

○昌遼　もとの天遼であり、遼西郡に属していた[一]。○賓徒　もとは遼西郡に属していた。○徒河　もとは遼西郡に属していた。○無慮　医無慮山がある。○険瀆[二]。○房。

以上は幽州刺史部であり、郡・国は十一、県・邑・侯国は九十である。

［劉昭注］

［一］何法盛の『晉中興書』に、「青城山がある」という。

［二］『史記』（巻百十五 朝鮮列伝）に、「王険は、衛満が都を置いた場所である」という。

交州

●南海郡　武帝が置いた。雒陽の南七千百里にある。七城で、戸数は七万千四百七十七、口数は二十五万二百八十二である。

○番禺［一］。○博羅［二］。○中宿。○龍川。○四会。○掲陽。○増城　労領山がある。

［劉昭注］

［一］『山海経』（海内南経 桂林八樹）に、「桂林八樹は、賁禺の東にある」という。郭璞は、「いまの番禺である」という。

［二］（博羅県に）羅浮山があり、会稽山から羅浮山を越えて博山に行く。そのため博羅県を置いた。

●蒼梧郡　武帝が置いた。雒陽の南六千四百十里にある。十一城で、戸数は十一万千三百九十五、口数は四十六万六千九百七十五である。

○広信[一]。○謝沐。○高要。○封陽。○臨賀。○端谿。○馮乗。○富川。○茘浦。○猛陵[二]。○鄣平[三]。

[劉昭注]

[一]『漢官』に、「(広信県は)交州刺史の治所である。雒陽から九千里離れている」とある。

[二]『地道記』に、「龍山は、合水が流れ出る場所である」という。

[三](鄣平県は)永平十四〔七一〕年に置いた。

●鬱林郡　秦の桂林郡である。武帝が改名した。雒陽の南六千五百里にある。十一城である。

○布山。○安広。○阿林。○広鬱。○中溜。○桂林。○潭中。○臨塵。○定周。○増食。○領方。

●合浦郡　武帝が置いた。雒陽の南九千百九十一里にある。五城で、戸数は二万三千百二十一、口数は八万六千六百十七である。

○合浦。○徐聞[一]。○高涼[二]。○臨元。○朱崖。

［劉昭注］

［一］『交州記』に、「（徐聞県は）大呉公を出し、（白い鹿の）皮を冠として振るい動かした」とある。

［二］建安二十五〔二二〇〕年、孫権は、高梁郡を立てた。

●交趾郡　武帝が置いた。安陽王の国である。雒陽の南一万一千里にある。十二城である。

○龍編[一]。○羸𨻶[二]。○安定[三]。○苟漏[四]。○麊泠。○曲陽。○北帯。○稽徐。○西于。○朱䳒。○封谿　建武十九〔四三〕年に置かれた[五]。○望海　建武十九年に置かれた。

［劉昭注］

［一］『交州記』に、「（龍編）県の西には長江が巡り、仙人の住む山が、数百里続いている。三つの湖があり、注水・沆水という二つの川が流れている」とある。

［二］『地道記』に、「南越の美しい織物は、ここで産出される」とある。

［三］『交州記』に、「越人は銅を鋳造して船を造った。それは長江にあり、潮が退くときに見える」とある。

［四］『交州記』に、「潜水牛がおり、岸に上り共に闘う。角は軟かく、再び生えてくる」とある。

［五］『交州記』に、「龍門という隄防があり、水の深さは百尋で、大魚がこの門を登ると変身して龍になる。龍門を登ることができないので、えらを曝して額を当て、流血するのでこの川は、いつも赤い池のようである。秦潜江がある。嘔山から流れ出て、分かれて九十九の流れになり、三百里余り流れて、一つの口で一緒になる」とある。

●九真郡　武帝が置いた。雒陽の南一万一千五百八十里にある。五城で、戸数は四万六千五百十三、口数は二十万九千八百九十四である。

○胥浦。○居風[一]。○咸懽。○無功。○無編。

[劉昭注]

[一]『交州記』に、「(居風県に)山があり、金牛を産出する。時として夜その牛を見ると、十里の遠くまで光り輝いてみえる。山に風の出入り口があり、いつも風が吹いている」とある。

●日南郡　秦の象郡であったが、武帝が改名した。雒陽の南一万三千四百里にある。五城で、戸数は一万八千二百六十三、口数は十万六百七十六である。

○西巻。○朱吾[一]。○盧容[二]。○象林[三]。○比景[四]。

以上は交州刺史部であり、郡は七、県は五十六である[五]。

[劉昭注]

[一]『交州記』に、「(朱吾県の)民は、海辺で暮らし、米を食べず、ただ魚を捕るだけである」という。

[二]『交州記』に、「(盧容県に)採金浦がある」という。

〔三〕（象林は）いまの林邑国である。

〔四〕『博物記』に、「日南郡は、野女を生み出す。群がって行き、夫は見あたらず、その姿は白い上になお白く、裸で上着や短い下着すら身につけていない」とある。

〔五〕王範の『交広春秋』に、「交州は羸陵県を治所としたが、元封五年〔前一〇六〕に、蒼梧郡の広信県に治所を移し、建安十五〔二一〇〕年には、番禺県を治所とした。詔を出して遠く州の辺境の地であるため、節〔天子の使者であるしるしの旗〕を持たせ（て天子の使者とし）、七郡を一つに合わせて、尽く鼓吹曲を授け、尊厳さを増して鎮めようとした」とある。

『漢書』地理志は、秦の三十六郡と、県・邑数百を受け継いだが、のちにだんだんと細かくなり、平帝のときになると、すべての郡・国は百三、県・邑・道・侯国は千五百八十七となった。後漢の光武帝は、漢を中興すると、官が多く役職が煩瑣であることを考え、そこで命令し併合して、郡・国を十、県・邑・道・侯国を四百余り省いた〔二〕。明帝になると、郡を一つ置き、章帝は郡・国を二つ置き、和帝は三つ置き、安帝は属国都尉に命じて、別に管轄させて郡に比するものを六つ置いた。また、省いた県を次第に再び分けて置くようになり、順帝になると、すべての郡・国は百五、県・邑・道・侯国は千百八十[二]、民の戸数は九百六十九万八千六百三十、口数は四千九百十五万二百二十になった[三]。

［劉昭注］

［一］応劭は『漢官』に、「後漢の光武帝が漢を中興したが、国内の人民で（戸籍に付いており）数えられるものは、（もとの口数の）三、四割に過ぎなかった。辺境はもの寂しく、僅かばかりの生き残りもおらず、国境の砦は破壊され、亭の部隊は絶えて無くなっていた。建武二十一（四五）年に、始めて中郎将の馬援と謁者を派遣し、手分けして物見櫓を築き、砦はようやく建ち、（辺境に）郡県十万戸余りを立て、あるところでは（治める民が）空であっても、太守・県令・県長を置いて、民を呼び戻した。光武帝は笑って、「いま辺境には人がいないのに長吏を置いて治めようとしている。（治めることが）難しいのは春秋時代の（無冠の帝王である）素王（孔子）のようなものだな」と言った。そこで多くの陣営を築き、屯田を行い穀物を増やし、刑を弛めた罪人を辺境に移して、人口を充実させた」と述べている。

［二］『東観漢記』に、「永興元（一五三）年に、郷は三千六百八十二、亭は一万二千四百四十二であった」とある。

［三］応劭の『漢官儀』に、「永和年間〔一三六～一四一年〕に、戸数は千七十八万、口数は五千三百八十六万九千五百八十八に至った」とある。また『帝王世記』に、「永嘉元〔一四五〕年に、戸数は多く九十七万八千七百七十一、口数は七百二十一万六千六百三十六であった」とある。（これは）極盛の時の戸口を載せており、異なる所が非常に多く、永嘉元年の多い戸口を捨て、永和年間の少ない戸口を取れば、本当のことを解き明かすことはできない。皇甫謐の考究は、詳しく、また誤りを記していないが、まだ何が正しいのかは明確ではない。これは順帝の時の記録として、そのまま後の史書の基本とすることができない。伏无忌は、皇帝が崩御するたびごとに、戸口と開墾された田地のおおよその数を集めて記している。いまこの後に列記して、増減の差を示しておこう。光武帝の中元二〔五七〕年には、戸数は四百二十七万九千六百三十四、口数は二千百万七千八百二十であった。明帝の永平十八〔七五〕年には、戸数は五百八十六万五千五百七十三、口数は三千四百十二万五千二十一であった。章帝の章和二〔八八〕年には、戸数は七百四十五万六千七百八十四、口数は四千三百三十五万六千三百六十七であった。和帝の元興元〔一〇五〕年には、戸数は九百二十三万七千百十二、口数は五千三百二十五万六千二百二十九、墾田は七百三十二万百七十頃八十畝百四十歩であった。安帝の延光四〔一二五〕年には、戸数は九百六十四万七千八百三十八、口数は四千八百

六十九万七百八十九、墾田は六百九十四万二千八百九十二頃十三畝八十五歩であった。順帝の建康元〔一四四〕年には、戸数は九百九十四万六千九百十九、口数は四千九百七十三万五百五十、墾田は六百八十九万六千二百七十一頃五十六畝百九十四歩であった。沖帝の永嘉元〔一四五〕年には、戸数は九百九十三万七千六百八十、口数は四千九百五十二万四千百八十三、墾田は六百九十五万七千六百七十六頃二十畝百八歩であった。質帝の本初元〔一四六〕年には、戸数は九百三十四万八千二百二十七、口数は四千七百五十六万六千七百七十二、墾田は六百九十三万百二十三頃三十八畝であった。

賛にいう、（光武帝が）民を安んじてのち（班固により）載記が作られ、政治が行き渡ることで（郡国は）区分された。（周代の）諸侯の制度を止め、太守を置き、（太守は任期で交替するから）民に一定の主君は無くなった。（郡国の）呼称は移り変わり、本来（その名称であったはず）の土地から離れ、（諸王の）封土は（子孫に）割譲され、複雑に入り乱れている。（そこで）名称変更・土地面積や人口の増減については、おおむね元々の記録に従い記載した。

漢が創始された当初、（陳勝・呉広の乱より続く）内乱を受けて、兵火は終息していなかった。（そのため）法制度の始まりは、ほぼ秦の制度に依拠し、それを受け継いだままとしていた。景帝のときに、呉楚七国の乱（がおこり、その内乱）に鑑みて、初めて諸侯王（の勢力）を減退させる政策が採られた。武帝のときになり、（職制の）多くが改編されたが、（官僚機構は）肥大化して経費が嵩み、民は（重税により）窮乏した。世祖光武帝が漢を中興すると、節約に励み、官庁を統廃合して冗職を廃止し、莫大な経費を削減した。（官制の）欠損した個所を修復して、自ら（新たな官制に）改革しなかったので、天下は（節約の）風潮に感化され、中国はゆとりを持つことができた。

むかし周公は『周官』を著したが、（その規定する）官の職掌は明瞭で、法と制度は連携されており、（周）王室が衰微した後にも、（規範として）長く伝えられてきた。今その遺書（を再編した『周礼』）は、周王室が民の統治をした徳の優れた様子をみることができ、将来への有益な規範となり、窮まることがない。もとの新汲〔河南省許昌市の東〕県令である王隆が著した『小学漢官篇』は、文章は高邁であるが、あらましが尽くされていない[一]。ただ班固が、（『漢書』に）百官公卿表を著し、漢が秦の諸制度を継承して官制を定めた次第を記し、（漢初から始まり）王莽に終わる記録には、やや一貫性が認められる。しかし（班固の百官公卿表は）武帝のときの（官僚機構が）肥大化して経費の嵩んだものを記しており、（その規定する）官の職掌は明瞭とは言い難い。世祖光武帝が節約して定めた制度こそ、（国制の）変わらぬ規範とすべきである。このため、その官簿に依拠して、（そこに記された）官の職掌についておおまかに注をつけて、百官志を著す[二]。およそ官職が置かれた根本的な理由、および（世祖の）中興で省いた官で、依拠して見るべきものがないものは、すでに『漢書』百官公卿表に記されているために（省き）、すべてを載せることはしなかった。

〔劉昭注〕

〔一〕調べてみますと、胡広は、王隆の『漢官篇』に注をつけています。（胡広は）その論の注に、「さきに安帝のとき、越騎校尉の劉秋孫〔劉珍〕が、東観で書物の校勘をしていた。好事家の樊長孫は、書簡を与えて、「漢家の礼儀は、叔孫通たちが草創したが、（それらは）みな律令に則ったもので、司法の職にあるものが管掌し、執務室の奥深くにしまわれ、記録する者がいなかった。（このため）久しく（前漢・後漢の）二代の礼儀は、明らかになっていない。（礼儀は）まことに順序だてて選定し、『周礼』に擬えて編成し、（官職の）位を定め職掌を分かち、それぞれに秩序を保つことで、人に（職務遂行上での）賢愚の差を無くし、宮中に参内しても惑わないようにすべきである。貴君は、皇室の元老であり、その任に相応しいのに、どうしてそのようにしないのか」と言った。劉君はその言葉をもっともであるとして、同郷出身で博学である郎中の張平子〔張衡〕と議論を重ねたが定まらなかった。やがて、劉君は宗正・衛尉に転任し、（張）平子も尚書郎・太史令となり、それぞれの職務に精励したため、（作業を続ける）余裕がなかった。順帝のとき、（張）平子は侍中となり、書物を校勘して、『周官解説』をつくり、続いて漢のことを述べようとした。たまたま河間〔河北省河間市一帯〕の国相に転任したため、完成できなかった。著作の功は、容易ではない。この言葉に感じ、（張衡たちの故事を）顧みて、もとの新汲令である王文山〔王隆〕が、『小学漢官篇』を著し、三公・九卿と外朝・内朝の官職を述べ、あまねく四夷に及び、該博で読みやすく、新たな知見を多く含み、古今の制度や儀品を知るに足るものとした。そもそも法律には（時代と共に）改制されるものとそうでないものがあり、政道にも改めるべきものと守るべきものがある。そこで多少の参照すべき資料を集め、漢官篇のために解詁〔『漢官解詁』〕を作り、それぞれ本文の下に続けて、その後の沿革を記した。（この著作を）世の中に広め、願わくはその旨を明らかにし、積み重なった過去の記憶を広めて、後世の賢人の一考に供すればと思う次第である」と述べています。

［二］臣昭は、「百官志は、すでにこれに注を付けた「百官簿」であるといいます。今わたくしは異同を調べ、（本来の注釈に）共に細字で書き加えました。もし互いに齟齬があれば、注と本注を吟味するため、分けられるようにすべきです。そこで本注は、すべて大きな文字で書き、「本注曰」との起辞を付すことで、（わたくしの注）との違いを示しております」と申しあげます。

太傅

太傅は、（三公の上に位置する）上公で（定員）一名である［一］。本注に、「（天子の）善導を職掌とし、非常置の官職である。世祖（光武帝）は卓茂を太傅とし、（かれが）薨去すると、（後任を置かずに）省いた。そののち皇帝が即位するごとに、太傅を置き録尚書事に任命したが、（その者が）薨去すれば、そのたびに省いた」とある［二］。

［劉昭注］

［一］『大戴礼記』に、「傅は、（人に）傅き（人を）傅けることを道徳上の本分とする」とある。応劭の『漢官儀』に、「傅は、（人を）覆うという意味である」という。賈誼は、「天子が先聖の懿徳に無関心で、君と民のあるべき姿に無知で、礼儀の（示す）秩序に目もくれず、『詩経』『尚書』を尊重せず、学業に身が入らなければ、太師の責任である。むかしは斉の太公望（呂尚）がこの職に就いていた。天子が庶民に恩愛を施さず、大臣を礼遇せず、裁判に臨まず、官僚を統裁せず、葬儀に哀悼の意を表さず、祭祀に敬虔な態度を示さず、物忌みに自己を律せず、諸事に不信を示せば、太傅の責任である。むかしは周公（旦）がこの職に就いていた。天子が玉座に端座せず、学業を受けるに慎まず、（論理的に）物事が語れず、（その）声音が程良きを得ず、（公的な場所での）出処進退に秩序が無く、仕草に節度が無ければ、太保の責任である。むかしは燕の召公（奭）がこの職に就いていた。天子が学業の目的から逸脱し、近習たちが師を欺き、諸侯に応接し、大臣に会う際に、品の良い雅やかな言葉遣い、当を得た表現を知らず、（人の意見に）耳をかさず言葉が足りず、見識に乏しく（また、それを）広めようとしなければ、少師の責任である。天子の振る舞いに秩序が無く、衣服・冠・帯が華美に過ぎ、身の廻りの品々が奢侈に過ぎ、衣服の好みが極端で身分にそぐわず、喜怒

（などの感情）表現が公正さを持たず、（人に）物などを与え（また）取り上げるのに節度が無ければ、少傅の責任である。天子が私生活に夢中となり、安逸に走り、易きにつき、享楽的で耽溺する傾向にあり、決まった時間に食事を摂らず、暴飲・暴食し、決まった時間に起床・就寝をせず、趣味の品々を極端に偏重すれば、少保の責任である。これは古の天子が輔弼に従うために定められた礼である。（天子は）自助努力により天子（に相応しい人物）になるのであり（廻りにいる）賢明で智恵のある人物は（それを）補佐する。こうして熟慮を巡らして政策を誤ること無く、諸事大過無く過ごし、終世中庸を得られるのである」という。

〔二〕胡広の注に、「（太傅が薨去すると省くのは、公正さを期すためで）冢宰が自己を律するのと同じような意図である」という。調べてみますと、霊帝は治世の初め、陳蕃を太傅に任命しました。陳蕃が誅されると、胡広を後任にあてましたが、（この時）始めて（太傅の職は）一世に一人という原則が破られました。董卓が長安に蟠踞したころ、自らを尊び太師の職に就きましたが、その位は太傅の上に置かれました。応劭の『漢官儀』に、「太師は、古の官職である。平帝の元〔二〕年、孔光は太傅で（太師に）任命された。詔して、太師は朝見することなく、十日に一度晩餐を賜い、霊寿杖を賜い、宮中に席をつくり机を設けるとされた。太師が宮中に入るのにあたって杖を用いるのは、これから始まった」とある。また『漢官儀』に、「太傅長史は、（定員）一名、官秩は千石、掾・属は（定員）二十四名、令史と御属は（定員）二十二名である」という。荀綽の『晉後書』百官表の注に、「漢の太傅は掾・属十名、御属一名、令史十二名を置いた。長史を置くことは、（晉の官制と）漢との違いである」という。

太尉

太尉は、（三）公で（定員）一名である[一]。本注に、「各方面の軍事の考課を掌り、年の暮れに軍人の殿最（評価の第一と最下位）を（皇帝に）奏上して賞罰を行う。（天を祀る）郊祭では、亜献（天子の初献につぐ献杯）を掌り、（皇帝崩御の葬礼である）大喪では、諡号を南郊で（天に）告げる。国に大功や大疑獄があれば、（他の三公の）司徒・司空と共に論ずる。国家に重大な過誤があれば、司徒・司空と共に諫める。世祖（光武帝）が即位した当初、（この官職は）大司馬と呼ばれた[二]。（のち）建武二十七〔五一〕年、改めて太尉とした」とある[三]。

（太尉府の属僚である）長史は（定員）一名、（官秩は）千石である[四]。本注に、「それぞれの部署の業務を統括する」とある。

（太尉府の下僚である）掾・史・属（の定員）は二十四名である。本注に、『漢旧注』に、東西曹の掾は（官秩が）比四百石、それ以外の掾は（官秩が）比三百石、属は（官秩が）比百石、そのため公府の掾は、古の元士で三命（の士）に準えられる。ある人が言うには、漢の初め掾・史を辟召した際には、みな（それぞれが仕える公に対して）意見を上言した、そのため秩命士に準えられる者である。上言しないものは、百石の属であった。そののちみな自ら辟召したので、すべて百石とするようになった[五]。西曹は、府史の事務一般を担当する。東曹は、二千石〔太守〕の長吏の移動や任命および軍吏を担当する。戸曹は、民戸・祭礼・農業一般を担当する。奏曹は、奏議を担当する。辞曹は、訴訟を担当する。法曹は、（公文書・官公物の）郵送および（公務にて移動する官吏の）護送の次第を担当する。尉曹は、兵卒および物資の運搬を担当する。賊曹は、盗賊を担当する。決曹は、刑事事件を担当する。金曹は、貨幣、塩・鉄（の専売）を担当する。倉曹は、穀物の貯蔵を担当する。黄閤主簿は、省のすべての記録を担当する」とある[六]。

令史および御属（の定員）は、二十三名である。本注に、『漢旧注』に、三公の令史（の官秩）は百石、後漢の成立以後、注は石数を記載しない。御属は、三公の政務補助を担当する[七]。閤下令史は、府内の綱紀を担当する。記室令史は、上章・表報・書記を担当する。門令史は公府の門を担当する。その他の令史は（府内の）それぞれの部署の文書を担当するとある」という[八]。

［劉昭注］

［一］応劭は、「上の者が下の者を保障することを尉といい、（それゆえ）武官（の名称に）はすべてこの字が使われる」という。『漢書』に、「（太尉は）秦の官職である」という。鄭玄は（『礼記』の）月令に注を付けてまた、「（太尉は）秦の官職である」という。（しかし）『尚書中候』には、「舜が太尉となる」とある。束晳は、これに拠り（太尉は）秦の官職ではないとし、これにより鄭玄を非難する。臣昭は、「緯書は、不可思議なものを尊び、（記述に）一貫性がなく、嘘や怪しげな記載も紛れこませております。陰陽を詳しく調べ、極端な事例を求めて取りあげ、あるいは予兆があれば、後に（それを）証明する出来事が起きたと結びつけ、ことさらに（自分達の）考えに拘泥し、あれこれと称号を取り沙汰し、輔弼すら明らかにしようとしました。通儒は、みな（緯書を）好むものの、時系列は省略され文意もはっきりしません。（たとえば）公輸（班）・益州（について緯書の記述が誤っていること）は、張衡

の批判に尽くされておりますし、（君の）口が無い者（である尹）は漢の輔弼となるという予言は、（緯書を批判する）尹敏の諷刺です。図讖は紛らわしく誤ったもので、通俗に堕していることが多いものものです。太尉という官職は天を掌（る官であ）り、舜は宰となって、天の運行の観察を掌り、政事を取り仕切りました。まさしく（舜が太尉に就いたという理解は）後代の（太尉の）地位から類推して前に及ぼすものです。（太尉は）唐（尭の官職）の実号ではなかったのではないでしょうか。太尉の職責が、舜の掌るところなので、掌ることが同じために（舜が）太尉であったかのように記したのでしょう。『尚書中候』に誤りがあることは、これを官としたことでも分かりましょう。鄭玄は該博な知識を持ち、自ら『尚書中候』に注を付けながら、『礼記』に注をつけるに及んで舜の職位を忘れることなどありましょうか。（鄭玄は）誤謬を『尚書中候』では指摘せず、「月令」で正したのです。束晳の誤りは、（鄭玄の）深い意図に思いを致さなかった点にあります。『説苑』に、「尭のとき、舜は司徒となった」とあります。『新論』に、「むかし尭は（舜を）大麓で試したが、（それは）天子の政事を総領させたので、今の尚書と同じよう（な職責）であった」とあります。『古史考』に、「舜は（尭帝の時代）百揆の位にあり、政務全般を取り仕切った」とあります。（この件について）見識を持つ者は、百揆は尭が初めて設置し（た官職であり）、周代に名を冢宰と改めたとしています。その見解が正しいものです」と申し上げます。

〔一二〕『漢官儀』に、「元狩六〔前一一七〕年、太尉を廃止し、周の制度に則り司馬とした。このとき議者が考えるに、漢の軍には（すでに）官候・千人・司馬（という官名）がある。そのため大（の一字）を加えて大司馬とした。大小により司馬の称号を分けるためである」という。

〔一三〕蔡質の『漢儀』に、「（大司馬）府の役所の闕については、王莽が大司馬として権柄を握り、のちに帝位を簒奪したので、貶めて大司馬府の闕を設置しないことになった」とある。『漢官儀』に、「張衡は、「明帝は、大司馬府と司空府はすでに盛んであるから、さらに太尉府も修築しようと思われた。そのときの太尉は趙憙であった。西曹掾は安衆の鄭均で、平素から名節を好み、考えるに、朝廷は新たに北宮を造営し、諸官庁の庁舎を建て直し、旱魃が続いているので、民は新たな（太尉府の）造営の負担に耐えることができない。（太尉府の造営負担を課すことは）殷の湯王が示した六事〔施政上の六つの非違〕にそむき、周の宣王の（示した『詩経』）雲漢の言葉にもとる。今の太尉府はもと館陶公主の屋敷で（そう手狭なものではなく）、勤務する官吏も多くはなく、十分に事たりているとした。趙憙は（鄭均の意見に従って）上表し、許可された。その年の冬、明帝は辟雍に臨み、（司馬・司空の）二府を見ると広壮華麗であったが、太尉府のみが見すぼらしかった。明帝は（太尉府のある）東方を振り返り、ため息をついて、「それ相応の待遇・設備は必要である。物乞いが（三公の筆頭である）太尉とは不様なものではないか」と漏らした。このとき趙憙の子である趙世が侍中として、車駕に同乗していた。帰還すると（帝の嘆息を）詳しく父に告げた。趙憙は（経緯を聞いて）恨みに思い、しきりに鄭均を責めたてた。鄭均は自ら弾劾して辞職し、（故郷に戻る）途中で病を得て没した」と言う」とある。『古今注』に、「永平十五〔七二〕年、改めて太尉・司徒・司空の府を開陽城門の内に造営した」とある。これとは内容が異なる。臣昭が調べますと、「（後漢末）劉虞は大司馬の位につき、太尉と並置された」とあります（ので、大司馬と太尉の官職とは、必ずどちらか一方しか設置されるものではなく、同時期に並置される場合もございました）。

〔四〕盧植の『礼記解詁』に、「（長史は）周の小宰のような官である」という。

〔五〕『漢書音義』に、「正職を掾といい、副職を属という」とある。

〔六〕応劭の『漢官儀』に、「世祖（光武帝）は詔して、「今の選挙では、智恵ある者も口舌の徒も心術の涼やかな者もそうでない者も混ざって登用されている。（元来）丞相の故事では、四つの科目で士を登用した。第一に人徳に優れ、志操堅固なこと。第二に、学問に通じ行儀にかない、経中博士たるべきこと。第三に、法令に通暁し、裁判の結審を任せるに足り、筆力があって文章を推敲する能力を有し、文中御史たるべきこと。第四に、胆力に優れ才略が多く、問題に惑わず、明敏さは決断できるに足り、才能は三輔の県令に任ずべきものであること。これらはみな孝悌・廉潔な行いを持つ。今より以降、四科の辟召、さらには刺史・二千石（太守）の茂才・尤異・孝廉の吏を察挙するあり方を審査し、努めてその実力・人柄を明らかにし、英俊・賢行・廉潔・平端〔公平無私〕な人物を県邑から選抜し、試行した後に実職にあてよ。（もし察挙した人物が）官職に見合った人ではなく、上計に際して報告書を書き損じ、官界の慣行に習熟せず、手紙の書式・文字に乱れがあり、詔書に書かれた内容に背いた場合は、（担当の）官僚は（その）罪名を上奏し、ならびに（その）人物を察挙した者を正せ」と述べた。また河堤の謁者については、光武帝が改めて三公府の掾・属であったものを謁者として職務にあてた。あるいは（同じく三公府の掾・属を）御史中丞・刺史に抜擢し、小郡の太守とした。黎陽〔河南省浚県附近〕を監察する謁者については、光武帝が幽州・幷州の騎兵により天下を定めたため、とくに黎陽に兵営をたて、謁者に監察を担当させたが、その騎兵（の数）は千人（と多く）、税も免除されて重んじられていた。（しかし）謁者の任は軽く、（騎兵は）多くほしいままに放置されていたので、順帝は改めて三公府の掾の清廉で評判の高い者を（黎陽謁者に）用い、（そののち）州牧・郡太守に抜擢した」とある。『漢官目録』に、「建武十二年八月乙未の詔書により、三公に茂才を各一名、廉吏を各二名挙げさせ、光禄勲に一年ごとに茂才・四科を各一名を挙げさせ、廉吏を三名察せさせ、中二千石（の九卿に）一年ごとに廉吏を各一名察せさせ、廷尉と大司農に各二名、兵士を率いる将軍に一年ごとに廉吏を各二名を察せさせ、監察御史と司隷校尉と州牧に一年ごとに茂才を各一名挙げさせた」とある。

［七］荀綽の『晋百官表』の注に、「御属は録事のようなものである」という。

［八］応劭の『漢官儀』に、「官騎三十人がある」という。

司徒

司徒は、（三）公で（定員）一名である［一］。本注に、「民生全般を掌る。およそ民に父母や目上の者を敬い・（他者に）へりくだり・（互いに）ゆずりあい慎ましく、生を大切にし葬礼を重んじることを教化するために、法制を検討し、法度を定める。およそ天下の民政の考課について、毎年の暮れに（民政官の）殿最を奏上してその賞罰を行う。およそ郊祀の際には、（供される）犠牲を検め、それらを浄める作業を視ることを掌る。およそ国に（皇帝崩御の葬礼である）大喪の際には（皇帝の）棺を捧持することを掌る。およそ国に大疑獄や大事件があれば、太尉（や司空）と共に問題にあたる。世祖（光武帝）が即位すると、（この官職を）大司徒と名づけたが[二]、建武二十七（五一）年、大（の一字）を取った」とある[三]。

（司徒の属僚である）長史は（定員）一名、（官秩は）千石である。掾・属は（定員）三十一名である[四]。令史および御属は（定員）三十六名である。本注に、「世祖が即位すると、（前漢）武帝の故事により、司直を置き、所属は（民政に携わる官であるにもかかわらず、司徒府ではなく）丞相府とし、諸州（から上がる報告書）の監査と記録を補助させたが、建武十八（四二）年に撤廃された」とある[五]。

［劉昭注］

［一］孔安国は、「（司徒は）民治を掌り、（民に）礼義を教える（ことを掌る）」という。

［二］『漢官儀』に、「王莽のとき、前漢に司徒の官が存在しなかったことについて議論された、それゆえ（王莽のときには）三公それぞれの称号を大司馬・大司徒・大司空と名づけた。光武帝が即位すると、これにならって改めなかった」とある。蔡質の『漢儀』に、「司徒府は蒼龍闕と向かい合う場所に位置したので、尊者（である蒼龍）をはばかって、あえて府とい

う名称を用いなかった」とある。応劭は、「（前出の『漢儀』は）妥当ではない。丞相という旧位が長安にあった（前漢の）とき、丞相府には（東西南北の）四門があり、時々に（それら四門を通って）持ち込まれる政治上の案件に対処していた。（後漢の）明帝はこれにならおう考え、太尉・司空に申しつけ（四つの門を）設置しようとしたが、東西二門を造っただけであった。国に大きな議論があるたび、天子は御車で、司徒府に赴かれる。（その際、天子が臨席する朝会）殿の西側には王侯以下が衣服を更めて居並ぶ。（司徒は）年ごとに州郡より（所属の）長吏の良し悪し、民が苦しんでいる問題を聴き、それらを箇条書きで報告するが、それらは謡言として語られる。しばらくすると謡言を挙げるもの、掾・属・令史は、すべて殿上に集まり、主導するものが某州郡の行状如何を大声で申し上げ、（もし、それが）善ければ（他の者達は）これを唱和して讃え、芳しくなければそれぞれ口を噤む。おおむね比較して（まだ）名声を得ていないものを取りあげるが、その中には微妙な好悪の情意、昇進降格の暗喩が込められる。（たとえば）なんじは中山国（河北省定県北東一帯）の祝恬、周公・召公の御跡を慕うも、職にあっては右往左往し、明確にものを申す胆力なく、上司の叱声と部下の陰口をはばかり、県の巾着から撮み食いし、行いを澄ますことがない。（かつて）申屠嘉が鄧通を追及し、王嘉が詔書を開かなかったことに与ろうとしても、（その道は）遥かであるかな（という具合である）」と述べている。『周礼』に外朝についての記述があり、干宝は注をつけて、「礼に、司徒府の中に、百官の朝会殿があり、（そこで）天子は丞相と大事を決する。これが外朝の存する理由である」という。

［三］『漢旧儀』に、「（前漢）哀帝の元寿二〔前一〕年、丞相（の称号）を大司徒に改めた。郡国の太守と長史は上計の報告を行い、それが終われば、司徒公を退出させて、天子は自ら（地方官達に）民の悩み苦しむところを下問する。記室掾史は一人、大声で勅書を読み上げ終わる。（地方官達に下す）勅書に、「殿下に（控える者達に）詔書を下し、吏に（固く）禁ずる、暴政苛政を行ってはならない。丞史は（それぞれの任地に）帰ったならば、太守に（朕の意向を）告げ、民の悩み苦しみをやわらげよ。早急に盗賊を掃討し、良質の役人を選抜し、苛酷な政治を行ってはならぬ。裁判を結審し、当を得た判決を下すよう務めよ。明確に詔する、民の貧困に憂慮し、太守は自ら率先して農事に精勤し、民が（朝廷の）手厚い恵みに感謝するようにし、その家計を潤し、農事を妨げないようにせよ。今の公卿以下は、質素倹約を奨励し、度を越して奢侈に耽り看過し難い者があれば、太守自らがその者を説諭せよ。民の中で無為徒食する者は、労働に従事するよう法を行使し、罹病者の看護介護を行い、薬品を与えて、病を癒すよう務めよ。詔書を下す、美食に耽ってはならない、今後（美食の習慣を）

改めず、またさらに度を過ごすような者は、言語道断である。任地に帰ったならば太守に告げ、節約に務めること法令の通りにせよ。かつ（行いを）改めない者を調査し、長吏が報告せよ。官公庁の建物は傷んで雨漏りしようとも、垣根が崩れようとも修理してはならない。（朕の命令を）遵守しない者は、官吏である資格はないので、率先して自らの非違を弾劾して辞職せよ。任地に帰着したならば太守に告げ聞かせるように」とある。十年、名称を（大司徒から）相国に変更した」とある。（劉昭が）調べますに、献帝の初め、董卓は太尉から昇進して相国に就きましたが、司徒は廃止されておりません。建安年間〔一九六～二二〇年〕の末に及び、曹操が丞相に就き、郗慮が御史大夫となった際に、三公の官は廃止されました。荀綽の『晉百官表』に、「前漢の丞相府の門には蘭が植わっておらず、鈴も架けられておらず、警鼓も設置されていなかったが、それは（丞相という位のもつ）広大無辺さ、あらゆる者を包容する様を表しているからである」という。

［四］『漢官目録』には、三十名とある。

［五］『献帝起居注』に、「建安八〔二〇三〕年十二月、再び司直を置いたが、司徒府に所属しなかった。中央の諸官庁を監督し、諸州を担当しなかった。建安九〔二〇四〕年十二月、詔して司直を司隷校尉になぞらえ、同格としたが、席次は（司直を）上位とし、仮の官舎を設置

し、（下僚として）従事三名、書佐四名を付属させた」とある。

司空

司空は、（三）公で（定員）一名である[一]。本注に、「水利土木全般を掌る。およそ城を営み邑を造り・灌漑水路を浚渫し・堤防の建設を主務とするので、そのため事業の利を検討し、事業の功を建てる。およそ天下の水利土木の考課について、毎年の暮れに殿最を奏上してその賞罰を行う。およそ郊祀の際には、楽器を祓い清めることを掌る。大喪の際には将校が復土することを掌る。およそ国に大規模な造営や大疑獄があれば、諫めるのは太尉（や司空）と同じである[二]。世祖（光武帝）が即位すると、（この官職を）大司空と名づけたが[三]、建武二十七（五一）年、大（の一字）を取った」とある[四]。（司空に）属する長史は（定員）一名、（官秩は）千石である。掾・属は（定員）二十九名である[五]。令史および御属は（定員）四十二名である。

［劉昭注］

［一］馬融は、「（司空は）城郭の造営を掌り、空間と土地を取り仕切って民を居住させることを

掌る」という。

〔二〕『韓詩外傳』に、「三公の本分とは何であろうか。（三公とは）司馬・司空・司徒をいう。司馬は天を掌り、司空は地を掌り、司徒は人を掌る。そのため陰陽の気が調和せず、四季の運行が不順で、星々が正しい位置を失い、天変地異が相次げば、司馬の責任である。山や御陵が崩れ、川や谷に水が流れず、穀物が実らず、草木が生長しなければ、司空の責任である。君臣の関係が正常でなく、道徳が乱れ、国に盗賊が横行し、民が統治者に怨みを抱けば、司徒の責任である。このため三公は職務を掌るにあたり、その責任の重さを思い、言葉をつくして、その能力・人格・識見を世に明らかにする。これらを全うすることこそ、三公の本分である」という。

〔三〕応劭の『漢官儀』に、「綏和元〔前八〕年、御史大夫の官職を廃止し、周の制度にならって、初めて司空を置いた。議者は、地方の監獄・裁判を担当する役職の司空を考慮し、大の一字を冠して、大司空とした。また大小の文字で呼び分ける理由である」という。

〔四〕『漢旧儀』に、「御史大夫は（皇帝に代わり）、上計（に参集した地方）の丞史・長史を戒告して次のように述べた、「殿下に（控える臣僚に）詔書を下し、（すべての）郡国に布告する。臣下の（天子のご意向への）尊重に実がなく、多くは（天子の通達を）徹底しておらず、民は

（天子の）鴻恩に浴さず、教化も行き届いていない。（ここに参集した）地方の高官たちは任地に戻ったならば、太守と協力して、民のために利をおこし害を除き、民心を安定させるよう努力して、詔書にかなうようにせよ。郡国のあげた茂才で能力を発揮していない者があれば申し出よ。民を虐げ・（賄賂を）貪り・（民の生活を）かき乱す官吏、民を苦しませる者は、つとめて任用してはならない。心して不正を働く者を見きわめ、刑罰は中庸を得るように務め、悪を憎みその身に止めよ。民のうち奢侈に過ぎる者を選び、教化に務めよ。今年と去年の善悪いずれが優ったかを調べ、報告せよ。今年と去年の盗賊の増減を調べ、群盗・大賊の有無を調査して、報告せよ」と」とある。臣昭が調べたましたところ、献帝の建安十三〔二〇八〕年、再び司空の職を廃止し、御史大夫の官を設置いたしました。（その時）御史大夫は郗慮でした。郗慮が罷免されると、後任が設けられませんでした。荀綽の『晋百官表』の注に、「献帝は御史大夫を置き、その職務は司空のようで、侍御史を統御しなかった」とある。

〔五〕『漢官目録』には二十四名という。

将軍

将軍は、常置しない。本注に、「謀叛を征伐することを掌る。三公に匹敵するものは

四、第一は大将軍、次は驃騎将軍、次は車騎将軍、次は衛将軍である。また、前将軍・後将軍・左将軍・右将軍がある」という〔一〕。

はじめ、（前漢の）武帝は、衛青が（匈奴を）しばしば征伐して、軍功を重ねたことを思って、大将軍として尊寵しようと考えた。（しかし）古来（天子からも会釈をうけ、諸官を圧服するような）尊官は、ただ三公だけであり、（そもそも）みな将軍職は（春秋・戦国時代の）秦国・晉国から始まることを思い、それを卿号とするため、大司馬の官職をつけて（大将軍に）冠し（大司馬大将軍とし）た。そののち、霍光や王鳳は、みな大司馬大将軍に就位した。成帝の綏和元〔前八〕年、大司馬の印綬を賜い、将軍の官を廃止した。世祖（光武帝）が後漢を開基した際、呉漢は大将軍として大司馬となり、景丹は驃騎大将軍となったが、（いずれも、その）位は三公の下とされた。（そのほか）前・後・左・右将軍や雑号将軍が多く設置されたが、それらはみな征伐を掌り、作戦が終了すれば職を解かれた〔二〕。明帝が即位した当初、弟の東平王劉蒼は、賢明を謳われ、驃騎将軍となった。王であるため、（驃騎将軍の）位は三公の上にあったが、数年で（このような異例の措置は）止められた。章帝が即位すると、西羌が反乱を起こした。そのため（章帝の）舅の馬防を行車騎将軍にして鎮圧させたが、（その時も）帰還した際に職を辞した。和帝が即位すると、舅の竇憲を車騎将軍に任じ、匈奴を征伐させたが、（車騎将軍の）位は三公の下であった。（竇憲は）帰還したのち、また功績があって大将軍に栄進し、位は三公の上となった。また西羌を征伐し、帰還して官職を免ぜられ（大将軍の位は）廃止された。安帝が即位すると、西羌が侵攻したため、（外戚の）鄧騭を車騎将軍に任命し、鎮圧にあたらせた。帰還すると大将軍に昇進し、位は竇憲のようであったが、数年してまた罷免された。安帝の世より政治が弛緩し、はじめて耿宝が大将軍として、つねに首都に常駐した。順帝が即位すると、皇后の父・兄・弟が相次いで大将軍となり、（その位は）三公のようであった[三]。

（将軍府の）長史と司馬（の定員）は、それぞれ一名、（官秩は）千石である[四]。本注に、「司馬が兵を掌るのは、太尉（が全兵を掌り軍に臨むの）と同じである」という。従事中郎は、（定員）二名、（官秩は）六百石である。本注に、「職掌は作戦の立案に参与する」とある[五]。掾・属は、（定員）二十九名[六]、令史と御属は、（定員）三十一名である。本注に、「これらはみな（将軍）府の属吏である。また（将軍には、儀仗を整えるため）官騎三十名と軍楽隊が賜与される」とある[七]。

将軍が統括する軍には、（その下部組織として）部と曲がある。大将軍（が率いる軍）

は五部（隊）を有し、（それぞれの部隊ごとに、その長である）部校尉（が置かれるが、その定員）は一名、（官秩は）比二千石、軍司馬は、（定員）一名、（官秩は）比千石である。部の下部組織に曲がある。曲には（その長として）軍候一名が置かれ、（その官秩は）比六百石である。（さらに）曲の下部組織に屯が置かれ、（その統率者の）屯長は、（定員）一名、（官秩は）比二百石である。校尉（が軍を率いる場合）は部を置かず、ただ軍司馬一名がいるだけである。また軍には、仮司馬、仮候があり、それぞれ（司馬・軍候の）補佐を行う。軍の別営の指揮は、別部司馬が行う。その兵の多少はそれぞれの時宜にしたがう。門には（守備を担当する）門候が置かれる。それ以外の将軍職は、征伐のために置かれるため、定員は無く、また部と曲、（その長である）司馬と軍候が置かれ、兵士の統率にあたる。軍政にあたる有司は、職掌ごとに一名が置かれ、軍営の庶務に従事する。兵曹の掾史は、武具・馬具・甲冑などを管理する。稟仮の掾史は、兵粮・馬糧などを管理する。また外刺・刺姦の職を置き、軍律を執行する任にあたらせる。

明帝の初め、度遼将軍を置き、新たに帰順した南匈奴の反乱に備えた。その後しばしば不穏な情勢にあったため、かくて常設の官職となった［八］。

〔劉昭注〕

〔一〕蔡質の『漢儀』に、「漢が開かれて以降、大将軍・驃騎将軍を置き、その位は丞相に次いだ。車騎将軍・衛将軍以下、左・右・前・後将軍は、みな金印紫綬を受け、その位は上卿に次いだ。京師の兵営を統率し、（あるいは辺境に）駐屯して異民族の反乱を警戒した」とある。

〔二〕『魏略』に、「曹公は都護軍中尉を置き、護軍将軍を置いた。共に（官秩は）比二千石であり、（当該の）作戦行動が終了すれば、罷免されるのが常であった」とある。

〔三〕『梁冀別傳』に、「元嘉二（一五二）年、また梁冀に新たな殊礼を加えた。大将軍が参内すると、端門から龍門へと進む道程、謁者がこれを先導する。（さらに大将軍府の府員である）掾属・舍人・官騎・鼓吹をそれぞれ十名増員した」とある。

〔四〕『東観漢記』に、「竇憲が大将軍になると、（その府に）長史・司馬をはじめとする下僚を置き、（大将軍の）位は太傅に次いだ」とある。

〔五〕『東観漢記』に、「大将軍が出征すると、（その軍中に）中護軍一名を置いた」とある。

〔六〕東平王劉蒼の列伝を調べると、東平王が驃騎将軍になると、その（将軍府に属する）掾史の数は四十名であったという。

〔七〕応劭の『漢官儀』に、「鼓吹は二十名、定数ではない。舎人は十名」とある。

〔八〕応劭の『漢官儀』に、「度遼将軍は、武帝が范明友を用いたことに始まる。明帝の永平八〔六五〕年、度遼将軍の職務を代行することをはじめ、安帝の元初元〔一一四〕年、真職となった。位は銀印青綬、官秩は二千石である。（その下僚の）長史・司馬は（官秩が）六百石である」という。『東観漢記』は司馬二名であるという。

太常

太常は、卿であり（定員は）一名で、（官秩は）中二千石である[一]。本注に、「（太常は）礼儀と祭祀を掌る。祭祀のたびに、先に礼儀（の次第）を奏上する。祭祀を執り行うにあたり、つねに天子を補助する[二]。博士を試験により選ぶたびに、その才能の有無を奏上する。大射・養老・大喪でも、その礼儀を奏上する。毎月の晦日に先だって、（歴代の皇帝たちの）陵園と宗廟を巡察する」とある[三]。（次官である）丞（の定員）は一名で、（官秩は）比千石である[四]。本注に、「およそ儀礼の執行ならびに祭祀の細かい事柄を掌り、（その）官署の事務を総覧する[五]。その官曹の掾と史は、（具体的な）状況に応じて定員を定める。そのほかの卿（に所属する掾・史の定員）もすべて同じである」という。

［劉昭注］
［一］盧植の『礼記解詁』に、「（太常は）大楽正と同じような官である」という。

〔二〕『漢旧儀』に、「賛饗は、（定員）一名で、（その）官秩は六百石である。（祭祀を執り行うにあたり）天子の補助を掌る」とある。

〔三〕『漢官』に、「（太常に所属する）員吏は、八十五名である。そのうち十二名は四科、十五名は佐、五名は仮佐、十三名は百石、十五名は騎吏、九名は学事、十六名は守学事である」という。臣昭は、「およそ『漢官』に載せられている列記された職・定員の数は、今すべてを注記します。非常に繁雑なのですが、考えますに『周礼』は官を列記して、他人に使役される者を先に並べ、それにより民の守るべき中正の道として、それだけで国家の制度を表現しております。これは形式として欠くことのできないことなのです」と申し上げます。

〔四〕盧植の『礼記解詁』に、「（太常丞は）小楽正と同じような官である」という。

〔五〕『漢旧儀』に、「（太常）丞は宗廟内の不法行為を行う者を摘発する」とある。

太史令は、（定員）一名で、（官秩は）六百石である。本注に、「天地自然の法則と星の運行の観察と暦の作成を掌る。一年が終わろうとすると、新年の暦を奏上する。国の祭祀・葬礼・婚礼があれば、良い日取りと時節の禁忌を奏上する。国に瑞祥と災異があれば、記録を掌る」とある〔一〕。丞は、（定員）一名である。明堂丞および霊台丞は、

（定員それぞれ）一名で、（官秩は）二百石である。本注に、「（これら）二つの丞は、明堂と霊台の守衛を掌る。霊台は、太陽・月・星・気の望見を掌る。（これらの丞は）共に太史に属す」とある［二］。

［劉昭注］

［一］『漢官』に、「太史待詔は、（定員）三十七名である。それらのうち六名は治暦、三名は亀卜、三名は廬宅、四名は日時、三名は易筮、二名は典禳、九名は籍氏・許氏・典昌氏でそれぞれ三名、（これらと共に太史待詔に含まれる）嘉法・請雨・解事はそれぞれ二名、医は一名である」という。

［二］『漢官』に、「霊台待詔は、（定員）四十一名である。それらのうち十四名は候星、二名は候日、三名は候風、十二名は候気、三名は候晷景、七名は候鍾律である。（これらとは別の）一人は舎人である」という。

博士祭酒は、（定員）は一名で、（官秩は）六百石である。もともと（前漢では）僕射（すなわち博士僕射）であった。（後漢の建国により）漢が再興すると、祭酒（すなわち博士祭酒）となった［一］。博士（の定員）は、十四名で、（官秩は）比六百石である。本注に、「易（の博士）は四家で、施氏・孟氏・梁丘氏・京氏である。尚書（の博士）は三家で、欧陽氏・大夏侯氏・小夏侯氏である。詩（の博士）は三家で、魯・斉・韓氏である。礼（の博士）は二家で、大戴氏と小戴氏である。春秋（の博士）は二家で、公羊厳氏・顔氏である。弟子への教授を掌る。国に疑義があれば、諮問を受ける。もとは四百石であったが、（前漢の）宣帝が官秩を増した」とある［二］。

［劉昭注］

［一］胡広は「官で祭酒と呼ばれるものは、すべて第一位の長である。古礼に、「賓客が主人の供え物を受ければ、一人の老人が酒（を注いだ杯）を掲げて地を祀る」とある。（これに対して）旧説では、「（祭酒とは、献酒に際して、それを行う者たちに）優先順位があることを示す」という」とする。

［二］（『後漢書』）本紀の桓帝延熹二（一五九）年に、「秘書監を置いた」とある。

太祝令は、（定員）一名で、（官秩は）六百石である。本注に、「国の祭祀で、祝詞の読み上げと神霊の送迎を掌る」とある[一]。丞は（定員）一名である。本注に、「格下の神を言祝ぐことを掌る」とある。

太宰令は、（定員）一名で、（官秩は）六百石である。本注に、「鼎と俎および膳立てに用いる道具の作製を統括する。国家の祭祀に、（供え物を盛るための）食器を陳ねることを掌る」とある[二]。丞は（定員）一名である。

大予楽令は、（定員）一名で、（官秩は）六百石である。本注に、「俳優と音楽を掌る。国の祭祀で要請される音楽の演奏を掌る。大饗で楽器を使用する際には、それらを秩序立て陳ねる」とある[三]。丞は（定員）一名である[四]。

[劉昭注]

[一]『漢旧儀』に、「宗廟の祭祀に、太祝令は席と酒（の管理）を掌る」とある。『漢官』に、「（太祝令に所属する）員吏は四十一名である。それらのうち二名は百石、二名は斗食、二十二名は佐、二名は学事、四名は守学事、九名は有秩である。（これらとは別の）百五十名は祝人である。（また）宰は二百四十二名である。屠者は六十名である」という。

[二]『漢官』に、「明堂丞は（定員）一名で、（官秩は）二百石である。員吏は四十二名である。

それらのうち二名は百石、二名は斗食、二十三名は佐、九名は有秩、二名は学事、四名は守学事である。（また）宰は二百四十二名である。屠者は七十三名である。衛士は十五名である」という。

〔三〕『漢官』に、「（大予楽令に所属する）員吏は二十五名である。それらのうち二名は百石、二名は斗食、七名は佐、十名は学事、四名は守学事である。（また）楽人八佾舞は三百八十名である」という。盧植の礼注（『礼記解詁』）に、「大予令〔大予楽令〕は古の大胥のような官である」という。漢大楽律に、「卑賤な者の子は、宗廟で執り行う酎（飲酎）で舞えない。（官秩が）二千石から六百石までの吏に任用された者（の子）、ならびに（爵位が）関内侯から五大夫までの者の子で、嫡子のうち身長五尺以上、（かつ）十二歳から三十歳までの者のうち、顔つきが和やかで、身体（の健康）を保っている者を採用して、舞人とする」とある。

〔四〕盧植の礼注（『礼記解詁』）に、「大楽丞〔大予楽丞〕は古の小胥のような官である」という。

高廟令は、（定員）一名で、（官秩は）六百石である。本注に、「（前漢の高祖劉邦の）廟を守衛し、（そこでの）巡察と清掃を掌る。丞はいない」とある〔一〕。

世祖廟令は、（定員）一名で、（官秩は）六百石である。本注に、「高廟（の守衛にあたる高廟令）と同様（に世祖光武帝劉秀の世祖廟の守衛にあたる官）である」という[二]。

先帝陵は、陵園ごとに園令がそれぞれ一名ずつ置かれ、（官秩は）六百石である。本注に、「陵園を守衛し、（そこでの）巡察と清掃を掌る」とある。丞ならびに校長は（定員）それぞれ一名である。本注に、「校長は、軍事と盗賊（の取り締まり）を掌る」とある[三]。

先帝陵は、陵園ごとに食官令が、それぞれ一名ずつ置かれ、（官秩は）六百石である。本注に、「望日と晦日の時節に祭祀する」とある[四]。

右（の諸官）は、太常に所属する。本注に、「（もともとは太常の属官として）祠祀令（定員）一名が置かれていたが、後に転じて少府に所属した。（また）太卜令が置かれ、（その官秩は）六百石である。後に廃止されて（その職務は）太史に統合した」とある。（漢の）中興以降、前漢よりも十の官を省いた[五]。

［劉昭注］

［一］『漢官』に、「（高廟令に所属する）員吏は四名である。衛士は十五名である」という。

［二］『漢官』に、「（世祖廟令に所属する）員吏は六名である。衛士は二十名である」という。

〔三〕応劭の『漢官名秩』に、「（諸官の）丞は、すべて孝廉郎のうち年少で経歴と功労がある者を選び、（その後）転任させて公府の長史・都官の令・候（北軍中候）の司馬に補任する」とある。

〔四〕『漢官』に、「陵園ごとに食監（定員）一名を置き、その官秩は六百石である。（食監に所属する）監丞（食監丞）は一名で、三百石である。中黄門は八名である。従官は二名である」という。調べてみますと、（『漢官』に見える）食監は（百官志に見える）食官令の（別の）呼び名です。

〔五〕前書（『漢書』）を調べてみますと、（巻十九上 公卿百官表に見えるが省かれた）十官とは、太宰・均官・都水・雍太祝と五時のそれぞれ一つの尉です。『東観漢記』に、「章帝は、また祀令（祠祀令）と祀丞（祠祀丞）を置いた。延平元〔一〇六〕年に、（これらの官を）省いた」とあります。

光禄勲

光禄勲は、卿であり（定員は）一名で、（官秩は）中二千石である。本注に、「宮殿の門に宿衛することを掌る。謁署郎（の任官者）のうち交代で宿直し、戟を持って（宮殿の）門に宿衛する者（の統率）を掌り、その徳行を比較して昇進・降格させる[一]。郊祀に関する事柄、および三献〔祭祀で三度献酒する社稷の五祀の儀礼〕を掌る」とある[二]。丞は（定員）一名で、（官秩は）比千石である。

［劉昭注］

[一] 胡広は、「勳は門番のような意味である。『周易』（説卦伝）に、「宦官になる」とある。宦寺〔宦官〕は、宮殿と宮城の門に関する職務を掌る」という。

[二]『漢官』に、「（光禄勳に所属する）員吏は四十四名である。それらのうち十名は四科、三名は百石、一名は斗食、二名は佐、六名は騎吏、八名は学事、十三名は守学事、一名は官医である。（また）衛士は八十一名である」という。

五官中郎将は、（定員）一名で、（官秩は）比二千石である。本注に、「五官郎（の統率）を掌る」とある[一]。五官中郎は、（官秩が）比六百石である。本注に、「定員は無い」とある[二]。五官侍郎は、（官秩が）比四百石である。本注に、「定員は無い」とある。五官郎中は、（官秩が）比三百石である。本注に、「定員は無い。郎官はみな交代で宿直し、戟を持って様々な宮殿の門に宿衛し、（皇帝が）出御する際には車と馬（に乗って行列）を充たすことを掌る。（ただし）議郎だけは宿直（の当番）に加わらない」とある［三］。

左中郎将は、（官秩が）比二千石である。本注に、「左署郎（の統率）を掌る」とある［四］。中郎は、（官秩が）比六百石である。侍郎は、（官秩が）比四百石である。郎中は、（官秩が）比三百石である［五］。本注に、「すべて定員は無い」とある。

右中郎将は、（官秩が）比二千石である。本注に、「右署郎（の統率）を掌る」とある。中郎は、（官秩が）比六百石である。侍郎は、（官秩が）比四百石である。郎中は、（官秩が）比三百石である。本注に、「すべて定員は無い」とある［六］。

虎賁中郎将は、（官秩が）比二千石である。本注に、「虎賁による宿衛（の統括）を掌る」とある［七］。左僕射・右僕射・左陛長・右陛長は（定員が）それぞれ一人で、（官秩が）比六百石である。本注に、「僕射（左僕射・右僕射）は、虎賁郎の射撃の練習を掌る。陛長（左陛長・右陛長）は、虎賁（の詰め所）に宿直することを掌る。朝会には宮殿内に待機した」とある［八］。虎賁中郎は、（官秩が）比六百石である。虎賁侍郎は、（官秩が）比四百石である。虎賁郎中は、（官秩が）比三百石である［九］。節従虎賁は、

（官秩が）比二百石である〔一〇〕。本注に、「すべて定員は無い。（これらの官は）宿衛して（皇帝に）近侍することを掌る。節従虎賁を長く務めている者の中から（虎賁侍郎や虎賁郎中に）転任させ、才能が比較的高い者は、（虎賁）中郎に昇進した」とある。

羽林中郎将は、（官秩が）比二千石である。本注に、「羽林郎（の統率）を掌る」とある〔一一〕。羽林郎は、（官秩が）比三百石である。本注に、「定員は無い。宿衛して（皇帝に）近侍することを掌る。（この官は）常に漢陽郡〔甘粛省甘谷南東一円〕・隴西郡〔甘粛省臨洮一円〕・安定郡〔甘粛省鎮原南東一円〕・北地郡〔寧夏回族自治区呉忠市南西一円〕・上郡〔陝西省楡林県南東一円〕・西河郡〔山西省離石一円〕という、六郡の良家（の子弟）を選んで補任した。もともと武帝は（羽林郎が）馬を走らせるのに役立つことから（かれらを）狩猟に随従させ、帰還した後に宮殿の陛に付設されている巌下室に宿衛させた。それゆえ（羽林郎を）巌郎と呼ぶのである」という〔一二〕。

［劉昭注］

［一］蔡質の『漢儀』〔『漢官典職儀式選用』〕に、「中郎解の府（が置かれた官衙）は、太学に向かいあっている」とある。

［二］五十歳の郎を五官〔五官中郎将〕に所属させた。そのため（これらの郎は）六百石という。

［三］蔡質の『漢儀』〔『漢官典職儀式選用』〕に、「三署郎が光禄勳に拝謁する際には、板〔笏〕を手に持ち拝礼し、五官（中郎将）と左右将〔左中郎将・右中郎将〕に拝謁する際には、板を手に持つが拝礼はしない。三公と九卿には敬意を表さない」とある。

［四］蔡質の『漢儀』〔『漢官典職儀式選用』〕に、「中郎解は、その府（の位次）が五官府〔五官中郎将の府〕に次ぐ」とある。

［五］（中郎・侍郎・郎中が）三郎である。

［六］（中郎・侍郎・郎中が）三郎である。（これらは）いずれも定員は無い。

［七］前書〔『漢書』〕に、「武帝は期門を設置し、平帝は（これを）虎賁に改名した」とある。蔡質の『漢儀』〔『漢官典職儀式選用』〕に、「（虎賁中郎将は）千五百人の虎賁（の統率）を掌る。定まった定員は無く、多くの場合千人に達する。鶡冠をつけ、（その位次は）右将府〔右中郎将の府〕に次ぐ」とある。また虎賁（という官名）はもともと（前漢では）虎奔につくり、（それは）虎が疾走する様子を意味する。王莽は古に勇士の孟賁がいたことから、それにちなんで虎賁と名付けた。孔安国は（『尚書』牧誓に）、「若虎と賁獣は、その猛々しいことが甚だしい様子をいう」とする。

［八］『漢官』に、「陛長は、墨綬銅印を帯びる」とある。

［九］荀綽の『晉百官表』の注に、「虎賁（中郎将）に所属する郎について、すべて父が死んだ後に子が代わりを務めるのは、漢の制度であった」とある。

［一〇］（虎賁中郎・虎賁侍郎・虎賁郎中・節従虎賁が）四郎である。

［一一］調べてみますと、後漢末期にはまた（羽林中郎将とは別に）四つの中郎将を設置し、（それらは）すべて軍隊を率いて（反乱などを）征伐しましたが、いつ設置したのかは不明です。（霊帝は）董卓を東中郎将に任用し、盧植を北中郎将に任用しました。献帝は曹植を南中郎将に任用しました。

［一二］前書（『漢書』巻十九上 百官公卿表上）に、「（羽林郎を）設置した当初は建章営騎と呼んでいたが、のちに（羽林郎と）改名した」とある。（羽林郎の任官者は、地方に）転出して三百石（の官秩）の丞・尉に補任された。荀綽の『晉百官表』の注に、「高く険しい様子を意味する」とある。調べてみますと、これが巌郎（の名の由来）です。（この解釈は）百官志（の解釈）とは異なります。蔡質の『漢儀』〔『漢官典職儀式選用』〕に、「羽林郎は百二十八名である。定まった定員は無い。（羽林中郎将の）府（の位次）は虎賁府（虎賁中郎将の府）に次ぐ」とある。

羽林左監は、（定員）一名で、（官秩は）六百石である。本注に、「羽林左騎（の統率）を掌る」とある。丞は（定員）一名である[一]。

羽林右監は、（定員）一名で、（官秩は）六百石である。本注に、「羽林右騎（の統率）を掌る」とある。丞は（定員）一名である。

奉車都尉は、（官秩は）比二千石である。本注に、「定員は無い[二]。皇帝の乗輿車（の管理）を掌る」とある。

駙馬都尉は、（官秩は）比二千石である。本注に、「定員は無い[三]。駙馬（の管理）を掌る」とある。

騎都尉は、（官秩は）比二千石である。本注に、「定員は無い[四]。もともとは羽林騎を監督していた」とある。

〔劉昭注〕
[一]『漢官』に、「（羽林左監・羽林右監には）孝廉郎が任官し、九百人の羽林（郎の統率）を掌る。二監（羽林左監・羽林右監）の属官と史吏は、みな羽林（郎）の中から選出し、才能ある者を任官させる」とある。

〔二〕『漢官』に、「（奉車都尉は）三人」とある。

〔三〕『漢官』に、「（駙馬都尉は）五人」とある。

〔四〕『漢官』に、「（騎都尉は）十人」とある。

光禄大夫は、（官秩が）比二千石である。本注に、「定員は無い〔一〕。大夫・議郎は、顧問応対を掌る。定まった職務は無く、詔書により（皇帝の）使者として出向く。諸国（を治める諸侯王）の継嗣の葬礼には、光禄大夫が弔問を掌る」とある。

太中大夫は、（官秩が）千石である。本注に、「定員は無い」とある〔二〕。

中散大夫は、（官秩が）六百石である。本注に、「定員は無い」とある〔三〕。

諫議大夫は、（官秩が）六百石である。本注に、「定員は無い」とある〔四〕。

議郎は、（官秩が）六百石である。本注に、「定員は無い」とある〔五〕。

謁者僕射は、（定員）一名で、（官秩が）比千石である。本注に、「謁者台の長である。謁者を掌る。天子が出御する際には、（車馬を）先導した。古は武術の鍛錬を重んじ、射を掌りこれを監督記録するものがいた。そのため僕射〔謁者僕射〕という」とある〔六〕。

常侍謁者は、（定員）五名で、（官秩が）比六百石である。本注に、「（臣下などが）宮殿で時節に応じた威儀（を正すこと）を掌る」とある［七］。謁者は、（定員）三十名である。それらのうち給事謁者は、（官秩が）四百石である。灌謁者郎中は、比三百石である。本注に、「（謁者は）賓客の補助、ならびに（官民の）上奏した章（に対する皇帝の決裁）を（上奏者ないしはその内容に関係のある官府・官吏に）通達し、かつ（章を皇帝に）伝達することを掌る。将・大夫以下の葬礼には、（皇帝の）使者として弔問を掌る。もともと（前漢では）定員が七十人であった。（漢が）中興すると、（定員は）三十人となった［八］。（その任官者は）はじめは、灌謁者〔灌謁者郎中〕となり、一年が経過すると給事謁者となる」とある［九］。

右（の諸官）は、光禄勲に所属する。本注に、「職務が光禄〔光禄勲〕に所属する官は、五官将〔五官中郎将〕から羽林右監まで、あわせて七つの署である。奉車都尉から謁者までは、光禄勲に文属した。もともと（前漢では加官である）左曹・右曹があり、（それらを加官されたものの）官秩を二千石相当とみなした。（これらの者は）宮殿に昇り、尚書の伝達した上奏文を受領して、それを披閲してから尚書台を経由せず（皇帝に）伝達することを掌っていた。世祖光武帝は（これを）廃し、小黄門郎に尚書の伝達した上奏文を受領させ、車駕が出御する際には、給黄門郎〔黄門侍郎〕が（その職務を）兼務した。（また前漢には）請室令があった。（請室令は）車駕が出御する際に、その先頭に立ち巡幸先に（赴き、車駕を迎える準備をするよう）要請し、（皇帝の乗る）車を待ち受け出迎えて（準備が整ったことを）口頭で申し上げ、深く慎む様子を示した。中興すると、郎に（その職務を）兼務させ、任務が終わるとその任を解いた。また車将・戸将・騎将のあわせて三つの将〔一〇〕、ならびに羽林令を省いた」とある。

〔劉昭注〕

〔一〕『漢官』に、「（光禄大夫の定員は）三人である」という。

〔二〕『漢官』に、「（太中大夫の定員は）二十人で、（その）官秩は比二千石である」という。

〔三〕『漢官』に、「（中散大夫の定員は）三十人で、（その）官秩は比二千石である」という。

〔四〕胡広は「光禄大夫は、もともと（前漢では）中大夫であった。武帝の元狩五（前一一八）年、諫大夫を設置して（この官を）光禄大夫（の代わり）とした。世祖が中興すると、（諫大夫を）諫議大夫とした。また（前漢には）太中大夫・中散大夫があった。これらの四等（光禄大夫・諫議大夫・太中大夫・中散大夫）は、古ではすべて天子の下大夫とされ、列国（諸侯の国々）の上卿に匹敵した」という。『漢官』に、「（諫議大夫の定員は）三十人」とある。

［五］『漢官』に、「（議郎は）五十人である。定まった定員は無い」とある。

［六］蔡質の『漢儀』（『漢官典職儀式選用』）に、「（謁者僕射が）尚書令に会う際には、相対して敬意を表さない。謁者が（謁者僕射に）会う際には、板〔笏〕を手に持ち拝礼する」とある。

［七］『漢官』に、「謁者は、（定員）三十人である。そのうち二人は公府掾で、（官秩は）六百石であり、持使である」という。

［八］荀綽の『晉百官表』の注に、「漢は、みな孝廉で五十歳、厳かな態度で慎み深く賓客のもてなしに堪え得る者を用いて謁者の任にあてた。明帝は詔を下して、「謁者は（もとは）堯（の朝廷）における位の尊い官である。（堯が）舜を試みて（賓客たる）四門〔登用した人材〕をもてなしたのは、四門が態度の麗しい者であったためである」と述べた。むかし、燕の太子（丹）が（刺客の）荊軻に始皇帝を脅かさせたとき、変事は二本の柱の間で起きた。その後、謁者が匕首を持って（荊軻の）腋を刺した。（前漢の）高祖（劉邦）は武（による統治）を伏せて文（による統治）を行った。それゆえ謁者を交代させる際には詔板を用いた」とある。

［九］蔡質の『漢儀』〔『漢官典職儀式選用』〕に、「（給事謁者の任官者のうち）公の丞・長史、陵園の令に転出させる者は、すべて礼儀にかない端正な姿で、使者を拝命するに足る者を選任

する」とある。

［一〇］如淳は、「（郎のうち）車を掌る者を車郎と呼び、門番（の統率）を掌る者を戸郎と呼んだ」と述べている。

衛尉

衛尉は、卿であり（定員）は一名で、（官秩は）中二千石である。本注に、「宮城の門の（守衛にあたる）衛士（の統率）、宮城内の巡察に関する事柄を掌る」とある［一］。丞は（定員）一名で、（官秩は）比千石である。

［劉昭注］

［一］『漢官』に、「（衛尉に所属する）員吏は、四十一名である。それらのうち九名は四科、二名は二百石文学、三名は百石、十二名は斗食、二名は佐、十二名は学事、一名は官医である。衛士は六十名である」という。

公車司馬令は、（定員）一名で、（官秩は）六百石である。本注に、「宮城の南闕門を掌る。およそ（南闕門では）官と民が上章し、四方（の非漢人）が朝貢すると共に、徴召されて公車に赴く者が待機した」とある［一］。丞・尉は、（定員）それぞれ一名である。本注に、「丞には禁忌に通暁している者を選任し、不法行為を見極めることを掌る。尉は闕門〔南闕門〕の守備を掌り、非常事態を警戒した」とある［二］。

南宮衛士令は、（定員）一名で、（官秩は）六百石である。本注に、「南宮の（守衛にあたる）衛士（の統率）を掌る」とある［三］。丞は（定員）一名である。

北宮衛士令は、（定員）一名で、（官秩は）六百石である。本注に、「北宮の（守衛にあたる）衛士（の統率）を掌る」とある［四］。丞は（定員）一名である。

左都候・右都候は、（定員）それぞれ一名で、（官秩は）六百石である［五］。本注に、「剣や戟を装備した兵士（の統率）を掌る。宮城を巡察すると共に、（これらの官が護送する対象として）天子（の命令）によって捕らえられ取調べを受けた罪人がいた」とある［六］。丞は（定員）それぞれ一名である。

［劉昭注］

［一］『献帝起居注』に、「建安八〔二〇三〕年、議郎の衛林が、公車司馬令となり、（その）位次

は将〔五官中郎将・左中郎将・右中郎将〕・大夫〔光禄大夫・太中大夫・中散大夫・諫議大夫〕に準じた。もともと公車令〔公車司馬令〕は、都官の長史と同列であった。（この官の）位次が将・大夫に準じることは、衛林（の任官）から始まった」とある。

〔二〕胡広は、「様々な門に設けられた部署は、それぞれ並んで置かれて道路を挟み、その傍らに兵士を控えさせて、権威と武力を示し、（また、門の前で）兵士に戟を交差させて、妄りに（門を）出入する者を阻む」という。

〔三〕『漢官』に、「（南宮衛士令に所属する）員吏は九十五名である。衛士は五百三十七名である」という。

〔四〕『漢官』に、「（北宮衛士令に所属する）員吏は七十二名である。衛士は四百七十二名である」という。

〔五〕『周礼』（秋官司寇）司寤氏に「夜士」がある。干宝は、「今〔西晉〕の都候と同類である」と注記している。

〔六〕『漢官』に、「右都候に所属する員吏は二十二名である。衛士は四百十六名である。左都候に所属する員吏は二十八名である。衛士は三百八十三名である」という。蔡質の『漢儀』〔『漢官典職儀式選用』〕に、「宮城内の様々な場所に劾奏された罪（を犯した者）があれば、左都候が戟を持って車に乗り、（罪人を）縛って詔獄に送り届ける。在官している者は、官の貴賤に基づき、それぞれ所属する部署に送り届け、（罪人を）馬の皮で覆う。（左都候・右都候が）尚書令・尚書僕射・尚書に拝謁するには、すべて板〔笏〕を手に持ち拝礼し、（尚書曹に所属する）丞〔左丞・右丞〕と郎〔尚書郎〕に会うには、すべて会釈する」とある。

宮掖門（北宮と南宮の門）では、門ごとに司馬は、（定員それぞれ）一名で、（官秩は）比千石である。本注に、「南宮南屯司馬は平城門を掌り〔一〕、宮門蒼龍司馬は東門を掌り〔二〕、玄武司馬は玄武門を掌り〔三〕、北屯司馬は北門を掌り〔四〕、北宮朱爵司馬は南掖を掌り〔五〕、東明司馬は東門を掌り〔六〕、朔平司馬は北門を掌り〔七〕、（それらは）合計で七つの門であった〔八〕。宮城内に居住する者は、すべて口籍を所属する門に置いた。宮城の名を二文字で記して、文を刻した鉄製の印で符を作製し、この符を（門の司馬が）検査してから、その者を（宮城内に）入れた〔九〕。もし宮城の外に居住する者が、事情により（宮城内に）入る必要のある時には、（その者の）本官の（部署に所属する）長史が封棨伝を作製し、この者が官位を持っている場合には、（宮城の門に）出入する時に、（車の）御者に命じて（自分の）本官の名を（門の司馬に）伝えさせた」とある。

右（の諸官）は衛尉に所属する。本注に、「中興以来、旅賁令と、衛士令の丞の（定員を）一名省いた」とある〔一〇〕。

〔劉昭注〕

〔一〕『漢官』に、「（南宮南屯司馬に所属する）員吏は九名である。衛士は百二名である」という。『古今注』に、「建武十三（三七）年九月、この門（平城門）を初めて開設した」とある。

〔二〕『雒陽宮門名』を調べてみると、（同書は南宮の東門の名を）蒼龍闕門とする。『漢官』に、「（宮門蒼龍司馬に所属する）員吏は六名である。衛士は四十名である」という。

〔三〕『漢官』に、「（玄武司馬に所属する）員吏は二名である。衛士は三十八名である」という。

〔四〕『漢官』に、「（北屯司馬に所属する）員吏は二名である。衛士は三十八名である」という。

〔五〕『漢官』に、「（北宮朱爵司馬に所属する）員吏は四名である。衛士は百二十四名である」という。『古今注』に、「永平二（五九）年十一月、北宮の朱爵南司馬門（南掖門）を初めて建造した」とある。

〔六〕『漢官』に、「（東明司馬に所属する）員吏は十三名である。衛士は百八十名である」という。

〔七〕『漢官』に、「（朔平司馬に所属する）員吏は五名である。衛士は百十七名である」という。

［八］『漢官』に、「およそ（宮城の門の司馬に所属する）員吏は隊長の属官である」という。

［九］胡広は、「符（の材料に）は木を使用し、（その木の）長さは二寸で、鉄製の印を用いて（印をつけ）これを符とした」という。

［一〇］『漢官目録』に、「右の三つの卿〔太常・光禄勳・衛尉〕は、太尉の管轄である」という。

太僕

太僕は、卿であり（定員）は一名で、（官秩は）中二千石である。本注に、「車と馬を掌る。天子が出御するたびに、（使用する）駕〔車駕の種類〕を奏上して、鹵簿の次第を奏呈し、大駕（で出御）する際には（車を）御す」とある［一］。丞は（定員）一名で、（官秩は）比千石である。

［劉昭注］

［一］『漢官』に、「（太僕に所属する）員吏は七十名である。それらのうち七名は四科、一名は二百石文学、八名は百石、六名は斗食、七名は佐、六名は騎吏、三名は仮佐、三十一名は学事、一名は官医である」という。

考工令は、（定員）一名で（官秩は）六百石である。本注に、「武器の弓・弩・刀・鎧の作製を掌る。（それらが）完成すれば、執金吾に送り武庫に保管した。および綬を織り、（その他の）様々な工業を掌る」と［一］。左丞・右丞は、（定員）それぞれ一名である。

車府令は、（定員）一名で（官秩は）六百石である。本注に、「乗輿と（その他の）様々な車を掌る」とある［二］。丞は（定員）一名である。

未央厩令は、（定員）一名で六百石である。本注に、「乗輿ならびに厩で飼育している様々な馬（の管理）を掌る」とある［三］。長楽厩丞は、（定員）一名である［四］。

右（の諸官）は太僕に所属する。本注に、「もと（前漢では）六つの厩を置き、（それらには）みな六百石の令を置いた［五］。中興すると簡略化し、ただ一つの厩を置いた。後に左駿令・左駿厩を置き、別に乗輿と皇帝の使用する馬を掌った。後に統廃合されるものがあった。また（前漢では）牧師苑が置かれた。（そこでは）すべて令官が、馬の飼育を掌り、河西六郡の域内に置かれた。中興するとすべて省いた。（ただ）漢陽郡にだけ流馬苑が置かれた。ただし、（それは）羽林郎が管理した」とある［六］。

［劉昭注］

［一］『漢官』に、「（考工令に所属する）員吏は百九名である」という。

［二］『漢官』に、「（車府令に所属する）員吏は二十四名である」という。

［三］『漢官』に、「（未央厩令に所属する）員吏は七十名である。卒騶は二十名である」という。

［四］『漢官』に、「（長楽厩丞に所属する）員吏は十五名である。卒騶は二十名である。苜蓿苑は、官の田狩するところであり、一名がそれを管理する」とある。

［五］前書（『漢書』百官公卿表上）に、「大厩・未央（未央厩）・家馬の三つの官署の令があり、（それらの属官として）それぞれ五つの丞と一つの尉を置いた。また車府・路軨・騎馬・駿馬の四つの官署の令・丞を置いた」とある。晋灼は、「（これらの官署の名が、百官志に見える）六厩の名である。（六厩は）一万頭の馬を掌った」という。

［六］『古今注』に、「漢安元（一四二）年七月、承華厩令を置き、官秩を六百石とした」とある。

廷尉

廷尉は、卿であり（定員）は一名で、（官秩は）中二千石である［一］。本注に、「裁判（の判決を下し、その裁判）を治め整え、論罪した結果を奏上することを掌る。郡国が論罪できない案件を奏讞（罪を論定するにあたり、問題のある案件を上級機関に上申）した場合には、すべて（犯人に）当てるべき罪を（郡国に）通達する」とある[二]。正監・左監は（定員）それぞれ一名である[三]。左平は（定員）一名で、（官秩は）六百石である。本注に、「詔獄の判決を下し（裁判を）治め整えることを掌る」とある。

右（の諸官）は、廷尉に所属する。本注に、「孝武帝以降、二十六の中都官獄を置いたが、（それらの名称は）それぞれ令・長の名から取った。世祖が中興すると、すべて省いた。（ただし、その後も）廷尉と雒陽にのみ詔獄が置かれた」とある[四]。

〔劉昭注〕

[一] 応劭は、「軍事と裁判は制度を同じくする。それゆえ（裁判を掌る官を）廷尉と呼ぶ」という。

[二] 胡広は、「讞は、問いただすという意味である」という。『漢官』に、「（廷尉に所属する）員吏は百四十名である。それらのうち十一名は四科、十六名は二百石廷吏文学、十六名は百石、十三名は獄史、二十七名は佐、二十六名は騎吏、三十名は仮佐、一名は官医である」という。

〔三〕前漢は、左監平と右監平を置いていた。世祖は右監平を省いたが、それでもなお（左監平の後身の官名を）左〔左平〕と言った。

〔四〕蔡質の『漢儀』〔『漢官典職儀式選用』〕に、「正月の朝、百官が朝賀する際、光禄勳の劉嘉と廷尉の趙世は、それぞれ辞して朝賀できなかった。高賜は、「（劉嘉と趙世は）共に病が篤く、苦しんでおりますが、文武（百官）の位をむなしくし、上卿〔九卿〕が（陛下への）賛賀を欠くことは、もはや忠信の真心と断ち切り難い絆のもたらす作用をなくします。（それどころか）礼を破壊して（陛下による）教化を傷つけた罪があり、不謹不敬です。（そこで）廷尉（の趙世）が劉嘉の罪を取調べ、河南尹が趙世の罪を取調べることを願います」と弾劾した。（高賜の）意見は、趙世が廷尉を管掌していたため、（その取調べを）他の官〔河南尹〕に委ねる（というものであった）」とある。

大鴻臚

大鴻臚は、卿であり（定員）は一名、（官秩は）中二千石である〔一〕。本注に、「諸侯〔諸侯王〕ならびに四方の（漢に）帰服した蛮夷を掌る。郊廟〔郊祀と宗廟祭祀〕の儀礼を執り行うにあたり、（天子を）助け導き、儀礼を始めるよう要請して、裁可されれば、役人たちに命令する。王〔諸侯王〕が入朝する際には、（諸侯王を）郊外まで出迎え、その礼儀を掌る。さらに郡国が（朝廷に）上計を行い、（上計吏が）四方（の乱れ）を正して来朝する際も、大鴻臚が担当する［二］。皇子が諸侯王に封建される際には、（皇子を）補助して印綬を授ける。諸侯王とその嗣子ならびに四方の夷狄のすでに封建されたものを（新たに）封建する際には、宮殿の下で鴻臚〔大鴻臚〕が（諸侯王らを）召してこれを拝する。諸侯王が薨去すれば（皇帝の）使者として出向いて弔い、諸侯王の継嗣を拝する」とある。丞は（定員）一名で、（官秩は）比千石である。

大行令は、（定員）一名で、（官秩は）六百石である。本注に、「郎たち（の統率）を掌る」とある［三］。丞は（定員）一名である。治礼郎は（定員）は四十七名である［四］。右（の諸官）は、大鴻臚に所属する。本注に、「（前漢は）秦（の制度）を承け継ぎ、典属国を置き、（大鴻臚とは）別に四方の夷狄の朝貢と侍子を掌っていた。（しかし、この官は）成帝のときに省き（その職務を）大鴻臚に統合した」とある。

中興すると、駅官・別火の二つの官署の令・丞［五］、ならびに郡邸長・郡邸丞を省いた。（その後は）郎に郡邸を管理させた［六］。

〔劉昭注〕

〔一〕『周礼』（秋官司寇 象胥）に「象胥」とある。干宝は、「今（西晋）の鴻臚である」と注記している。

〔二〕『漢官』に、「（大鴻臚に所属する）員吏は五十五名である。それらのうち六名は四科、二名は二百石文学、六名は百石、一名は斗食、十四名は佐、六名は騎吏、十五名は学事、五名は官医である」という。永元十〔九八〕年、大匠〔将作大匠〕の応順は「全国の郡の計吏〔上計吏〕は、（陛下が）国土を見渡すための光ですが、（かれらが京師たる雒陽への）旅の途中で宿泊するのは、険しい山道にある私的な宿舎で、（かれらの着る）直装の衣服は、破れ朽ちて、雨つゆに晒されています。（しかも）朝会（が行われる雒陽）は遥かに遠く、（そこまでの道中に必要な）物資は供給されません。むかし晋は、覇国〔諸侯の国々〕の盟主に過ぎませんでした。（ところが、晋は）諸侯（の使者）を宿泊させるにあたり、奴隷に対するかのように遇し、子産はそのことを大いに誹謗しました。まして今や（漢の）天下は広大ですのに、どうして（物資の供給は）無いのでしょうか」と上言した。和帝は、この意見を喜んで聞き入れ、すぐに物資の供給を開始した。

〔三〕『漢官』に、「（大行令に所属する）員吏は四十名である」という。

〔四〕『漢官』に、「（現在、定員が四十七名の）治礼郎のうち、四名は四科、五名は二百石文学、五名は百石、九名は斗食、六名は佐、六名は学事、十二名は守学事である」という。『東観漢記』に、「（治礼郎は）斎祠において九賓を案内し補助することを掌る。また公室を設置する。（その官は）中都官のうち（官秩が）斗食以下の者（の功績）を推し測り、功次に基づいて互いに補任し合うことを掌る」とある。盧植の礼注（『礼記解詁』）を調べてみると、「大行郎〔治礼郎〕も謁者と同じような官である。（その任官者には、他人に）尽くす容貌がある」という。

〔五〕如淳は、「『漢儀注』に、「別火は、獄に設置された令を長とする官署である。火事を鎮めることを掌る」とある」という。

〔六〕『漢官目録』に、「右の三つの官〔太僕・廷尉・大鴻臚〕は、司徒の管轄する官である」という。

百官志三　第二十六　宗正　大司農　少府

宗正

宗正は、卿であり（定員）一人、（官秩は）中二千石である。本注に、「王国（を治める諸侯王）の嫡庶の順、宗室ならびにその他親族（の血統）の遠近を序列に基づき記録することを掌る。郡国は、年ごとに上計に合わせて（域内に封地を持つ）宗室を登録した名籍を（朝廷に）奉る。もし（宗室で）法に違反して髡刑以上の罪に当たる者があれば、まず宗正に奏上し、宗正は上奏して、（皇帝の）決裁を通達する」とある[一]。丞は、（定員）一名で（官秩は）比千石である。

公主たちは、公主ごとに家令が置かれ、（定員それぞれ）一名で、（官秩は）六百石である。丞は、（定員）一名で（官秩は）三百石である。本注に、「（公主の）その他の属吏は、（状況に応じて）増減して定員はない」とある[二]。

右（の諸官）は、宗正に所属する。本注に、「中興より、都司空令・都司空丞を省いた」とある[三]。

［劉昭注］

［一］胡広は、「（宗正は）年ごとに一たび王（諸侯王）の世譜の序列と秩禄の次第を整理する」という。『漢官』に、「（宗正に所属する）員吏は、四十一名である。それらのうち六名は四科、一名は二百石、四名は百石、三名は佐、六名は騎吏、二名は法家、十八名は学事、一名は官医である」という。

［二］『漢官』に、「（公主の属吏は）主簿が一名、（その）官秩は六百石である。僕が一名、（その）官秩は六百石である。私府長が一名、（その）官秩は六百石である。家丞が一名、（その）官秩は三百石である。直吏が三人、従官が二人置かれている」とある。『東観漢記』に、「公主が薨去し、子がいない場合には、（定員が）一人の傅を設置し、その家を管理させる」とある。

［三］如淳は、「（都司空令・都司空丞は）罪人（の取調べ）を掌る」という。

大司農

大司農は、卿であり（定員）は一名、（官秩は）中二千石である。本注に、「様々な銭・穀物・金・絹、様々な貨幣を掌る。郡国が、季節ごとに「月旦見銭穀簿」を奉呈し、

（それにより）未納の租税は、それぞれ詳しく分別した。辺郡の諸官のうち租税の徴収を請願した者は、みな支出可能な額を報告し、（その額が郡にとり）損が多く益が少なければ、（租税を）徴収して（郡と）互いに充足し合うようにした」とある[一]。丞は、（定員）一名で（官秩は）比千石である。部丞は、（定員）一名で（官秩は）六百石である。本注に、「部丞は金蔵を掌る」とある[二]。

太倉令は、（定員）一名（官秩は）六百石である。本注に、「郡国から陸路と水路を使って運搬してきた穀物の受領を掌る」とある[三]。丞は（定員）一名である。

平準令は、（定員）一名（官秩は）六百石である。本注に、「物価を把握し、絹を染色して、美しく色どりすることを掌る」とある[四]。丞は（定員）一名である。

導官令は、（定員）一名（官秩は）六百石である。本注に、「皇帝の食事に用いる米を臼づくこと、および糒を作ることを掌る。導は、選び取るという意味である」という[五]。丞は（定員）一名である。

右（の諸官）は、大司農に所属する。本注に、「郡国に設置された塩官・鉄官は、もと（前漢では）司農（大司農）に所属していた。（漢が）中興すると、みな郡県に所属した[六]。また廩犧令があり、（官秩は）六百石であった。祭祀の犠牲として供える雁・アヒルを掌る［七］。さらに雒陽市長［八］・滎陽敖倉官は、（前漢では大司農に所属したが）、（漢が）中興すると、みな河南尹に所属した。この他の均輸官などは、みな省いた」とある［九］。

［劉昭注］

［一］『漢官』に、「（大司農に所属する）員吏は、百六十四名である。それらのうち十八名は四科、九名は斗食、十六名は二百石文学、二十名は百石、二十五名は佐、七十五名は学事、一名は官医である」という。

［二］『古今注』に、「建初七（八二）年七月、大司農として、丞（定員）一人を置き、（その）官秩を千石とした。（丞は大司農とは）別に金蔵（の管理）を掌った」とある。（百官志に見える）部丞は、この丞に当たるが、（両者の）官秩は異なっている。応劭の『漢官秩』もまた、「（大司農に所属する丞の官秩は）二千石である」と記している。

［三］『漢官』に、「（太倉令に所属する）員吏は九十九名である」という。

［四］『漢官』に、「（平準令に所属する）員吏は百九十名である」という。

［五］『漢官』に、「（導官令に所属する）員吏は百十二名である」という。

[六]『魏志』〔『三国志』魏書〕に、「曹公〔曹操〕は典農中郎将を設置した」とある。〔典農中郎将の〕官秩は二千石である。典農都尉は、官秩が六百石、あるいは四百石である。典農校尉は、官秩が比二千石である。〔典農校尉の〕職務は中郎と同じようであった。管轄地域が区分して少なくなった場合には、〔それらを管轄する官を〕校尉丞〔典農校尉丞〕とした。

[七]『漢官』に、「〔廩犠令の属官として〕丞一人を置き、〔その官秩は〕三百石。員吏は四十名である。それらのうち十一名は斗食、十七名は佐、七名は学事、五名は守学事である。〔これらの員吏は〕すべて河南尹に所属する県が〔任官者となる〕吏をあてがう」とある。

[八]『漢官』に、「市長〔雒陽市長〕は一人で、〔その〕官秩は四百石である。〔雒陽市長の属官として〕丞一人を置き、〔その官秩は〕二百石。〔丞の任官者は〕法に明るいことで補任される。〔雒陽市長に所属する〕員吏は三十六名である。〔それらのうち〕十三名は百石嗇夫、十一名は斗食、十二名は佐である。また〔雒陽市長の属官として〕檝櫂丞を設置し、〔その官秩は〕三百石。〔他方、雒陽市長とは別に設置された〕別治中水官は、溝渠〔の管理〕を掌り、〔その官衙は〕馬市の東にある。〔この官に所属する〕員吏は六名である」という。

[九]均輸については、『前書』〔『漢書』百官公卿表上〕に、孟康が「〔均輸とは、民が〕保有し官府に輸送すべき様々な物資は、すべて土地の豊かな場所のものを輸送させ、そこの時価を均

等にして、（さらに）官府が他の場所でその物資を売ることをいう。（均輸を実施することで）輸送は便利になり、官府は利益を得た」と注記している。『塩鉄論』（本議篇）に、「大夫〔御史大夫〕は、「先ごろ、郡国と諸侯王は、それぞれその地の物資を貢物として輸送し、往来が煩わしく、（また、それらの）物資には粗悪な物が多く、あるいはその費用を償っていない。このため郡に輸官〔均輸官〕を設置して、互いに（物資を）供給して輸送し、遠方からの貢物（の輸送）を便利にした。そのため（この制度を）均輸と呼ぶ。（また）委府を京師（である長安）に開設して、物資を独占し、（その値段が）安い場合には買い入れ、高い場合には売り出した。これにより国家は実利を失わず、商人は利益を得ることがなくなった。そのため（この制度を）平準と呼ぶ。平準であれば民は職を失わず、均輸であれば民は苦労しない。それゆえ平準と均輸は、万物を均等にして人々に便宜を図るためのものである」と述べた。（これに対して）文学は「古は民に税を課すには、かれらの得意なものに課し、不得意なものには課さなかった。（そこで）農民は収穫した物を納入し、女工は織った物を差し出した。いま民の保有する物を捨て去り、その保有していない物を（差し出すように）求めるならば、民は物資を安価で売り払って、国家の求めに（応じることができるよう）便宜を図ることになる。先ごろ、郡国はあるいは民に麻布と絹綿を作製させ、吏は（それらの物資を）留め置き難癖をつけて売買をしている。吏が収入として得られる物は斉陶（せいとう）の縑（けん）〔絹（きぬ）〕と、蜀漢（しょくかん）の布だけではない。また民の間で作製された物がある。（吏が）悪事を働いて（値段が）均等になった物を売り出すならば、農民は苦しみを重ね、（また）女工に課された養蚕の税（の徴収が彼女たち）を苦しめることになり、（それゆえ）いまだに輸送が均等に行われているのを見たことがない。国家が（物資を）勝手に徴発し、（市場の）門を閉じて売買を独占すれば、万民は共に（物資を）蓄え、（万民が）共に（物資を）蓄えれば物価が高騰し、（物価が）高騰すれば商人が利益を得て、（商人が）売買を独占すれば、吏は悪事を容認する。豪吏と富商は、物資を蓄えて、物資（の値段）が急騰するのを待ち、小商人と悪事を働く吏は、（物資を）蓄えることにより値段をつり上げており、（それゆえ）いまだに物価が安定しているのを見たことはない。思うに古（いにしえ）の均輸は、労働（の負担）を均等にして貢物の輸送を便利にするためのものであり、（その制度により）利益を生み出して万物を売買するためのものでは無かった」と述べた」とある。王隆（おうりゅう）の『小学漢官篇（しょうがくかんかんへん）』に、「賦課は、（それを徴発したことを）遺漏なく報告して（その量を）計り、陸路または水路で輸送する」とある。胡広（ここう）は、「辺郡（へんぐん）に所属する諸官のうち、賦課（の輸送）を要請された者は、すべて賦課を徴発し、（そのことを）遺漏なく報告して、それを（輸送し）供給する。水路を用いて輸送することを漕（そう）と呼ぶ。委は、積むという意味である。郡国が積み蓄えた金・絹・貨幣を時機に応じて司農（大司農）に輸送することを委輸と呼び、（これらの金・絹などを）国家の費用に供する」と注記している。『前書』〔『漢書』百官公卿表上〕にまた、都内・籍田に所属する令と丞、斡官・鉄市に所属する長と丞、郡国に設置された諸倉・農監に所属する六十五の官の長と丞が見え、（それらは）みなこの官（大司農）に所属していた。

少府

少府は、卿であり（定員）一名、（官秩は）中二千石である。本注に、「禁中で使用する衣服と皇帝の使用する様々な物品、（その他の）衣服、珍しい物品、珍しい食事などを掌る」とある〔一〕。丞は、（定員）一名で（官秩は）比千石である。

〔劉昭注〕

〔一〕『漢官』に、「（少府に所属する）員吏は、三十四名である。それらのうち一名は四科、一名は二百石、五名は百石、四名は斗食、三名は佐、六名は騎吏、十三名は学事、一名は官医である。少は、小さいという意味である。（管掌する範囲が）小さいため、少府と呼ぶ。王者は租税を公費に充て、山沢陂池の税を王（王者）の私費に充てた。古はみな（少府の官名を）小府につくった」とある。『漢官儀』に、「田租と芻藁（芻藁税）をもって（国家の）日常的な経費に充て、不作の年であれば、山沢陂池の税と漁税・塩税・市籍税により、少府が（皇帝の）私費に充てる」とある。

太医令は、（定員）一名で（官秩は）六百石である。本注に、「医者たち（の統率）を掌る」とある[一]。薬丞・方丞は、（定員）それぞれ一名である。本注に、「薬丞は薬（の管理）を掌る。方丞は薬の処方を掌る」とある。

太官令は、（定員）一名で（官秩は）六百石である。本注に、「皇帝の飲食を掌る」とある[二]。左丞・甘丞・湯官丞・果丞は、（定員）それぞれ一名である。本注に、「左丞は飲食を掌る。甘丞は食膳に用いる器を掌る。湯官丞は酒を掌る。果丞は果実を掌る」とある[三]。

守宮令は、（定員）一名で（官秩は）六百石である。本注に、「皇帝の使用する紙・筆・墨、ならびに尚書の使用する財物と（その他の）様々な物品および封泥を掌る」とある[四]。丞は（定員）一名である[五]。

上林苑令は、（定員）一名で（官秩は）六百石である。本注に、「（上林苑の）苑内で飼育されている鳥や獣（の管理）を掌る。（苑内には）民の住居がいくつかあり、（上林苑令は）それらすべてを掌る。（また）苑内の獣を捕らえて（皇帝の食事用として）太官〔太官令〕に送る」とある〔六〕。丞・尉は（定員）それぞれ一名である。

〔劉昭注〕

〔一〕『漢官』に、「（太医令に所属する）員医は二百九十三名である。員吏は十九名である」という。

〔二〕『漢官』に、「（太官令に所属する）員吏は六十九名である。衛士は三十八名である」という。荀綽の『晉百官表』の注に、「漢制では、太官令は、官秩が千石である。丞は（定員）四名で、官秩は四百石である」という。（この記事の内容は百官）志と異なっている。

〔三〕荀綽は、「甘丞は様々な肥えた肉を掌る。果丞は（禁中の）外で食べる果実ならびに野菜料理を（禁中の内部で食べる物と）分別した」という。

〔四〕『漢官』に、「（守宮令に所属する）員吏は六十九名である」という。

〔五〕『漢官』に、「（守宮令に所属する）外官丞（の官秩）は、二百石である。公府は、吏が執務する府である」という。

〔六〕『漢官』に、「（上林苑令に所属する）員吏は五十八名である」という。調べてみますと、桓帝は、また鴻徳苑令を設置しています。

侍中は、（官秩が）比二千石である〔一〕。本注に、「定員は無い。（皇帝の）左右に近侍し、様々な事柄で（皇帝を）助け導き、顧問応対することを掌る。（皇帝が）法駕で出御する際には、知識を多く持つ一名が陪乗し、その他はみな馬に乗り乗輿車の後ろに従った。もともと（前漢では、定員が）一名の僕射〔侍中僕射〕を置いていた。中興すると、祭酒〔侍中祭酒〕となり、設置されたり廃止されたりした」とある〔二〕。

中常侍は、（官秩が）千石である。本注に、「（任官者は）宦官であり、定員は無い。後に官秩を増し、比二千石とした。（皇帝の）左右に近侍し、随従して内宮〔長楽宮・永楽宮〕に入り、内宮の様々な事柄で（皇帝を）助け導き、顧問応対して（皇帝の身辺において）職務に従事することを掌る」とある。

黄門侍郎は、（官秩が）六百石である。本注に、「定員は無い。（皇帝の）左右に近侍し、禁中で職務に従事し、禁中の外と文書の授受を掌る。王〔諸侯王〕が宮殿内で朝見するにあたり、王〔諸侯王〕を誘導して着座させる」とある〔三〕。

〔劉昭注〕

〔一〕『漢官秩』に、「（侍中の官秩は）千石である」という。『周礼』（夏官 大僕）に、「大僕」とある。干宝は、「（『周礼』に見える大僕は）漢の侍中ようなものである」と注記している。

〔二〕 蔡質の『漢儀』（『漢官典職儀式選用』）に、「侍中は、（周代の）常伯（に相当する官）である。（その任官者には）老年で名望のある儒者で徳が高く、学識が豊かで深淵な者を選ぶ。（この官は、世の中の上方を）仰ぎ見ると共に（下方を）俯き見て、適切に問い質し側近くに侍り応対して、公卿〔三公・九卿〕に諭し聞かせ、宮殿に昇り（皇帝の言葉を伝えて）命令を発し、（皇帝の車に）陪乗する際には璽を帯びて剣を持つ。（その）定員はもとは八名であった。朝見する際に（位次は）もともとは尚書令と僕射〔尚書僕射〕の下、尚書の上にあった。現在の官〔後漢後期の侍中〕は、禁中に出入し、（位次が）変わり尚書の下にある。司隷校尉が、侍中と会う際には、板〔笏〕を手に持ち会釈する。河南尹も、同様である。また侍中はもと（前漢では）中官〔宦官〕と共に禁中に滞在した。（しかし）武帝のとき、侍中の莽何羅が、（禁中で）刀を帯び（武帝に対する）反逆を企てた。これにより、侍中は禁中の外に出て、用事がある場合には（禁中に）入り、（それが）終わったらすぐ退出するようになった。王莽が政務を執るようになると、侍中は再び（禁中に）入り、中官と共に滞在した。章帝の元和年間〔八四～八七年〕、侍中の郭挙が、後宮（の女性）と誼を通じ、帯びた刀を抜き、章帝を恐れさせた。（その罪により）郭挙は誅殺された。侍中は、これにより、再び（禁中の）外に出た」とある。

〔三〕『漢旧儀』に、「黄門郎は、黄門令に所属する。日が暮れて入り青瑣門にて拝礼する。（それゆえ）夕郎と呼ばれる」とある。『宮閣簿』に、「青瑣門は南宮にある」という。衛瓘は「呉都賦」に、「青瑣とは、（門の）戸の縁をなす青色の鋼である。一説に、「天子（の宮城）の門の内部に縁があり、（それは）格子が二重になっている。（その格子の）内側に青色で（文様を）画いたものを瑣と呼ぶ」という」と注記している。『献帝起居注』に、「献帝が即位すると、初めて侍中と給事黄門侍郎を置き、定員をそれぞれ六名とした。（これらの官は）禁中に出入して、帳（のなかにいる皇帝）に近侍し、上奏文を尚書台を経由せずに伝達した。（後に）給事黄門侍郎を改めて、侍中侍郎とし、給事黄門という呼び名を除いたが、すぐに再び旧来通り（の官名）に戻した。もともと侍中と黄門侍郎は、中宮〔皇后の居所たる長秋宮〕に居る者で、（他人と）親しく政事の話をすることはなかった。黄門〔宦官〕を誅滅した後、侍中と侍郎〔黄門侍郎〕が、禁闈〔省闥、禁中の出入口〕に出入すると、機密事項が多く漏洩した。これにより、王允は（侍中と黄門侍郎を）尚書に準え、（禁中への）出入を許可しないよう奏上した。（これらの官が）客人との交流を持たない状況は、これより始まった」とある。また（同書に）「（宦官誅滅後、もともとは）奄人〔宦官〕の（任官していた）官には、そのすべてに議郎・郎中（の任官者）を任用し、官秩は旧来のままとした。（これらのうち）令に任命された者は、両梁冠をつけて昇殿し、都官従事以下の官を召し出すことを許された」とある。

小黄門は、（官秩が）六百石である。本注に、「（任官者は）宦官で、定員は無い。（皇帝の）左右に近侍し、（上奏文に対する皇帝の）決裁を（尚書に）通達することを掌る。皇帝が内宮〔長楽宮・永楽宮〕に滞在する際には、禁中の外と文書を授受し、中宮〔皇后〕以下（の后妃）に関する様々な事柄を管掌する。公主たちおよび王太妃らが病に臥せった場合には、（皇帝の）使者として出向いて見舞う」とある。

黄門令は、（定員）一名で六百石である〔一〕。本注に、「（任官者は）宦官である。省中〔禁中〕に出入する宦官たち（の統率）を掌る」とある〔二〕。丞・従丞は、（定員）それぞれ一名である。本注に、「（これらの官の任官者は）宦官である。従丞は（官吏の）従者を（禁中に）出入させること（の管理）を掌る」とある。

黄門署長・画室署長・玉堂署長は、（定員）それぞれ一名である。丙署長は、（定員）七名である。（これらの官秩は）すべて四百石で、黄綬である。本注に、「（これらの任官者は）宦官である。それぞれ中宮に設けられた別の場所を掌る」とある。

中黄門冗従僕射は、（定員）一名で（官秩が）六百石である。本注に、「（任官者は）宦官である。中黄門冗従（の統率）を掌る。（皇帝が禁中に）滞在する際には宿衛し、宿直して（宮殿の）門を守衛し、（皇帝が）出御する際には馬に乗って随従し、（護衛として）乗輿車を挟む」とある。

中黄門は、（官秩が）比百石である。本注に、「（任官者は）宦官で、定員は無い。後に（官秩を）比三百石に増した。禁中で職務に従事する」とある。

〔劉昭注〕

〔一〕董巴は、「禁門〔省闥〕を黄闥と呼び、中人〔宦官〕にその門（の管理）を掌らせた。それゆえ黄門令と呼ぶ」という。

［二］『漢官』に、「（黄門令に所属する）員吏は十八名である」という。

掖庭令は、（定員）一名で六百石である。本注に、「（任官者は）宦官である。後宮に住まう貴人と采女に関する事柄を掌る」とある[一]。左丞・右丞・暴室丞は、（定員）それぞれ一名である。本注に、「（これらの官の任官者は）宦官である。暴室丞は、禁中に住まう女性のうち病に臥せっている者を掌る。（女性は）この部屋〔暴室〕に赴いて治療を受ける。皇后と貴人が罪を犯した場合にも、（幽閉されるために）この部屋〔暴室〕に赴く」とある。

永巷令は、（定員）一名で六百石である。本注に、「（任官者は）宦官である。官奴婢と侍使を掌る」とある[二]。丞は（定員）一名である。本注に、「（任官者は）宦官である」という[三]。

御府令は、（定員）一名で六百石である。本注に、「（任官者は）宦官である。官婢のうち禁中で使用する衣服の仕立ておよび繕い洗濯する者を掌る」とある[四]。丞・織室丞は、（定員）それぞれ一名である。本注に、「（任官者は）宦官である」という[五]。

祠祀令は、（定員）一名で六百石である。本注に、「禁中における様々な小規模な祭祀を掌る」とある〔六〕。丞は（定員）一名である。本注に、「（任官者は）宦官である」という。

鉤盾令は、（定員）一名で六百石である。本注に、「（任官者は）宦官である。（雒陽の）近郊の様々な池・苑囿・物見台を掌る」とある〔七〕。丞・永安丞は（定員）それぞれ一名で、三百石である。本注に、「（任官者は）宦官である。永安は、北宮の東北に設けられていた（北宮・南宮とは）別の小規模な宮の名である。（永安宮の内部には）苑囿と観があった」とある。苑中丞・果丞・鴻池丞・南園丞は、（定員）それぞれ一名で二百石である。本注に、「苑中丞は苑囿内に設けられた離宮を掌る。果丞は果樹園を掌る。鴻池は、池の名である。（その所在地は）雒陽〔河南省洛陽市北東〕の東の二十里の地点である。南園は、雒水〔河南省の雒河〕の南に設けられていた」とある〔八〕。濯龍監〔九〕・直里監は、（定員）それぞれ一名で四百石である。本注に、「濯龍も苑囿の名である。（その所在地は）北宮に近い。直里も苑囿の名である。雒陽城の西南の角に設けられていた」とある。

〔劉昭注〕

〔一〕『漢官』に、「（掖庭令に所属する）吏従官は百六十七名である。待詔は五名である。員吏は十名である」という。

〔二〕『漢官』に、「（永巷令に所属する）員吏は六名である。吏従官は三十四名である」という。

〔三〕『漢官』に、「（永巷令に所属する）右丞は一名である。暴室は一名である」という。

〔四〕『漢官』に、「（御府令に所属する）員吏は七名である。吏従官は三十名である」という。

〔五〕『漢官』に、「（御府令に所属する）右丞は一名である」という。

〔六〕『漢官』に、「（祠祀令に所属する）従官吏は八名である。騶僕射は一名である。家巫は八名である」という。

〔七〕『漢官』に、「（鉤盾令に所属する）吏従官は四十名である。員吏は四十八名である」という。

〔八〕『漢官』に、「（苑中丞・果丞・鴻池丞・南園丞の属官として）一名の署を置いている。（苑中丞・果丞・鴻池丞・南園丞とは別に設置された）胡熟監は一名である」という。本紀（『後漢書』桓帝紀）を調べますと、桓帝はまた顕陽苑丞を置いています。

〔九〕応劭の『漢官秩』に、「（濯龍監の）官秩は六百石である」という。

中蔵府令は、（定員）一名で六百石である。本注に、「禁中に所蔵する貨幣・絹・金・銀、（その他の）様々な物資を掌る」とある[一]。丞は（定員）一名である。

内者令は、（定員）一名で六百石である。本注に、「宮城内に所蔵する布・帳、（その他の）様々な日用品を掌る」とある[二]。左丞・右丞は、（定員）それぞれ一名である。

尚方令は、（定員）一名で六百石である。本注に、「職人が作製した使用する刀剣、（その他の）様々な器物の献上を掌る」とある[三]。丞は（定員）一名である。

［劉昭注］

［一］『漢官』に、「（中蔵府令に所属する）員吏は十三名である。吏従官は六名である」という。

［二］『漢官』に、「（内者令に所属する）従官録士は一名である。員吏は十九名である」という。

［三］『漢官』に、「（尚方令に所属する）員吏は十二名である。吏従官は六名である」という。

尚書令は、（定員）一名で千石である。本注に、「（漢の尚書令は）秦の設置した官を承け継いだ[一]。（前漢の）武帝は（この官に）宦官を任用し、（それを）中書謁者令と改めた。（その後、前漢の）成帝は（この官に）士人を任用し、（それを）旧来通り（の尚書令）に戻した。およそ（官吏の）選任ならびに尚書曹の（起草した）文書〔詔〕や様々な事柄（に関する命令）を（官民に）伝達することを掌る」とある〔二〕。

尚書僕射は、（定員）一名で六百石である。本注に、「（詔などを伝達する際にその文書に）検署し（て宛名書きし）、令〔尚書令〕が不在の場合には（代わって）様々な事柄（に関する命令）を（吏と民に）伝達した」とある〔三〕。

尚書は、（定員）六人で六百石である。本注に、「成帝は初めて（定員が）四名の尚書を設置し〔四〕、四つの曹に分けた〔五〕。（これらのうち）常侍曹尚書は、公卿（三公・九卿に関係する文書）に関する事柄を掌り〔六〕、二千石曹尚書は、郡国の二千石（郡太守と国相に関係する文書）に関する事柄を掌り〔七〕、民曹尚書は、官吏の上書（した文書）に関する事柄を掌り〔八〕、客曹尚書は、外国と夷狄（に関係する文書）に関する事柄を掌る〔九〕。世祖（光武帝）は（このような尚書曹の制度を）継承したが、後に二千石曹を分け、さらに客曹〔客曹尚書〕を南主客曹と北主客曹に分けて〔一〇〕、合計で六つの曹とした」とある〔一一〕。左丞・右丞は（定員）それぞれ一名で、四百石である。本注に、「（尚書曹において）文書を処理する期限を管理する。左丞は、吏と民の（上奏した）章（に対する皇帝の決裁）を（上奏者ないしは、その内容に関係のある官府・官吏に）通達すること、ならびに騶伯史（の統率）を掌る[一二]。右丞は、印綬を仮に与え、（さらにその職務の範囲は）紙・筆・墨と（その他の）様々な財物を保管する倉庫（の管理）に及んだ」とある[一三]。侍郎は、（定員）三十六名で、四百石である。本注に、「一つの曹に（定員を）六名設けて、文書を作成し起草する」とある[一四]。令史は、（定員）十八名で二百石である。本注に、「（一つの）曹に（定員を）三名設けて、文書（の作成）を掌る。後に（定員が）三名の劇曹を増設し、（他の令史の定員である十八名と）合わせて二十一名とした」とある[一五]。

[劉昭注]

[一]　荀綽の『晉百官表』の注に、「（尚書令は、もとは）唐〔尭〕と虞〔舜〕の官であった。『詩経』（大雅 烝民）に、「仲山甫は、王の喉と口（のように王の言葉を伝える者）である」という。思うに（尚書令とは）この人〔仲山甫〕のことである」という。

[二]　蔡質の『漢儀』〔『漢官典職儀式選用』〕に、「もとの公（三公の任官者）でこの官〔尚書令〕に任官した者は、朝会で陛を下って物事を奏上する。（皇帝は、そのような尚書令の任官者の）官秩を二千石に増し、それゆえに（この者は）自ら銅印墨綬を帯びる」とある。

[三] 蔡質の『漢儀』〔『漢官典職儀式選用』〕に、「僕射〔尚書僕射〕は、門戸の封印を掌り、銭と穀物を授与して支給することを掌る。およそ三公・列卿〔九卿〕・将〔五官中郎将・左中郎将・右中郎将〕・大夫〔光禄大夫・太中大夫・中散大夫・諫議大夫〕・五営校尉〔北軍五営に所属する校尉〕が復道内を進み、尚書僕射・左丞・右丞・侍郎・御史中丞、侍御史に遭遇した場合には、すべて〔自分の〕車を除けて〔尚書僕射らの車に道を〕譲り、互いに回避し合う。衛士による早馬は台官〔尚書台・御史台・謁者台に所属する官〕に〔道路で〕遭遇することを許されておらず、〔そのような場合には〕台官が通過した後、そこではじめて立ち去ることができた」とある。臣昭が思いますに、献帝は〔尚書僕射を〕分けて左僕射〔尚書左僕射〕と右僕射〔尚書右僕射〕を設置しました。建安四〔一九九〕年、〔献帝が〕栄邵を尚書左僕射に任用したのは、そのことを示しています。〔栄邵については〕『献帝起居注』に、「栄邵が在官中に死去した。〔献帝はかれに〕執金吾を追贈した」とあります。

[四] 韋昭は、「尚は、奉るの意である」という。

[五] 『漢旧儀』に、「当初は五つの曹を設置し、〔それらのうちの一つに〕三公曹があった。〔三公曹は〕裁判〔に関係する文書に関する事柄〕を掌る」とある。蔡質の『漢儀』〔『漢官典職儀式選用』〕に、「〔三公曹は〕天下〔の郡国〕が一年を終えて〔属官の〕課を収集することに関す

る事柄を掌る。三公尚書（三公曹尚書の定員）は二名で、三公の（職務に関係する）文書（に関する事柄）を掌る。吏曹尚書は選挙と斎祀（に関係する文書に関する事柄）を掌り、三公曹に所属した。霊帝（の御世）の末期に、梁鵠が選部尚書に任官した」とある。

［六］蔡質の『漢儀』〔『漢官典職儀式選用』〕に、「（常侍曹は）常侍〔中常侍〕・黄門〔小黄門など〕・御史（の職務に関係する文書）に関する事柄を掌る。世祖（光武帝）は（常侍曹を）吏曹と改名した」とある。

［七］『漢旧儀』に、「（二千石曹は）刺史（の職務に関係する文書に関する事柄）も掌る」という。（また）蔡質の『漢儀』〔『漢官典職儀式選用』〕に、「（二千石曹は）中都官の（職務である）水害・火災（の防止）、盗賊（の取り締まり）、裁判、犯罪と過失（の摘発に関係する文書に関する事柄）を掌る」とある。

［八］蔡質の『漢儀』〔『漢官典職儀式選用』〕に、「（民曹は、建物の）修繕と土木事業、池と苑囿の管理、盗賊（の取り締まり）に関する事柄を掌る」とある。

［九］『尚書』（舜典）に、「龍〔帝王〕は納言を設置し、（この官が）帝王の命令を出し入れした」とある。応劭は「現在〔後漢〕の尚書の官は、王の喉と口（のように王の言葉を伝える官）である」という。

〔一〇〕蔡質の『漢儀』（『漢官典職儀式選用』）に、「（南主客曹および北主客曹に所属する尚書は）天子が狩りに出た際には、（車に）陪乗する。御府曹郎はこれらの曹に所属する」とある。

〔一一〕『周礼』天官冢宰（司会）に、「司会」が見える。鄭玄は「（司会は）現在（後漢）の尚書と同じような官である」という。

〔一二〕蔡質の『漢儀』（『漢官典職儀式選用』）に、「（左丞は）台中（中央政府）の規律を総覧し、統括しないものは無い」とある。

〔一三〕蔡質の『漢儀』（『漢官典職儀式選用』）に、「右丞は僕射〔尚書僕射〕と共に、支給する銭と穀物を授けることを掌り、左丞と共に統括しないものは無い。中宮では夜の時間帯が終わって鼓が鳴ったならば起床し、鍾が鳴ったならば（就寝して）休息する。衛士の甲と乙は見回りをして（鼓や鍾が鳴ったことを）互いに伝え合う。甲は夜（の時間帯）が終われば、乙に夜（の時間帯が終わったこと）を伝え、（夜にあたる）五更（の時間帯）が終わったことを互いに伝え合う。衛士が（別の衛士に）伝えて「五更（の時間帯になった）」と言い、未明の三つの時刻の後、雞鳴（の時刻）になれば、衛士は（通常であれば、尚書台の）左丞・右丞・侍郎を追って庇（に象徴される宮城）に赴いて台〔後漢雒陽城の北宮の正殿たる徳陽殿のある区域〕に昇り（鶏の鳴き声を確認し）、宮城の内部で鶏を飼育していない場合には、汝南郡〔河南省平輿の北一円〕が鶏の鳴き声を発し、衛士は〔北宮の外周の門である〕朱爵門〔南掖門〕の外を望見して、鶏の鳴き声（が聞こえたこと）を宮城の内部に伝えることに専念する」とある。応劭は「楚歌は、現在〔後漢〕の「雞鳴歌」である」という。『晋太康地道記』に、「後漢において固始〔安徽省臨泉県〕・鮦陽〔安徽省臨泉北西〕・公安〔湖北省公安北西〕・細陽〔安徽省太和南東〕の四つの県の衛士は、この曲〔雞鳴歌〕を習得し、闕の側で歌った。現在〔西晋〕の「雞鳴」は、これである」という。

［一四］蔡質の『漢儀』〔『漢官典職儀式選用』〕に、「尚書郎は（任官した）当初には三署〔三署郎〕に従って台〔徳陽殿のある区域〕に行き試用される。初めて台に昇る時には（尚書郎の任官者を）守尚書郎と呼び、（試用期間である）一年が終わったら尚書郎と呼び、三年目に侍郎と呼んだ。客曹郎〔南主客曹および北主客曹に所属する郎〕は、羌胡の統治（に関係する文書に関する事柄を掌る。劇〔劇曹〕は、二千石〔郡太守〕あるいは刺史に転任させられ、その劇曹の長は県令に転任する。（これら劇曹から地方長官に転出した者は）官秩（に相当する俸禄）を使い果たした場合には、県に自分の財産を申告して立ち去り、（それに対して皇帝は）詔書を下して三万銭と三台〔尚書台・御史台・謁者台〕の餞別を下賜する。その他の官には（このような優遇措置は）無い。一ヵ月間に旅装を整え、公卿が陵廟〔帝陵と帝廟〕に拝謁す

る時（の儀礼）に準拠して（儀礼を行い）、そこではじめて出発する。御史中丞が尚書丞と尚書郎に（道路で）遭遇した場合には、（自分の）車を除けて板（笏）を手に持ちその場に留まって会釈し、（それに対して）丞（尚書丞）と郎（尚書郎）は車に座ったまま、手を挙げて御史中丞に礼をする。（尚書丞と尚書郎の）車が通過して遠ざかり、そこではじめて（御史中丞は）立ち去る。尚書が左丞・右丞に対して（物事を）思い切って告げること、詔書ならびに律令と同じようである。郎（尚書郎）が左丞・右丞に拝謁する際には、相対して会釈するが敬意を表さず、（左丞・右丞を）左君・右君と呼ぶ。丞（尚書丞）と郎（尚書郎）が尚書に拝謁する際には、板（笏）を手に持ち相対して会釈し、（尚書のことを）「明時」と呼ぶ。（また、尚書丞と尚書郎が）令（尚書令）と僕射（尚書僕射）に拝謁する際には、板（笏）を手に持ち拝礼し、朝賀に際しては相対して会釈する」とある。

〔一五〕『古今注』に、「永元三（九一）年七月、尚書令史の定員を増した。（尚書令史のうち）功績が十分で、禁令を犯したことの無い者を規模の小さな県（の長官）に補任し、（その者が帯びる綬を）墨綬とした」とある。蔡質は、「（尚書令史は）すべて蘭台（蘭台令史）と符節（符節令）がよく鍛錬を積み、官吏としての能力を有する人材を選び、推挙して任用された者の中から選任する」という。『決録』（『三輔決録』）の（摯虞）注に、「故事に、「尚書郎（の任官者）は令史〔尚書令史〕が長らく欠員の場合にそれに補任される」とある。世祖（光武帝）は初めて（制度を）改編して孝廉を郎〔尚書郎〕に任用するようにし、孝廉の丁邯をこの官に補任しようとしたが、丁邯は病を理由に就官しなかった。（光武帝は）詔を下して、「（おまえは）本当に病なのか、（それとも）郎に任官することを恥じているのか」と問うた。（丁邯は）答えて、「わたくしは本当は病ではありません。孝廉出身でありながら令史〔尚書令史〕の職務を担うことを恥じているのです」と言った。世祖（光武帝）は怒って、「虎賁は（丁邯の）頭を下げて杖で数十回叩け」と言った。（そして光武帝は）詔を下して、「郎〔尚書郎〕に任官することを望むのか（それとも）望まないのか」と問いかけた。丁邯は、「わたくしを殺すことができる者は陛下であり、郎に任官しないという選択をできる者はわたくしです」と答えた。中詔を下して（使者を）派遣し（丁邯を）出仕させようとしたが、結局は郎に任官しなかった。丁邯は字を叔春といい、京兆尹陽陵県〔陝西省咸陽市北東〕の人である。高い節操を持ち、他人の悪い点を正して曲げなかった。のちに汾陰令を拝命し、統治するにあたって優れた行いがあり、（そのために昇進して）漢中太守に転任させられた。（丁邯は自分の）妻の弟が公孫述の部将になると、妻を捕らえて南鄭県の獄に送り、冠を脱いで素足で歩いて（都である雒陽に赴き）自ら（謝罪の弁を）述べた。（光武帝は）詔を下して、「漢中太守（の丁郜）の妻が、南鄭県〔陝西省漢中市〕の獄に繋がれているが、誰がその背の垢を搔くべき者なのであろうか。牛の頭を懸け、馬の乾し肉を売り、盗跖が（悪事を働きに）行き、孔子は（盗跖を改心させるため、かれに）語った。（今、こうして）丁郜が罪に服し、その上さらに丁郜の妻を罪に問うことがあろうか。（丁郜は）冠をつけ謝罪する必要は無い」と言った。（丁郜は）統治に優れており、在官中に死去した」とある。

符節令は、（定員）一名で六百石である。本注に、「符節台の長である。符・節に関する事柄を掌る。およそ（皇帝の）使者を派遣する際には（使者に）節を授けることを掌る」とある。尚符璽郎中は、（定員）四名である。本注に、「もとは（四名のうち）二名が禁中に滞在していた。（その二名は）璽ならびに虎符〔銅虎符〕・竹符〔竹使符〕の半分を掌る」とある〔一〕。符節令史は、二百石である。本注に、「文書（の作成）を掌る」とある〔二〕。

〔劉昭注〕

〔一〕『漢官』に、「（尚符璽郎中の任官者には）法律に明るい郎をあてるべきである」という。『周礼』（地官）掌節に「虎節」と「龍節」が見え、（それらの材料は）すべて金である。干宝は「漢の銅虎符（の制度）は、すなわちこの制度〔『周礼』地官 掌節に見える周の制度に則ったもの〕である」と注記している。また『周礼』（地官 掌節）には、「英蕩を用いてこれ〔節の信用〕を補助する」とある。干宝は「英は、刻書である。蕩は、竹箭である。（英蕩と同じく）使者として赴いた先の事柄を刻み記して、三つの節〔虎節・人節・龍節〕の信用を補助するのは、すなわち漢の竹使符というものである。（その制度）も（周の英蕩の）故事に則したものである」という。

〔二〕『魏氏春秋』に、「中平六〔一八九〕年、初めて節を返却し、赤色の葆を奉呈した」とある。

　御史中丞は、（定員）一名で千石である。本注に、「御史大夫の丞である。もともと（前漢では）別に監御史が宮殿内におり、不法行為を密かに摘発していた〔一〕。御史大夫が（三公制の改編により）司空となると、（御史中丞は御史大夫の統属下から）離れて禁中に留まり、御史台の長となった〔二〕。後にさらに少府に所属した」とある。治書侍御史は、（定員）二名で、六百石である。本注に、「法律に明るい者を選んで官吏に任用することを掌る。およそ天下から奏讞された様々な案件について、法律に基づいて是非を論決することを掌る」とある〔三〕。侍御史は、（定員）十五名で六百石である。本注に、「不法行為を察知して摘発し、（また）公卿と（その他の）官吏たちの上奏文を受け取り、（その内容に）過失があった場合には、上奏者を摘発して弾劾する。郊廟の祭祀、（元日の）大朝会ならびに大封拝では、（十五名のうち）二名が（臣下の）威儀（の正しさ）を監督し、過失があった場合には劾奏する」とある〔四〕。

蘭台令史は、六百石である。本注に、「上奏文（の管理）ならびに文書を封印して作成することを掌る」とある。

〔劉昭注〕

〔一〕『周礼』（天官冢宰 小宰）に、「小宰は、邦国の王宮での（犯罪行為を処罰するための）刑罰の制定を掌り、王宮での政治上の命令の整備を掌る」とある。干宝は、「（小宰は）御史中丞と同じような官である」と注記している。

〔二〕『風俗通義』に、「尚書台と御史台は、すべて官奴婢を吏に任用し、賦舎（の管理）を掌らせる。（これらの吏は）賦舎の門を守衛する」とある。蔡質の『漢儀』（『漢官典職儀式選用』）に、「丞〔御史中丞〕は、もとの二千石〔郡太守〕がこれに任官し、あるいは侍御史（の任官者）のうち高第と判定された者を選任する。（この官は）禁中に設けられた官衙において法度を執行し、朝会において独坐し、朝廷内では蘭台令史（の統率）を掌り、州刺史を監督して、百官（の犯した罪）を取り調べる。（任官者は、地方に）転出して二千石（郡太守）に任用される」とある。『魏志』（『三国志』魏書）に、「建安年間〔一九六〜二二〇年〕、御史大夫を設置した。（しかし、この官は）中丞（御史中丞）を管領せず、（定員が）一名の長史を設置した」とある。

〔三〕　蔡質の『漢儀』〔『漢官典職儀式選用』〕に、「御史〔侍御史の任官者〕のうち、高第と判定された者を選んでこの官〔治書侍御史〕に補任する」とある。胡広は、「宣帝は路温舒の意見に感じ入り、秋が終わった後に（郡国に論罪できない案件を）奏讞させるようにした。この時、宣帝は宣室に行幸し、（そこで）斎居（ものいみ）しつつ物事を決し、二名の侍御史に文書を整理させた。御史〔侍御史の制度〕はこれより始まった。後に（侍御史とは）別に（治書侍御史を）設置した。（治書侍御史は）法冠をつけ、官秩は百石であり、印綬を帯びていた。（この官は）符節郎と共に廷尉の（職務に関係する）上奏文〔奏讞〕に関する事柄を判定し、（奏讞された）罪に軽重を定めた」という。荀綽の『晋百官表』の注に、「（西晋の）恵帝（の御世）以降、（治書侍御史には）取り締まる対象が無く、（その官の任官者は）位を満たすだけである」という。

［四］蔡質の『漢儀』〔『漢官典職儀式選用』〕に、「（定員が十五名の侍御史について）そのうちの二名は交代で宿直する。省中〔禁中に設けられた官衙〕で法を執行する者は、すべて百官（の犯した罪）を取調べ、州と郡を監督する三公は府〔三公府〕に所属する掾・属が受けた高第の判定に基づいて、この官〔侍御史〕に補任する。（かれらは、任官した）当初は守と呼ばれ（試用期間であることを示し）、（試用期間の）一年間が経過すると（正式任用にあたる）真を拝命する。（侍御史の任官者のうち）治劇（と評価された者）を（地方に）転出させて刺史ならびに二千石〔郡太守〕に任用し、平遷して令に補任する。（侍御史が）中丞〔御史中丞〕に拝謁する際には、板〔笏〕を手に持ち会釈する」とある。

右（の諸官）は、少府に所属する。本注に、「職務が少府に所属する官は、太医〔太医令〕・上林〔上林苑令〕以下の合計で四つであった。侍中から御史〔御史中丞〕までは、すべて少府に文属した。秦（の制度）を承け、およそ山沢陂池の税は、「禁銭」と呼ばれ、少府が管轄していた。（しかし）世祖（光武帝）は（少府の官制を）改編して司農〔大司農〕に管轄させた。（また、後漢になると）考工令は太僕に所属するようになり、都水官は郡国に所属するようになった。（他方）孝武帝は水衡都尉を初めて置き、（その）官秩を比二千石とした。（この官は、少府とは）別に上林苑（の管理）を掌る。（その苑内には皇帝の）離宮や休息用の建物が設けられた。世祖は、この官を廃止し、その職務を少府に統合した。（また後漢になると）貙劉を執り行う立秋の日のたび、水衡都尉を一時的に設置し、任務が終わったら廃止するようになった。もともと（前漢の）少府には（属官として）六つの丞が設置されていたが、（後漢では）五つを廃止した。また（後漢になると）湯官令・織室令を廃止し、丞を設置した。さらに上林十池監、胞人長・胞人丞、宦者・昆台[一]・佽飛[二]の三つの官署の令と二十一の丞を廃止した。また水衡都尉の属官の令・長・丞・尉を（定員に換算して）二十名あまり廃止した。（後漢の）章和年間〔八七～八八年〕以降、中官（宦官）は次第に拡充されて、嘗薬令・太官令・御者令・鉤盾令・尚方令・考工令・別作監を新たに設置し、（それらは）すべて六百石であった。宦官は、これらに任官したが、（本官に対する）副として兼任するようになり、（しかも、それらのなかには）廃止されたものもあった。それゆえ（百官志では）本官（としての右の諸官）を記録した」とある[三]。

［劉昭注］

［一］昆台は、もともと（前漢では）甘泉居室と呼ばれていた。（後に前漢の）武帝が（昆台に）改名した。

［二］佽飛は、もともと（前漢では）左弋と呼ばれていた。（後に前漢の）武帝が（佽飛に）改名した。

［三］蔡質の『漢儀』〔『漢官典職儀式選用』〕に、「少府の符著は（少府の官衙から）出る際に都官従事に見せ、（その時には）板〔笏〕を手に持つ。（また）都官従事は少府（の官衙）に入る際に符著を見せ、（その時には）板〔笏〕を手に持つ」とある。『漢官目録』に、「右の三つの卿〔宗正・大司農・少府〕は、司空の管轄する官である」という。

百官志四　第二十七

執金吾　太子太傅　大長秋　太子少傅　将作大匠　城門校尉　北軍中候　司隷校尉

執金吾

執金吾は、（定員）一名で中二千石である[一]。本注に、「宮城の外で、巡回と非常事態（への対処）と水害・火災を掌る[二]。月ごとに三回宮城の外を巡行し、また武器を掌る。吾は、防ぐというような意味である」という[三]。丞は（定員）一名で、比千石である[四]。緹騎は（定員）二百名である。本注に、「官秩は無い。（その俸禄は）吏の俸禄に準える」とある[五]。

武庫令は、（定員）一名で六百石である。本注に、「武器を掌る」とある。丞は（定員）一名である。

右（の諸官）は、執金吾に所属する。本注に、「もと（前漢では、定員が合わせて）三名の式道候・左中候・右中候を置き、（それらの官秩は）六百石で、車駕が出御する際には、先立って道路を清掃し、帰還して指図旗を持つ。（行列が出発し）宮城の門に到着すると、はじめて宮門が開く（ことを掌る）。（漢が）中興すると、（その職務を担当する定員を）一名だけとし、常設しなかった。（皇帝が）出御するたびに、郎に式道候を兼任させ、事が終われば任を解き、執金吾に所属させなかった。また（後漢では）中塁・寺互・都船の令・丞・尉および左京輔都尉・右京輔都尉を省いた」とある。

［劉昭注］

［一］『漢官秩』に、「（執金吾の官秩は）比二千石である」という。

［二］胡広は、「衛尉が宮城内を巡行する場合には、金吾〔執金吾〕が（宮城の）外を巡行し、互いに表裏となって、犯罪者を捕らえ狡猾な者を討伐する」という。

［三］応劭は、「（執金吾は巡行の際に）武器を手に持って、非常事態（の発生）を防ぐ」という。『漢官』に、「（執金吾に所属する）員吏は、二十九名で、それらのうち十名は四科、一名は二百石文学、三名は百石、二名は斗食、十三名は佐・学事である。（これらの員吏は）緹騎（の統率）を掌る」とある。

［四］『漢官秩』に、「（執金吾に所属する丞の官秩は）六百石である」という。

［五］『漢官』に、「執金吾に所属する緹騎は二百名である。（また）持戟は五百二十名である。車に乗り冠服を身に着けて（車駕の）前後に随従し、（その）光は道路を満たす。百官のなかで、

これら（を統率する執金吾）が最も勇ましい。世祖（光武帝）は歎息して、「仕官するなら執金吾になるべきである」と言った」とある。

太子太傅

太子太傅は、（定員）一名で中二千石である。本注に、「職務は太子（皇太子）を輔導することを掌る。（皇太子は任官者を）師のように礼遇する。属官を統領しない」とある〔一〕。

〔劉昭注〕

〔一〕荀綽の『晉百官表』の注に、「唐〔堯〕・虞〔舜〕の官である」という。

大長秋

大長秋は、（定員）一名で二千石である。本注に、「秦の将行を承け継ぐ。（任官者は）宦官である。（前漢の）景帝は（将行を）改めて大長秋とし、（当時は）士人を任用する場合もあった。（漢が）中興すると、常に宦官を用い、職務は中宮〔皇后〕の命令を述べることを掌った。およそ（皇后が）一族に賜与（する場合に、品物を渡）し、さらに一族で（皇后に）拝謁するに足る者については、禁中の外（にいるかれら）と文書を授受し（て拝謁の段取りを整え）た。中宮が出御する際には随従した」とある〔二〕。

丞は（定員）一名で、六百石である。本注に、「（任官者は）宦官である」という。

中宮僕は、（定員）一名で千石である。本注に、「（任官者は）宦官である」という。（車を）御することを掌る。本注に、「（前漢の）太僕（中太宮僕）は、官秩は二千石であった。中興すると、（もとの官名から）「太」の字を省き、官秩を千石に減らし、大長秋に所属させた」とある。

中宮謁者令は、（定員）一名で六百石である。本注に、「（任官者は）宦官である」という。中宮謁者は、（定員）三名で四百石である。本注に、「（任官者は）宦官である。章（に対する皇帝の決裁）を禁中（にいる上奏者、ないしは内容に関係のある官府・官吏）に通達することを掌る」とある。

中宮尚書は、（定員）五名で六百石である。本注に、「（任官者は）宦官である。禁中の文書を掌る」とある。

中宮私府令は、（定員）一名で六百石である。本注に、「（任官者は）宦官である。禁中に所蔵する貨幣・絹と（そのほかの）様々な物品を掌る。衣服を仕立て、繕い洗濯する者（の統率）は、すべて（この官が）掌る」とある[二]。丞は（定員）一名である。本注に、「（任官者は）宦官である」という。

中宮永巷令は、（定員）一名で六百石である。本注に、「（任官者は）宦官である。宮女（の統率）を掌る」とある。丞は（定員）一名である。本注に、「（任官者は）宦官である」という。

中宮黄門冗従僕射は、（定員）一名で六百石である。本注に、「（任官者は）宦官である。中黄門冗従（の統率）を掌る」とある[三]。

中宮署令は、（定員）一名で六百石である。本注に、「（任官者は）宦官である。中宮（皇后）に請願して、天子の年齢の記録を掌る」とある。女騎は、（定員）六名である。丞・復道丞は、（定員）それぞれ一名である。本注に、「（任官者は）宦官である。復道丞は、禁中に設けられた閤道を掌る」とある。

中宮薬長は、（定員）一名で四百石である。本注に、「（任官者は）宦官である」という。

右（の諸官）は、大長秋に所属する。本注に、「（前漢は）秦（の制度）を承け継ぎ、

（定員が）一名の詹事を設置し、（その）位次は大長秋の上にあった。（詹事の任官者も）また（大長秋と同じく）宦官であった。禁中に設置された様々な官（の統率）を掌った。（前漢の）成帝は、この官を廃止し、その職務を大長秋に統合した。この後、皇后が法駕により出御する際には、中謁〔中宮謁者〕および中宦者〔禁中において職務に従事する宦官〕のうち、職務を担当する吏が、詹事を一時兼任して（車駕を）先導し、事が終われば任を解かれた。（霊帝崩御後に）宦官が誅滅された後、尚書が職務を担当する吏を一名選んで、（詹事を）兼任させ（車駕を）先導させた」とある。禁中に設けられた長信宮と長楽宮には、（定員がそれぞれ）一名の少府〔長信少府と長楽少府〕を設置し、（その）職務は大長秋と同じようにする。その他の吏はすべて〔職務に従事する〕宮城の名を採って呼び名とし、（それらの）定員数と官秩の等級は中宮（で職務に従事する同名の官のそれ）と同じようにする〔四〕。本注に、「皇帝の祖母を（その居所にちなんで）長信宮と呼んだ。それゆえ（長信宮には）長信少府を設置していた。（皇太后の居所たる長楽宮に設置された）長楽少府は、位次が大長秋の上にあった。（これらの官に属して）職務を担当する吏は、すべて宦官で、（それらの属官の）官秩は中宮（で職務に従事する同名の官のそれ）と同じようであった。また長楽宮には衛尉〔長楽衛尉〕を設置し、（さらにこの宮に設置する）僕を太僕〔長楽太僕〕とした。（それらは）すべて二千石で、（位次が）少府〔長楽少府〕の上にあった［五］。（これらの官は）皇太后が崩御した場合には廃止し、常設しなかった」とある。

［劉昭注］

［一］張晏は、「（大長秋は）皇后の卿である」という。

［二］丁孚の『漢儀』に、「中宮蔵府令は、（その）官秩は千石である。（この官の）儀礼は、御府令に準えられた」とある。

［三］丁孚の『漢儀』に、「給事中宮侍郎は、（定員）六名で、尚書郎に準えられ、宦官が任官した。（また）給事黄門は、（定員）四名で、黄門侍郎に準えられた。給事羽林郎は、（定員）一名で、羽林将〔羽林中郎将〕に準えられ、（その位次は）虎賁に所属する官騎の下にあった」とある。

［四］長楽五官史は、朱瑀などがそれである。

［五］丁孚の『漢儀』に、「（長楽少府・長楽衛尉・長楽太僕に所属する）丞は、六百石である」という。

太子少傅

太子少傅は、二千石である。本注に、「（太子太傅と）同様に（皇太子を）輔導することを職務とし、太子（皇太子）の属官の一切（の統率）を掌る」とある[一]。

太子率更令は、（定員）一名で千石である。本注に、「庶子〔太子庶子〕と舎人〔太子舎人〕による交代での宿直を掌る。（この官の）職務は光禄勳に似ている」とある。

太子庶子は、四百石である。本注に、「定員は無い。三署中郎と同じような官である」という。

太子舎人は、二百石である。本注に、「定員は無い。交代で宿直するのは三署郎中（の職務）と同じようである」という[二]。

太子家令は、（定員）一名で千石である。本注に、「穀倉に保管してある穀物と飲食を掌る。（この官の）職務は大司農と少府に似ている」とある。

太子倉令は、（定員）一名で六百石である。本注に、「穀倉に保管してある穀物を掌る」とある。

太子食官令は、（定員）一名で六百石である。本注に、「飲食を掌る」とある。

太子僕は、（定員）一名で千石である。本注に、「車と馬を掌る。（この官の）職務は太僕と同じようである」という。

太子厩長は、（定員）一名で四百石である。本注に、「車と馬を掌る」とある。

太子門大夫は、六百石である[三]。本注に、「旧注に、「（この官の）職務は、郎将（の職務）に準える。もともと（前漢では）左戸将と右戸将を設置し、（これらの官が太子門大夫とは）別に、左戸直郎と右戸直郎（の統率）を掌っていた。（後漢の）建武年間〔二五～五六年〕以降、これらの官を廃止した」とある」という。

太子中庶子は、六百石である。本注に、「定員は五名である。（この官の）職務は侍中と同じようである」という。

太子洗馬は、比六百石である。本注に、「旧注に、「定員は十六名である。（この官の）職務は謁者と同じようであった。皇太子が出御する際には、（任官者のうち）宿直する者が（行列の）先頭に立って威儀を正した」とある」という[四]。

太子中盾は、（定員）一名で四百石である。本注に、「（皇太子の居所を）巡回して守衛し巡察することを掌る」とある。

太子衛率は、（定員）一名で四百石である。本注に、「門の（守衛にあたる）衛士（の統率）を掌る」とある。

右（の諸官）は、太子少傅に所属する。本注に、「（皇太子が）即位したばかりで、（新たな皇帝に）まだ皇太子がいない場合には、（皇太子の）属官はすべて廃止された。（ただし）太子舎人だけは廃止されず、少府に属した」とある。

〔劉昭注〕

〔一〕『漢官』に、「（太子少傅に所属する）員吏は十三名である」という。

〔二〕『漢官』に、「（太子舎人は）十三名である。（その任官者には）良家の子孫を選ぶ」とある。

〔三〕『漢官』に、「門大夫（太子門大夫）は二名である。（その任官者には）四府〔太傅府あるいは大将軍府と、三公府〕の掾・属（の任官者）を選ぶ」とある。

〔四〕『漢官』に、「（太子洗馬の任官者には）郎中（の任官者）を選んで補任する」とある。

将作大匠

将作大匠は、（定員）一名で二千石である〔一〕。本注に、「（前漢は）秦（の制度）を承け継ぎ、（この官を）将作少府と呼んだ。景帝は（将作少府を）改めて将作大匠とした。

宗廟・路寝・宮室〔宮殿〕・陵園の土木事業で（建物を）修繕・建造し、（また）桐・梓などを並べて植え、道に列ねることを掌る」とある［二］。丞は（定員）一名で、六百石である。

左校令は、（定員）一名で六百石である。本注に、「左工徒（の統率）を掌る」とある。

丞は（定員）一名である［三］。

右校令は、（定員）一名で六百石である。本注に、「右工徒（の統率）を掌る」とある。

丞は（定員）一名である［四］。

右（の諸官）は、将作大匠に所属する［五］。

〔劉昭注〕

［一］蔡質の『漢儀』〔『漢官典職儀式選用』〕に、「（将作大匠の）位次は河南尹に次ぐ。光武帝の中元二〔五七〕年、（将作大匠を）廃止し、謁者がその職務を管領した。章帝の建初元〔七六〕年、再び置いた」とある。

［二］漢官篇〔『小学漢官篇』〕に、「栗・椅・梓・桐を植える」とある。胡広は、「古は樹木を列ねて、道路を表し、（樹木を）並べて、園林を造営した。（栗・椅・梓・桐の）四者は、すべて

木の名前である。（将作大匠は）宮室（宮殿）を整備すると共に、これ（を管理すること）を掌る」とある。『毛詩』伝（『詩経』鄘風 定之方中の毛伝）に、「椅は、梓の同類である」という。陸機の『草木疏』に、「梓の実と桐の皮（を持つ樹木）を椅と呼ぶ。現在（西晉）の民が梧桐と呼んでいるものが、それである。梓は、今（西晉）の人々が梓楸と呼んでいるものが、それである」という。

［三］安帝は（左校令を）再設置した。

［四］安帝は（右校令を）再設置した。

［五］『前書』（『漢書』百官公卿表上）に、「（将作大匠の）属官として左中候・右中候、および石庫・東園主章・左中校・右中校・前中校・後中校の八つの令・丞を設置していた。成帝が（これらの官を）廃止した」とある。

城門校尉

城門校尉は、（定員）一名で比二千石である。本注に、「雒陽の十二の城門を掌る」とある［一］。

司馬は、（定員）一名で千石である。本注に、「兵士（の統率）を掌る」とある。城門には、門ごとに（定員がそれぞれ）一名の候が設置され[二]、（その官秩は）六百石であった[三]。本注に、「雒陽城の十二の門のうち、真南に設けられた一つの門を平城門と呼んだ[四]。北宮の門は、衛尉に所属した。その他（の城門）は、上西門[五]・雍門[六]・広陽門[七]・津門[八]・小苑門・開陽門[九]・秏門[一〇]・中東門[一一]・上東門[一二]・穀門[一三]・夏門[一四]で、（平城門と合わせると）合計で十二の門であった」とある[一五]。

右（の諸官）は、城門校尉に所属する。

[劉昭注]

[一]『周礼』（地官 司門）に、「司門」とある。干宝は「今（西晉）の校尉と同じような官である」と注記している。

[二]『周礼』（地官 司門）に、「門ごとに二名の下士を設置した」とある。干宝は「今の門候と同じような官である」という。

[三] 蔡質の『漢儀』（『漢官典職儀式選用』）に、「門候が校尉（城門校尉）に拝謁する際には、板（笏）を手に持ったが拝礼はしない」とある。

[四]『漢官秩』に、「平城門は、宮城の門である。（そこには）候を設置せず、屯司馬（南宮南

屯司馬）を設置した。（その）官秩は千石である」という。李尤の「銘」に、「平城門は、午〔陰暦の五月〕を掌り、それは中〔仲、つまり四季の真ん中〕に位置する」とある。『古今注』に、「建武十四〔三八〕年九月、平城門を開設した」とある。

〔五〕応劭の『漢官儀』に、「上西門（の色）が純白ではないのは、（火徳の）漢家が初めて（この門を）建造し、それゆえ（火徳を表す）赤い漆を用いて飾ったからである」という。李尤の「銘」に、「上西門は季〔陰暦の三月・六月・九月・十二月〕にあり、月に位置づけると戌〔陰暦の九月〕にある」という。

〔六〕「銘」に、「雍門は中央に所在し、月に位置づけると酉〔陰暦の八月〕に所在する」とある。

〔七〕「銘」に、「広陽門は孟〔陰暦の正月・四月・七月・十月〕に位置し、それは月では申〔陰暦の七月〕に所在する」とある。

〔八〕「銘」に、「津門の名は自然に決定され、（それは月に位置づけると）季月未〔陰暦の六月〕に位置する」とある。

〔九〕応劭の『漢官儀』に、「開陽門は、建造された当初にはまだ名前が無かった。ある晩、一本の柱が楼の上に移動してきた。（この時）琅邪郡開陽県〔山東省臨沂市北〕（の長官）が「県（の官衙）の南にある城門の柱が、一本飛び去りました」と上言した。光武皇帝は（開陽県の長官を雒陽に）来させて（楼の上にある柱を）識別させ、（それが開陽県から飛び去った柱であることが判明すると）恨み嘆き、ついに柱を堅く縛って、それが飛んで来た年月を刻み記し、この出来事に基づいてその門を（開陽門と）名づけた」とある。「銘」に、「開陽門は孟〔陰暦の正月・四月・七月・十月〕に所在し、月に位置づけると巳〔陰暦の四月〕である」という。

[一〇]「銘」に、「秏門は季〔陰暦の三月・六月・九月・十二月〕に相当し、月に位置づけると辰〔陰暦の三月〕に所在する」とある。

[一一]「銘」に、「中東門は仲〔四季の真ん中〕に所在し、月に位置づけると卯〔陰暦の二月〕に相当する」とある。

[一二]「銘」に、「上東門は（方角に位置づけると）少陽〔東〕であり、それは（月に）位置づけると寅〔陰暦の正月〕に所在する」とある。

[一三]「銘」に、「穀門は（方角に位置づけると）真北であり、（月に）位置づけると子〔陰暦の十一月〕に相当する」とある。

[一四]「銘」に、「夏門は孟〔陰暦の正月・四月・七月・十月〕に相当し、月に位置づけると亥〔陰暦の十月〕に所在する」とある。

[一五] 蔡質の『漢儀』〔『漢官典職儀式選用』〕に、「雒陽には二十四の街があり、街ごとに一つの

亭がある。（また、雒陽には）十二の城門があり、門ごとに一つの亭がある」という。

北軍中候

北軍中候は、（定員）一名で六百石である。本注に、「五営（屯騎校尉・越騎校尉・歩兵校尉・長水校尉・射声校尉）を監督することを掌る」とある［一］。

屯騎校尉は、（定員）一名で比二千石である。本注に、「宿衛にあたる兵士（の統率）を掌る」とある［二］。司馬は（定員）一名で、千石である［三］。

越騎校尉は、（定員）一名で比二千石である［四］。本注に、「宿衛にあたる兵士（の統率）を掌る」とある［五］。司馬は（定員）一名で、千石である。

歩兵校尉は、（定員）一名で比二千石である［六］。本注に、「宿衛にあたる兵士（の統率）を掌る」とある［七］。司馬は（定員）一名で、千石である。

長水校尉は、（定員）一名で比二千石である［八］。本注に、「宿衛にあたる兵士（の統率）を掌る」とある［九］。司馬・胡騎司馬は、（定員）それぞれ一名で、千石である。本注に、「宿衛することを掌る。（また）烏桓騎（の統率）を掌る」とある。

射声校尉は、（定員）一名で比二千石である［一〇］。本注に、「宿衛にあたる兵士（の統率）を掌る」とある〔二〕。司馬は、（定員）一名で千石である。

右（の諸官）は、北軍中候に所属する。本注に、「もともと（前漢では）中塁校尉を設置し、北軍の兵営と砦に関する事柄を統領していた。（また、前漢では）胡騎（胡騎校尉）と虎賁校尉を設置し、（それらは）すべて武帝が設置した。（漢が）中興すると、中塁〔中塁校尉〕を省き、中候〔北軍中候〕だけを置き、五営〔屯騎校尉・越騎校尉・歩兵校尉・長水校尉・射声校尉〕を監督させた。（また）胡騎〔胡騎校尉〕を長水校尉に統合した。虎賁校尉は軽車を掌る。（後漢では、この官を）射声校尉に統合した」とある〔三〕。

およそ中二千石（の官秩を有する官）の丞は、比千石である。真二千石（の官秩を有する官）の丞と長史は、六百石である。比二千石（の官秩を有する官）の丞は、比六百石である。令〔県令〕・相〔国相〕のうち千石（の官秩を有する者）の丞と尉は、四百石であり、それらのうち六百石（の官秩を有する者）の丞と尉は、三百石である。長〔県長〕・相〔国相〕のうち四百石ならびに三百石（の官秩を有する者）の丞と尉は、すべて二百石である。諸侯〔列侯〕・公主の家丞は、すべて官秩は比百石である。辺境に設置された鄣塞尉および陵園に設置された校尉・校長は、すべて二百石である。（百官志では、右の）規定に当てはまる官については、官秩を記さない。

〔劉昭注〕

〔一〕『漢官』に、「（北軍中候に所属する）員吏は、七名である。候〔北軍中候〕は（属吏を）自ら辟召することができる。（また）通大鴻臚は一名で、（その官秩は）斗食である」という。

〔二〕『漢官』に、「（屯騎校尉に所属する）員吏は、百二十八名である。（また）領士は七百名である」という。

〔三〕蔡質の『漢儀』〔『漢官典職儀式選用』〕に、「五営〔屯騎校尉・越騎校尉・歩兵校尉・長水校尉・射声校尉〕に所属する司馬が（上官にあたる）校尉に拝謁する際には、板〔笏〕を手に持ったが拝礼はしなかった」とある。

〔四〕（越騎について）如淳は「越人が（漢に）内属し、これを騎兵に編成した」という。晉灼は「才能が抜きん出て優れている者を採用した」という。紀〔『後漢書』光武帝紀〕を紐解くと、光武帝は、青巾左校尉を越騎校尉に改編した。臣昭は、「越人は良質の騎兵を輩出するものではありませんので、晉灼（の説）は真実であります」と申し上げます。

〔五〕蔡質『漢儀』〔『漢官典職儀式選用』〕にもまた、「（越騎校尉は）越騎（の統率）を掌る」とある。『漢官』に、「（越騎校尉に所属する）員吏は百二十七名である。（また）領士は七百名である」という。

[六]（歩兵校尉を）設置した当初、上林苑の門に駐屯する兵士（の統率）をつかさどらせた。（このことは）前書〔『漢書』〕に見える。

[七]『漢官』に、「（歩兵校尉に所属する）員吏は七十三名である。（また）領士は七百名である」という。

[八]如淳は「長水は、胡の名前である」という。韋昭は「長水校尉は胡騎（の統率）を掌り、（胡騎に用いる馬を飼育する）廐（の所在地）は長水に近かった。このためそれにちなんで（長水校尉を）官名とした」という。長水〔陝西省の灞水〕は、思うに関中〔函谷関以西〕の小さな川の名前である。

[九]蔡質の『漢儀』〔『漢官典職儀式選用』〕に、「（長水校尉は）長水胡騎・宣曲胡騎（の統率）を掌る」とある。『漢官』に、「（長水校尉に所属する）員吏は、百五十七名である。（また）烏桓胡騎〔烏桓騎〕は七百三十六名である」という。

[一〇]服虔は、「（射声とは）射撃に巧みなことである。暗く静かなところで（合図の）声を聞くと（矢を）射て的中させた。このためそれにちなんで（射声校尉を）官名とした」という。

[一一]蔡質の『漢儀』〔『漢官典職儀式選用』〕に、「待詔による射声に関する事柄を掌る」とある。

『漢官』に、「(射声校尉に所属する)員吏は百二十九名である。(また)領士は七百名である」という。

[二] 大駕の鹵簿を確認すると、五校〔屯騎校尉・越騎校尉・歩兵校尉・長水校尉・射声校尉〕は(行列の)先頭を進み、(これらの校尉には)それぞれ一部隊の鼓吹が設けられていた。

司隷校尉

司隷校尉は、(定員)一名で比二千石である[一]。本注に、「(この官は)孝武帝が初めて設置した[二]。(その任官者は)節を持ち、百官以下(の官吏と民)ならびに京師(たる雒陽)の近辺の郡で、法に違反した者を察知して摘発することを掌る[三]。元帝は節(の授与)を取り止め、成帝が(この官を)廃止した。(後漢の)建武年間〔二五～五六年〕、(司隷校尉を)再び設置し、一つの州をすべて統治させた」とある[四]。従事史は(定員)十二名である。本注に、「都官従事は、百官のうち法に違反した者を察知して摘発することを掌る[五]。功曹従事は、州(の官吏)の選任ならびに(その他の)様々な事柄を掌る。別駕従事は、校尉が管轄地域〔司隷校尉部〕を巡察する場合に(車駕を)先導し、様々な事柄を記録する。簿曹従事は、(州の所蔵する)金銭と穀物の出納を記した帳簿を掌る。戦争が起きた場合には、兵曹従事を設置し、軍事を掌らせた。管轄地域〔司隷校尉部〕に所属する郡国の従事（の定員）は、郡国ごとにそれぞれ一名である。文書（の発給）を促し、不法行為を察知して摘発することを掌る。（郡国の従事は）すべて州（を統治する司隷校尉）が自ら辟召して叙任し、（これらは）一貫して百石であった」という。仮佐は、（定員）二十五名である。本注に、「閤下（属吏の執務する区画）に関する事柄を帳簿に記録し、文書を（司隷校尉に）伝達することを掌る。門亭長は、州内の取り締まりを掌る。門功曹書佐は、（司隷校尉の属官の）選任を掌る。孝経師は、試経（の試験）を監督することを掌る。月令師は、気候の状態と祭祀（に関する事柄）を掌る。律令師、は法律をおさめ整えることを掌る。簿曹書佐は、（州の所蔵する金銭と穀物の）出納を記した帳簿を掌る。その他の都官書佐ならびに（司隷校尉部に所属する）郡国ごとに、（定員が）それぞれ一名の典郡書佐を設置し、それぞれ一つの郡の文書を掌る。（それらの官には）郡吏を補任し、毎年（定員を）満たして、（年が明けると）一度に交代した。司隷〔司隷校尉〕の管轄する郡は七つある」という。

河南尹は、（定員）一名である。京都（である雒陽の統治）を掌り、朝廷の執り行う儀礼への参加を特別に許可される。司隷校尉部に所属する京兆尹・左馮翊・右扶風は、

（定員の合計が）三名である。漢が開かれた当初、長安〔陝西省西安市北西〕に都を定め、（そのため）すべて官秩を中二千石とした。これらを（総称して）三輔と呼んだ。中興すると、雒陽に都を定め、河南郡〔河南省雒陽市北東一円〕を尹〔河南尹〕に改めた。（それでも）三輔が（前漢の）陵園と宗廟の所在地であることから、その呼び名〔官名〕を改めず、それらの官秩を減らした。（司隷校尉部に所属する）その他の弘農郡〔河南省霊宝北一円〕・河内郡〔河南省武陟南西一円〕・河東郡〔山西省夏県の北西一円〕の三つの郡は、河南尹（の官の管轄下）に設置された。馮翊〔左馮翊〕・扶風〔右扶風〕ならびに太守（が統治する郡）の丞の俸禄のもともとの等級は、地理志に記載がある。

〔劉昭注〕

〔一〕蔡質の『漢儀』〔『漢官典職儀式選用』〕に、「（司隷校尉の）職務は、京師（である雒陽の監察）を掌ることであるが、管轄地域〔司隷校尉部〕の外に所属する郡についても、糾察しない場所は無い。（本来、位次が）封侯（された者）・外戚・三公より下にある者たちには、尊卑（の区別）は無いが、（司隷校尉が）宮城に入ると、（この他の官吏は）道路の中央をあけて（司隷校尉の任官者を皇帝の）使者と呼ぶ。（また、司隷校尉は）朝会のたびに、（宮殿に）最後に到着し最初に立ち去る」とある。

[二] 荀綽の『晉百官表』の注に、「司隷校尉は、周官である。（前漢の）征和年間〔前九二～前八九年〕に、陽石公主が巫蠱の罪に問われた疑獄事件が起こり、そこで（武帝は）周王朝（の官制）に基づいて司隷校尉を設置した」とある。臣昭は、「周には司隷校尉は設置されておりません。（荀綽のいうのは）おそらく司寇のことでしょう」と考えます。

[三] 『前書』〔『漢書』百官公卿表上〕に、「（司隷校尉の属官として、定員が千二百名の）従中都官徒を設置し、巫蠱（の罪を犯した者）を捕え、大罪を犯した者を取り締まらせた。後にこの官の統率下にあった兵士を廃止した」とある。

[四] 蔡質の『漢儀』〔『漢官典職儀式選用』〕に、「司隷校尉が台〔中央政府〕に赴くと、廷議〔集議〕の際には（位次は）九卿の上にあり、（他方）朝賀の際には（位次は）公卿の下にあったが、九卿の上に陪席する。（司隷校尉の任官者は）任命された当初、大将軍と三公に拝謁する際には、名刺を渡して拝謁を求め、（然る後に）板〔笏〕を手に持って会釈するが、公の儀礼と朝賀の際には敬意を表さない。台が（司隷校尉を）召し出したならば、宮城に入れ相対する。（司隷校尉が）尚書に拝謁する際には板を手に持ち、朝賀の際には会釈する」とある。

[五] 蔡質の『漢儀』〔『漢官典職儀式選用』〕に、「都官従事は雒陽で開催される百官の参加する

朝会（の監察）を掌る。（その職掌は）三公府に所属する掾と同じである」という。『博物記』に、「（後漢の建国により）漢が再興して以降、都官従事はその多くが（朝廷の外に）出て、河内郡〔河南省武陟南西一円〕に行き、貴戚を攻撃した」とある。

百官志五　第二十八

州郡　県郷　亭里　匈奴中郎将　烏桓校尉　護羌校尉　王国　宋衛国
列侯　関内侯　四夷国　百官奉

州郡

（司隷校尉部の）他の十二の州では、州ごとに刺史が置かれ、（定員）一名で六百石である。本注に、「秦では監御史を置き、諸郡を監察していた。漢が開かれると、この官を省き、丞相史を派遣し分担して（十二の）州を戒めさせるのみとし、常設の官は無くなった。（後に）孝武帝は（定員が）十三名の刺史を初めて設置し、（その）官秩を六百石とした[一]。成帝は改めて牧とし、官秩を二千石とした。（後漢の）建武十八〔四二〕年、再び刺史とし、（定員）十二名が（十三州のうち）それぞれ一つ州を掌る。十三州のうち一つの州は司隷校尉に所属する[二]。諸州（の刺史）は常に八月に管轄する郡国を巡行して[三]、囚人（の数）を記録し[四]、（地方長官の勤務評定の）殿と最を判定した[五]。当初は（前漢では）一年が終わると京都に行き、それを奏上した[六]。（漢が）中興すると、上計吏の報告だけとなった」とある[七]。

［劉昭注］

［一］『古今注』に、「（刺史は）常に春に分担して管轄地域を巡行し、郡国（の長官）はそれぞれ一名の吏を派遣して、境界上に出迎えた」とある。（しかし、この記述は）様々な書籍において異なっている。

［二］蔡質の『漢儀』（『漢官典職儀式選用』）に、「詔書に基づく旧典に、「刺史は（管轄地域に）布き述べて、郡国を巡行し、統治（の実態）を調査し、能力のある者を昇進させ、無い者を降格させ、冤罪を裁判し直す。（巡行にあたり）六つの条文に基づき、事柄を問い質し、条文に当てはまらない事柄は問い質しても、取り締まらない」とある。（条文の）第一条、強大な豪族が、田地と住宅を規定以上に広げ、強さにより弱い者を侵犯し、多さにより少ない者を虐げること。第二条、二千石（郡太守）が、詔書を承らず、規則を遵守せず、公に背いて私に心を傾け、詔に背いて利益を守り、民から（財物を）侵し取り、（租税を）取り立てるにあたって悪事を行うこと。第三条、二千石が、論罪できない案件に（奏讞などをして）情けをかけず、殺人を煽り、怒れば刑罰を適用し、喜べば褒美を与え、（政治を）乱して厳しく争い、民を切り裂いて殺戮し、民に憎まれ、（それへの災異として）山が崩れて石が裂け、怪しげな兆しが発生して、流言蜚語が蔓延すること。第四条、二千石が、選任を不公平に行い、寵愛

する者におもねり、賢者（の昇進の道）を塞ぎ、頑迷な者を寵愛すること。第五条、二千石の子弟が、権勢を後ろ盾として、監察対象者に請託すること。第六条、二千石が、公に違反して下の者と党派を結び、強大な豪族におもねり、賄賂を行い、政令を損なうこと。（以上の六つの条文に基づいて不法行為を取り締まる）州の刺史は、任命当初は、この官〔司隷校尉〕に準えて板〔笏〕を手に持ち会釈するが拝礼はしない」とある。『献帝起居注』に、「建安十八〔二一三〕年三月庚寅、州を廃止して郡を合併し、（『尚書』）禹貢篇に見える九州を復活させた。冀州は魏郡〔河北省臨漳南西一円〕・安平郡〔河北省冀県一円〕・鉅鹿郡〔河北省寧晋南西一円〕・河間郡〔河北省献県南東一円〕・清河郡〔河北省清河県南東一円〕・博陵郡〔河北省蠡県南一円〕・常山郡〔河北省元氏北西一円〕・趙国〔河北省邯鄲市一円〕・勃海郡〔河北省南皮北東一円〕・甘陵郡〔山東省臨清市北東一円〕・平原郡〔山東省平原県南一円〕・太原郡〔山西省太原市南西一円〕・上党郡〔山西省長子西一円〕・西河郡〔山西省離石一円〕・定襄郡〔山西省右玉南一円〕・雁門郡〔山西省代県北西一円〕・雲中郡〔内蒙古自治区托克托北東一円〕・五原郡〔内蒙古自治区包頭市北西一円〕・朔方郡〔内蒙古自治区磴口県北一円〕・河東郡〔山西省夏県北西一円〕・河内郡〔河南省武陟南西一円〕・涿郡〔河北省涿県一円〕・漁陽郡〔北京市密雲南西一円〕・広陽郡〔北京市市街区南西部一円〕・右北平郡〔河北省豊潤南東一円〕・上谷郡〔河北省懐来南東一円〕・代郡〔山西省陽高北西一円〕・遼東郡〔遼寧省遼陽市一円〕・遼東属国〔遼寧省義県一円〕・遼西郡〔遼寧省義県一円〕・玄菟郡〔遼寧省沈陽市東一円〕・楽浪郡〔朝鮮民主主義人民共和国平壌市南一円〕を獲得し、合計で三十二郡となった。司隷校尉を廃止し、司隷校尉部を分割して（そこに所属していた郡を）豫州・冀州・雍州に所属させた。涼州刺史を廃止して、（それが管轄していた郡を）雍州刺史部に合併した。（雍州に所属する）郡は弘農郡〔河南省霊宝北一円〕・京兆尹〔陝西省西安市北西一円〕・左馮翊〔陝西省高陵南西一円〕・右扶風〔陝西省興平南東一円〕・上郡〔陝西省楡林県南東一円〕・安定郡〔甘粛省鎮原南東一円〕・隴西郡〔甘粛省臨洮一円〕・漢陽郡〔甘粛省甘谷南東一円〕・北地郡〔寧夏回族自治区呉忠市南西一円〕・武都郡〔甘粛省成県西一円〕・武威郡〔甘粛省武威市一円〕・金城郡〔甘粛省永靖北西一円〕・西平郡・西郡・張掖郡〔甘粛省張掖市北西一円〕・張掖属国・酒泉郡〔甘粛省酒泉市一円〕・敦煌郡〔甘粛省敦煌県西一円〕・西海郡〔青海省海晏一円〕・漢興郡・永陽郡・東安南郡を獲得し、合計で二十二郡となった。交州を廃止し、そこに所属していた郡を荊州に所属させた。荊州は交州に所属していた蒼梧郡〔広西省梧州市一円〕・南海郡・九真郡・交趾郡・日南郡を獲得し、もともと管轄していた南陽郡〔河南省南陽市一円〕・章陵郡〔湖北省棗陽市南一円〕・南郡〔河北省江陵一円〕・江夏郡〔湖北省新洲西一円〕・武陵郡〔湖南省常徳市一円〕・

長沙郡〔河南省長沙市一円〕・零陵郡〔湖南省零陵一円〕・桂陽郡〔湖南省郴州市一円〕と共に、合計で十三郡となった。益州がもともと管轄していた郡には広漢郡〔四川省広漢北一円〕・漢中郡〔陝西省漢中市一円〕・巴郡〔四川省重慶市江北区一円〕・犍為郡〔四川省彭山県東一円〕・蜀郡〔四川省成都市一円〕・牂牁郡〔貴州省貴定北東一円〕・越巂郡〔四川省西昌市南東一円〕・益州郡〔雲南省晉寧北東一円〕・永昌郡〔雲南省保山市北東一円〕・犍為属国〔雲南省昭通市一円〕・蜀郡属国〔四川省名山県北一円〕・広漢属国〔甘粛省文県北西一円〕があった。いま〔他の州と郡を〕合併して交州に所属していた鬱林郡〔広西省桂平西一円〕・合浦郡〔広東省合浦北東一円〕を獲得し、合計で十四郡となった。豫州刺史部に所属する郡にはもともと潁川郡・陳国〔河南省淮陽一円〕・汝南郡〔河南省平輿北一円〕・沛国〔安徽省聖渓県北西一円〕・梁国〔河南省商丘県南東一円〕・魯国〔山東省曲阜市一円〕があった。今、〔司隷校尉部に所属していた郡を〕合併して河南郡〔河南省洛陽市北東一円〕・滎陽都尉を獲得し、合計で八郡となった。徐州刺史部に所属する郡として下邳郡・広陵郡〔江蘇省揚州市北西一円〕・彭城郡・東海郡〔山東省郯城北一円〕・琅邪郡〔山東省諸城市一円〕・利城郡・城陽郡・東莞郡を獲得し、合計で八郡となった。青州は斉国〔山東省淄博市北東一円〕・北海郡〔山東省昌楽東一円〕・東萊郡〔山東省龍口市東一円〕・済南郡〔山東省章丘西一円〕・楽安郡〔山東省高清県高苑鎮北西一円」を獲得し、合計で五郡となった」とある。『献帝春秋』に、「孫権が歩騭に交州刺史を代行させた」とある。『東観漢記』に、「交阯刺史は、節を持った」とある。

［三］胡広は、「（原文の）巡とは、駅馬という意味である。県が文書を伝達するにあたり、駅馬に乗って、速く走ることは、ちょうど古において附遂と呼ばれることのようである」と注記している。

［四］胡広は、「県邑の囚人は、みな（かれらの罪状を）記録した文書を（刺史が）披閲し、物事の次第を照らし合わせて、その真偽を明らかにされる。冤罪で虐げられている者があれば、機会のあるごとに公平に処理する」という。

［五］胡広は、「（刺史は、管轄地域の州の）長吏を勤務評定して、職務に適さない者を殿と判定し、この者を摘発して免官する。（また）長吏のうち統治能力を有する者を最と判定する。（管轄地域の）州において特に優れている者を察挙して奏上し、さらに州内の官民のうち茂才に察挙されて、とくに優れている者を奏上する。毎年一名を察挙する」という。

［六］胡広は、「（刺史が）察挙した者のうち、詔条によって優秀か否かを判定する必要のある者は、そのたびに詔条に対して問い返し、（その文章では）しなやかさを咀嚼せずに強さを吐露する。一年が終わり（優秀な人物として）奏上した者を送り、京師に列することは、奏事

と呼び、州の遠近を等級づけるにあたっては、それぞれ常に会合を開く」という。

［七］胡広は、「（後漢になると、刺史は自分が摘発した不法行為を奏上するために）再び自分で京師（たる雒陽）に行くことは無くなった。刺史の教導する対象は、すべて（蔡質『漢官典職儀式選用』引の）旧典（に見える内容）と同じようである」という。『東観漢記』に、「和帝の初め、張酺は、「臣が聞くところでは、王者は天（の道理）に則り、熒惑（火星）は物事を太微（に象徴される天子の宮廷）に奏上すると申します。それゆえ州牧と刺史が（朝廷に）入り（摘発した不法な）事柄を奏上するのは、（皇帝が刺史に対する）下問を通して（朝廷の）外部の事柄を知るためです。（しかし）数十年来、その道理を重んじてまいりましたが、煩わしく乱れる結果となりました。そのため（刺史が朝廷に来ることを）差し止め、（自らが摘発した不法な）事柄を奏上させないようにしました。今これを故事としているのです。臣愚は、刺史が（不法な）事柄を取調べ、一年が終わったならば、（それらの）事柄を（朝廷に）奏上させる際に、旧典（に見える内容）と同じようにし、州の域内の風習を問い質し、好き嫌いにより教導の対象となる者を罪に問うことを恐れ、（不法な）事柄を（皇帝陛下に）見聞きしていただき、職務を担う多くの者の勤務を評定し、下々に対しては告発の対象者を明らかにし、さらに自分が察挙した人材のうち心を通わせている者を他の者たちとは異なると賞賛して、かれらの

うち最も功績が無く、詔書（に記された命令）に逆らう者には、罰則を適用すべきと考えております。（皇帝陛下は、刺史に）その他の者を戒めて、それぞれ職務を敬い慎み、欲深く誠実さの無い者を滅ぼさせるようお願いいたします」と上奏した」とある。『韓詩外伝』に、「王者が必ず牧を設置し、（その任官者に）三名を並べるのは、（牧に）遠方を望見し、民を治めさせるためである。遠方の民が飢え凍え、衣服と食糧を手に入れられず、裁判があっても冤罪となり、職務（の上での実績）が優れていても、挙用されないことは、（牧が朝廷に）入って天子に報告する。天子は王の朝廷で、君王に会釈をして奉り、「朕による政治と教化を推量するならば、これを手に入れられない者がいようか。お前が飢え凍えていても衣服と食糧を手に入れられず、裁判があっても冤罪となり、職務が優れていても挙用されない状態をどのようにしようか」と言った。その後、王は退出して、卿・大夫とそのことを協議した。遠方の民は（天子の言葉を）聞き、みな、「まことに天子である」と言った。そもそも自分の居所の門を開くのは、（相手に）自分が近いことを示すためである。（また）自分の居所が暗いのは、（相手に）自分が明らかであることを表すからである。欺くことができようか。欺くことができようか。それゆえ牧は、四方の民事を見る眼を開き、四方万民の意見を聞く態度に通じる必要がある」という。

（刺史が置かれる州には）従事史・仮佐が置かれる。本注に、「（これらの官の）定員と職務は司隷校尉とほぼ同じであるが、（刺史には）都官従事は無い。（司隷校尉に置かれる）功曹従事を（刺史では）治中従事と呼んだ」とある。

豫州刺史部に所属する郡国は六、冀州刺史部は九、兗州刺史部は八、徐州刺史部は五、青州刺史部は六、荊州刺史部は七、揚州刺史部は六、益州刺史部は十二、涼州刺史部は十二、并州刺史部は九、幽州刺史部は十一、交州刺史部は七で、合計で九十八である。それらのうち二十七（の王国）に王国相〔国相〕が置かれ、七十一（の郡）に郡太守が置かれた。それとは別に、属国都尉がある。属国は、郡を分けて離れた遠方の県に置く。郡のようであるが少し小さく、もとの郡をつける。世祖（光武帝）は、郡県四百あまりを統廃合したが、後世少しこれを増やした〔一〕。

［劉昭注］

〔一〕臣昭は、「むかし前代にあっては、爵は等級を異にし、九服は異なり、畿内と荒服は制度を異にしました。連帥〔諸侯〕が互いに掌り、牧伯が（地方）長官を分担したものの、（諸侯が）国境を設け、かきねで限りを設けたのは、身体が臂を使い、手が指を使うようなものです。そのため尊卑は互いに固定され、遠近は連結し、諸侯はよく和らぎ、万民を安寧に導きました。周が衰退すると、次第に競って広大な土地を併呑し合い、邦国〔諸侯〕は侵し争い、互いに貪り侵略する心を抱き、数百年を過ぎて、ようやく統一を成し遂げられました。これを立てるのに根本があれば、成し遂げられるのです。秦は天下を統一して、郡県を設置し、（天下に皇帝が）孤立して唯一の王でしたので、すぐに倒れ滅びました。漢祖〔前漢の高祖〕は（秦の制度を）継承し、改変しませんでしたが、（自分の）子弟を（天下に）分けて封建し、諸呂〔呂氏一族〕の乱を乗り切り、次第に郡国を分割し、大国の力を減らしました。のちに（武帝に仕えた）厳安たちが、悲憤慷慨して、千里の威勢を思ったのは、（漢の統治が）古の強国の根本を安定させ無窮にさせる計略ではないのを慮ったためです。武帝の末年、初めて刺史を置き、（地方を）監察して不法行為を糾弾しましたが、（それは）六つの条文に過ぎず、（刺史が乗り継ぐ）伝車は巡行して、治所を定めませんでした。（刺史が）裁いた罪人は（わずかに）数百名で、威望の念は軽く、察挙という職務は果たせませんでしたが、まだ（州刺史が天子の力を）凌ぎ犯すという罪は生み出してはおりませんでした。成帝が（刺史を）牧に改めたことは、その萌芽は大きなものでしたが、治道をよく知りませんでした。そのため牧の制度は普及しませんでした。世祖は中興すると、政治の根本を監察し、職務を省いて旧制に従い、自ら上奏を判断して、（臣下が朝廷に）入り、煩わしい事柄を惜しむ様子を観て、次第に自ら（の権威）を重くする道を得ました。これより（朝廷は）毎年安寧になりましたが、皇太后が朝廷で政治を行い、多く弱者が（政治を）守りましたが、天地四方は危うくなり動揺して、天下は潰え倒れ、財政は破綻し国力は尽き果て、法度は乱れて壊れました。それでも八方（の辺境に居住する非漢人）は侵入できず、諸侯が（朝廷を）討つこともありませんでした。幹が強く枝が弱く、支配力が重かったためです。孝霊帝が位に即くと、川が氾濫（するかのように世の中が混乱）し、劉焉は偽って、自分の身のために謀を巡らし、国を憂える心ではなく、狼のよう（な強い勢いを示して地方）に割拠する策を抱き、自論を主張して世の中を暗くし、意見を薦めて霊帝を愚かな方向に導き、盛んに牧伯を重視することの長所を称え、万里を鎮圧するのに充分であると主張し、邪まな考えを抱き謀を巡らして、一時的に（朝廷を）欺きました。どうして（牧の制度を）永久に国の根本とみなし、長く優れた方策と期待できるでしょうか。そもそも聖主の御世は、大いに民を庇護し、（後世の君主は）その大謀を継承し、その典範を伝えるものです。（しかし）これは、あたかも物事が長く続いて弊害を生み出し、貫き通すことが無い様子を述べたようなものです。そのため暦と服色を改変して、実質を尊ぶ立場と形式を尊ぶ立場を改めて区別し、爵を分割して三つを五つとし、互いに入り混じらせたものの（結局は）一つにはなりませんでした。まして功績を立てた君主が、君主を誑かす臣下を擁して、共に初めて設置するものなら、当然のことです。どうして（牧の制度に）依拠することができるでしょうか。大いに州を尊重する規則を設けましたが、結局は一日も（整った）統治はできていません。それゆえ劉焉は益土（益州）に牧となって、皇帝の服を岷と峨に作り、袁紹は冀州を獲得して、制書を燕と朔に下し、劉表は荊南を収め、天と地を祀り、魏祖（曹操）は兗州に割拠して、ついには皇帝としての事業を構えました。漢の滅亡の禍は、牧に源するのです。後の時代になると、（臣下に）委任する行為は次第に広がり、（朝廷は）牧に宰相の命令を委ね、斧鉞（に象徴される専殺権）という重い権限を授け、都督の威勢を与え、（敵を）征討するための道を開きました。晋の太康年間（二八〇〜二九一年）の初め、（西晋の）武帝もまた牧のあり方に疑念を抱き、そこで詔を下して、「上古から中代まで、ある時には州牧（牧）を置き、ある時には刺史を置き、監御史を置いた。（これらの官は）すべて綱紀を統べたが、政治を広く行き渡らせず、民を統治するための事柄は、諸侯と郡守に委任していた。むかし漢末に、天下は分かれ崩れ、呉と蜀が自分のほしいままに振る舞った。これにより、刺史は対内的には民政を自ら行い、対外的には軍隊を統領した。（しかし）それらは一時の便宜的な措置に過ぎない。いま（我が国は）宗廟の神霊と士大夫の力に頼り、（呉の拠る）江表を平定し、天下を一つに統合した。武器を片付け、天下に休息を与えるべきである。各地の州のうち（領域内に不穏な）事柄が無いものは自らが擁する兵を解散し、刺史は職務を分掌して、すべて漢氏の故事と同じようにし、（朝廷の外に）出たならば詔条〔詔書〕を広く行き渡らせ、（朝廷に）入ったならば（不法行為などの）事柄を京城〔京師たる雒陽〕に奏上するようにせよ。二千石〔郡太守〕は民の統治という重大事に専念し、監司〔監御史〕は上位の者たちを厳しく清めよ。これが永久に続く体制である。すぐに州牧を廃止せよ」と述べました。（ところが）晋の武帝は、またその弊害を目の当たりにします。このような言葉を発したものの、その事を貫徹せず、（武帝の）継嗣（の恵帝）が（帝位を）継承すると、牧鎮はますます重視され、（自分の管轄する）土地に割拠して争い、その結果として天下を滅ぼしました。むかし、王畿の大きさは、千里以内であり、州の掌る場所の広さは、遠方を合わせたものでした。（ところが晋末には）虎が獲物を狙うように（土地の）境界を争い、国家の終わりに都を遷し、かつて非漢人が踏みにじることがなかった所も、監督する力を通じて、性急に隙を窺い、幼少の皇帝を奪いました。甚だしくは、（八王の乱で）臣下と主君が共に挙兵し、肉親同士が野外で戦い、兄弟同士が互いの首級を晒し、伯父と叔父が殺し合いました。最終的には胸中を盛んに打ち明けましたが、最後まで（相手の心を）揺り動かすことはなく、そのうちに（争いが）始まり、（その結果）憂いを抱いて終わりました。（匈奴が建国した前趙は、車の）轅を傾けて（進軍し、西晋に）ますます襲いかかり、途中で（進路を）変えることは無く、（西晋は）雒京〔雒陽〕では璧を口に銜えて降伏するという痛みを受け、秦台〔関中に所在する長安〕では（皇帝を）守りきれないという恨みを生じました。（そして）胡〔匈奴〕と羌が代わる代わる興隆して、氐と鮮〔鮮卑〕が代わる代わる立ち上がり、数多くの民に滅びを強要して、禍いを後世に及ぼし、（夷狄の）固い氷が次第に（中華を）侵し、周辺からきくい虫（のように領土を貪る夷狄）が蔓延ってきました。ああ、後世の優れた天子は、必ず久しくは晉の（失政の）跡には留まらず、（晉の）長い国運の終わりには、神秘的な謀があるのでしょう。そうでなければ、勇ましく精悍な者の反抗は、その心をたいへん恐れられます。強さに依拠する良い謀は、後世（の人々）の意思を盛んにするでしょう」と申し上げます。

およそ州（刺史）の監督する都を京都とみなし、（そこに定員が）一名の尹を置き、（それは官秩が）二千石である。丞は（定員）一名である。郡ごとに（定員が）一名の太守を置き、（それは官秩が）二千石である。丞は（定員）一名である。辺境の防衛にあたる郡は、丞を長史と（して設置）する〔一〕。王国の相も（郡の場合と）同様である。属国ごとに（定員が）一名の都尉を置き、（それは官秩が）比二千石である。丞は（定員）一名である。本注に、「郡国は、すべて民を統治し、賢者を昇進させ、功績を持つ者を推薦し、訴訟（による裁判において）判決を下し、犯罪を取調べることを掌る。春に管轄する県を巡察して、民に農業と養蚕を奨励し、（物資の）不足している者を憐れみ救済する。秋と冬には無害と評価された吏を派遣して、囚人たちを取調べて、その罰則を治め整え、官の勤務評定で殿と最を判定した〔二〕。一年が終わると上計吏を（朝廷に）派遣して上計をし〔三〕、それに合わせて孝廉を察挙するが、（その際）郡の人口の二十万人ごとに一名を察挙した」とある。尉は（定員）一名である。（域内の）守衛を掌り、盗賊（の発生）に備える。景帝は、（尉を）都尉に改名した。また武帝は（定員が）それぞれ一名の三輔都尉を設置し、（盗賊による三輔への）出入を調べさせた。辺郡には農都尉を設置し、屯田（の実施）と穀物の栽培を掌らせた。さらに属国都尉を設置し、（漢に）降伏した蛮夷を掌らせた。（漢が）中興すると、建武六〔三〇〕年に郡の都尉を廃止し、（その）職務を太守に統合して、都試（の実施）の役目を無くし〔四〕、（さらに）関都尉を廃止した。

辺郡にのみ時に応じて都尉ならびに属国都尉を設置し、次第に郡を分割して県を設置するようになり、郡に準えて民を統治するようになった。安帝は、羌人が法に違反して、（その侵略を受けた）三輔（陝西省中部）には陵園の守備（という役割）があることから、再び右扶風都尉と京兆虎牙都尉を置いた〔五〕。（郡には）すべて（属官として）曹に所属する掾と史を設置した〔六〕。本注に、「（郡に置かれた）曹（の組織構成）は、おおよそ公府に所属する曹と同じであるが、東曹・西曹を置いていない〔七〕。（ただし、曹には）功曹史を設置し、功績を持つ者を選任する。（また）五官掾を設置し、（その職務は）功曹の任命ならびに（その他の）曹に関する事柄を掌る。（さらに、郡が）所属する県を監督するため、五部督郵を置いた。曹に所属する掾は（定員）一名である。（郡府の）正門には（定員が）一人の亭長を置いた。主記室史は、文書に記録し、（物事を処理する）期限を設定することを掌る。令史は置いていない。閤下（属吏の執務する区画）ならびに曹には、それぞれ書佐を置き、文書を主管させた」とある〔八〕。

〔劉昭注〕

［一］『古今注』に、「建武六〔三〇〕年三月、（光武帝は）「郡太守・諸侯相〔王国の相〕が病に

臥せったならば、（これらの属官である）丞・長史が（太守・相の担っていた）事柄を代行せよ」と命令を下した。（建武）十四〔三八〕年、辺郡の太守に所属する丞を廃止し、長史が丞の職務を管領した」とある。

〔二〕漢律を調べてみますと、「無害の都吏」が見えます。現在〔劉宋〕では、（それは）「公平の吏」と呼ばれています。（「無害」の意味について）『漢書音義』には、「文〔法律〕を曲げない」とあります。（前漢の）蕭何は、文無害と評価されたことで沛主（沛公劉邦）の吏掾となりました。

〔三〕盧植の礼注（『礼記解詁』）に、「（漢で）計簿（に記載する会計報告）を九月に締め切るのは、秦（の制度）に基づき十月を正月とするためである」という。

〔四〕『古今注』に、「（建武）六年八月、（郡の）都尉の官を廃止した」とある。応劭は、「強勢な賊が発生するたびに、郡は臨時に都尉を置き、任務が終わればその官を廃止する」という。

〔五〕応劭の漢官（『漢官儀』）に、「思うに天は五材〔金・土・水・火・土〕を生み出し、民はこれらをすべて用いて、一つだけを廃止できない。（これと同様）誰が兵士を捨て去ることができようか。兵士の用意は尊重すべきことであるという。『周易』（繋辞下伝）に、「木の棒に弦を張って弓を作り、木の棒を削って矢を作り、弓矢の利器によって、天下（の悪人）を威嚇する」とある。『春秋』に、「（春・夏・秋の）三つの季節には農作業に励み、（残りの）一つの季節（冬）には武芸を習う」とある。『詩経』（大雅公劉）に、公劉を褒めて、「（公劉は）都に安住できず、国内では耕作し国外では戦い、（糒を）橐や囊に包み、干戈を掲げ、四方は（公劉に）立ち向かうことはない」とある。（後漢の光武帝期に）郡国の材官と騎士を廃止して以降、朝廷には非常事態に備える者がいなくなり、誠実な心に他人に仇をなす心が芽生えた。一方面が（非漢人の侵略を受けて）苦難に見舞われ、（残りの）三方面がこれを救おうとしたが、（非漢人は）軍事行動を起こして雷のように激しく動き、煙が立ち上って稲妻のように激しく怒ったので、（役人は）おしなべて冠を脱ぎ（官を棄て）、民は嘆き憂えた。弓を射る方法と馬車の操縦を習わずに、戒めるために交わした誓いを持ち出し、ひとたび兵士を駆り立てて、強力な敵に近づくことは、鳩と鵲が鷹と鸇を捕まえ、豚と羊が豺と虎を狩るようなものである。そのようなわけで（後漢は）戦うたびにいつも負け、皇帝の軍隊は振るわず、張角は（民を）惑わし偽る方法を抱いて、遠近共に揺れ動き、中国全土が共に（兵士を）動員して、煙と炎が天を赤くし、牧守が首を晒され、車裂きにされて、流れる血が川を作った。そこで遠く三方面の辺境にある風俗の異なる国々の兵士を徴発し、（かれらは）自分の同族ではないが、東西南北に対して怒りを発し、善良な者たちを多く倒して、自分の功績とし、つまらない物を財貨とみなした。あの（非漢人の侵略を受けた土地の）民が（国家によって）遷徙された災いを哀れに思い、（かれらが自分の居住地から）出てここにいる様子を見ても、（非漢人を）諭し導くことなく（かれらと）戦うことは、民を棄てることである。民の受ける災いを跡づけることは、なんと虚しいことか。春秋家が兵士（に関する事柄）を（史書中に）隠さないのは、国家の威勢が臣下の個人的な勢力を抑制するからである。いま天下が壊れて、王の命令が広く行き渡っていないものの、敵の攻撃を防いで苦難を抑制できるのは、手のひらを指差すような（容易な）ことである。それゆえ右扶風を設置した」とある。

［六］『新論』に、「王莽が国政の実権を掌握した時、西海郡〔青海省海晏一円〕を開置して、その郡の吏（の官秩）をすべて百石とし、（郡の統治に関する）事柄に参与させた。（また）一説に、「（西海郡の吏の官秩は）四百石である。（在官すること）二年で転任して（別の官に）補任された」とある」という。

［七］蔡質の『漢儀』〔『漢官典職儀式選用』〕に、「河南尹に所属する掾は（官府の外に）出て（不法行為などを）取調べること、（刺史に所属する）従事（の職務）と同じである」という。

［八］『漢官』に、「河南尹に所属する員吏は、九百二十七名である。（それらのうち）十二名は百石である。（また、河南尹に所属する員吏のうち）県有秩は三十五名、官属掾史は五名、四部

督郵吏部掾は二十六名、案獄仁恕は三名、監津渠漕水掾は二十五名、百石卒吏は二百五十名、文学守助掾は六十名、書佐は五十名、修行は二百三十名、幹小史は二百三十一名である」という。

県郷

（郡の）属官。県・邑・道ごとに、（その規模の）大きなものには（定員が）一名の令を任命して、（その官秩を）千石とし、（規模が）それに次ぐものには長を置いて、（その官秩を）四百石とし、（規模が）小さなものには長を置いて、（その官秩を）三百石とする。侯国（列侯国）の相の官秩の等級も同様である〔一〕。本注に、「（これらの官は）民を統治し、善行を顕彰し義に適う行いを奨励し、犯罪を防止し悪事を処罰し、訴訟に対して裁判をし、賊を平定し、民を憐れみ、時局に応じて職務を行い、秋と冬に（属官の）課を収集し、所属する郡と王国に上計することを掌る」とある〔二〕。

蛮夷を掌る県を道と呼び、公主に食邑としてあてがわれた湯沐を邑〔湯沐邑〕と呼ぶ。（域内の戸数が）一万戸以上の県（の長官）を令とし、（一万戸に）満たなければ（その県の長官を）長とする。（また）侯国〔列侯国の長官〕を相とする。（これらは）すべて秦の制度である[三]。丞は（定員）それぞれ一名である。尉は（規模の）大きな県は二名で、（規模の）小さな県は一名である。本注に、「丞は文書に検署し、穀倉（の管理状況）と裁判（の結果）を把握する。尉は盗賊（の取り締まり）を掌る。賊が挙兵して、（かれらが）首謀者を定めていない場合には、（首謀者を）推察し（賊の居場所を）探索して、悪人を取調べ（かれらの企てを）明らかにして、手がかりを得る」という[四]。（丞と尉は）それぞれ（属官として）曹に所属する掾と史を任命する。本注に、「（県に設置された）曹（の組織構成）は、おおよそ郡の定員（として設置された曹のそれ）と同じである。五官〔五官掾〕を廷〔県廷〕の掾とし、郷の五つの部を監督させ、春と夏には（その掾を）勧農掾とし、秋と冬には制度掾とした」とある[五]。

郷に有秩・三老・游徼を置く。本注に、「有秩は、郡の任命するもので、官秩は百石である[六]。一つの郷に居住する人々を掌る[七]。（規模の）小さな郷について、県は（定員が）一名の嗇夫〔郷嗇夫〕を置く[八]。（有秩と郷嗇夫は）すべて民（の行動）の善悪を把握し、力役（に従事する者）の順番を管理し、民の貧富の状況を把握し、賦〔算賦〕の額を管理し、民の間での格差の均等化を掌る。三老は（民への）教化を掌る。親孝行な子と祖父母に従順な孫、貞淑な女性と（夫婦の）義を守る婦人、財産を他人に気前よく譲る者と困窮している人を救済する者、ならびに民の規範たり得る学者がいた場合には、すべて扁額をそれらの人々の家の門に掲げて、善行を奨励する。游徼は〔郷の域内を〕巡察し、犯罪の防止を掌る。また郷佐を置く。郷に所属して、民の納める賦税〔算賦〕の徴収を掌る」とある［九］。

〔劉昭注〕

〔一〕応劭の『漢官』（『漢官儀』）に、「前書の百官表〔『漢書』百官公卿表上〕に、「一万戸以上（の県の長官）を令とし、一万戸以下（の県の長官）を長とした」とある。（北・南・西の）三方面の辺境（に設置された郡）は、孝武皇帝が最初に開き置いたもので、（これらに属する）県の戸数は数百戸であったが、（それら県の長官を）令とした。（また）荊州・揚州・江南地域の七つの郡には、臨湘県〔湖南省長沙市〕・南昌県〔江西省南昌市〕・呉県〔江蘇省蘇州市〕の三つの令が置かれただけである。さらに南陽郡穣県は、土地が肥沃で民が多く住み、（その戸数は）四万戸から五万戸であったが、（この県の長官を）長としていた。桓帝の御世に、汝南郡陽安県〔河南省確山県北〕を女公主の邑〔湯沐邑〕としてあてがうと、（陽安県の長官の）呼び名を（長から）令に改め、公主が薨去すると再び本来の呼び名に戻した。あるいは、そのために本来（の呼び名）に関連づけた。俗説に、「（県の）令と長（の区別）は（管轄地域の）河川と土地（の豊かさ）を基準とし、官秩の高低に関連づける説は、みな明確な記述がない」という。（しかし）班固は博学な学者で、一代の書（『漢書』）を撰述したのであるから、その記述は真実に近いと思われる」とある。

[二]　胡広は「秋・冬に一年が終わると、（県は）それぞれ（自らの）県の戸数・人口と田地（の面積）、銭と穀物の収支、（捕らえた）盗賊（の人数）の多寡を計上し、それをまとめた集簿を（所属する郡国に）奉呈する。丞・尉以下（の県の属吏）は、毎年郡に赴き、自らの功績を評定される。功績が最も多く最と判定された者は、廷尉（の官署）で労い励まして、後進を教え導く。（職務上の）違反が最も多く殿と判定された者は、後曹（の官署）で特に叱責して、（職務上の）怠慢を正す。（県令・県長に悪事を咎められ、弁解の）言葉に窮して逃げ場が無くなり（その事態を打開するために）主人〔県令・県長〕を（無実の罪で）捕らえた者たちについては、（その県の）掾と史が太守に申し上げ、（その者を処罰するために）法を執行させる。（この時、県の）丞と尉は（その者を）縛り叱責して、下々の者に（罪状を）明らかにし、さらに互いに命令を促して、民のために害悪を排除する。（後漢の）明帝は、詔書を下して黄綬（を帯びる官の任官者）を辱めることを許可して、問題のある吏を区別した」という。

〔三〕『史記』（李斯列伝）に、「秦は天下を統一し、（全国の）郡県を平定すると、武器を鋳造しても、（それらを天下の人々に）提示して（威信を示すのみで）再び使用することはなかった」とある。

〔四〕応劭の『漢官儀』に、「（規模の）大きな県には、丞および左尉・右尉が設置されており、（これらが）いわゆる（定員が）三名の命卿である。（規模の）小さな県には（定員が）一名の尉と一名の丞が設置されており、（これらがいわゆる定員が）二名の命卿である」という。

〔五〕『漢官』に、「雒陽令は、官秩が千石である。丞は三名で、（その官秩は）四百石である。孝廉左尉（の官秩）は、四百石である。孝廉右尉（の官秩）は、四百石である。（雒陽令に所属する）員吏は、七百九十六名である。（それらのうち）十三名は四百石である。（また、雒陽令に所属する員吏のうち）郷有秩・獄史は五十六名、佐史・郷佐は七十七名、斗食・令史・嗇夫・仮は五十名、官掾史・幹小史は二百五十名、書佐は九十名、修行は二百六十名である」という。

〔六〕『漢官』に、「（一つの）郷は五千戸であり、そこで（これらを管理するために）有秩を置く」とある。

〔七〕『風俗通義』に、「（有秩の）官秩は、田間大夫である。（有秩という官名は）この官を（他の官と）区別のときに官秩を持つ点を基準にすることを示している」とある。

［八］『風俗通義』に、「嗇は、視察するという意である。夫は、賦役の意である。（嗇夫という官名は）民（の状況）を調査し、かれらに課す賦役（の額）を均一にすることを示している」とある。

［九］『風俗通義』に、「国家（漢）の制度では、おおよそ十里一郷である」という。

亭里

亭に亭長を置いて、盗賊（の発生）を防止する。本注に、「亭長は、盗賊を追い求めて捕縛し、（その処断について）都尉にうかがいを立てることを掌る」とある［一］。

里に里魁を置いて、民（の間）に什・伍を設けて、（民の行動の）善悪を報告する。本注に、「里魁は一つの里の百戸の家を掌る。什は十戸の家を掌り、伍は五戸の家を掌って、（家同士が）互いに監察する。民に善い事柄と悪い事柄があれば、それらを監官に報告する」とある［二］。

辺境の県に障塞尉を置く。本注に、「塞を侵犯する羌夷に備えることを掌る」とある［三］。塩官・鉄官・工官・都水官を（域内に）設ける郡は、（これらの官が管掌する）事柄の大きさにより（その長官・次官として）令・長ならびに丞を置き、（それらの）官秩の等級はすべて県・道（の令・長・丞のそれ）と同じようにした。（ただし、これらの官に所属する吏は）士人（県・道の吏）と区別することなく、（その）俸禄はもともとの吏と均しくした。本注に、「およそ塩を多く産出する郡と県は、塩官を置き、塩税（の徴収）を掌らせる。（郡県のうち）鉄を多く産出するものは、鉄官を置き、ふいごで火をおこして鉄を鋳ることを掌らせる[四]。（郡県のうち）工房が多く設けられているものは、工官を置き、工房の税（の徴収）と物品を掌らせる。（郡県のうち）川と池が多く存在し漁業による利益を多くあげているものは、水官を置き、水の供給を公平にし漁税を徴収することを掌る。（これらの官の）所在地である県は、吏に公平に等級を設けてそれぞれに俸禄を支給し、（それらの官の管掌する）事柄に応じて吏を置いたが、（これらの吏を）県の定員には数えない」とある。

［劉昭注］

［一］『漢官儀』に、「民のうち二十三歳で正規兵になった者は、一年で衛士となり、（その後さらに）一年で材官・騎士となり、射撃の技術と車を御する技術、騎馬の扱い方と車馬を速く走

らせる技術、陣立てを習う。（毎年）八月、太守・都尉・県令・県長・相・県丞・県尉は都試を行うために集まり、（衛士・材官・騎士の考課において）殿と最を判定する。水辺での仕事を生業とする者は楼船となり、（かれらも）また弓を射る方法と船の扱い方を習う。辺郡の太守はそれぞれ一万騎を統率し、障塞および烽火台に出向いて非漢人を追い払う。（また、定員が）いずれも一名の長史と丞を設置して、兵士と民を統治する。兵士が行軍するにあたっては、長が（かれらを）統領した。（さらに）部尉・千人・司馬・候・農都尉を設置するが、（それらは）すべて民を統治せず、衛士を支給することは無い。材官・楼船のうち五十六歳で老い衰えた者は、辞職を許されて民となり田地に赴く。（この者たちから）亭長を選ぶべきである。亭長は巡察を分掌する。尉・游徼・亭長は、すべて（武術を）習い五つの武具を用意する。五つの武具とは、弓弩・戟・楯・刀剣・鎧である。鼓吏は、赤幘および脚絆を身に着けて、刀剣を帯び、楯を持って鎧を着用し、矛と戟を用意して、射撃の技術を習う。十里の間隔で一つの亭を設置し、（それを管理するものとして）亭長・亭候がいた。五里の間隔で一つの郵（を設置し）、郵どうしの間隔は二里半で、（そこでは）悪事を働く者（の取り締まり）を掌る。亭長は二尺の板を手に持ち、賊を取調べ、縄を用いて賊を捕縛する」とある。『風俗通義』に、「漢家は秦（の制度）に基づいて、おおよそ十里一亭である。亭は、留まるという意味である。思うに旅人が宿泊するための宿舎である。亭史は、もともとは負弩と呼ばれたが、(後に)長〔亭長〕と改名し、あるいは亭父と呼ばれる」とある。

〔二〕『風俗通義』に、「『周礼』(地官 遂人)に、「五つの家を隣とし、四つの隣を里とする」とある。里とは、止という意味である。里には司を設置していた。五十の家を管理し、(それらの家の人々と)住居を共にして、物事を共同で行い、昔の喜びはその場所で共有した」とある。

〔三〕『太公陰符』に、「(西周の)武王が太公(太公望呂尚)に、「(国が)治まることと乱れることの要点をお聞きしたい」と訊ねた。太公望は、「その根本は吏にあります」と言った。武王は、「吏は、治まるという意味である。国の乱れを治める要因とはどのようなものか」と言った。太公望は、「もともと吏の犯す重い罪として十項目あります」と言った。武王は吏の犯す重い罪(の内容)を問うた。(そこで)太公望は「第一に吏が厳しいこと、第二に吏が不公平なこと、第三に吏が欲深いこと、第四に吏が他を威圧するほどの力を背景に民を脅すこと、第五に吏が史と結託して私利私欲をはかること、第六に吏が人々に情をかけないこと、第七に吏が盗賊となり、人々を自分の間者として用いること、第八に吏が(物品を)安価で買い(それとは逆に)高価な物品を民に売ること、第九に吏が民を対象として改変する事柄を増やすこと、第十に吏が民を震え恐れさせることです。そもそも統治者（たる吏）が（右のうち）三つの罪を犯した場合には、国が乱れて民が愁いを帯び、（他方、吏が右の罪を）すべて犯した場合には、民が郷里を離れて流浪し、君主が自分の国を失うことになります」と言った。武王は、「民にも罪があるのか」と言った。太公望は、「民には十項目の身分不相応な行為があります。これらに対処して取り除く者（が統治する国）は、国が治まり民が安心します」と言った。武王は、「十項目の身分不相応な行為とはどのようなことか」と言った。（そこで）太公望は、「民（の力）が吏を凌いで、大臣に対して厚かましい態度をとることは、第一の身分不相応な行為です。民の一族が強大で、（吏の）臣下を凌ぐことは、第二の身分不相応な行為です。民が非常に富裕で、国家（の財政）を傾けることは、第三の身分不相応な行為です。民が自分の君主を尊び親しみ、（そのために）天下（の人々）が（君主を）慕うことは、第四の身分不相応な行為です。民が少数派の者たちを虐げることは、第五の身分不相応な行為です。民に百里四方に知れ渡る（大きな）栄誉と千里四方に及ぶ（広い）交友関係があることは、第六の身分不相応な行為です。民が吏の権威を背景に権力を行使することは、第七の身分不相応な行為です。（民の）恩恵が吏に齎されることは、第八の身分不相応な行為です。民が（自分自身に）信服し、少数派（の意見）を多数派（の意見）とみなし、他人の田地と住宅を奪ったり、かれらの妻子を人質とすることは、第九の身分不相応な行為です。民の生活の基盤となる事業である畜産が（かれらに使役される）他人の苦しみとなることは、第十の身分不相応な行為です。（これらは）いわゆる一つの家が一つの里に害悪を及ぼし、一つの里が諸侯に害悪を及ぼし、諸侯が天下に害悪を及ぼす、ということです」と言った。武王は、「（君主が）吏に犯す罪を根絶し、民による身分不相応な行為を制止するには、どうすればよいか」と言った。太公望は、「民のうち吏を虐げる者を明らかにし、かれらに対する褒賞を明確にして、その罪を詳らかにすれば、吏はあえて罪を犯そうとはせず、民はあえて身分不相応な行為をしなくなります」と言った。（これに対して）武王は、「これでは民と吏が互いに（心のうちを）探り合い、上下（の者たち）が和親せず（逆に）敵対する」と言った。（そこで）太公望は、「君主となったならば（祖先の手により）完成された事業を守り続け、吏となったならば職務を遵守し、民となったならば（国の定めた）事柄を遵守します。このようにそれぞれ自分の則るべき道理に基づくならば国が治まり、国が治まったならば都が治まり、都が治まったならば里が治まり、里が治まったならば家が治まり、家が治まったならば善悪が明確に区別され、善悪が明確に区別されたならば国には（憂慮すべき）事柄が無くなり、国に（憂慮すべき）事柄が無くなったならば、吏と民は外に対しては（他人に対する）怨恨を抱かず、内に対しては（私利私欲を満たす上で有利となる）事柄を待ち構えることは無くなります」と言った」とある。

［四］胡広は、「塩官は、穴を掘り取って塩を獲得する。あるいは井戸を掘り塩水を煮沸することによって塩を獲得する者もいる。銅を鋳て道具を作製する時には、（銅を）溶かす際に、火を扇いでその勢いを盛んにする。これを鼓鋳と呼ぶ」という。

匈奴中郎将

使匈奴中郎将は（定員）一名で、（官秩は）比二千石である。本注に、「南単于〔南匈奴の単于〕を監視することを掌る。（定員が）二名の従事を設置し、有事の際には、任務に応じてこの官（の定員）を増やす。掾は任務に応じて定員を定める。護羌校尉と烏桓校尉〔護烏桓校尉〕が設置した官（従事・掾の定員）も同様である」という［一］。

［劉昭注］

［一］応劭の漢官（『漢官儀』）に、「（使匈奴中郎将の任官者は）節を持ち、中歩の南に駐屯して、官府に掾と史を（属官に）設置する。単于〔南匈奴の単于〕が毎年侍子を派遣して来朝すると、

謁者は常にかれらを送迎し、贈り物として弓と馬、毛氈〔毛織の敷物〕、その他の物品を百万あまり受け取る。謁者は（送迎の）任務が終わったら、帰還して（受け取った財物の内容を）詳しく上表し（その上で財物を一旦）金蔵（を管理する官吏）に渡し、詔書もしくは勅が下されてから（あらためて財物を）受け取った」とある。

烏桓校尉

護烏桓校尉は、（定員）一名で（官秩は）比二千石である。本注に、「烏桓胡（を監視すること）を掌る」とある[一]。

［劉昭注］

［一］応劭の漢官（『漢官儀』）に、「（護烏桓校尉の任官者は）節を持つ。長史は（定員）一名、司馬は（定員）二名で、（それらの官秩は）すべて六百石である。（この官は、烏桓と）合わせて鮮卑を管領する。賓客〔烏桓胡と鮮卑〕は人質となる子を（護烏桓校尉に）与え、季節ごとに護烏桓校尉の駐屯地で胡市を開催する」とある。『晉書』に、「漢は東夷校尉を設置して、鮮卑を鎮撫した」とある。

護羌校尉

護羌校尉は、〔定員〕一名で〔官秩は〕比二千石である。本注に、「西羌〔を監視すること〕を掌る」とある〔一〕。

〔劉昭注〕

〔一〕応劭の『漢官』〔『漢官儀』〕に、「〔護羌校尉の任官者は〕節を持つ。長史・司馬は〔定員〕二名で、〔それらの官秩は〕すべて六百石である」という。

王国

皇子は王〔諸侯王〕に封建されると、〔封地とされた〕郡を王国とし、常に〔定員が〕一名の傅と〔同じく定員が〕一名の相を置いたが、〔かれらの官秩は〕共に二千石である。本注に、「傅は王〔諸侯王〕を善良に輔導することを掌る。〔諸侯王が傅を〕礼遇することは師に対するかのようであり、臣下として扱わない。相は太守と同じような官である。〔相の属官に〕長史を置くが、〔それは〕郡の丞と同じような官である」という。

漢の初め、王たちを封建した。（その際には）項羽の制定した諸王の制度に基づき、封地はもとより広大で、千里に達するほどであった。また王国の官職である傅を太傅とし、相を丞相としていた。さらに御史大夫ならびに様々な卿を置いていた。（これらの諸官は）すべて官秩が、二千石であった。（王国に置かれた）百官は、みな朝廷と同じようであった。皇帝は、ただ（王国を）統治するのに丞相を任命できるだけで、王国の御史大夫以下（の諸官）は、すべて（王が）自ら置いた[一]。景帝のときに至り、呉楚七国は、自らの王国の強大さを頼み、ついに反乱を起こし、漢室を滅亡寸前に追いやった。七国が誅滅されると、景帝はこれに懲りて、諸王が民を統治できないようにし、内史に民の統治を掌らせ、丞相を改めて相と呼び、（王国の）御史大夫・廷尉・少府・宗正・博士官を省いた。武帝は、漢の内史・中尉・郎中令を改名したが[二]、王国（のそれ）は旧来のままとした。（王国諸官の）定員と職務は、みな朝廷が任命し、（王は官を）自ら置けなくなった。漢の成帝になると、内史が民を統治することを省き、改めて相に民を統治させ[三]、太傅は（もとの官名から「太」字を省いて）ただ傅と呼ぶことにした[四]。

中尉は、（定員）一名で（官秩は）比二千石である。本注に、「（この官の）職務は郡都尉と同じようである。盗賊（の取り締まり）を掌る」とある[五]。郎中令は、（定員）一名、僕は（定員）一名で、共に（官秩は）千石である。本注に、「郎中令は王〔諸侯王〕の大夫・郎中による宿衛（を統括すること）を掌る。この官は光禄勳と同じような官である。少府を廃止した後、（その官の）職務はすべて郎中令に統合した」とある。僕は、車と（車を）御することを掌る。太僕と同じような官である。本注に、「太僕は、比二千石である。武帝は（太僕の官制を）改めて、（もとの官名から「太」字を省き）ただ僕と呼ぶことにした。また（王国に設置された諸官の）官秩をすべて減らした」とある。治書は、（官秩が）比六百石である。本注に、「治書は、もともと尚書（という官名）であったが、（後に）改めた」とある。大夫は、（官秩が）比六百石である。本注に、「定員は無い。王（諸侯王）の使者を拝命して京都に赴き（皇帝に朝見し）、璧を奉献して正月を祝賀し、及び（自国以外の）王国に使者として出向くことを掌る。もともと（使者を務める大夫たち）すべて節を持っていたが、後に節（の授与）を取り止めた」とある。謁者は、（官秩が）比四百石である。本注に、「（祭祀を執り行う際に、諸侯王に）長冠をつけることを掌る。もともと（この官の）定員は十六名であった。（しかし）後に（定員を）減らした」とある。礼楽長。本注に、「楽人（の統率）を掌る」とある。衛士長。本注に、「衛士（の統率）を掌る」とある。医工長。本注に、「医者と薬を掌る」とある。

永巷長。本注に、「（任官者は）宦官である。宮城内で職務に従事する婢使（の統率）を掌る」とある。祠祀長。本注に、「祭祀（を執り行うこと）を掌る」とある。（礼楽長から祠祀長までの諸官の官秩は）すべて比四百石である［六］。郎中は、二百石である。本注に、「定員は無い」とある。

［劉昭注］

［一］胡広は、「後漢における（諸侯王の）側妾の人数には、制限が無かった。そこで制度を定めて嫡妻を置き、（その者を）妃と呼び、側妾を四十名以上娶ることができないようにした」という。

［二］前書〔『漢書』百官公卿表上〕に、「漢の内史を京兆尹に改め、中尉を執金吾とし、郎中令を光禄勳とした」とある。

［三］『漢旧儀』に、「大司空の何武は（王国の）内史を廃止して、相を太守と、中尉を郡都尉と同じようにし、（それらの官の）職務に参画させるよう奏上した。この後、中尉は（諸侯王と）権勢を争い、王（諸侯王）と（互いの罪状を）奏上し合い、（両者の関係は）いつも不和であった」とある。

〔四〕臣昭は、「高祖による（前漢建国の）創業をみますと、（高祖は）立派な手柄と大きな徳を伸ばし、大勢の民を大いに庇護して、かれらを虐げる者を動揺させ、これを安泰に導くだけであったといえましょうか。（高祖は）謀深く、思慮久しく、子弟を（諸侯王に）封建しました。（四方に配置した）諸侯〔王国〕は広大で堅固で、謀は広く遠くまで及ぶものでした。（やがて）三趙〔趙王劉如意・趙王劉友・趙王劉恢〕が天寿を全うせず（非業の死を遂げ）、（また）燕霊〔燕霊王劉建〕が夭折して、その系統が断絶すると、斉〔斉王劉襄〕・代〔代王劉恒〕・淮〔淮南王劉長〕・楚〔楚王劉交〕はみな（朝廷の）外の強力な勢力となりました。それゆえ（文帝の中尉の）宋昌が「（朝廷の）外では斉〔斉王劉襄〕・楚〔楚王劉交〕・淮南〔淮南王劉長〕を畏れ憚る」と述べたのは、これらの効果でしょう。（しかし）物事（も程度）が過ぎれば弊害が生じます。誰がこのことを理解できたでしょうか。国の苦難を無事に解決すれば、財物によって齎される富を堅固なものとすることは疑いなく、防衛によって齎される利益を作り上げれば、富をすでに先んじて得ることができます。それゆえ（漢は、老人に身体を支えるための）机と杖を下賜し、（また）悪辣な謀を用いることを止めたのです。継嗣がなければ（諸侯の領地を）分割して後裔に分け、（諸侯王の）怨みが生じ、軍を連ねて乱を起こして、（兵士の持つ）武器が梁国（の王宮）の闕で交わるに至り、（皇帝は）敵を防いでこれを阻み、自分の近親（たる諸侯王の行い）を正しました。（その後）景帝は、属国（王国）の権限を削り、肉親としての援助に区切りをつけ、（宗室を）封建して（王国の）君主（たる諸侯王）とする際に、封地の民を治めることなく、（王国の）君主として置くだけにしました。（しかし）やや王国の臣下を蔑み、歪みを直そうとして行き過ぎ、こうした（呉楚七国の乱が起こるという）事態に至りました。呂氏と霍氏が（専権を振るって）朝廷を危機に陥れると、后族（外戚）は、いよいよ寵愛を新たに受け、呉楚七国の乱が失敗すると、諸侯王は、つねにそのことを借りて責めを受けました。それゆえ賈誼は、（宗室を）数多く（諸侯王に）封建して、かれら（一人ひとり）の力を少なくし、（諸侯王の薨去後、その子弟を）かりそめに並べて、かれらのうち勉学中の者を列侯に封じようとしたのです。これこそ全体をあまねく見渡し深く知って、（皇帝を）自ら助けることの要諦を取る者です。嫡子が必ず（王位を継承して）万里におよぶ封地を受け継いでも、傍系が（王国の内部を）揺り動かして（嫡子に王位と）封地を継承させないようにすることを望み、（王国の）東西南北に遠方から謀を巡らして、（嫡子による王位と封地の継承を）甚だしく妨害しようとしました。また哀帝期から平帝期にかけては、劉氏一族が（封建されて）天下にあまねく行き渡り、宗正が（それらの宗室を名籍に）記録すると、一万名に及びました。後漢になると、（朝廷は）ますます前代の事柄に遵い、光武帝の十名の皇子は、共に王畿（京師たる雒陽）の外側にある近隣の郡に（封地を得て）列なっていましたが、孝明（明帝）の（皇子が封建された）八つの王国は（雒陽より遠方にありましたが）、（天下に）広がって遠方の民を庇護することはできませんでした。（封建した）王国が（雒陽の）近隣にあれば（その封地を）大きくできず、（封地が）大きくなければ（その王国を）強大とみなすには不十分です。これは嫡系と傍系が為すべき援助を用い、結果として少し安定させたものです。もし漢が両越地域を分割して宗室を封建した国を二つか三つ設置し、呉楚地域を二つに分割して四つの諸侯（王国）を樹立し、遼海地域を切り分けて宗室に分与し、隴蜀地域を開放して子弟を王に封建し、（さらに、王国の）君主を高い位につけて、（かれらの身分を）漢初における身分の高さに依拠させたならば、民には制限が無くなり、養うのに充分な富を許されたでしょう。（また）もし（皇帝に）暗愚で、残虐な継嗣があれば、（その者を皇太子から）廃位できたものの、（王国を）削減できなければ、必ず劉氏（の皇統）を（末永く）伝えたことでしょう。（そこで）民は上に戴く者を信頼し、他人の土地や財産を奪って自分のものとした罪を暴いて、他の一族の地位を奪ったり殺害した罪科を厳しく取り締まり、（かれらが朝廷に）朝貢した時の待遇に関する法を制定して、朝貢での往復の行程に関する方法を管理するのです。君主を君主として遇して臣下を臣下として扱い、永久に後々の世（に血統を伝えること）を認めれば、一国の民は、（他国に）移動する志を長らく持たず、四方は志を得ることができ、（また、朝廷が宗室に対して）官を辞めて諸侯王となることを許せば、賢明な考えを持って智恵を抱き、いたるところが安楽な土地となります。強弱は等しく、遠近は砕け散り、その一定不変の帰着点を掲げて、その小さな停滞を省き、その明らかな様子に従って、これを天下に広げます。天子の朝廷では、（宗室が）異姓ではない立場で（天子の位を）偽り奪って以降は、天子のために力を尽くす軍隊を挙げ用いることができなくなります。（また）属国〔王国〕では、（諸侯王の子弟が）入り混じることなく、互いに君主（たる諸侯王の位）を簒奪して以降、（朝廷は当該の王国に対して、外敵の）討伐を命じる詔を下さなくなります。二つの国が境を設け、共に（相手を）強大な国とみなせば、王莽が（国を）上手く盗んだとしても、また（自分の力量を）頼みとして、あえて（他国を）侵犯できるでしょう。また、曹操の強く勇ましい資質も、どうして（他国を侵略するための）将校を獲得することに役立つでしょうか。これは大きく極まった賢明さが無いとしても、よく行い、賢明な者が知っていたとしても、また立つのに充分であるということです。それゆえ（人間の身体に例えるならば）父と子は首と足（の間柄）であり、兄と弟は両手と両足（の間柄）です。筋肉・骨・髄・血を動かしたり止めたりすることは、互いに抑制し合うのに充分であり、長短と大小を変えて主に用いることは、互いに守り合うのに充分であるはずです。（それなのに）どうして脛を割って（それを）腹に移し、骨と肉を取って、（それを）頭に増やし、背中を削って骨を露出させ、肥えて脂ののった肉を剝いで、（それを）顎に補い、そうして頭と額が大きく逞しい様子を述べ、頻りに赤松子と王子晉の長命を祝って、のどが腫物を和らげられるのに、必ず不老長生となれる、ということがありましょうか。漢氏は、不老長生を得られませんでしたが、それでもなお四百年に亘り存続でき、（これに対して）魏人は不老長生を甚だしく失い、（その存続期間は）数十年を満たしませんでした。ここにおいて晉世以降、曲がった部分を直そうとして甚だしく行き過ぎてしまい、現在の朝廷に入って（臣下に）列することは、賢者を選んで（官を）授けることには相当せず、その人物の身分の高さを愛しむだけのことであり、（選任にあたっての判断材料となる）愚者と知恵者の言葉は無くなりました。（こうして任官者は）衣冠（を身に着ける官吏の任）には堪えませんが、早くに三公と宰相という尊い位に就き、子供と幼児は、しばしば高位高官に登りました。（三公や宰相の）職務は道理を論じるべきものですが、（それらに任官した者は）まだ女性の傅役による養育から離れられず、列侯の位を継承して政治を行き渡らせましたが、（子供が着る）二尺か三尺の衣を着用しました。（これに対して）優れた賢者と大きな度量の持ち主は、あの道理に暗く幼い者について申し上げ、優れた才能の持ち主と大学者は、麗しい識見を恭しく受け取りました。（たとえるならば）鼎に盛った君主の食物が覆ったとしても憂えることなく、美しい錦が粉々になったとしても裁断することよりも勝っています。（このような者たちを）共に任命して（世の中の）流れに従い、（かれらが天下を）廻り移動して道路を進みましたが、（こうした者たちは）才能が劣っていて任務が重大であり、功績が少なくて犯した罪が多い有様です。（また）夜明けに周公旦に準える名声を得て、夕暮れに盗跖と同じ罪を犯し、位を有していないことを褒め称えて、徳が満ち足りることを良いこととし、（罪人を）轘の刑罰に処することを退けて、過ちを正すことを不十分にしました。（そもそも）他人を恐れさせる力は成し遂げることを強要して、（それにより自分の）声は尊び重んじることを明らかにし、嫌い疑う心は迫ることを戒めて、（それにより自分の）身はその悪い事柄を受けます。（もし、某者が自分の）分身（たる諸侯王）を滅ぼしたならば、仇敵の首を晒すことをよしとすることになり、（某者が自分の）親子兄弟（の関係）を粉々にしたならば、かれらの逆心を咎めることになります。真心が篤く正しい男子は、その災いを受けて横に連なり、操を固く守る人は、その禍を受けて狼狽します。閼伯と実沈は、歴史家の筆法を受け継ぎ、（自分の）思いと（物事の）始めを明らかにし、（これによって）書籍が成立するに至りました。趙倫〔西晉の趙王司馬倫〕が愚かさをもって天を押し退け（帝位を簒奪し）、斉攸〔西晉の斉王司馬攸〕が賢さをもって世の中に謝罪（して帝位継承を辞退）し、憤り抑えて皆殺しにされ、子孫に濡れ衣を着せられて断絶することは、記録するに忍びないことです。どうして周と漢の君主は目上の者に仕える性質を多く有し、（他方）晉と宋の主君は欲深く惨い感情を慎んだのに、（かれらが）物事の勢いを損ってそれを認めさせることがありましょうか。朝にこの方法を行い、夕方に崩れ乱れる様子が極まったのに、まだ改められないのならば、（悪い）事柄をますます甚だしく招くことになります。万民は君主のためにちょうど（心を）尽くそうとし、天下は君主のために苦しみを作り出します。（このため）優れた天子と英邁な君主は、この災いを退けようと望むならば、必ず同姓の（諸侯王が治める）国（王国）を改めて開置して、（それを）増やさないという約束を設け、天子の子孫を宮城に入れるという禍を止めて、犠牲を捧げて盟約を結び（それを）河川で磨くという誠意を守り、そこではじめて険しく崩れた道路に帰還することを許可して、整い安らかな轍に立ち返るべきです」と申し上げます。

［五］『東観漢記』に、「諸侯王のうち紹封もしくは封地を削減された者は、（その王国の）中尉・内史の属官も（封地の）区分に基づいて減らす」とある。

［六］礼楽長からこの官（祠祀長）までは、すべて四百石である。

宋衛国

衛公・宋公。本注に、「（後漢の）建武二〔二六〕年、周の後裔にあたる姫常を周承休公に封建した。（建武）五〔二九〕年、殷の後裔にあたる孔安を殷紹嘉公に封建した。（建武）十三〔三七〕年、姫常（の爵）を改めて衛公とし、（また同じく爵を改めて）孔安を宋公として、（かれらを）漢（の王室）の賓客として遇した。（衛公と宋公の位次は）三公の上にあった」とある〔一〕。

〔劉昭注〕

〔一〕『五経通義』に、「二王の後裔は、勤務評定を受けず、（罪を犯して）誅殺されることはあるが、断絶されることは無い」とある。鄭玄は「王者は、（自分よりも前の）二代（の王室）を存続させて五世代にわたり封建し、郊天では天子の礼を用いて、始祖を祀り、これらの暦（殷暦と周暦）を実施する。これが「三統を通じる」と呼ばれるものである。三恪とは、昔の聖人を敬い、その後裔を封建するのみで、特別な扱いを受けない者である」という。

列侯

列侯。食邑とされた県を侯国〔列侯国〕とする。本注に、「（漢は）秦（の制度）を承け継ぎ、爵二十等〔爵二十級を賜与された者〕を徹侯とし、金印紫綬を帯びさせ、功績を有する者を賞賛した。功績の大きい者は県を食邑とし、小さい者は郷や亭を食邑とし、その食邑の吏と民を臣下にできた。後に武帝〔劉徹〕の諱（である徹の字）を避け、列侯とした。武帝の元朔二〔前一二七〕年、王〔諸侯王〕が恩愛を広く推し及ぼして（自分の）王子たちに封地を分け与えることを許可し、（そこで）皇帝は（王子たちが拝受した土地を）封地とみなし、また（かれらを）列侯とした。もともと（前漢では）列侯のうち、朝廷の執り行う儀礼への参加を特別に許可されて（京師たる）長安（陝西省西安市北西）に滞在していた者は、位次が三公に次いだ。中興して以降、功績と徳行のみにより、特進の位を賜与された者は、（位次が）車騎将軍に次ぎ〔一〕、朝侯の位を賜与された者は、五校尉に次ぎ、侍祠侯の位を賜与された者は、大夫に次いだ。その他の肺附（親戚）ならびに公主の子孫（という立場）により墳墓を京都（たる雒陽）で継承し守っている者も、時宜に応じて（皇帝に）拝謁し、位次が博士・議郎の下にあった」とある〔二〕。

封建された王〔諸侯王〕が茅土〔封地〕を拝受し、（そこに）帰還して社稷を立てることは、礼である[三]。列土〔諸侯王・列侯〕・特進・朝侯は、（皇帝に朝見し）正月（を迎えたこと）を祝賀して璧を手に持っ（てそれを奉献し）たという。

列侯国ごとに（定員が）一名の相を置く。その官秩は、それぞれもとの県と同じようである。本注に、「民を統治することを掌り、（県の）令・長と同じようであった。（列侯はこの官の任官者を）臣下としては扱わない。（この官は、徴収した）租税を侯〔列侯〕に上納するだけで、（また、その租税は、食邑の）戸数に応じて限度とした」とある。列侯の家臣は、（定員が）それぞれ一名の家丞と庶子を置く。本注に、「（これらの官は、列侯に）近侍することを掌る。（列侯は、この官に自分の）家の事柄を処理させた。もともと（前漢では）列侯のもとに、行人・洗馬・門大夫を設置し、（家丞・庶子と合わせて）合計で五官であった。中興して以降、食邑が千戸以上（の列侯）は（定員が）それぞれ一名の家丞と庶子を設置し、千戸に満たなければ家丞を設置しなくなった。また（後漢になると）行人・洗馬・門大夫を一切廃止した」とある。

〔劉昭注〕

［一］胡広の『漢制度』に、「功績と徳行が優れていて、朝廷から尊敬を受ける者は、特進を賜与され、（その位次は）三公の下にあり、車騎将軍の下には無かった」とある。

［二］胡広の『漢制度』に、「これら（特進・朝侯・侍祠侯）は、にわかに設けられた諸侯である」という。

［三］胡広は、「王（諸侯王）は封建されると、すべて茅土（封地）を拝受し、（そこに）帰還してから社稷を立てる。本朝（朝廷）は宮室（宮殿）を建造し、自ら制度を制定している。列侯になって封国に帰還した者は、茅土を拝受せず、宮室を建造せず、それぞれ貧富に基づいて、民を抑えて、自らの栄誉を守る」という。

関内侯

関内侯［一］。（前漢は）秦（の制度）を承け継ぎ、爵十九等を賜与し、関内侯とした。（関内侯となった者は）封地が無く、（自分が）居住する県に身を寄せて生活し、民が納める租税の多寡は、それぞれ（食邑の）戸数に応じて限度額を定める［二］。

［劉昭注］

［一］如淳は、「列侯は、（函谷）関を出て就国すると、自分自身だけが爵を得て、（かれらのうち）妻子がある者には、その妻子に関内（関中）にある邑を賜与し、この地（から徴発する）租税を扶持とさせた」という。『古今注』に、「建武六（三〇）年、初めて関内侯のうち食邑を持つ者に対して、その俸禄を毎月二十五斛とさせた」とある。

［二］荀綽の『晉百官表』の注に、「この時、六国はまだ平定されておらず、軍隊の指揮官はすべて関中（函谷関以西）に居住していた。それゆえ（関内侯を）名称とした」とある。劉劭の『爵制』に、「春秋伝（『春秋左氏伝』襄公伝十一年）に、「庶長の鮑」が見える。商君（商鞅）は政治を担うと、爵制を具備するにあたり、品階に則って十八級（の爵）を作り、（それらに）関内侯と列侯を合わせて合計で二十等級（の爵）とした。その制度は、古の正しい道理に基づいていた。古に天子が軍事と政事を六卿に委ね、（国内に）いる場合には狩猟をし、（国外を）警戒する場合には戦争をすることは、いわゆる（六卿が国内に）入る時には国を統治させ、（国外に）出る時には（自国を）他国よりも優勢とさせ、（六卿のうち天子が）平素より信頼する者は民と共に（利益を）獲得し合うことと同じである。それゆえ（禹の子の）啓は、有扈氏を討伐するにあたり、六卿と大夫のうち軍隊の指揮官となった者を召し出した。

周の六卿もまた、（その名称は）軍隊にいる時に用いた。（古の六卿が）国内にいる時には、比長・閭胥・族師・党正・州長・卿・大夫を名称とした。（これに対して、六卿が）軍隊にいる時に、卒伍・司馬・将軍を名称とするのは、国内における名称を（国外とは）異なると考えるためである。秦は（爵制を設けるにあたって）古の制度に依拠した。軍隊では爵を下賜する等級を設けた。（すなわち）人々を統率する者は、すべて更卒である。軍功を挙げて爵を賜わる者は、軍吏（が爵を下賜される場合）の事例に基づく。（秦の十八級の爵のうち）一爵〔第一級の公士者〕から（第四級の）不更までの四つの等級は、すべて士（の階級）である。（第五級の）大夫から（第九級の）五大夫までの五つの等級は、大夫（の階級）に準えられる。（以上の）九つの等級〔公士者から五大夫まで〕は、九命〔九儀の命〕の義に依拠する。（第十級の）左庶長から（第十八級の）大庶長までは、九卿の義である。関内侯は、古において王畿に居住していた男子の意に依拠している。秦は、山西地域に都を置き、関内〔関中〕を王畿とした。それゆえ関内侯と呼ばれたのである。列侯は、古の列国と諸侯の義に依拠する。しかし卿・大夫・士のうち下級の品階は、すべて古に倣って、朝廷の制度に準えたが、その名称を異にすることもまた、軍事と政事を区別するためである。古は車を用いて戦い、兵車一乗と、歩兵七十二名が、二手に分かれて（車の）左右を補佐した。車は（三名乗りで）、大夫が左に、御者が中央に、勇士が右におり、〔歩兵七十二名と合わせて〕合計で七十五名であった。一爵〔第一級〕は公士と呼ばれる。歩兵のうち有爵者を公士とみなした。二爵〔第二級〕は上造と呼ばれる。「造」字は、成るの意である。いにしえは士〔の階級〕になって司徒に昇進する者を造士と呼んだ。〔秦の上造は〕この名称に依拠するとはいえ、〔その爵を賜った者は〕すべて歩兵である。三爵〔第三級〕は簪裹と呼ばれる。〔簪裹は〕四頭だての車を御する者である。要裹は、いにしえの名馬である。四頭だての車を御する者は、その形が簪に似ている。それゆえ簪裹と呼ばれたのである。四爵〔第四級〕は不更と呼ばれる。不更は、〔軍隊のなかで車に随従し、その〕車の右側を構成するが、更卒とは異なる。五爵〔第五級〕は大夫と呼ばれる。大夫は、〔軍隊のなかで車に乗り、その〕車の左側にいる者である。六爵〔第六級〕は官大夫である。七爵〔第七級〕は公大夫である。八爵〔第八級〕は公乗である。九爵〔第九級〕は五大夫である。〔これらの爵を賜った者たちは〕すべて軍吏である。吏民のうち爵を下賜されて〔その爵が〕公乗以上に至れない者は、〔自分の爵を〕子もしくは同母兄弟に貸し与えられた。しかし公乗は、軍吏が賜る爵のうち最高位である。戦争に赴かないとはいえ、〔自分の車として〕公卒の乗る車を得ることができた。それゆえ公乗と呼ばれた。十爵〔第十級〕は左庶長である。十一爵〔第十一級〕は右庶長である。十二爵〔第十二級〕

は左更である。十三爵〔第十三級〕は中更である。十四爵〔第十四級〕は右更である。十五爵〔第十五級〕は少上造である。十六爵〔第十六級〕は大上造である。十七爵〔第十七級〕は駟車庶長である。十八爵〔第十八級〕は大庶長である。十九爵〔第十九級〕は関内侯である。二十爵〔第二十級〕は列侯である。左庶長から大庶長までは、すべて卿および大夫（の階級）であり、（かつ）すべて軍隊の指揮官である。（これらの爵を賜った者が）統率する対象は、すべて庶人および更卒であった。ゆえに（それらの爵は）庶と更を用いて名称としたのである。大庶長は、大将軍である。左右庶長〔左庶長と右庶長〕は、左右偏裨将軍〔左偏将軍と左裨将軍と右偏将軍と右裨将軍〕である」という。『古今注』に、「成帝の鴻嘉三〔前一八〕年、吏民が（朝廷から）爵を買えるようにし、（その）級ごとに（値段を上げること）千銭とした」とある。

四夷国

四夷〔東夷・北狄・西戎・南蛮〕の国王・率衆王・帰義侯・邑君・邑長は、みな丞が置かれ、（その官秩などは）郡・県（の丞）に準える。

百官奉

百官受奉例[一]。大将軍・三公（の任官者）の俸禄は、毎月三百五十斛である。中二千石（の官秩を持つ任官者）の俸禄は、毎月百八十斛である。二千石（の官秩を持つ任官者）の俸禄は、毎月百二十斛である。千石（の官秩を持つ任官者）の俸禄は、毎月百斛である。比二千石（の官秩を持つ任官者）の俸禄は、毎月八十斛である。六百石（の官秩を持つ任官者）の俸禄は、毎月七十斛である。比六百石（の官秩を持つ任官者）の俸禄は、毎月五十斛である。四百石（の官秩を持つ任官者）の俸禄は、毎月四十五斛である。三百石（の官秩を持つ任官者）の俸禄は、毎月四十斛である。比四百石（の官秩を持つ任官者）の俸禄は、毎月四十斛である。比三百石（の官秩を持つ任官者）の俸禄は、毎月三十七斛である。二百石（の官秩を持つ任官者）の俸禄は、毎月三十斛である。比二百石（の官秩を持つ任官者）の俸禄は、毎月二十七斛である。百石（の官秩を持つ任官者）の俸禄は、毎月十六斛である。斗食（の官秩を持つ任官者）の俸禄は、毎月十一斛である[二]。佐史（の官秩を持つ任官者）の俸禄は、毎月八斛である[三]。およそ俸禄を受け取る者たちは、すべて（俸禄を）銭と穀物に分けて受領した[四]。

［劉昭注］

［一］『古今注』に、「建武二十六〔五〇〕年四月戊戌、吏の俸禄をこのように増した。志の例〔百官志の百官受奉例〕には〔建武二十六年当時の俸禄が〕明確に記されている」とある。

［二］『漢書音義』に、「斗食〔の官秩を持つ任官者〕の俸禄は、毎日、升を用いて計量する」とある。

［三］『古今注』に、「永和三〔一三八〕年、初めて河南尹ならびに雒陽〔雒陽令〕に所属する四百二十七名の員吏に俸禄を与え、〔それを〕毎月四十五斛とした」とある。臣昭は、「『古今注』の記述は、なんと論理の整合性の無いものでしょう。もし人々〔河南尹ならびに雒陽令に所属する員吏〕の俸禄が四十五斛であれば、四百石〔の官秩を持つ任官者〕は、官秩の上では大いに優遇されているものの、〔俸禄の〕等級が無くなります。〔また〕もし〔毎月四十五斛という額が四百二十七名の員吏に与えられた俸禄の総額で〕一緒に俸禄を得た者〔員吏の俸禄〕が、各人一斗未満であるとしても、整合性はございません」と申し上げます。

［四］荀綽の『晉百官表』の注に、「漢〔後漢〕の延平年間〔一〇六年〕、中二千石〔の官秩を持つ任官者〕の俸禄は、銭が九千、米が七十二斛である。真二千石〔の官秩を持つ任官者の俸禄〕は、毎月銭が六千五百、米が三十六斛である。比二千石〔の官秩を持つ任官者の俸禄〕は、

毎月銭が五千、米が三十四斛である。一千石（千石の官秩を持つ任官者の俸禄）は、毎月銭が四千、米が三十斛である。六百石（の官秩を持つ任官者の俸禄）は、毎月銭が三千五百、米が二十一斛である。四百石（の官秩を持つ任官者の俸禄）は、毎月銭が二千五百、米が十五斛である。三百石（の官秩を持つ任官者の俸禄）は、毎月銭が二千、米が十二斛である。二百石（の官秩を持つ任官者の俸禄）は、毎月銭が千、米が九斛である。百石（の官秩を持つ任官者の俸禄）は、毎月銭が八百、米が四斛八斗である」という。『献帝起居注』に、「献帝は長安にいた時、詔書を下して、「三輔（陝西省中部一円）の地域（の広さ）が千里未満で、軍隊の費用が一定ではないことから、公卿以下の官吏は、（租税の）免除を奏上できないでいる。もし（租税を課す田地が）公田であれば、秩石（官秩）に基づいて区分を設け（財物を）配り与え、それぞれ自発的に租税を納入させるようにせよ」とした」とある。

賛にいう、皇帝の守るべき政治の原理は、沈静寡言と呼ばれるもので、諸侯や将師は、徳行を修めるものである。寡言は、多くの人々を統御し、（それ以外には、人々に）職務を分掌させるだけで十分である。（そのようであれば、皇帝が官を）設置せず、（官や民を）監督しなくても、（人々は）驕慢とならず、（規律に）違反することは無い。このことを見定めて（人々が）仲間を師と仰げば、民を安寧に導き、国を安楽にする（ことができる）と。

輿服志上 第二十九

玉路　乗輿　金根　安車　立車　耕車　戎車　猟車　軿車　青蓋車
緑車　皁蓋車　夫人安車　大駕　法駕　小駕　軽車　大使車　小使車
載車　導従車　車馬飾

『尚書(しょうしょ)』（尭典）に、「（諸侯の政治は）明らかにその功績を調べ〔一〕、（その賞与には）車と服（の下賜）を用いる」とある〔二〕。言いたいことは、むかし聖人は、天下の大きい利益をおこし、天下の大きな弊害を除くときに、自らそれを親しく行い、自らその勤めを果たし、これを憂い悩み、これを思い患い、寒暑を避けることなく（働き）、天下の民草や万物に、それぞれの生命を安寧にさせ、時勢の乱れや暴政の災いをないようにさせた。このため天下の民は、聖人を敬愛すること、父母に親しむようであり、聖人を規範として（自らの徳を）養うこと、日月を仰ぐようであった。

さて聖人を愛する者は、聖人が幾久(いくひさ)しく在ることを望み、力役を厭わず、互いに力を合わせて宮殿を造り、棟(むなぎ)を上に宇(のき)を下にして、聖人を擁護したのは、聖人が幾久しく在って欲しい、と願ったためである。聖人を敬う者は、聖人が威厳を備えていることを望み、労苦を厭わず、互いに力を合わせて、乗り物や旗指物や紋章を作り、聖人に威厳を備えさせた。これは愛の至り、敬の極みである。少なくとも心で（聖人を）敬愛すれば、（恩義に）報いるには充分であるが、情は尽くしきってはいない。たとえば、（我が）身を殺して（聖人を）敬愛すれば、情を尽くしきったといえよう。（このため）代々（恩義に報い情を尽くすために）聖人を祀り、聖人の功を明らかにしてきた。このため（祀られた聖人の徳が）流れ出した光は、（遍く行き渡り）天地と同じほど長く受け継がれたのである。後世の聖人で、民を憐れみ憂うる気持ちの大きなことを知る者は、必ず（心を尽くして祀られる）楽しみを享けた。仁政に勤め、万物を育くみ、夭折させなかった者は、必ず（心を尽くして祀られる）幸福を受けた。このため敬愛のための礼を制定して為政者の規範とし、かの優れた仁者に、天命を受け継ぎ、万物を統治しながら、その功績を誇らないようにさせれば、民草も万物も安泰となり、道の自然に従って、（聖人の治世を）感謝することを知らなくなろう。『老子』（虚用篇）に、「聖人は（民に対して）不仁であり、人々を芻でつくった狗のように扱う」とある。これはこのことを言ったものである。

［劉昭注］

［一］孔安国は、「（諸侯が）国にあって政治をしている様子を調べて確認することで、（天子は）功績を等級づける」という。

［二］孔安国は、「下賜に乗り物や衣服を用い、これにより徳を表彰するのは、任命した所（の優れた統治の報奨）に用いるためである」という。あるいは、「諸侯が四方より朝見する際に、それぞれの政治教化の状況を報告させ、その言葉を明らかに調べて、功績を定める。功績があれば、乗り物や衣服を下賜して、有能なことを明らかにする」とある。

そもそも礼服の興りは、功績に報い、徳行を顕し、仁者を尊び、賢者を重んじたことにある。このため礼では、尊い者を尊いとし、貴い者を貴いとして、互いに超えることはない。（それが）礼を定めた理由である。（ある地位にいる）その人でなければ（その地位に応じた）服を着られない。（それが）礼に従うことである。（礼に）従えば、上下の秩序が保たれ、徳の薄い者は退けられ、徳の盛んな者が多くなる。このため聖人は天子の位に居て、玉藻〔たまだれ〕を冕冠に垂らし、日月と升り龍（など天子の衣裳に付けられる模様と定められた「十二章」が付いた衣）を服用し、（金の飾りが付いた車である）金根車に、（車蓋の内側を黄色の絹で飾る）黄屋と（左の添え馬のたてがみに飾りをたてる）左纛を飾るのは、聖人の徳に相応しく、功績を顕彰するためである。賢者と仁者は、聖人（の君主）を補佐して、国に封建されて民を授かり、（その服装に）黼黻〔十二章の最下位、諸侯も用いられた〕の模様を刺繍して、降り龍と路車を用いるのは、賢者と仁者の仁を表彰し、有能さを発揚するためである。

（しかし）周の晩期になると、聖人は、その（居るべき）位に即けなくなり、賢者は（野に）隠棲した。こうして（周の）天子は微弱となり、諸侯は（大夫に）脅かされた。ここにおいて（臣下は恣意的に）互いに身分を責めるため等級をつくり、非難しあうため財貨を用い、利益を得るため贈り物をしあい、天下の礼は乱れた。周の夷王〔周第九代の王姫燮。諸侯に擁立された〕に至っては、堂を降りて諸侯を迎え（る非礼をおこなっ）た。これは天子が礼を失い、微弱になる始まりとなった。

これより諸侯は、（天子と同じように室内四面に楽器を並べる）宮県をして祭祀や宴会をし、（宗廟の）祭りには（殷王と同じ）白牡の供え物を用い、（天子の用いる）玉磬を打ち、（天子と同じように）朱干〔赤い盾〕に金の飾りをつけ、冕服を着て大武〔周の武王の楽章〕の舞〔万舞〕をするようになった[二]。大夫は（自宅に）台のある門を作り、門には内屏を立て、堂には爵を置く坫〔土で作った台〕を設け、「黼」の形を刺繍して縁を赤く染めた中衣〔冕服や爵弁服などの祭服の下に着るもの〕を着て、（諸侯と同じく象牙で飾った）簋を用いて（天子と同じ）朱色の紘〔冕のあごひも〕を使うようになった。これは大夫が（身分を超えて）諸侯の立場を僭す礼である[二]。『詩経』（国風 候人）に、「あの人は、（着ている立派な）服と（人徳とが）釣り合わない」と風刺するのは、（そのとき君主が小人を近づけ、礼が）損なわれていることを傷んだのである。（また）『周易』（解卦 象伝）に、「（徳のない者が荷物を）背負いながら（貴者の）車に乗ると、強盗に襲われる」と誹っているのは、（徳のない）小人が君子の車に乗ると、盗賊がその荷物を奪おうと思う（ように、身分不相応なことはするべきではない）ことを言っている。このころから、礼の制度は大いに乱れ、戦争が引き続いて起こるようになった。上下関係に法則がなくなり、諸侯も陪臣も、（柱の上の）ますがたに山をほり、（梁の上の短い）柱に藻を描い（て、天子でなければできないことをし）た。

降って戦国時代になると、（身分不相応な）贅沢と僭越は、ますます熾烈になり、礼を記した書物を削除して滅ぼしたのは、自分に不都合な言葉を憎んだためであろう。（諸侯も陪臣も）競って綺麗な服を作り、車馬を飾り、模様を刺繍した毛織物や玉をあしらったあごひも、象牙で作った轡や金でできた鞍を使い、互いに自分が上であることを誇った。小さな利を争い、人を殺すことも草を刈るのと同じようであった。したがって、祖先の祭祀も次第に滅んだ。栄達と利益が自分にあれば、死んで（祖先を祀る後継ぎがなくなって）も悔いることはない、という有様であった。

秦が天下を統一すると、以前の乗り物と衣服を集め、上等なものは皇帝の使用品とし、それに次ぐものは百官に下賜した。漢が興ったが、学問は途絶え、時期も草創であったので、秦の制度を受け継いだ。後に暫くしてから改定をするにあたり、六経を参考にして、正しい基準に近づいた。孔子は（『論語』為政篇に）、「周を継承するものは、夏の正朔〔暦〕を用い、殷の輅〔四頭だての馬車〕に乗り、周の冕冠を着け、楽は（舜の）韶を舞うであろう」と言った。そこで輿服志を撰して篇に著し、それにより古今の（礼服に関する）変化の義を見ることにしよう。

〔劉昭注〕

〔一〕鄭玄は『礼記』に注をつけて、「これらは、みな天子の礼である。宮県は、（室内の）四面に（楽器を）掛けることをいう。干は、盾という意味である。（原文の）鍚は、盾の背面に

（金を）装飾して亀の甲羅のようにすることである。（原文の）武は、万舞である。白牡・大路は、殷の天子の礼である。白牡は、殷が（祭祀に用いた）供え物である」という。

〔二〕鄭玄は、「これらはみな諸侯の礼である。（原文の）旅は、道という意味である。屛はこれを樹という。樹は道路を覆うからである。管仲は塀を立てて門を塞いだ。塞は蔽と同じような意味である。礼では、天子は外屛を使い、諸侯は内屛を使い、大夫は簾を用い、士は帷を用いる。反坫は、反爵する坫〔土で造った杯を置く台〕のことである。多くは樽の南に置かれる。二人の諸侯が相まみえ、主君が先に客に杯を献ずると、反坫で杯をひっくり返す〔飲みほした杯を置く〕。（原文の）繡黼・丹朱は、中衣の縁の装飾である。（原文の）繡は、読みを綃という。綃〔薄絹〕は、繒〔絹の総称〕の名である。『詩経』（唐風 揚之水）に、「素い衣に朱い綃」とある。また（『詩経』唐風 揚之水に）、「素い衣に朱い襮」とある。襮は、黼の〔刺繡の付いた〕えりのことである。（原文の）鏤簋とは、刻んで簋を装飾することをいう。大夫は簋に亀を刻むだけである。諸侯はさらに象牙を飾り、天子は玉を飾る。朱紘は、天子の冕冠の紘〔あごひも〕のことである。諸侯は青い糸で、大夫と士は黒い糸で（衣服の）赤い辺まで垂らす」という。

上古の聖人は、ころがる蓬を見て、初めて車輪を作ることを知った。車輪で行けば（物を）載せることができ、物により（載せることが）生まれることを知り、また車輪の上に（物を載せるための）輿を作った。輿と車輪は、相乗効果により、流れ運ぶことは極まりなく、重いものを担って遠くに運び、天下はその利を得た。後世の聖人は天象を観察して、北斗七星が旋回する様子を視ると、（北斗七星のはじめの四星である瑶光・開陽・玉衡・天権の）魁は（枡のように）四角く、（天璣・天璇・天枢の）杓は（柄杓のように）曲がっていた［一］。（そこで北斗七星の象を）龍と角を携える「帝車」となし、ここで輈を曲げ、牛に乗り馬を駕して、険阻な場所を登り、危難な場所に赴き、八極（と呼ばれる全世界）を周覧する（と考えた）。これを『周易』では、震☳が乾☰に乗るとし、これを大壮☳☰という。器物のうち、これ〔帝車〕より上のものはない、という意味である［二］。これよりのち、代々その飾りを加えた。奚仲が夏の車正になると、斿旒〔旗足のある旗〕を建て、尊卑と上下それぞれの等級が定まった［三］。周は制度が大いに備わり、官制に六種の職業があったが、（器物の製作にあたる）百工はその中の一つである［四］。一つの器物に多くの技術者が技を競うものとしては、車が最も多く、その材料を揃えるには適当な時期を選び、六種の材料をすべて良質にする［五］。輿が方形なことは地に則り、車蓋が円形なことは天の象で、（車輪の）三十本の輻〔スポーク〕は日月（が三十日で合すること）の象で[六]、蓋弓が二十八本なのは二十八宿の象である。龍旂〔二匹の龍が交わった図案の旗〕に九つの斿〔旗足〕をつけ、七ひろの高さで車の横木の高さに等しく立てることは[七]、大火の象である[八]。鳥旟〔隼の図案の旗〕に七つの斿をつけ、五ひろの高さで軫〔車の手すり〕の高さに等しく立てることは[九]、鶉火の象である[一〇]。熊旗〔熊の図案の旗〕に六つの斿をつけ、五ひろの高さで肩の高さに等しく立てることは、参と伐の象である[一一]。亀旐〔亀と蛇の図案の旗〕に四つの斿旗をつけ、四ひろの高さで首の高さに等しく立てることは、営室の象である[一二]。弧旌枉矢〔弓形の道具で張った流星を描いた旗〕は、弧星の象である[一三]。これらは、諸侯以下の地位にある人が立てる旗である[一四]。

〔劉昭注〕

[一]『春秋緯』に、「（北斗七星のうち）瑤光第一から第四に至るまで（の四星）を魁といい、第五から第七に至るまで（の三星）を杓といい、（七星）合わせて斗という」とある。

[二]『孝経援神契』に、「斗は曲がり杓は撓んで、その象が車を成した。房を龍馬とし、華蓋

と覆鉤がある。天理は魁に入り、神は独りで居ないので、このため駕に驂し陪乗して、道を徘徊する」とある。宋均の注に、「房星は、すでに蒼龍を体現し、またその象は駟馬に駕している。そこで合わせてこれをいった」とある。覆鉤は、すでに覆って曲がっているので蓋に似ている。天理が魁に入ることは、御車の陪乗に似ている。

[三]『世本』に、「奚仲が初めて車を作った」とある。『古史考』に、「黄帝が車を作り、重いものを担って遠くに運べるようになり、その後少昊の時に牛に（車を）牽かせるようになり、禹の時に奚仲が馬に牽かせるようにした」とある。臣 劉昭が考えますに、牛を服従させ馬に乗り、天下を利したことの起源は遠く、奚仲が始めたとはできません。『世本』は誤っており、『古史考』の説くところが正しいのでしょう。

[四]『周礼』（冬官考工記）に、「曲直と方面の形勢を詳しく見て（木工・金工・皮工・玉工・土工の）五材を整えて、器具を製作する。こうした人々を百工という」とある。

[五] 鄭玄は（『周礼注疏』巻四十二弓人に）、「（弓をつくる六種の材料のうち）幹を取るのは冬に、角を取るのは秋に行う。生糸と漆は夏に取るが、筋と膠は（いつ取るのか）聞いたことがない」という。ここから「弓形の道具で張った流星を描いた旗」（の部分）までは、みな『周礼』が出典で、「鄭玄曰く」とは『周礼』の注である。

〔六〕鄭玄は（『周礼注疏』巻四十 輈人に）、「車輪が日月を象っているというのは、共に運行することによる。日月は（運行して）三十日で星宿を合わせる」という。

〔七〕鄭玄は（『周礼注疏』巻三十九 冬官考工記に）、「軫とは、車の後方にある横木である」という。

〔八〕鄭玄は（『周礼注疏』巻四十 輈人に）、「交龍（二匹の龍が交わった図案）を旂といい、諸侯が立てるものである。大火は、（東方の）蒼龍の心宿（の星の一つ）であり、（心宿には）尾がつき、その尾は九つの星からなる」という。

〔九〕鄭玄は、「較とは、車の高いところにある手すりである」という。

〔一〇〕鄭玄は（『周礼注疏』巻四十 輈人に）、「隼（の図案のもの）を旟といい、州里（の長）が立てるものである。鶉火は、（南方の）朱鳥の柳宿であり、（柳宿には）七つの星が属している」という。

〔一一〕鄭玄は（『周礼注疏』巻四十 輈人に）、「熊と虎（の図案のもの）を旗といい、（周の遂大夫である）師都が立てるものである。伐は、（西方の）白虎に属し、参宿と繋がって六つの星になっている」という。

〔一二〕鄭玄は（『周礼注疏』巻四十 輈人に）、「亀と蛇（の図案のもの）を旐といい、県鄙（の長）が立てるものである。営室は、（北方の）玄武に属し、東壁と接して四つの星になっている」という。

〔一三〕鄭玄は（『周礼注疏』巻四十 輈人に）、「（『儀礼』の）覲礼篇に、「諸侯は、（交龍が描かれた旂のある）龍旂に、これを張らせる弧〔ゆみ〕とこれを包む韣〔ゆみぶくろ〕をつけたものを立てる」とある。すなわち旌旗の類にはみな弧がある。弧は布の幅の部分を張り、（その弓状の部分を）包む衣がありこれを韣という。また矢を設けているのは、弧星に矢があることを象徴する。流星に枉矢というものがあり、蛇行して尾を引く。ここで枉矢といっているのは、これを描いたものであろう」という。鄭玄は、『礼含文嘉』に注をつけて、「思うに旗には九種類がある。日月の（図案のもの）を常といい、二匹の龍（が交わった図案のもの）を旂といい、無地の赤い絹のものを旃といい、多色の絹のものを物といい、熊と虎（の図案のもの）を旗といい、隼（の図案のもの）を旟といい、亀と蛇（の図案のもの）を旐といい、五色の羽を（そのまま飾ったもの）を旞といい、五色の羽を裂い（て飾っ）たものを旌という」という。盧植は『礼記』に注をつけて、「鈴のあるものを旂という」という。干宝は『周礼』に注をつけて、「枉矢が流星を象るというのは、その正しい解釈ではない。枉は枉直（の枉）であるべきで、枉矢は（曲がって）弧になっていることをいう」という。

〔一四〕『白虎通』に、「車に乗るときには、後ろを振り向かない（のはなぜか）。仰いで天を見、伏して地を察し、前方の和鸞（という鈴）の音を聴き、横に四方の（車輪の）運行を見る、これが車教の道（だから）である。『論語』（郷党篇）に、「車に乗るときには、必ずまっすぐに立って、吊り綱を握った。車の中では後ろを振り向かなかった」とある。和鸞が（車駕に）付いている理由は、それにより威儀を正し、節行を緩やかにしたり速くしたりするためである。鸞は衡につけ、和は軾につける。馬が動けば鸞が鳴り、鸞が鳴れば和が応じ（て鳴）る。その鳴る音を和敬という。（和鸞は車駕の速度が）遅すぎると鳴らず、速すぎると音が外れ、その調和を得ることが（万事において）大切なことを明らかにする。そのため『詩経』（小雅 蓼蕭）に、「和鸞が雍雍となると、すべての福が所を同じくする」というのである。（今文の）魯詩の訓では、「和は、軾に設けるものである。鸞は、衡に設ける」とする」とある。許慎は、「『詩経』（小雅 采芑）には「八鸞 鎗鎗たり」とある。（四頭立なので）馬一頭に鸞が二つである。また（『詩経』秦風 駟驖に）、「輶車の鸞鑣」とあり、（ここから鸞は）衡につけられていないことが分かる」という。『毛詩』の伝に、「軾につけられたものを和といい、鑣につけられたものを鸞という」とある。杜預が『春秋左氏伝』に付けた注もまた、「鸞は鑣につけられており、和は衡につけられている」という。傅玄の「乗輿馬の賦」の注に、「鸞は馬の勒や鑣につけられている」とある。干宝は『周礼』に注をつけて、「和鸞はみな金によって鈴をつくる」という。『史記』（巻二十三 礼書一）に、「（天子の車の前方に）装飾した横木があるのは、目を養うためである。（和鸞の音が）歩いたときには（武王の楽と舞である）武象にかない、走ったときには（舜帝の楽である）韶や（殷の湯王の楽である）濩にかなうのは、耳を養うためである。（交龍の図案の旗である）龍旂と（九つの旗足である）九斿を立てるのは、信を養うためである。（伏した野牛である）寝兕や（一頭の虎である）持虎（を車輪に描き）、（鮫皮で飾った馬の腹帯である）鮫韅や（軶の端に金作りの龍首を飾る）弥龍は、威厳を養うためである。このため大路の馬は、必ず信頼できるものを十分に調練して、その後にこれに乗る。それは安心を養うためである」という。

玉路

天子の（乗る）玉路は[一]、珠玉を飾りとして[二]、鍚〔おもがい〕・樊〔たてがみ飾り〕・纓〔むながい〕は、（五彩を十二まわしする）十二就とする[三]。（玉路に立てる天子の旗である）大常は、（旗足が十二の）十二斿、九仞〔ひろ〕の長さで地に曳き[四]、日・月・升龍の模様により、天の明に象る旗として立てる[五]。夷王以降、周王室は衰微し、諸侯が大路に乗るようになった。秦は天下を統一すると、（夏・殷・周）三代の礼制を調べ、殷の瑞山車を金根車と呼ぶことがあった［六］。漢は秦の制度（である殷の瑞山車を金根車と呼ぶこと）を受け継ぎ、（そして）乗御を乗輿と改めた。（これが『論語』衛霊公篇に）孔子がいう「殷の路に乗る者」という言葉の意味である。

［劉昭注］

［一］『周礼』（春官 御史）に、「王の五路は、一に玉路といい、二に金路といい、三に象路といい、四に革路といい、五に木路という」とある。『釈名』（釈車）に、「天子の乗るものを路という、路もまた車のことである。これを路というのは、（車が道）路を行くためである」という。

［二］『古文尚書』（周書 顧命）に、「（天子の乗る）大路は（賓が昇降する西の階段である）賓階にあり、南向けにする。（大路の副車で、金で飾った）綴路は（主人が昇降する東の階段である）阼階にあり、南向けにする」とある。孔安国は、「大路は玉で、綴路は金（で飾った車）である」という。服虔は、「大路は、総称であり、今は駕駟高車のようなものである。貴賤の者が共にこれに乗るが、その装飾には（身分による）差がある」という。鄭玄は、「王の乗る車を路といい、玉により諸末〔車材の末端〕を飾る」という。傅玄の乗輿馬の賦の注に、「玉

路は、〔車の積載部分の両脇に取り付けた手摺りである〕較が二重になったものである」という。『韻集』に、「軛の前の横木を輅という」とある。

［三］鄭玄は、「鍚〔おもがい〕は、〔馬の〕額当てである。金を刻んでこれを飾ったものが、鏤鍚である。樊〔たてがみ飾り〕は、読みは鞶帯〔大帯〕の鞶であり、漢代の馬の大帯である」という。鄭衆は、「纓〔むながい〕とは、〔馬の〕当胷〔むながい〕をいう。『儀礼』士喪礼に、「馬の纓〔むながい〕の三就〔朱・白・蒼の三彩からなる〕は、革を削って作る」とある。三就は、三重三匝〔三彩のものを三めぐりする〕という意味である」という。鄭玄は、「纓は、漢代の馬鞅〔むながい〕である。玉路の樊と纓は、ともに五色の毛織物でこれを飾る。十二就〔五彩ひとめぐりを十二回〕の就は、成という意味である」という。杜預は、「纓は馬の胸の前にあり、索帬〔縄のむながい〕のようなものである」という。〔傅玄の〕乗輿馬の賦の注に、「繁纓は、装飾する際からうし〔毛の長い牛〕の尾を用い、金を塗ること十二重である」という。

［四］鄭衆は、「太常〔大常〕は、九旗のうち日・月を画いたものである」という。鄭玄は、「七尺が一仞〔ひろ〕である。天子の旗は、高さ六丈三尺である」という。

［五］崔駰の東巡頌に、「天霊は威路に登り、太一の象車〔象牙で飾った車〕を乗り回す」とある。

〔六〕殷人が大路としていたものを始皇帝が金根車とした。殷が桑根としていたものを秦は改めて金根と言った。乗輿馬の賦の注に、「金根は、金によって装飾する」とある。

乗輿　金根　安車　立車

乗輿・金根・安車・立車は〔一〕、車輪は朱く塗り二重の牙〔タイヤ〕で〔二〕、二つの轂と二つの轄〔止め金〕で〔三〕、金箔で飾った交龍が、輿の（乗る部分である）倚較となり〔四〕、模様の美しい虎が（前方の手すりである）軾に伏し〔五〕、龍首が軛を銜え、左右に吉祥を示した筒を置き、（金製の）鸞雀が（ながえの先に渡した横木）衡の上に立ち〔六〕、鹿の頭をした龍の模様を輈に描き、翡翠の羽で黄色い裏打ちの傘を覆い〔七〕、大旂を立てるが、（大旂は）十二斿〔旗足〕で、日・月・升龍を描き、六（頭立ての）馬（車）に駕す〔八〕。（馬の装飾は）象牙の鑣〔はみえだ〕と彫金の鍚〔おもがい〕、金製の（馬の冠である）鋄に（鉄製の装飾である）方釳をほどこし、雉の尾羽を挿す〔九〕。朱い樊〔たてがみ飾り〕と纓〔むながい〕は、赤い毛織物の毛並みもよく、金彩の十二就〔めぐり〕で彩る。左纛〔左のはたぼこ〕は氂牛の尾でこれをつくり、左の騑馬〔そえうま〕の軛〔くびき〕の上に立て、大きさは斗〔60cm弱〕ぐらいとする〔一〇〕。これが徳車である。

（天子が乗る）五時の車は、安車も立車もみなこのような（装飾の）ものであり、それぞれ五方の色に従い、馬もまた同じように（五方の色に）する。白馬は、そのたてがみと尾を赤く染め、朱鬣と呼ぶという。（天子の）乗る車は六（頭の馬）で引き、そのほか（の車）は四頭で引く。後に従う車を副車という〔二〕。

〔劉昭注〕

〔一〕蔡邕は、「五色の安車と五色の立車（がそれぞれ一輌ずつある）」という。徐広は、「立って乗る車を高車といい、座って乗る車を安車という」という。

〔二〕『周礼』（巻三十九 冬官 輪人）に、「牙というものは、（車輪を）しっかりと抱きかかえて固めるものである」という。鄭衆は、「牙とは、輪輮のことをいう。世間では或いはこれを輞という」と。

〔三〕蔡邕は、「（原文の弍轂とは）轂の外に、また一つの轂があって（内側の轂を留めている）轄（止め金）を包み、その外にまた轄を差し込んだもので、銅（製の轄）を内包している」という。『東京賦』に、「二重の車輪に二つの轄、彫刻模様の轂と飛軨（ひらひら揺れる泥よけ）」とある。

[四] 徐広は、「（原文の）繆は、交錯しているさまである。較は（人が乗る）箱（輿）の部分にある」という。『説文解字』に、「模様を描いた箱の部分である。蕃は、箱である」という。『通俗文』に、「車の箱の部分を較という」とある。

[五]「魏都の賦」の注に、「軾は、車の横に渡して膝を覆うものであり、（乗っている）人が摑まるものである」という。

[六] 徐広は、「（鸞雀立衡とは鸞雀を示す）金製の鳥を衡〔ながえの先に渡した横木〕の上に置くことである」という。

[七] 徐広は、「翡翠の羽で黄色い裏打ちの傘を覆うことは、いわゆる黄屋車（の装飾）である。金の華を車蓋の骨の末端に飾り、二十八あるものは、それが蓋弓である」という。「東京の賦」に、「翠羽の高蓋を樹つ」とある。薛綜は、「翡翠の羽を立てて車蓋とし、（車を走らせたとき）雲龍のようにする。金で華の形を作り、（その）茎はみな曲がっている」という。

[八]『東京賦』に、「六頭の黒い虯〔高さ七尺の駿馬〕は光り輝く」とある。

[九]『独断』（巻下）に、「金鍐というものは、馬の冠である。高さと幅はそれぞれ五寸、上は玉製の華飾りのようで、馬の髦の前につける。方釳は、鉄製（の装飾）である。幅は数寸で、馬鍐の後ろにつける。後ろに三つの穴があり、雉の尾羽をその中に挿す」とある。薛綜は、

「釳は中央を低くして、二つの頭を高くし、山の形のようにして、中に雉の尾羽を貫かせて結びつける」という。顔延之の「幼誥」に、「釳は、乗輿の馬頭の上の防釳で、角は絡まることを防ぐためである。釳は雉の尾羽を鉄のはねとして、これを象とするのである」と。徐広は、「金を馬のたてがみの飾りとする」という。

[一〇] 徐広は、「馬で内側に繫ぐものを服といい、外側に繫ぐものを騑という」という。騑はまた驂〔そえうま〕とも呼ぶ。蔡邕は、「（左纛は）最も左の騑馬〔そえうま〕の頭上にある」という。

[一一] 『古文尚書』（夏書　五子之歌）に、「わたしが（天下の）多くの民に臨むにあたり、危ぶみ恐れて朽ちた縄で六頭の馬を馭するように（慎重に）しよう」とある。逸礼の「王度記」に、「天子は六頭（立ての馬車）に駕し、諸侯は四頭（立ての馬車）に駕し、大夫は三頭、士は二頭、庶人は一頭（立ての馬車に駕す）」とある。『周礼』（夏官　司馬の鄭玄注）に、「四馬を乗とする」とある。『毛詩』は、天子から大夫まで同じく四頭（立ての馬車）に駕し、士は二頭（立ての馬車）に駕すとする。前漢の京房と春秋公羊学派の説は、共に天子は六頭（立ての馬車）に駕すとする。許慎は、「天子は六（頭立ての馬車）に駕し、諸侯と卿は四（頭立ての馬車）に駕し、大夫は三（頭立ての馬車）に駕し、士は二（頭立ての馬車）に駕し、庶人は一

（頭立ての馬車）に駕す」という。『史記』（巻六 秦始皇本紀）に、「秦の始皇帝は水徳の数の六を（採用し、馬の数も）六（頭立ての）馬（車）に乗った」とある。鄭玄は、「天子は、四（頭立ての）馬（車に乗るもの）である。『周礼』に、「乗馬に四圉があり、それぞれ一馬ずつを養う」とある。諸侯もまた四（頭立ての）馬（車に乗るもの）である。（『尚書』）顧命篇に、「時に諸侯は、みな乗（四馬のため）の黄馬朱鬣であるものを献上した」とある。乗は四馬のことである。いま皇帝は六（頭立ての馬車）に駕すが、これは漢からの制度であり、古制とは異なる」という。蔡邕の『表志』に、「文の意味が明らかではないため、俗人は多くその名を間違っている。（一年）五時の（際の）副車を五帝車といい、天子の（車に立てる）鸞旗を雞翹といい、（農事に用いる）耕根（の車）を三蓋という。こうした（誤りの）たぐいは一つではない」とある。

耕車

耕車は、その装飾はみな（金根車と同じような）ものである。三つの車蓋がある。一名を芝車という。輻を置き、（これは）耒耜〔すき〕を収める箙〔えびら、入れ物〕である。天子が藉田のときに乗る車である［一］。

［劉昭注］

［一］『新論』に、「桓譚が揚雄に、「君が黄門郎として宮殿にいたとき、しばしば輿輦の、玉で飾った華傘と鳳皇を飾った三つの車蓋の類で、どれも黒と黄と五色で彩り、金玉・翠羽・珠珞・錦繡の茵席〔しとね〕で飾ったものを見たであろうか」と聞いた」とある。『東京賦』に、「（戎車には）短い矛を立て長い戛を斜めに立て、（藉田のときに乗る）農輿〔耕車〕は飾りがなく、木地のままである」という。薛綜は、「戈は、曲がった刃のついた戟である。戛は、長い矛である。（これらを）車上に置くのは邪を塞ぐためである。（原文の）池は、邪〔ななめ〕という意味である。（このように戈や戛を飾る）車を戈路という。農事に用いる輿で車蓋が三つあるものは、いわゆる耕根車である。春に藉田するときに（用いられ）、車や馬に装飾しない。このため木と称するのである」という。賀循は、「漢の儀礼では、（天子が藉田を）自ら耕すときには、青い衣服と頭巾を着けた」という。『東京賦』も（天子が藉田を）自ら耕すことを説き、また「（鈴をつけた車である）鸞路（に乗って）蒼龍〔蒼い駿馬〕に車を引かせる」という。賀循は、「（天子の）車には必ず鸞〔鈴〕がついており、春独鸞路〔春に用いる鈴ひとつをつけた車〕というものは、鸞鳳のようで、鈴が（春を象徴する色である）青色を

している。このため春路と呼ぶのである」という。〔東京の〕賦にまた、「介〔介添え〕と御〔御者〕の間に、鋭い耜〔すき〕を置く」とある。薛綜は、「耜は、耒〔すき〕の金具である。幅五寸、すきに取り付けて車に載せる。天子の車に参乗する場合は、天子は左にあり、御は中央にあり、介は右におり、耒を御の右に置く」という。

戎車

戎車は、その装飾はみな〔金根車と〕同じようなものである。輿の両側の衝立には矛と麾〔指図旗〕と〔止まるときに鳴らす〕金鉦と〔進むときに鳴らす〕太鼓・羽析〔からうしの毛を用いた装飾のための旗〕をつけ、〔羽毛の装飾を施した傘である〕幢翳を立て、輻には甲冑と矢を収める〔一〕。

〔劉昭注〕

〔一〕『漢制度』に、「戎車は、立車〔立って乗る車〕であり、それに乗って征伐をする」とある。『周官』〔夏官 司弓矢〕に、「その矢箙〔えびら。矢を盛る具〕」とある。『通俗文』に、「箭箙は、これを歩乂という」とある。干宝もまた、「今はこれ〔箭箙〕を歩乂という」とする。鄭玄は

（『儀礼』）既夕篇に注をつけて、「服は、車の（人が乗る）箱の部分である」という。顔延之の「幼誥」に、「弩は、矢である」という。

獵車

獵車は、その装飾はみな（金根車と）同じようなものである。二重の輞で車輪を皮で包み、（車体に）交差する龍がめぐる（飾りが施される）。一名を闟豬車といい、天子が親しく狩猟をする際にこれに乗る[一]。

〔劉昭注〕

〔一〕魏の文帝（曹丕）は改めて闟虎車と呼んだ。

軿車

太皇太后、皇太后の法駕は、みな金根車を用い[一]、（青い）交絡と帳裳（とばり）を纏わらせる[二]。法駕でなければ、紫の毛織物のとばりをつけた軿車に乗る[三]。雲と虡〔鹿の頭をした龍〕の模様を描いた輈（ながえ）に、黄金を五箇所の末端に塗り[四]、華形の飾りの付いた車蓋を立てる。左右に騑馬〔そえうま〕を置き、三頭の馬を駕す。長公主は、赤い毛織物の軿車を用いる。大貴人・貴人・公主・王妃・封君は、絵を描いた軿車を用いる。大貴人で節を加えられたものは、輈に絵を描いた（軿車を用いる）。これらはみな右だけに騑馬を置く。

〔劉昭注〕

〔一〕（二重の翟の羽で両旁の覆いとした）重翟の（羽で作られた小さな車蓋である）羽蓋をつけたものである。

〔二〕徐広は、「青い交路、青い帷裳（を用いる）」という。

〔三〕『字林』に、「軿車は、とばりの覆いがあり、後ろの轅がないものであり、これを輜という」とある。『釈名』に、「軿は、屏という意味である。四方を覆ったものは、婦人の乗る牛車である。邸〔屏風〕があるものを輜といい、邸がないものを軿という」とある。『傅子』に、「周で輜車と呼んでいたものは、（今の）輦である」という。

〔四〕徐広は、「（五末に関しては）未詳である。前にある一つの轅および衡の端と轂（のめっき）に用いたものであろうか」という。

青蓋車　緑車

皇太子と皇子は、共に安車で、朱くまだら模様のある車輪、青い車蓋、金の〈四葉形の飾りである〉華蚤、黒い〈鹿の頭をした龍の模様である〉虡の模様、絵を描いた轓、模様を描いた輈〔ながえ〕を持ち、金を五ヵ所の末端に塗った車を用いる。皇子は王になると、〈皇帝が〉この車に乗ることを賜与する。このため〈この車を〉王の青蓋車という〔一〕。皇孫は、緑車に乗って〈皇帝の御車の出行に〉従う。共に左右に騑馬〔そえうま〕を置き、三頭を駕す〈車である〉〔二〕。公と列侯は、安車で、朱くまだら模様のある車輪、鹿の伏せた〈模様のある〉較〔手すり〕、熊の伏した〈模様のある〉軾〔横木〕、皁い繒の車蓋、黒い轓をつけ、右に騑馬を置く〈車である〉〔三〕。

〔劉昭注〕

〔一〕徐広は、「〈交龍を描く〉旂旗は、九旒〔九つの旗足〕で、降り龍を描く」という。魏の武帝は、令して東平王〈劉凱〉に尋ね、「金路を持っているのはなぜであろうか。これは特別な賜り物なのか」と言った。侍中の鄭称は答えて、「天子の五路のうち、金路は同姓諸侯を封ずるとき（に賜うため）のもので、諸侯が金路に乗れるのは、天子と（姓が）同じだからです。これは（姓が同じであるために）自ずから得られるもので、特別な賜り物ではありません」と言った。

〔二〕『独断』（巻下）に、「緑車は、名づけて皇孫車という。天子に孫があればこれに乗らせる」とある。

〔三〕車に轓をつけたもの、これを軒という。

皁蓋車

中二千石・二千石（の官僚）は、みな皁の車蓋、朱い轓を両側に立てる（車に乗る）。千石・六百石（の官僚）は、朱い轓を左に立てる（車に乗る）。轓の長さは六尺、下の終わりの幅は八寸、上の板は幅は一尺二寸、（山・龍・華・虫・藻・粉・米・黼・黻の）九つの模様を描き、十二ヵ月を象徴させ、（幅は）後に一寸を減らす。月初に生まれた（新月の）ようであるのは、あえて自分を満足させないことを示すためである〔一〕。（漢の）景帝の中元五〔前一四五〕年、初めて詔して六百石以上（の官僚の車）には車轓を立て、銅を五ヵ所の末端に塗り、軛〔くびき〕には吉陽筩を置く（車に乗る）ことができるようにした。中二千石以上（の官僚の車）には右に騑馬〔そえうま〕を置かせ、三百石以上（の官僚の車）には皁い布〔麻布〕の車蓋（を立てさせ）、千石以上（の官僚の車）には皁い繒の車蓋、二百石以下（の官僚の車）には白い布の車蓋（を立てさせること）とし、みな四本の綱で支えて柄を覆わせた。賈人〔商人〕は（身分が卑しいので）馬車に乗ることはできない。除吏は、赤く絵を描いた杠、そのほかはみな青（の杠）を用いさせた［二］。

［劉昭注］

［一］本伝（『後漢書』列伝二十一 賈琮伝）を調べてみると、「旧典に、伝車〔宿つぎの車〕の驂駕〔供の車〕は、赤い帷を垂れる」とある。（しかし）ただ郭賀だけは、荊州刺史になると、命じてこのとばりを取り払わせた。謝承の『後漢書』に、「孔恂は、字を巨卿といい、新淦県（現在の江西省清江県）の人である。州の別駕従事の車の前には、もともと覆いがついており、（それは）刺史の車の曲翳の体裁のようであった。このとき、刺史が管轄地域を巡視するにあたり、出発（のときに一行の伝車）が遅れたため、刺史は怒って別駕の車の覆いを取り去らせようとした。孔恂は諫めて、「我が君よ、伝車は自ら出発することが遅れたのに、覆いを取り去り、国の旧儀を損なうことは、行うべきではありません。別駕（であるわたし）は

立ち去るべきですが、覆いは取り去るべきではありません」と言った。すぐに〔伝車に見せる〕伝を捨て立ち去った。刺史は追いかけて謝罪をし、帰らないよう請うた。こうして覆いを取り去ることはなかった」とある。『説文解字』に、「車のとばりはこれを屏星という」とある。

〔二〕『古今注』に、「武帝の天漢四〔前九七〕年、諸侯王に令して、大国〔の諸侯王の車〕は、朱い車輪に虎を描き、前方には左に兕〔水牛に似た動物〕、右に麋〔なれじか〕を飾らせた。小国〔の諸侯王の車〕は、朱い車輪に熊を描き、前方には寝そべった麋を左右に飾らせた。〔これが〕卿車である」という。

夫人の安車

三公・列侯・中二千石〔の九卿など〕・二千石〔の太守・国相など〕の夫人が、先蚕の儀礼〔皇后が蚕を祀る〕のような時に、朝廷に会するには、それぞれ夫の〔地位に応じた装飾を持つ〕安車に乗り、右に騑馬を置き、交絡と帷裳〔とばり〕を纏わらせるが、〔その色は〕みな皁である。公的な会でなければ、〔このような朝廷の規定に則った車である〕朝車に乗ることはできず、漆を塗った麻布のとばりの輜軿車で、五ヵ所の末端に銅を塗ったものに乗る。

大駕

乗輿〔天子〕が、大駕に乗る場合には、公卿が先導し、太僕が（車の）御者をつとめ、大将軍が参乗〔天子のとも乗り〕をする。属車〔後に続く車〕は八十一乗[一]、（そのほかにも数え切れない）供回りの車駕や騎兵を備える。西都〔長安を首都とする前漢〕は郊外で天を祀ったが、甘泉で（祀る場合に）は大駕を用いた。官には、その儀注〔記録〕が残っており、甘泉鹵簿と名付けている[二]。東都〔雒陽を首都とする後漢〕は、ただ大行〔天子の崩御の儀礼〕の際にのみ大駕を用いる。大駕は、太僕が御者をつとめ、法駕は、黄門令が御者をつとめる。

〔劉昭注〕

[一] 薛綜は、「属とは、あい連続することをいう。みな後ろに並び、三行の隊列をなす」という。

[二] 蔡邕の『表志』に、「（甘泉鹵簿は）国家の旧章で、ひっそりと覆い隠されており、見ることができない」とある。

法駕

乗輿〔天子〕が、法駕に乗る場合には、公卿は鹵簿〔行列〕の中にいない。河南尹・執金吾・雒陽令が先導し、奉車郎が御者をつとめ、侍中が参乗する。属車は、三十六乗。先払いの車には、九つの旗足のある雲罕が立てられ[一]、鳳皇車の闟戟[二]、皮軒車に立てられる鸞旗は[三]、みな大夫が載せる[四]。鸞旗というものは、雉の羽と旄牛の尾を編み、幢のほとりに連ね懸けたものである[五]。民間ではあるいはこれを雞翹〔にわとりの羽根〕というが、間違っている[六]。後ろに金鉦と黄鉞を載せるものは[七]、（黄門鼓吹の曲を奏でる楽人を乗せた）黄門鼓車である。

〔劉昭注〕

〔一〕徐広は、「（先払いの）斿車は九乗である」という。前史（『漢書』）は、その形状を記録していない。武王が紂王を破ったとき、百夫が罕旗を担って先駆けをした。『東京賦』に、「雲罕（の旌旗を立てた車）九つの旗足（のある旌旗を立てた車）」とある。薛綜は、「旌は、旗の名である」という。

〔二〕　薛綜は、「闟の意味は、函（いれる）である。四戟を取って車の傍ら（の箱）に入れる」という。

〔三〕　応劭の『漢官鹵簿図』に、「乗輿（天子）が、大駕に乗る場合には、鳳皇車を御し、金根車で隊列を組む」とある。

〔四〕　胡広は、「皮軒は、虎の皮を軒としたものである」という。郭璞は、「皮軒は革車である」という。あるいは、「『礼記』曲礼に、「前に軍勢を見たら、虎の皮を掲げる」とある」という。

〔五〕　胡広は、「車蓋を立てて、その中に（鸞旗を）つける」という。

〔六〕　胡広は、「鸞旗は、銅で鸞を作り、車の衡（ながえの先に渡した横木）の上に置く」という。（この解釈は）本輿服志と異なっている。

〔七〕　『説文解字』に、「鉞は、大きな斧である」という。『司馬法』に、「夏は玄鉞を執り、殷は白鉞を執り、周は黄鉞を執る」とある。

むかし諸侯の弐車（副車）は、九乗であった。秦は九ヵ国を滅ぼすと、その車服を兼ね併せた。このため大駕は、属車を八十一乗（連ね）、法駕は、その半分を連ねることになった。属車は、みな皁い車蓋で裏を赤くし、朱い轓を建て、戈〔長い矛〕と矛を飾り、弩の箙〔えびら〕を納めた。尚書と御史の載る所は、最後の一車であり、豹の尾を懸けた[一]。豹尾車より前は、省中〔宮中〕と同様にみなす[二]。

〔劉昭注〕

[一] 薛綜は、「侍御史がこれ〔最後の一車〕に載る」という。

[二] 『小学漢官篇』に、「豹尾車〔最後の一車〕が通り過ぎた後、駐屯を罷めて包囲を解く」とある。胡広は、「道路に〔規制を〕施行する際、豹尾車までを省中とする。このため〔豹尾車が〕通過する後を待って、屯囲を解くことができる。みな畏れないことを戒めるためである」という。『淮南子』に、「軍正が豹の皮を執るのは、その衆を制正するためである」という。『礼記』〔曲礼篇〕に、「前に掲げたものに〔軍勢を見たら〕虎の皮を掲げる」とあるが、〔豹の尾も〕またこの義のたぐいである。

小駕

〔天子が〕出かけて行き、天を〔都の南の〕郊外に祠る際には、法駕を用いる。地と明堂を祠る際には、（法駕の鹵簿から）十分の三を省略する。宗廟を祠る際にはさらに省くが、これを小駕という。出駕するたびに、太僕は、（天子の）車駕を奉引して鹵簿を上奏し、中常侍と小黄門は副車に乗る。尚書の担当者、尚書郎と尚書令史は副車に乗る。侍御史と蘭台令史は副車に乗る。みな（鹵簿の次第を記した）儀注に則り、車騎を正し整える、これを護駕という。春と秋に（天子が）上陵の礼をする際には、さらに小駕を省き、（当日）宿直を勤める尚書が一人で従い、その他の令以下は、みな（天子の乗駕）に先行する。（上陵の礼は）後に止められた。

軽車

軽車は、むかしの戦車である。深く朱い輪と輿、巾〔帷幕〕をつけず車蓋をつけず、矛・戟・幢・麾を建て、轓は弩の箙だけをつけた[二]。（普段は）収蔵されて武庫にある。大駕と法駕が出駕すると、射声校尉と（その配下の）司馬と吏士が載り、（鹵簿の儀注の）順番に従って属車となり、鹵簿の車列に加わる。それぞれの車に矛と戟があり、その飾られた幡旒と旗幟は、みな五彩の色で、その規定は『周礼』に従う。呉子と孫子の兵法に、「巾があり車蓋があり、これを武剛車という」とある。武剛車というものは、先駆となるもので、また属車となる。軽車は、後殿をなすものである。

〔劉昭注〕

〔一〕徐広は、「（軽車は）弩を軾の上に置き、二つの馬を駕すものである」という。

大使車

大使車は、立って乗る。四頭だての車駕に乗り、帷〔とばり〕を赤にする。持節する者は、導従〔後ろに従う従者〕を二重にする。賊曹車・斧車・督車・功曹車は、みな二乗である。大車は、伍伯〔車列を先導する歩卒〕で璅弩を持った車が十二人、辟車〔主要な車を先導する際に、通行人を路から避けさせるための歩卒〕が四人である〔一〕。従車は四乗である。節が無ければ、従者は一重で、（車列の規模も）半分に減らす。

〔劉昭注〕

〔一〕『周礼』（秋官）滌狼氏の干宝注に、「（辟車は）今の卒辟車のたぐいである」という。

小使車

小使車は、立って乗らず、騑馬〔そえうま〕があり、（軾の前に）赤い屏泥の油布を設置し、深紅の帷を重ねる。先導に斧車はない。近ごろの小使車は、蘭〔欄干式〕の輿に赤い轂で、白い車蓋、赤い帷である。騶騎〔随従する騎士〕四十人を従える。これは（犯人を）追捕（官吏を）調査して、勅命で迎える者が乗るものをいう。

もろもろの使車は、みな朱くまだら模様のある車輪、四本の輻で、衡と軛を赤くする。送葬に用いた際には、白堊によって、車を洗ってその後に帰る。三公・九卿・中二千石・二千石は、（天地を祀る南郊と北郊および皇帝の祖先を祀る宗廟の祭祀である）郊廟・明堂（の儀礼）・祠陵〔上陵〕に参加する際、（天子が）法駕で出行する場合には、みな大車で、立って乗り、駟〔四頭立ての馬〕を駕す。その他の出行では、安車に乗る。

載車

大行載車は、その飾りは金根車のようにし、対の連璧を加えて施し、（輿の）四方の角に絡ませ、金の龍首が璧を銜え（た装飾を施し）、五色の析羽〔からうしの毛を用いた装飾のための旗〕・流蘇〔彩色した羽毛を用いた穂の形状をした垂らすための飾り〕を垂れ、前後に雲気を画いた帷裳、櫖〔鹿の頭をした龍〕の模様を画いた曲轓をつけた。（属車には）長懸車などがあった。太僕が御し、六頭の布施馬を駕す。布施馬というものは、純白の馬車馬であるが、黒い薬によりその身を焼いて、虎の模様を作ったものである。すでに（棺を陵墓に）下せば、馬は売りに出し、車は城北の秘宮に収蔵して、みな（京都の）城門に入れない。用いる際には、太僕と考工令は（秘宮の）内側に飾り治め、吉礼と凶礼（で用いる車駕）が互いに関わらないようにする。

導従車

公卿より、県の三百石の（県）長に至るまでの導従は、門下五吏・賊曹・督盗賊功曹を置き、みな帯剣して、三輛の車で導く。主簿と主記は、二輛の車で導従となる。県令以上は、先導に斧車を加える。三公は安車に乗り、（それを導従する）前後の者は馬をならべて（車は）立って乗る。長安令と雒陽令及び王国の都県は、前後に兵車と亭長を加え〔一〕、右の騑馬〔そえうま〕と車駕二輛を設ける。璅弩車は前に伍伯があり、三公は八人、中二千石・二千石・六百石はみな四人、四百石から二百石はみな二人である。

黄綬は、武官の伍伯と、文官の辟車である。鈴下・侍閤・門蘭・部署・街里の走卒は、みな人数に規定があり、（それを導従とできる）数の多少は管轄するところに従う。駅馬は三十里ごとに一を置く〔二〕。卒はみな赤い幘〔ずきん〕と絳の鞲〔うでぬき〕であるという。

〔劉昭注〕

〔一〕『纂要』に、「雒陽の亭長は、車の前に吹管〔伍伯などが口で吹く棒状の楽器の演奏者〕がいた」とある。

〔二〕臣昭が考えてみますと、東晉では、なお郵と駅を共に置くことがあり、傍の郡県の文書を授受していました。郵があり駅があり、行って伝えて互いに委託します。県ごとに屋二区を置きます。承があれば、駅吏はみな受けた書を箇条書きにして、月ごとに州郡に言上しました。『風俗通』に、「今の県吏の郵書掾と郡府の督郵は、これを職掌としている」とあります。

むかしは軍を出すときに、師旅〔軍隊の編成〕はすべて従った。秦はその兵卒を省き、その師旅〔軍隊〕という名だけを取った。三公から二千石まで（が出行するとき、従う者）は、騎吏が四人、千石から三百石の県長まで（が出行するとき、従う者）は、（騎吏が）二人、みな剣を帯び、綮戟〔出行の時に用いる先導者の儀仗〕を持って先導となり、弓韣〔ゆみぶくろ〕と九鞬〔ゆみぶくろ〕を担った〔一〕。諸侯王の法駕は、（導従する）官属は傅と相より以下、みな鹵簿を備え、京都の官騎に似せて、張弓帯鞬し、（車列への）出入を遮蔽して整然と行われた。列侯は、家丞と庶子が導従した。（天子が主催する）耕祠に参会するようなときは、担当の県が辟車と鮮明卒を貸しあたえ、その威儀を備える。導従の事が終われば、みな（辟車と鮮明卒を）貸すことを止める。

〔劉昭注〕

〔一〕『通俗文』に、「弓韔〔弓ぶくろ〕は、これを鞬〔弓ぶくろ〕という」とある。

もろもろの車の模様、（天子の）乗輿は、（較には）倚龍伏虎を描き、櫼文を画いた輈、龍首の鸞衡、重牙の班輪、升龍の飛軨〔ひらひら揺れる泥よけ〕である〔二〕。皇太子と諸侯王は、（較には）倚虎伏鹿を描き、櫼文を画いた輈と轓、吉陽筩、朱い班輪、鹿文の飛軨、旂旗は九斿の降龍（模様）である。三公と列侯は、（較には）倚鹿伏熊を描き、黒い幡、朱い班輪、鹿文の飛軨、（斿旗は）九斿の降龍（模様）である。九卿は、朱い二つの幡、（斿旗は）五斿の降龍（模様）である。二千石より以下はそれぞれの身分の規定に従う。およそ幡車より以上は、軛〔ながえ〕にみな吉陽筩がある。

［劉昭注］

［一］薛綜は、「飛軨は、緹油（という布）の広さ八寸のものを、長く地に垂らし、左に蒼龍を右に白虎を画き、軸頭に繋げる」という。二千石もまた同様であるが、ただし画が無いだけである。盧植は『礼記』に注をつけて、「軨は、轄〔車軸の末端のくさび〕の先端の靼〔なめしがわ〕である」という。『楚辞』（巻八 九弁）に、「結軨に寄りかかり休んだ」とある。王逸の注に、「二重の較〔寄り掛かり棒〕である」という。李尤の「小車銘」に、「軨の足りなく虚しい様子は、おおらかに行き渡り広く通じさせる」とある。（盧植と王逸の）二家の言葉を考えると、薛綜の注に記す所には及ばない。

車馬の飾り

もろもろの馬の模様は、（天子の）乗輿を考えてみると、金製の（馬の冠である）鍐に（鉄製の装飾である）方釳をほどこし、雉の尾羽を挿し象牙の鑣〔はみえだ〕をし〔一〕、龍を描いた総〔ふさ〕、紅沫で描いた升龍、赤い扇汗〔二〕、青い二つの翅で、鷰尾とする。駙馬は、左右に赤い珥〔みみ飾り〕の流蘇を垂らし、飛鳥の節、赤い膺兼〔胸に当てる馬帯〕である。皇太子（の車馬）も、またこのような（飾り）であった。王と三公と列侯（の車馬）は、鏤錫〔金で作った馬面の当盧〕文髦〔馬のたてがみの飾り〕で、赤い鑣をし、朱い鹿（を描いた旗）、朱い文（様の旗）、絳い扇汗、青い翅で、鷰尾とする。九卿以下で騑馬〔そえうま〕のある者は、緹い扇汗、青い翅と尾、当盧文髦で、上下みな通ずる。中二千石以上および使者は、騑駕〔そえかご〕がある。

〔劉昭注〕

〔一〕『爾雅』（巻四 釈器）の注に、「鑣は、馬の（銜と鑣を頭に固定する）勒の傍らの鉄である」という。ここでは象牙を用いる。

〔二〕『毛詩』（衛風 碩人）に、「朱い幩 鑣鑣たり」とある。毛伝に、「人君は朱により鑣と扇汗をまとわせ、それにより鑣の飾りとする」とある。

輿服志下 第三十

冕冠　長冠　委貌冠　皮弁冠　爵弁冠　通天冠　遠遊冠　高山冠　進賢冠　法冠　武冠　建華冠　方山冠　巧士冠　却非冠　却敵冠　樊噲冠　術氏冠　鷸冠　幘　佩　刀　印　黄赤綬　赤綬　緑綬　紫綬　青綬　黒綬　黄綬　青紺綬　后夫人服

上古には（人々は）穴に住み野外で暮らし、毛皮を被り着るだけで、まだ（衣服の）制度はなかった。後世の聖人は、毛皮に代えて絹糸と麻糸を用いて、翬翟〔五色の模様の雉〕の文様、草花の色合いを観て、絹を染めてこれらの文様を真似して、初めて（青・黄・赤・白・黒の）五采を整え、定めて服制とした。鳥や獣に冠・角・髯〔頬ひげ〕・胡〔顎の垂れた肉〕の仕組みがあることを見て、それにより冠・冕・纓・蕤〔冠の垂れ飾〕を作り、それを頭部の飾りとした。（こうして、天子の冕服には）すべてで十二章（の模様）がある。このため『周易』（繋辞下伝）に、「庖犧氏が、天下の王になると、仰いでは（日月・星辰の）象を天上に観察し、俯しては（山川・草木の）物を地上に観察し、鳥や獣の模様やそれぞれの土地に適宜に生ずる草木を観察して、近い物では象を身（の頭や腹や足や股の類）から取り、遠い物では象を物（である金や玉や布や釜の類）

から取り、これによって初めて八卦を作り、そうして神明の徳に通じて、万物の情を類別した」とある。黄帝・尭・舜が、衣裳を長く垂らして（貴賤の別による服制を作り）天下が治まったのは、思うにその方法を乾坤から得たためであろう。乾〔天〕と坤〔地〕には文様があり、このため上衣は玄〔黒〕とし、下裳は黄色とする。（天子の十二章は、上衣に）日・月・星辰、山・龍・華虫[一]（の六章）を象って描き[二]、（下裳に）宗彝・藻・火・粉米[三]・黼黻（の六章）を刺繡する[四]。（十二章は）五采を用いて、明らかに五色を施して服を作る[五]。天子は（十二）章をすべて備え[六]、公は、山より以下（九章）である。侯と伯は、華虫〔雉の別名〕より以下（七章）、子と男は、藻・火〔水草と火焔〕より以下（六章）、卿と大夫は、粉米〔白い米形の花紋〕より以下（三章）である。周に至ると、この服制を変え、（日・月・星辰の）三辰を旂旗（の文様）とした。王が天帝を祀る際には、大裘と冕冠を着用する[七]。公・侯・卿・大夫の服は、九章より以下を用いる[八]。秦は戦国の（戦いの中から）皇帝の位に即き、礼学を滅ぼし去り、郊祀の服は、みな袀玄〔黒一色〕を用いた。前漢は秦の旧制を受け継いだ。世祖（光武帝）は天子の位に即くと、土中〔雒陽〕に都を置き、初めて（明堂・辟雍・霊台の）三雍を修め、兆域を七郊で正した。顕宗〔明帝〕はこうして大業に就くと、初めて旒冕

〔玉垂れが付いた冠〕をつけ、衣裳は（九章の）模様があり、赤舄絇屨〔先に飾りの付いた礼服用の二重の赤い靴〕を履いて天地を祠り、三老と五更を三雍に養い、時の政治を安定に導いた。

〔劉昭注〕

〔一〕孔安国は、『尚書』（益稷謨）に注をつけて、「華は、草華の形象である。虫は、雉という意味である」という。

〔二〕『古文尚書』（益稷謨）では、「繢」の字は「会」の字に作る。孔安国は、「五采によってこの絵をつくる。宗廟の彝と樽は、また山龍・華虫を飾りとする」という。

〔三〕孔安国は、（『尚書』益稷謨に）、「藻は、水草の文様がある。火は火の字（の模様）であり、粉は粟の氷のよう（な模様）であり、米は米を集めたよう（な模様）である」という。

〔四〕孔安国は、（『尚書』益稷謨に）、「黼は斧の形のよう（な模様）である。黻は二つの己の字が背中合わせとなったよう（な模様）である。葛の精緻なものを絺という。五色が備わるものを繡という」とある。杜預は『春秋左氏伝』（桓公伝二年）に注をつけて、「白と黒（で描かれた模様）を黼といい、黒と青（で描かれた模様）を黻という」という。

[五] 孔安国は、（『尚書』巻五 益稷謨に）、「五采を用いてあきらかに五色を施す、尊卑の（別が明確になる）服制を作るためである」という。

[六] 鄭玄は、『周礼』（司服）に注をつけて、「古の天子の冕服（の模様）は十二章である」という。

[七] 鄭衆は、（『周礼』司服に）、「大裘は、羔裘である」という。（大裘を着て）天を祀るのは、（文ではなく）質（であること）を示すためである。

[八] 鄭玄は、（『周礼』司服に）、「華虫は、五色の虫である。『周礼』繢人職（冬官考工記 画繢）にいう鳥・獣・蛇などがあり、四時に五色を適切に配合することにより彩色を鮮明にするとは、これを言っているのである。王者は互いに変わり、周に至って日月・星辰を旌旗に画くとは、いわゆる三辰旂旗であり、その明るさを昭らかにするものである。そして冕服は（十二章のうち、日月・星辰を除いた）九章とするが、はじめの一を龍といい、次に二を山といい、次に三を華虫といい、次に四を火といい、次に五を宗彝といい、みな描いて文様をつくり、次に六を藻といい、次に七を粉米といい、次に八を黼といい、次に九を黻といい、みな刺繍をして文様をつくる。そして袞服の上衣は五章・下裳は四章で、すべてで九章である。鷩衣の画は雉を描く、（これを）華虫という。鷩衣の上衣は三章・下裳は四章、すべてで七章で

ある。毳衣の画は虎蜼を描く、（これを）宗彝という。毳衣の上衣は三章・下裳は二章、すべてで五章である。（粉米衣は）粉米を刺繡して画はない。粉米衣の上衣は一章・下裳は二章、すべてで三章である」という。（揚雄の）『法言』（先知篇）に、「聖人は質〔素朴な実質〕を文〔美しく修飾〕にする者である。車馬や服装で（貴賤の別を）彰らかにし、（冠などの）藻〔模様〕や彩色で（尊卑の違いを）明らかにし、楽器を演奏し歌を唱って（その徳を）称え、『詩経』・『尚書』に記録して（功績・徳行を）輝かせた。祭りの器具が並べられず、玉や絹が（身分に応じて）分かたれず、琴や瑟が弾かれず、鍾や鼓が鳴らされないのであれば、わたしは聖人が存在したと認められない」とある。

天子・三公・九卿・特進侯・侍祠侯は、天地を明堂で祀る際に、みな旒冕を着用し、上衣は玄色〔黒〕・下裳は纁色〔浅紅色〕を着る[二]。乗輿〔天子〕は、文様をすべて備え、日月・星辰など十二章を用いる。三公・諸侯は、山龍九章を用い、九卿以下は、華虫七章を用いる。みな五采を備え、大佩〔玉佩〕をつけ、赤舄絇屨を履き、大祭を奉じる。百官中で祭事を執り行う者は、長冠を着用し、みな祇服である。（東岳泰山・西岳華山・南岳衡山・北岳恒山・中岳嵩山の）五獄・（長江・黄河・淮水・済水の）四瀆・

山川・宗廟・社稷・諸々の定めのほかの祭祀には、みな袀玄〔黒一色の祭服〕と長冠を着用し、五郊のそれぞれの方角の色のようにする。百官中で祭事を執り行わない者は、それぞれの常冠と袀玄を着用して従う。

〔劉昭注〕

〔一〕『東観漢記』に、「（明帝の）永平二〔五九〕年正月、三公・九卿が春の南北郊（の祭祀）を集議した際に、東平王の劉蒼は議して、「孔子は（『論語』衛霊公篇に）、「（理想的な政治は）夏の暦を行い、殷の路〔車〕に乗り、周の冕〔冠〕を服することである」と言った。（これが）漢の制度の原則である。高皇帝〔劉邦〕は、初めて天命を受け、（漢を建国する）大業を創める際に、長冠を着用して宗廟に入られた。光武帝は天命を受け（漢を）中興すると、明堂を建て、辟雍を立てられた。陛下〔明帝〕は聖明（な資質）により（大業を）受け継ぎ守られ、礼に基づいて龍袞を着用して、五帝を祀られた。（周の滅亡により）礼が欠け楽が崩れてから久しく、天地を祭る際に冕服の制度が定まっていない。考えてみると、神祇を尊びお仕えするとき、絜斎して盛んな服装をすることは、敬の至りである。（天子の冕服・弁服が）日月・星辰、山龍・華藻（などの十二章の模様を持ち）、天王の袞冕が十二旒であることは、それにより天の数に則り、旂に龍章・日月（などの模様）があることは、それにより天子の文に準えているのである。いま明堂と宗廟を祭る際に、（その建物が）円形であることは天に法り、（かつ）方形であることは地に則り、（天子が冕服）を着用するに華やかな模様により、それぞれの物が整っていることを象徴し、それにより神明を降すことは、粛々として備えを思い、その類を博くするためである。（天子が）天地を祀る礼は、明堂の制と同様に冕冠・裳衣とすべきである」と言った」とある。

冕冠

冕冠は、旒を垂らすが、（それは、冕の頂点から）前後に延〔一〕（という黒布）を玉藻〔二〕を付けて垂らす。明帝の永平二〔五九〕年、初めて有司〔担当の役人〕に詔を下して、『周礼』・『礼記』・『尚書』皐陶篇を採用し、乗輿〔天子〕の服制は、欧陽氏の説に従い、三公・九卿以下（の服制）は、大小夏侯氏の説に従うことにした。冕は、みな左右の幅七寸〔約16㎝〕、長さ一尺二寸〔約28㎝〕で、前（の縁）は円形で、後ろ（の縁）は方形、朱色の縁を裏に及ぼし、（冕の）上は玄〔黒〕であり、前に（玉藻を）四寸〔約9㎝〕垂らし、後ろに三寸〔約7㎝〕垂らす。白玉の珠をつなげて十二旒をつくり、その綬と同じ彩色で組纓をつくる〔三〕。三公と諸侯は、七旒とし、青玉で珠をつくり、九卿と大夫は、五旒とし、黒玉で珠をつくる〔四〕。みな前に（旒が）あり後ろにはない。それぞれ綬と同じ彩色で組纓をつくり、両側に黈纊〈黄色の綿で作った球〉を垂らす（ことで耳にあてる）〔五〕。天地・宗廟・明堂の祭祀には、（冕）冠を着用する〔六〕。衣裳と玉佩は、章采〈十二章などの模様〉を備え、乗輿は（章采を）刺繡し、三公や諸侯と九卿以下はみな織物とする。（それらは）陳留郡襄邑県が、これを献上するという。

〔劉昭注〕

〔一〕（原文の）邃は、垂という意味である。延は、冕の上の覆いである。

〔二〕『周礼』（夏官 弁師）に、「五采の組紐（で旒〈たまだれ〉を作り、一旒ごとに一就とし、すべてまとめて）十二就があり、みな（旒ごとに）五采の玉が十二（粒ずつ綴られている冠に）、玉笄と朱紘がある」という。鄭玄の注に、「繅〈五采の冠の垂れひも〉は、いろいろな模様が混ざったものの名である。五采の糸を合わせて縄をつくり、延の前後に十二ずつ垂れるのが邃延である。（原文の）就は、成という意味である。縄の一帀ごとに五采の玉を貫き、十二旒であれば十二玉を用いる。就ごとの間はだいたい一寸である。朱紘〈朱色の冠繫〉は、朱色の組紐を用いて紘をつくる。紘の一条は両端を武につける。これが袞衣の冕である。十二旒であれば、玉二百八十八を用いる。鷩衣の冕は、繅が九旒なので、玉二百十六を用いる。毳衣の冕は、七旒なので、玉百六十八を用いる。絺衣の冕は、五旒なので、玉百二十を用いる。玄衣の冕は、三旒なので、玉七十二を用いる」とある。

[三]『説文解字』（巻十三上）に、「組は、綬の属であり、小さなものは冕纓とよぶ」とある。『礼記』（玉藻）に、「玄冠に、朱組の纓をつけたもの（は天子の初めてかぶる冠）である」という。天子の服制である。

[四]『独断』（巻下）に、「三公と諸侯は九旒であり、卿は七旒である」という。これと同じではない。

[五]呂忱は、「黈は、黄色である。黄色の綿でつくる」という。『礼緯』に、「旒は目（の前）に垂らし、纊は耳を塞ぐ。（旒と纊は）王者が讒言を聴かず、非礼を見ないことを示す」とある。薛綜は、「珩玉により充耳を作る」という。『詩経』（衛風 淇奥）に、「充耳は琇瑩」とある。毛萇の伝に、「充耳は瑱という。天子（のもの）は玉瑱である。琇瑩は、美石である。諸侯は石を用いる」とある。

[六]蔡邕は（『独断』巻下に）、「鄙人は識らずに、これ〔天地・宗廟・明堂の祭祀の冕冠〕を平天

冠という」という。

長冠

長冠は、一名を斉冠という。高さは七寸〔約16㎝〕、広さは三寸〔約7㎝〕で、漆纚〔漆を塗った織物〕を縮めて作り、形状は板のようで、竹を用いて裏地を作る。はじめ高祖劉邦が微賤であった時に、竹の皮を用いて作り、劉氏冠といった。楚の冠制である。民がこれを鵲尾冠と呼ぶのは、間違いである。宗廟の諸々の祀りの際に着用する。みな袀玄〔黒色の衣服〕の服を着て[二]、赤色の縁のついた襟と袖の中衣〔内着〕をつけ、赤色の袴袜を着用する。（赤色を用いるのは）赤心〔真心〕より神を奉ずることを示すためである。五郊〔五帝（東方青帝・南方赤帝・西方白帝・北方黒帝・中央黄帝）を祀る〕の祀りの際には、衣・幘・袴袜は、それぞれ五郊の色のようにする。この冠は、高祖〔劉邦〕が作ったものなので、そのために祭服とされている。（高祖への）尊敬の至りの表現である。

〔劉昭注〕

［一］『独断』に、「袀は、紺の繒〔きぬ〕である」という。「呉都の賦」の注に、「袀は、黒い服である」という。

委貌冠　皮弁冠

委貌冠と皮弁冠は、冠制を同じくし、長さ七寸〔約16cm〕、高さ四寸〔約9cm〕、形状は杯を逆さにしたようである。前部は高く広く、後部は低く尖っている。いわゆる夏の母追冠、殷の章甫冠である。委貌冠は黒い絹で作り、皮弁冠は鹿の皮で作る。大射礼を辟雍で行う際に、公卿・諸侯・大夫で礼を執り行う者が委貌冠を着用し、（衣裳は）玄端〔黒衣〕と素裳〔白裳〕を着用する［一］。事を執り行う者は、皮弁冠を着用し、（衣裳は）上は緇色〔黒色〕の麻衣で、黒色の襟と袖のもの、下は素裳を着用する。いわゆる皮弁・素積というものである［二］。

〔劉昭注〕

［一］鄭衆の『周礼』の伝に、「衣で襦〔はだぎ〕と裳があるものを端とする」とある。鄭玄は、「これを端というのは、正を取るためである。正は、士の衣である。袂〔そで〕は、みな二尺

二寸〔約51㎝〕で一幅〔二尺二寸〕と同じになる。これは広さと長さが等しい。その袪〔そでぐち〕は、一尺二寸〔約28㎝〕である。大夫以上は緩くする。緩くするというのは、二分の一にして（もとの幅に二分の）一を増やすのである。二分の一にして（もとの幅に二分の）一を増やせば、その袂は三尺三寸〔約76㎝〕、袪は一尺八寸〔約41㎝〕となる」という。

〔二〕皮弁は、質素である。〔前漢宣帝時の〕石渠閣会議で玄冠と朝服を論じた。戴聖は、「玄冠は、委貌冠である。朝服は、布の上衣と素の下裳で、緇帛〔くろぎぬ〕の帯をし、素韋〔白のなめし革〕の韠〔ひざかけ〕をかける」とした。『白虎通』に、「（夏・殷・周の）三王は、皮弁と素積を共にする」とある。素積は、素〔しろ〕を重ねて下裳とする。（皮弁を着用するときの黒衣白裳の白裳は上端を折り返して重ね合わせるので）腰の部分で（白が）重なることをいう。

爵弁冠

爵弁は、一名を冕という。幅は八寸〔約18㎝〕、長さは一尺二寸〔約28㎝〕で、爵〔雀〕のような形をして、前は小さく後ろは大きい。その上に繒を張ることが、雀の頭の色〔赤黒色〕に似ている。（冠の下には）収があり、笄〔簪〕を通してとめる。（爵弁冠は、『儀礼』士冠礼にある）いわゆる夏の収と殷の冔（という冠）である〔一〕。天地・五郊・明堂を祀る際に、雲翹の舞を舞う楽人が着用する。『礼記』（明堂位）に、「朱干〔朱い盾〕と玉鏚〔玉で飾った斧〕を持ち〔二〕、冕を着けて大夏を舞う」とある。これはこのことを言っている。

〔劉昭注〕

〔一〕『独断』（巻下）に、「殷（の冔）は黒色で、ほのかに白が混ざり、前は大きく後ろは小さい。夏（の収）は、純黒色で、また前は小さく後ろは大きい。共に三十六升〔布の縦糸八十本。三十六升で、二千八百八十本となる〕の漆の布で作る。『詩経』（大雅 文王）に、「いつも黼冔を着用する」とある。『尚書』（周書 金縢）に、「王は、大夫と共に弁冠を着用する」とある。上古はみな布で作っていたが、中古より絹で作るようになった。孔子は（『論語』子罕に）、「麻冕は（周の）礼であり、いま絹を用いているのは倹約である」という」とある。

〔二〕鄭玄は（『礼記注疏』巻三十一 明堂位に）、「朱干は、赤い大きな盾である。鏚は、斧という意味である」という。

通天冠

通天冠は、高さ九寸〔約20㎝〕で、まっすぐに立ち、頂上はやや斜め後ろに傾く。それから直ちに下に曲がり、鉄により巻〔笄を通す所〕と梁〔冠の上部にある芯〕を作る。前に山〔三角形の飾り〕と展筩〔筒状の装飾品〕があり、述〔鷸の羽根飾り〕をつける。乗輿〔天子〕が常に着用する冠である〔一〕。（通天冠を着用する時に）衣る服は、深衣〔衣と裳を一連につなぎ合わせた形式〕の制に基づき、袍〔かかとまで届く長い着物〕を着け、（春の青・夏の朱・季夏の黄・秋の白・冬の黒という）五時の色に従う。袍について、ある人は、「周公が、（幼い）成王を抱いて寛いでいた。ゆえに袍を用いる」という。『礼記』（儒行）に、「孔子は、逢掖の衣〔袂が大きくて、ゆったりとひろく縫い合わせた着物〕を着る」とある。逢掖は、袖を縫い合わせて広く大きくする。漢の袍に近い。漢では、下は賤更〔卑しい役卒〕や小吏〔官府内の走吏〕に至るまで、みな同じく袍と単衣（の深衣）と（衿と袖の）縁が黒い内着を制度として、朝服としている。

〔劉昭注〕

〔一〕『独断』に、「漢は、この冠の制度を秦より継承したが、礼に明文は無い」とある。

遠遊冠

遠遊冠は、冠制が通天冠のようで、展筩があり、これを前部に横向きにし、山と述は無い。諸王が着用する冠である〔一〕。

〔劉昭注〕

〔一〕『独断』（巻下）に、「（この冠は）礼に明文が無い」とある。

高山冠

高山冠は、一名を側注という。冠制は、通天冠のようであるが、頂上は斜めに傾けず、まっすぐ立ち、山と述と展筩は無い〔一〕。中外官の謁者と謁者僕射が着用する。太傅の胡広は、「高山冠は、斉王の冠であった。秦が斉を滅ぼすと、斉の君主の冠を近臣に賜り、謁者がこれを着用するようになったのであろう」と説く〔二〕。

［劉昭注］

［一］『独断』（巻下）に、「（高山冠は）鉄により巻と梁を作る。高さは九寸〔約21㎝〕である」という。『漢書音義』に、「高山冠の体裁は、側立して曲がっている」とある。

［二］『史記』（巻九十七 酈生列伝）に、「酈生〔酈食其〕が初めて高祖〔劉邦〕に見えたとき、儒服を衣て側注冠を着用していた」とある。『漢旧儀』に、「乗輿〔天子〕は、高山冠を着用し、飛月の纓をつけ、幘の耳は赤くし、丹紈の裏衣を着て、七尺の斬蛇剣〔前漢の高祖劉邦がまだ微賤であったとき、白帝の子といわれる大蛇を斬った剣〕を帯び、虎尾の絇履〔頭に飾りのあるくつ〕をはく」とある。考えてみますと、高山冠も天子の冠制に通じています。

進賢冠

進賢冠は、むかしの緇布冠である。文官と儒者が着用する。前の高さは七寸〔約16㎝〕、後ろの高さは三寸〔約7㎝〕、長さは八寸〔約18㎝〕である。三公と諸侯は三梁［一］、中二千石以下、博士までは二梁、博士以下、小吏・私学の弟子までは、一梁である。宗室の劉氏も、二梁の冠を着用するのは、（宗室を重んじて本来の地位よりも）服制に（恩恵を）加えていることを示すためである［二］。

［劉昭注］

［一］胡広は、「車駕（天子）が、巡狩してその国に御幸するときは、諸侯は玄端の衣を着て、九旒の冕冠をつける。それは、法服を盛んにして（天子の御幸の）位に就くからである。いま列侯は、自分から朝請して祠祭に侍らなくなったので、こうした服制をできず、みな常に三梁冠をつけ、皁の単衣を着ている。その国に帰ると流黄（もえぎ色の絹布）に皁を着る」という。『晉公卿礼秩』に、「太傅・司空・司徒は、進賢三梁冠をつけ、黒の介幘を用いる」とある。

［二］『独断』（巻下）に、「（進賢冠は）漢の冠制であり、礼に明文は無い」とある。荀綽の『晉百官表注』に、「建光年間（一二一～一二二年）に、尚書の陳忠は、「令史の質堪は、太官令は両梁進賢冠をつけるべし、と上言しました。（これに対して）尚書の孟布は、太官の職は板場にいるもので、朝廷に列するものではないのに、質堪は両梁進賢冠に準えようとしており、許してはなりません、と上奏しております。臣が伏して思いますに、太官令の職は、王の食卓を掌り、六清の飲物を統べ、八珍の饌を並べ、百品の羞を正し、四方の貢を納れることにあります。奉ずる職務は最も重く、思いを凝らして勤めるものです。明らかな詔は、

食物の御膳を慎しみ、あくどい企みを防ぎ、ますますその選を尊重されております。侍御史は逮捕と調査を主管し、太医令は薬を奉って供養し、符節令は幡信と金虎を掌っておりますので、そのため位を大夫とし、車に韜沂があり、冠に両梁があるのは、親と疏を異にし、内と外を分けるためです。太官令は、供養で言えば、最も（陛下に）親近な存在であり、職事で言えば、最も繁雑なものです。また太官令は高選されており、法を執ることは太医令に準え、科は同じで服は等しいのに、冠だけが二人で異なれば、名実は沿わなくなります。また博士は、官秩が低いにもかかわらず、先王の教えを伝えるために、尊重してこれを異として、大夫の冠を付けさせております。このような事例から言えば、両梁進賢冠は、必ずしも朝廷の位に列する（か否かによる）ものではありません。建初年間（七六～八四年）には、太官令は、両梁進賢冠をつけておりました。春秋の義は、復古を尊重します。質堪の上言は、経典にも合致するもので、施行すべきです」と言った。よく安帝の心にかない、上言は聞き入れられて用いられた」とある。『献帝起居注』に、「中平六（一八九）年、三府の長史に令して、両梁進賢冠をつけさせ、五時の衣袍は、位を千石・六百石に従わせた」とある。

法冠

法冠は、一名を柱後（恵文冠）という〔一〕。高さは五寸〔約11㎝〕で、纚で展筩をつくり〔二〕、鉄で柱と巻をつくり〔三〕、法を執る者が着用する。侍御史と廷尉・廷尉正・廷尉左監・廷尉左平である。あるいはこれを獬豸冠ともいう。獬豸は神の羊で、善悪を見分けることができる。楚王は、かつて獬豸を捕らえ、これを冠にした〔四〕。胡広は、「『春秋左氏伝』（成公 伝九年）に、「南（方の楚の）冠をつけて繋がれている者がいる」とある。（法冠は）楚の冠である。秦は楚を滅ぼすと、楚の君服を法を執る近臣に賜り、御史がこれを着用した」と説いている。

〔劉昭注〕

〔一〕『独断』（巻下）に、「（法冠は一名を）柱後恵文冠という」とある。

〔二〕『漢書』（巻九 元帝紀）注に、「纚は、唐の縰〔目が荒く黒い帯状の絹織物〕である」という。『通俗文』に、「幘の裏を纚という」とある。

〔三〕荀綽の『晋百官表注』に、「鉄柱は、性質が直であり、曲がり撓まない」とある。

〔四〕『異物志』に、「東北の荒野に獣がおり、名を獬豸という。一角で、性は忠である。人の戦いを見ると、直ではない者を犯し、人の議論を聞くと、正しくない者を食った。楚の法を執る者が、着用する冠である。今（法）冠が二角であるのは、（獬豸の）象形とは異なっている」とある。臣昭は、「あるひとは、獬豸は定まった名ではなく、二角があれば正しいと断ずることができない、といいます。法冠の飾りは、二角を冠につけることを存続してよいのでしょうか」と考えます。

武冠

武冠は[一]、一名を武弁大冠といい、もろもろの武官が、この冠を着用する[二]。侍中と中常侍は、（武冠に）黄金璫〔黄金の薄板に模様を透かし彫りにした装飾品〕を加え、蟬をつけて文様とし、貂の尾を（挿して）飾りとする。これを趙恵文冠という[三]。胡広は、「趙の武霊王は、胡服にならって、金璫を頭首に飾り、前に貂の尾を挿して、貴職〔尊重される職位を示す冠〕とした。秦は、趙を滅ぼすと、その君主の冠を近臣に賜った」と説いている[四]。建武年間〔二五～五六年〕に、匈奴が（後漢に）内属すると、世祖（光武帝）は、南単于に衣服を賜ったが、（それらは）中常侍の恵文冠と、中黄門の童子の佩刀であったという。

〔劉昭注〕

〔一〕一説に古の緇布冠の形であるという。あるいは繁冠という。

〔二〕『晋公卿礼秩』に、「大司馬・将軍・尉・驃騎将軍・車騎将軍・衛将軍・もろもろの大将軍で開府することが三公に準ずる者は、武冠を着用し、平上幘を用いる」とある。

〔三〕（趙恵文冠は）また鵔鸃冠とも呼ばれる。

〔四〕応劭の『漢官』に、「説く者は、金は堅剛で、百錬しても消耗せず、蟬は高い場所に居り、潔きものを飲み、口は掖の下にあることを尊重し（黄金璫を加え、蟬をつけて文様とし）たといっている。貂は、内は強く精悍で、外は穏やかで潤いがある。これは物によって義を生ずるものである」という。徐広は、「趙の武霊王は、胡服を用い、秦は趙にならって胡服を用いた。説く者は、蟬は清高なるものを取り、露を飲んで食べず、貂は紫色に彩りがあって柔らかであり、毛の彩りが明る過ぎず、このため義として（蟬と貂を）取った」という。胡広もまた、「考えてみるに、北方は寒冷で、もともと貂の皮により額を暖め、冠に付けていた。それにより変わって頭首の飾りとしたのであろう」といっている。

建華冠

建華冠は、鉄により柱と巻をつくり、（その鉄製の柱が）大きな銅の珠九枚（の中心）を貫き、（冠の）形状は縷鹿に似る〔一〕。『礼記』に、「天を知る者は述を冠り、地を知るものは絇を履く」とある。『春秋左氏伝』（僖公伝二十四年）に、「鄭の子臧は、鷸冠を好む」とある。（冠の）前部は円い。思うに、これら（の記述にある冠）は建華冠であろう〔二〕。天地・五郊・明堂の祭祀のとき、育命の舞を舞う楽人が着用する。

〔劉昭注〕

〔一〕『独断』（巻下）に、「形状は、婦人の縷鹿〔首飾り〕のようである」という。薛綜は、「下の輪は大きく、上の輪は小さい」という。

〔二〕『説文解字』（巻四上）に、「鷸は、天から雨が降ろうとすることを知る鳥である」という。

方山冠

方山冠は、進賢冠に似ており、（青・赤・黄・白・黒の）五色の縠〔ちりめん〕により（それぞれ五色の）冠をつくる。宗廟を祀るときに、大予・八佾・四時・五行の楽人がこれを着用する。衣冠は、それぞれの五行の五方の色のようにして舞う。

巧士冠

巧士冠は、前の高さが七寸〔約16㎝〕で、要の後に両側に通じるよう（穴があり）、まっすぐに立っている。通常は着用しないが、ただ郊天の（祭祀の）時にだけ、黄門従官の四名が着用する。鹵簿の中では、天子の車駕の前に位置する。それより（星官の）宦者四星にあてられるという〔一〕。

〔劉昭注〕

〔一〕『独断』（巻下）に、「（この冠は）礼に明文が無い」とある。

却非冠

却非冠は、冠制が長冠に似ており、下が窄まっている。宮殿の門吏や僕射が着用する。（冠の後に）赤幡を背負い、青翅燕尾を着ける。もろもろの僕射の幡は、みなこのようである〔一〕。

〔劉昭注〕

〔一〕『独断』に、「（却非冠は）礼に明文が無い」とある。

却敵冠

却敵冠は、前の高さが四寸〔約9㎝〕、通長が四寸、後ろの高さが三寸〔約7㎝〕であり、冠形は進賢冠に似ている。衛士が着用する〔一〕。

〔劉昭注〕

〔一〕『独断』（巻下）に、「（却敵冠は）礼に明文が無い」とある。

樊噲冠

樊噲冠は、前漢の将軍である樊噲が、急遽かぶった冠である。その姿で項羽の陣営に入った。広さは九寸〔約20㎝〕、高さは七寸〔約16㎝〕、前後にそれぞれ四寸〔約9㎝〕張り出し、冠形は冕冠に似ている。司馬殿門を警備する大難〔大儺。おにやらい〕の任に当たる衛士が着用する。あるいは、「樊噲は常に鉄の楯を持っていた。項羽の意志が劉邦を殺すことにあると聞き、樊噲は裳を破って楯の裏に着け、これを冠として軍門に入り、劉邦の傍に立って、項羽を凝視した」ともいわれる。

術氏冠

術氏冠は、前部が円く、呉の冠制であり、斜めに連なり四重となっている。趙の武霊王は、好んで術氏冠を着用した。今日では用いられず、官にその図と注がある〔一〕。

〔劉昭注〕

〔一〕『淮南子』に、「楚の荘王が着用した鵕冠である」という。蔡邕は（『独断』巻下に）、「（術氏冠に関する）説はまだ聞いたことはない」という。

もろもろの冠は、みな纓〔冠帯〕と蕤〔帯の下の飾り物〕がある。事を執り行う者と武吏は、みな纓を短くし、五寸〔約11㎝〕垂らす。

鶡冠

鶡冠は、俗に大冠という。環状の纓で緌〔結び目から下につける飾りひも〕はなく、青い糸を繋いで緄〔編んだひも〕をつくり、一対の鶡尾〔やまどりの尾〕を加え、左右にまっすぐに立て、鶡冠とする[一]。五官中郎将・左中郎将・右中郎将・虎賁中郎将・羽林中郎将の五中郎将と羽林左監・羽林右監は、みな鶡冠を着用し、紗縠〔ちぢみの薄布〕の単衣を着る。虎賁中郎将は、虎の文様の袴をつけ、白虎の文様の剣と佩刀を帯びる。虎賁の武騎は、みな鶡冠を着用し、虎の文様の単衣を着る。襄邑県は、歳ごとに虎文様のつづれ錦を献上するという。鶡は、勇ましい雉である。その闘いは、相手が死んではじめて止める。このことから趙の武霊王は（鶡冠で）武士を表現し、秦はこれを施行したのである[二]。

〔劉昭注〕

〔一〕『荘子』（説剣篇）に、「縵胡〔荒くて飾りのない〕の纓は、武士の服制がこれである」という。

〔二〕徐広は、「鶡は黒雉に似て、上党郡より出貢される」という。荀綽の『晋百官表注』に、「（鶡）冠は、二つの鶡を（冠に）挿すもので、（鶡は）鷙鳥の暴虐なものである。常に捕まえるものは、爪により砕かれ血まみれになる。天子の武騎は、このために鶡冠をかぶる」とある。傅玄の賦の注に、「羽騎・騎は、鶡（冠）を戴く」という。

安帝が、皇太子（劉保）を立てると、皇太子は、高祖廟と世祖廟に謁廟した。（それに）太子門大夫が従う際、両梁の進賢冠を着用し、太子洗馬は高山冠を着用した。謁廟より帰ると、侍御史の任方が、「（皇太子の乗輿に）参乗して従う時でなければ、みな一梁の進賢冠を着用すべきで、（両梁の進賢冠を太子の属官たちの）常服とすべきではありません」と上奏した。事案は担当の役人に下された。尚書の陳忠は、「太子門大夫の職は、（天子の）諫大夫に準えられ、太子洗馬の職は、（天子の）謁者に準えられております。そのためみな両梁の進賢冠と高山冠を着用することが、先帝の故事です。任方の上言は、聞くべきではありません」と上奏した。上奏は可とされた。謁者は、むかしは一名を洗馬といった〔一〕。

［劉昭注］

〔一〕『古今注』に、「建武十三〔三七〕年、はじめて県令と県長に、みな小冠を着用させた」

とある。『独断』（巻上）に、「三公・九卿・侍中・尚書は、黒い服を衣て朝する場合を朝臣という。諸営の校尉・将・大夫以下は、朝臣としない」とある。

幘

むかしは冠はあったが幘はなく、冠を着用する際に、頭につけるものとして頍〔髪を束ね、冠を固定するための飾り〕があったのは、（冠を）安定させるためであった。『詩経』（小雅 頍弁）に、「頍があるものは弁」とあるのは、これをいっている。三代〔夏・殷・周〕の世、制度や様式は、いよいよ彰らかになり、下って戦国に至ると、文官と武官が共に（幘を）用いるようになった。秦は、諸侯の雄となると、武将の頭飾として赤の袙〔帕。頭巾〕を作り、それにより貴賤を表現し、その後しばらくして顔題〔頭巾を覆う布の額の部分〕を作った。漢が興ると、秦の顔題を引き継ぎ、（それを）反対方向におさめ、巾を加えて顔題に繋ぎ、後ろ向きにこれを覆った。今の喪幘〔喪のときに被る頭巾〕は、この様式である。これを名づけて幘という。幘は、賾〔上がきちんと揃っていること〕であり、頭が厳しく揃えられている、という意味である。文帝に至って、ようやく顔題を高くし、これに続けて耳を作り、その巾を高くして屋を作り、（幘の）後ろと結合して収〔頭髪を幘の中に収納するための飾り〕を加えた。上下の群臣は、貴賤（を問わず）みなこれを着用した。文官は耳を長くし、武官は耳を短くするのは、それぞれの冠にあわせるためである。尚書は、幘と収が、方三寸〔約7㎝〕であり、名づけて納言といい、（その着用により）忠正を示し、近職（である尚書）を顕彰する。五郊に迎気〔風雨が時節ごとに潤し、寒暑が四時ごとに順調であることを祈念〕する際には、それぞれの方角の色に従い、章服に揃える。皁衣〔黒服〕の群吏が、春の服には青幘を着用し、立夏になれば止めるのは、（春の気が）微であることを助け、気（が盛んになること）に順い、春の方角（を象徴する青色）を尊重するためである。武吏が、常に赤幘を着用するのは、その威厳を成すためである。未冠の童子の幘に屋がないのは、まだ成人していないことを示すためである。学に入っている小童の幘が、屋をまげて巻かれているのは、なお幼いものの、遠からず加冠することを示すためである。喪幘が後ろを向き巻かれているのは、返って礼に基づくことを示すためである。（喪幘に用いる布の）升の数が冠のようであるのは、冠制と（喪幘とが）等しいからである。服喪期間に（幘に）耳を立て収があるのは、素幘もそのとおりである。礼の軽重には制度があり、（時代により）変更したり加除したりする際に次第に行うのは、文だからである〔二〕。

〔劉昭注〕

〔一〕『独断』（巻下）に、「幘は、むかしの卑賤な者や、祭事を執り行い冠をかぶらない者が着用するものであった。董仲舒の『止雨書』に、「祭事を執り行う者は、みな赤幘を着用する」とある。（これにより）冠をかぶらない者が着用するものであったと知ることができる。元帝は、額に髪が垂れ下がっていたので、人に見せたがらなかった。（そこで側近が）はじめて幘を勧めて着用したところ、群臣はみなこれに従った。しかしながら（幘には）なお巾がなかった。（王莽は髪がなかったので、幘に巾をつけた）そのために「王莽は禿げていたので、幘に屋をつけた」というのである。進賢冠を着用する者は耳を長くし、恵文冠を着用する者は耳を短くし、それぞれ都合の良いようにした」とある。『漢旧儀』に、「およそ斎を行うときには、紺幘を着用し、耕すときには、青幘を着用し、秋の貙劉〔立秋の日に自ら射た犠牲を供えて宗廟を祭る儀礼〕のときには、緗幘〔もえぎ色の幘〕を着用する」とある。

佩

むかしは君臣ともに玉を佩びたため、尊卑に基準があり、（礼服の）上に韍〔大夫以上が着た祭服の前の服飾）があったため〔一〕、貴賤に区別があった。佩玉は、徳を表現するために用いられ、服に適合している。韍は、職務の従事に用いられ、礼の恭敬を示す。そのため礼に基準があり、威儀の制度は、（夏・殷・周の）三代が共にしている。（春秋の）五霸が代わる代わる興り、戦いが止まなくなると、佩は戦器ではなく、韍は兵旗ではないので、佩韍を解き去り、それに付けられていた璲（帯び玉）だけを残して〔二〕、象徴とした。このため『詩経』（小雅 大東）に、「鞙鞙と（音が鳴る）佩璲」とある。これはこのことを言っている〔三〕。佩韍は、すでに廃たれ、秦はそこで色のついた組紐を璲に結んで、光を明らかにし、章を表現して、それを結んで授受するようになった。これを綬という。漢は、秦の制度を承け、（綬を）用いて改めなかった。そして（綬に）双印・佩刀という装飾を加えた。（後漢の）明帝に至り、（ようやく）大佩を作り、衝牙・双瑀璜は、みな白玉により作った〔四〕。天子は、（それらを）連結するために白珠を用い、三公九卿・諸侯は彩色の糸を用い、その玉は（それぞれが着用する）冕旒（の小玉の色）に合わせて、祭服にしたという。

〔劉昭注〕

〔一〕徐広は、「韍は、今〔劉宋〕の蔽膝〔まえだれ〕のようなものである」という。

〔二〕徐広は、「今〔劉宋〕では璲〔瑞玉の帯び玉〕を名づけて、繸〔官職にある者の品階を示す帯び紐〕と呼んでいる」という。

〔三〕鞙鞙は、玉を佩びている様子である。璲は、瑞という意味である。（『毛詩鄭箋』小雅 大東の）鄭玄の箋に、「佩璲は、瑞玉を佩にしたものである。これを佩すること鞙鞙としている」とある。

〔四〕『詩経』（国風 女曰鶏鳴）に、「雑佩を招く人に贈る」とある。毛萇は、「（雑佩は）珩・璜・琚・瑀、衝牙の類である」という。『月令章句』に、「（雑佩は）佩の上に双衡があり、下に双璜があり、琚・瑀はこれに雑えて、衝牙は蠙珠を用いて、その間に納める」とある。『玉藻』に、「右は徴・角（の音）、左は宮・羽（の音がし）、進めば揖し、退けば揚げ、そののちに玉瑲が鳴る」と。『纂要』に、「琚・瑀は、間に納めるためのもので、玉の間にあるものは、今の白珠である」という。

刀

佩刀について。乗輿〔天子〕は、黄金により通身〔刀の全体〕に貂の象嵌を施し、鮫皮で半分を覆い、金と漆で象嵌した雌黄〔だいだい色の鶏冠石で塗った〕の室〔さや〕に、五色の毛織物で室の華〔飾り〕を覆う。諸侯王は、黄金で環〔柄〕と挾〔柄頭〕に象嵌し、半分を鮫皮で覆った黒い室とする。公卿・百官は、みな真っ黒〔の室〕で、鮫皮で覆わない。小黄門は雌黄の室、中黄門は朱色の室、童子は、みな（室に）虎の爪の文様をつけ、虎賁は、黄色の室に虎の文様をつけ、虎賁中郎将は、（黄色の室に）白虎の文様をつけ、みな白珠の鮫皮を鏢・口〔こじりとさや口〕の飾りとする[一]。（さらに）乗輿の佩刀は、翡翠〔かわせみ〕の（羽根で作った）山を加え、嬰のような紐をたらす[二]。

〔劉昭注〕

[一]『通俗文』に、「刀鋒〔こじり〕を鏢という」とある。

[二]『春秋左氏伝』（桓公 伝二年）に、「藻繂〔水草模様の佩〕と鞞鞛〔革の剣ざや〕」とある。杜預は、「鞞は、佩刀のさやの飾りである。鞛は、（さやの）下の飾りである」という。鄭玄の『詩経』（小雅 瞻彼洛矣）の箋に、「すでに爵命を賞賜し、さらに加えて装飾のある刀を賜

与するのは、その制断を顕らかにするためである」という。『春秋繁露』（服制象）に、「剣が左にあるのは、青龍の象である。刀の右にあるのは、白虎の象である。韍の前にあるのは、朱鳥の象である。冠の首にあるのは、玄武の象である。四者は、人の盛んな飾りである」という。臣昭は、「天子から庶人に至るまで、みな剣を帯びています。剣と刀とは、形状と制度が同じではなく、名称もそれぞれ異なります。ゆえに蕭何が（剣を帯び靴を履いたまま上殿できる）剣履上殿（の殊礼を受けた際）にも、（剣と）称して刀とはしていません。それなのに、この輿服志は、剣に言及しておらず、まだ備わらない記述があるようです」と考えます。

印

佩双印は、長さは一寸二分〔約2.8㎝〕、方六分〔約1.4㎝〕である。乗輿〔天子〕・諸侯王・三公・列侯は、（佩双印を）白玉を用いて作り、中二千石から四百石までは、みな黒犀（の角）を用いて作り、三百石から私学の弟子までは、みな象牙を用いて作る。上の（佩双印を吊るす紐である）合糸は、乗輿は縢を用いて白珠を貫き、赤い毛織物の蕤〔飾りもの〕がある。諸侯王から下は、綔を用いて、赤い糸の蕤がある。縢と綔はそれぞれその印の材質にあわせる。文章を刻んだ文字に、「正月、剛卯はすでに完成し、四方に神霊が殳書〔秦書八体の一つであり、殳などの兵器に書するときに用いる書体〕して、赤と青と白と黄色、四色が当てられた。上帝は祝融に、夔龍を教えさせたので、衆疫厲鬼は、わたしにあえて当たることはなかった。不吉な日に厳卯（剛卯）をつくり、上帝は夔に化せさせると、慎しんであまねく伏し、ここに霊殳〔神霊の殳書〕を化した。すでに正で、すでに直で、すでに觚で、すでに方であれば、衆疫厲鬼は、わたしにあえて当たることはなかった」とある。総じて六十六字である[一]。

〔劉昭注〕

[一]『漢書』（巻九十九中 王莽伝中）の注に、「（剛卯は）正月の卯日に作る」とある。

黄赤綬

乗輿〔天子〕は黄赤色の綬で、四色で模様が作られるが、（それは）黄色・赤色・縹色〔うすい青〕・紺色からなる。黄色一色の圭を使用し、長さは二丈九尺九寸〔約688cm〕、（経は）五百首〔織り糸二十本、五百首であれば経糸は一万本に及ぶ〕である[一]。

〔劉昭注〕

〔一〕『漢旧儀』に、「璽はみな白玉で螭〔みずち〕と虎の紐がつき、〔印面の〕文には、皇帝行璽・皇帝之璽・皇帝信璽・天子行璽・天子之璽・天子信璽とあり、すべてで六璽である。皇帝行璽は、封建する諸侯王に賜う文書に用いる。皇帝信璽は、兵を徴発し大臣を徴集する〔際に用いる〕。天子行璽は、外国に策という文章を送り、〔また〕天地と鬼神を祀る〔際に用いる〕。璽はみな武都郡の〔献ずる〕紫泥により封緘し、青い嚢で白い絹の裏地、両端は縫うことないものに入れ、一尺一寸〔約25㎝〕の板中に約署した。皇帝は綬を帯びる際に、黄色の地に六采による模様をつけ〔るものを用い〕、〔そこに〕璽を佩することはなかった。璽は金銀の縢組を用いて、侍中が組を持って従った。秦より前は、民はみな綬を佩びた。金・玉・銀・銅・犀〔角〕・象〔牙〕を用いて一寸〔約2.3㎝〕四方の璽をつくり、それぞれ好むものをつけた。璽書を奉じる使者は、駅伝に乗って馳せる。その駅伝の騎馬は、三騎で行い、昼夜に千里〔を走ること〕を規定とした」とある。『呉書』に、「漢室が乱れると、天子は北に向かって黄河のほとりに至ったが、六璽は運ばれてこず、璽を管掌する者が井戸の中に投じた。孫堅が北に向かって董卓を討ち、軍を雒陽城の南に駐屯させると、役所に井戸があり、明け方ごとに五色の気が井戸より立ち上っていた。〔そこで〕孫堅は人に井戸を浚わせて伝国璽を得た。璽の文には、「命を天に受け、もとより〔その〕寿は永遠に昌んである」とあった。方形で周囲は四寸〔約9.2㎝〕、上の紐の模様は槃まる五龍がおり、瑨〔美玉〕は七寸の管で、龍の上の一の角は欠けている」とある。『献帝起居注』に、「このとき六璽は運ばれてこなかったが、〔天子が宮殿に〕還ると、閣上で〔六璽を〕得た」とある。『晋陽秋』に、「冉閔の大将軍である蔣幹は、伝国璽を伝えて、河南太守の戴施に渡した。戴施がこれを献上すると、百僚はみな祝賀した。璽の光照は澄み渡り、上には蟠螭の模様があった。陰刻された文には、「昊天の命〔を受け〕、皇帝の寿は昌んである」と。秦の旧璽である」という。徐広は、「伝国璽の文には、「天の命を受け、皇帝の寿は昌んである」とある」という。

赤綬

諸侯王は、赤色の綬で[一]、四色で模様がつくられるが、〔それは〕赤色・黄色・縹色〔うすい青〕・紺色からなる。赤色一色の圭を使用し、長さは二丈一尺〔約484㎝〕、〔経は〕三百首である[二]。

〔劉昭注〕

〔一〕徐広は、「皇太子および諸侯王は、金印・亀紐、纁朱色〔黒みがかった赤〕の綬である」という。

〔二〕荀綽の『晉百官表注』に、「皇太子は、朱色の綬で、三百二十首である」という。

緑綬

太皇太后と皇太后は、綬がみな皇帝と同じであり、皇后も同様である。長公主と天子の貴人で、諸侯王と綬を同じくする者は、特別な恩恵を加えられた者である。

諸国の貴人と相国は、みな緑色の綬で、三色で模様が作られるが、（それは）緑色・紫色・紺色からなる。緑色一色の圭を使用し、長さは二丈一尺〔約488㎝〕、（経は）二百四十首である〔一〕。

〔劉昭注〕

〔一〕『漢書』（巻十九上 百官公卿表上）に、「相国・丞相は、みな秦の官で、金印紫綬であった。

高帝〔劉邦〕は相国を緑綬とした」とある。徐広は、「金印緑綟綬である。綟の音は戾で、草の名である。染めると緑色に似てくる。また紫色にも似るという。紫綬は、緺綬とも呼ぶ。緺の音は瓜で、その色は青紫である。綟の字はまた盭で、音は同じであり、伝写する者は誤って盭に作る（こともある）。三公が殊礼を加えられる際には、みなこれを着用する」という。何承天は、「緺の音は媧である。青紫色の綬である。綟は、紫色である」という。

紫綬

三公と列侯と将軍は、紫色の綬で、二色で模様が作られるが、（それは）紫色・白色からなる。紫色一色の圭を使用して、長さは一丈七尺〔約392㎝〕、（経は）百八十首である〔二〕。公主と封君は、紫色の綬をつける。

〔劉昭注〕

〔二〕『漢書』（巻十九上 百官公卿表上）に、「太尉は、金印・紫綬である。御史大夫は、位は上卿で、銀印・青綬である。成帝は名を大司空と改め、金印・紫綬とした。将軍もまた金印（・紫綬）である」という。漢官儀に、「馬防は車騎将軍となり、銀印・青綬であった。（位は）

九卿の上にあり、席を隔てた。和帝は、竇憲を車騎将軍となし、初めて金印・紫綬を加え、司空に位置づけた」とある。

青綬

九卿と中二千石と二千石は、青色の綬で、三色で模様が作られるが、（それは）青色・白色・紅色からなる。青色一色の圭を使用し、長さは一丈七尺〔約392㎝〕で、（経は）百二十首である〔一〕。青綬以上は、縌の長さは三尺二寸〔約74㎝〕で、縌の色は綬と同じにし、首は（綬の）半分とする。縌は、むかしの佩璲である。佩と綬は互いに迎え受ける、このため縌という。紫綬より上は、縌と綬の間に玉製の環鐍〔帯留め〕をつけるという〔二〕。

〔劉昭注〕

〔一〕（青綬は）一名を青緺綬と呼ぶ。

〔二〕『通俗文』に、「缺環を鐍という」とある。『漢旧儀』に、「裁判にあたる者は、印を章とする」とある。

黒綬

千石と六百石は黒色の綬で、三色で模様が作られるが、（それは）青色・赤色・紺色からなる。青色一色の圭を使用し、長さは一丈六尺〔約369㎝〕、（経は）八十首である。四百石と三百石の県長は（これと）同じである[二]。

［劉昭注］

［二］『漢官』に、「尚書僕射は、銅印・青綬である」という。

黄綬

四百石と三百石と二百石は黄色の綬で、一色である。黄色一色の圭を使用して、長さは一丈五尺〔約346㎝〕、（経は）六十首である。黒綬より以下は、縌と綬はともに長さ三尺〔約69㎝〕、（縌の色は）綬と同じ色にし、首は半分とする。

青紺綬

百石は青紺色の綬で、一色である。ぐねぐねと捩りあわせた圭を使用して、長さは一丈二尺〔約276㎝〕である[一]。

[劉昭注]

[一] 丁孚の『漢儀』に、「太僕・太中大夫の襄の上言を載せる。（襄は）「乗輿〔天子〕の綬は、黄色の地を白羽で覆い、（模様は）青色・絳色・緑色（を加えた）の五色で、四百首、長さは二丈三尺〔約530㎝〕です。詔して賜る王への綬も、また五色で覆い、上下に差がありません。（本来）諸王の綬は四色で、絳色の地を白羽で覆い、青色・黄色で縁どり、二百六十首、長さは二丈一尺〔約484㎝〕でした。公主の綬も王と同じです。侯は、絳色の地に、紺色・縹色の三色で、百二十首、長さは一丈八尺〔約415㎝〕です。二千石の綬は、羽青の地に、桃華色・縹色の三色で、百二十首、長さは一丈八尺です。黒綬は、羽青の地に、絳色の二色で、八十首、長さは一丈七尺〔約392㎝〕です。黄綬は一色で、八十首、長さは一丈七尺です。これが常式です。（王に賜る綬も常式にされますように。また）民が綬を織り、常式のようでない場合には、官に没収し、（常式を）犯した者は不敬罪といたしましょう。二千石の綬より以上

は、禁制として民が織って粉組とできないようにいたしましょう」と申し上げた。皇太后は詔して（襄の上言の民に関わる部分を）可としたが、詔して賜る王の綬はそのままとした」とある。

およそ先に一つの紡を（何本か）合わせて一つの系とし、四本の系を一扶となし、五本の扶を一首となし、五本の首を一文となす。文の彩りが一色なものを一圭となす。首（の数）が多いものは（それを構成する）系（の一本一本）が細やかになり、（首の数が）少ないものは系（の一本一本）が太く粗くなる。みな（綬の）広さは、一尺六寸〔約39cm〕である〔二〕。

〔劉昭注〕

〔一〕『東観漢記』に、「建武元〔二五〕年、また諸侯王に金璽・綟綬、三公・列侯に金印・紫綬をもうけた。九卿・執金吾・河南尹は官秩がみな中二千石、大長秋・将作大匠・度遼将軍など諸将軍・郡の太守・国の傅・相はみな官秩が二千石、校尉・中郎将・諸郡の都尉・諸国の行相・中尉・内史・中護軍・司直は官秩がみな二千石、以上はみな銀印・青綬である。中外官の尚書令・御史中丞・治書侍御史・三公府・将軍府の長史・中二千石の丞・正・平・諸司馬・中宮・王家の僕・雒陽令は官秩がみな千石、尚書・中謁者・謁者・黄門冗従・四僕射・諸都監・中外の諸都官令・都候・司農部丞・郡国の長史・丞・候・司馬・千人は官秩がみな六百石、家令・侍・僕は官秩がみな六百石、雒陽市長は官秩四百石、主家長は官秩がみな四百石、以上はみな銅印・黒綬である。諸の署長楫櫂丞は官秩三百石、諸の官秩千石である者、その丞・尉はみな官秩四百石、官秩六百石である者、（その）丞・尉は官秩三百石、（官秩）四百石である者、その丞・尉は官秩二百石、県・国の丞・尉もまたこのとおりであり、県・国三百石の長・相、丞・尉もまた（官秩）二百石、明堂・霊台の丞・諸陵の校長は官秩二百石、丞・尉・校長より以上はみな銅印・黄綬である。県・国の守宮令・相はあるいは千石、あるいは六百石、長相はあるいは四百石、あるいは三百石、長相はみな銅印・黄綬を用いる。しかし有秩者の侍中・中常侍・光禄大夫は官秩がみな二千石、太中大夫は官秩がみな比二千石、尚書・諫議大夫・侍御史・博士は（官秩が）みな六百石、議郎・中謁者は官秩がみな比六百石、小黄門・黄門侍郎・中黄門は官秩がみな比四百石、郎中は官秩がみな比三百石、太子舎人は官秩二百石である。

后夫人服

太皇太后と皇太后の入廟服〔太皇太后と皇太后が、皇帝に代わって宗廟に入るときの服〕は、上衣が紺色で下裳が皁色である。蚕服は、上衣は青色で下裳は縹色〔青白い色〕である。（それらは）共に深衣の制により[一]、領と袖の縁を飾るために絛〔彩色した糸を組んだひも〕を用いる。翦氂簂〔飾り髷〕と簪と珥を付ける。珥は、耳璫〔耳たぶにつける滑車形や花形の耳飾り〕と垂珠〔小玉を連ねて垂らす飾り〕からなる。簪は、瑇瑁で擿〔簪の本体部分となる髪飾り〕を作り、長さは一尺〔約23㎝〕、端に華勝〔華の格好をした髪飾り〕をつける。上には鳳凰を付けるが、（それには）翡翠で作った毛羽を付ける。下には白珠があり、黄金の鑷〔毛抜き〕を垂らす。左右に一つずつ横にこれを簪として、簂の結び目を安定させる。それぞれの簪と珥は、みな制度を同じくするが、その擿には等級がある。

〔劉昭注〕

〔一〕徐広は、「（深衣の制とは）すなわち単衣のことである」という。

皇后の謁廟服は、上衣は紺色で下裳は皁色である。蚕服は、上衣は青色で下裳は縹色である。（それらは）共に深衣の制により、領と袖の縁を飾るために絛を用いる。仮結〔かもじ〕と歩揺〔部に真珠などの玉を吊るし、歩くと揺れる髪飾り〕と簪と珥を付ける。歩揺は、黄金で山題〔土台〕をつくり、白珠を貫いて桂枝の絡み合ったものを作る。一羽の爵〔鳳凰〕に九つの華、熊・虎・赤羆・天鹿・辟邪・南山の豊大特という六獣をつける。『詩経』（鄘風 君子偕老）にいうところの副・笄・六珈というものである〔一〕。もろもろの爵や獣は、みな翡翠によって毛羽をつくる。黄金の山題は、白珠の璫で囲み、翡翠で作った華をつけるという。

〔劉昭注〕

〔一〕『毛詩』（鄘風 君子偕老）の伝に、「副というものは、后夫人の頭の飾りであり、髪を編んでこれをつくる。笄は、衡笄である（髪の毛の中に、かんざしをはさむ）。珈は、笄の飾りの最も盛んなもので、尊卑を分ける理由である」という。鄭玄は、「珈の言葉（の意味）は加である。副はすでに笄のうえに飾りを加える、今（後漢）の歩揺の上の飾りのようである、古の制には聞かないものである」という。

貴人の助蚕服は、縹一色の上衣と下裳で、深衣の制である。大手結〔もとどり〕と墨瑇瑁（で擿を作り）と簪と珥を加える。長公主が（皇帝に）謁見する服は、歩揺を加え、公主は大手結にし、みな簪・珥をつける。衣服は制度を同じくする。公主より封君以上は、みな綬を帯び、彩りのある組により緄帯〔束帯〕をつくり、それぞれその綬の色に揃える。黄金の辟邪をつけ、首に帯鐍をつけ、白珠で飾る。

三公・九卿・列侯・中二千石・二千石の夫人は、紺繒蔮（と呼ばれるかもじ）をつけ、黄金の龍の首が白珠を銜え、（鯊皮の装飾を施した）魚須の擿は、長さ一尺〔約23㎝〕で、簪と珥をつくる。宗廟に入り祭祀を補佐する者は皁絹の上衣と下裳、先蚕の儀礼を助ける者は縹絹の上衣と下裳で、みな深衣の制として、縁をつける。二千石の夫人から皇后に至るまで、みな蚕衣を朝服とする。

公主と貴人と妃より上は、嫁ぐときに錦・綺・羅・縠・繒を着ることができ、彩りは十二色で、重ねた縁の袍である。特進と列侯より上は、錦・繒（を着ることができ）、彩りは十二色である。六百石より上は、重練（を着ることができ）、彩りは九色であるが、丹色と紫色と紺色を使うことはできない。三百石より上は、五色の彩りであり、それは青色と絳色と黄色と紅色と緑色である。二百石より上は、四色の彩りであり、青色と黄色と紅色と緑色である。賈人〔商人〕の彩りは、緗色〔もえぎ色〕と縹色だけである〔一〕。

〔劉昭注〕

〔一〕『博物記』に、「交州の南方に虫がいる。長さは一寸〔約2.3㎝〕よりも小さく、形は白英〔ひよどりじょうご〕に似ているが、名は分からない。これを見ると色がないが、日陰にいると緗色が多いので、赤黄の色である」という。

三公と列侯より下は、みな単縁襈に、文様の刺繍を制して祭服をつくる。皇后以下、みなもろもろのむかしの麗圭襂に閨縁を上に加えた服を着ることはできない〔一〕。（光武帝の）建武年間〔二五～五六年〕と（明帝の）永平年間〔五八～七五年〕に、これを禁絶し、（章帝の）建初年間〔七六～八三年〕と（和帝の）永元年間〔八九～一〇五年〕に、また再度重ねて禁止を命じた。ここにおいて、世に麗圭襂の作り方を知る者はなくなった。こうして（麗圭襂の制作方法は）ついに絶えた〔二〕。

［劉昭注］

［一］司馬相如の「大人賦」に、「旬を重ねて始めて襂を作る」とある。注に、「葆は旒を下す」という。すなわち襂の容は、旌旒のようである。

［二］蔡邕の『表志』に、「（明帝の）永平年間〔五八～七五年〕の初めに、詔書により車服の制度を下して、中宮と皇太子は、自ら重い縿と厚い練を着用し、洗い終わるとまた着用して、下を律するに倹約により、（その）教化は機（織り）より始まった。諸侯王以下、士庶に至るまで、嫁娶の被服には、それぞれ秩品があった。まさに万世に伝えて、（漢の）聖徳を宣揚すべきである」という。臣昭は、よろしく（漢の）旧事と儀注と本奏を集め、志を完成させるべきと考えます。

およそ冠衣と諸服は、旒冕・長冠・委貌冠・皮弁冠・爵弁冠・建華冠・方山冠・巧士冠が、衣裳・文繡は、赤舄・服絇履・大佩が、みな祭服である。それ以外は尽く常用の朝服である。ただ長冠は、諸王国の謁者が、常用の朝服としたという。宗廟以下、祭祀にはみな長冠を着用し、皁繒の袍の単衣、絳縁の領袖の中衣、絳の袴袜を着た。五郊（の祭祀）は、それぞれその（方向の）色に従った。

賛にいう、「車輅は、それぞれ（用途に応じて）用いられ、旌旂は、（それぞれ用いられる）局面を異にする。冠冕と服飾は、美の極みを尽くし、佩紛は、多く璽玉により作られる。敬うべきものを敬って情に応じ、尊ぶべきものを尊んで思いをとげる。だれが華やかな文様を誇ろうか。麗わしい飾りに奢っているわけではない」と。

本書は、二〇〇一年から二〇一六年にかけて汲古書院より刊行された『全譯後漢書』（全十九冊）のうちの「第七－十冊　志（五）－（八）」を底本とし、司馬彪が著した『続漢書』の志と劉昭がつけた注を現代日本語に翻訳し、収録したものである。

渡邉義浩（わたなべ　よしひろ）

1962年、東京都生まれ。文学博士。早稲田大学文学学術院教授。専攻は「古典中国」学。
著訳書に、『後漢国家の支配と儒教』（雄山閣出版）、『三国志よりみた邪馬台国』（汲古書院）、『全譯論語集解』（主編、同）、『全譯後漢書』（主編、同）、『儒教と中国――「二千年の正統思想」の起源』（講談社選書メチエ）、『「論語」――孔子の言葉はいかにつくられたか』（同）、『魏武注孫子』（講談社学術文庫）、『関羽――神になった「三国志」の英雄』（筑摩選書）、『漢帝国――400年の興亡』（中公新書）、『孫子――「兵法の真髄」を読む』（同）、『三国志辞典』（大修館書店）、『論語集解――魏・何晏（集解）（上／下）』（早稲田文庫）、『後漢書 本紀［一］／本紀［二］／志［一］』（同）など多数。

早稲田文庫 006

後漢書（ごかんじょ） 志（し）［二（に）］

2024年5月10日　初版第1刷発行

訳　者　渡邉義浩
発行者　須賀晃一
発行所　株式会社　早稲田大学出版部
〒169-0051　東京都新宿区西早稲田1-9-12
電話　03-3203-1551
https://www.waseda-up.co.jp/
印刷・製本　中央精版印刷株式会社
校正・校閲　海老沢基嗣
装丁　精文堂印刷株式会社デザイン室

ISBN 978-4-657-24002-6